KB207828

당신에게 생수의 강이 넘치기를 소망합니다!

.... 님께

우리의 영혼 속에,
나의 가장 깊은 곳에 계신 주님,
당신만이 내 마음을 만지실 수 있습니다.

주님은 나의 최고의 사랑

주님은 나의 최고의 사랑

· 스데반 황 지음 ·

365일,
말씀으로
시작하는
하루

iN크리스토
in Christo

추천의 글

　스데반 황 목사님은 그리스도의 복음을 위한 훌륭한 메신저입니다. 이 책은 매일 이루어지는 삶의 현장에 지혜와 영감을 주는 귀한 교훈을 모았습니다. 단순한 성경 지식이 아니라 그동안 황 목사님이 살아가면서 믿음으로 성경의 말씀을 믿고 체험한 것입니다. 이 책이 담고 있는 메시지는 끊임없이 예수 그리스도를 의식하도록 합니다. 따라서 이 책은 독자에게 진리의 빛과 따스한 그리스도의 마음과 하나님의 사랑을 성령의 역사 가운데 전달할 것입니다. 이에 모든 그리스도인에게 이 책을 추천합니다.

정주채 향상교회 원로 목사

　스데반 황 목사님이 4년 동안 매일 묵상하신 것을 한 권의 책으로 묶어 우리에게 선물로 주셨습니다. 황 목사님이 인터넷에 올린 묵상 글을 간간이 읽으면서 많은 은혜를 받았습니다. 황 목사님의 이런 작업의 노고와 결과물에 감사를 드립니다. 이 책을 접한 모든 사람이 황 목사님과 같이 "주님은 나의 최고의 사랑"이라고 고백한다면 주님께서 매우 기뻐하실 것입니다. 묵상글을 읽는 것에서 그치지 말고 깨우치고 깨달은 것을 실천해 가시기 바랍니다. 또한 날마다 성경을 묵상하여 성경의 저자이신 하나님의 의도를 깨닫기를 기도합니다. 묵상의 깊이와 맛을 잃어가고 있는 이 땅에 성도들에게 이 책을 추천합니다.

이승구 합동신학대학원대학교 조직신학 교수

묵상은 잘못하면 본문의 의미를 자의적으로 해석하거나 본문에 대한 고민만 넘쳐날 뿐 실천으로 나가지 못하게 하는 우를 범할 수 있습니다. 이 책은 그런 위험성에서 벗어나 안전하고 균형 있게 말씀을 해석하고 삶의 실천으로 이끌어 줍니다. 개인적인 묵상과 함께 신뢰할 만한 신학적 해석과 실천적 안목을 가진 다른 이의 묵상을 읽는 것은 치우침이 없는 신앙생활에 도움이 됩니다. 말씀 묵상을 새롭게 시작하려는 분들이나 하루에 한 구절 묵상으로 일 년 365일의 아침을 열고 싶어 하는 분들에게 이 책이 좋은 친구이자 하나님의 사랑을 알게 해 주는 안내자가 될 것입니다.

정창균 합동신학대학원대학교 설교학 교수

들어가는 글

골로새서는 철학, 초등학문, 세상 종교, 도덕, 신비주의 등의 헛된 교훈에 대해 언급합니다. 헛된 교훈은 죄악과 죄성의 문제를 해결하지 못합니다. 즉, 교회를 수십 년 다녀도 내면에서 그리스도를 닮아가는 생명력이 없다면 헛된 교훈을 받아왔다는 뜻입니다. "이런 것들은 자의적 숭배와 겸손과 몸을 괴롭게 하는 데는 지혜 있는 모양이나 오직 육체 따르는 것을 금하는 데는 조금도 유익이 없느니라"(골 2:23).

그러나 참된 복음의 교훈은 주의 백성이 예수 그리스도와 성령 안에서 연합되게 함으로 그리스도의 분량까지 자라나게 합니다. "머리를 붙들지 아니하는지라 온몸이 머리로 말미암아 마디와 힘줄로 공급함을 받고 연합하여 하나님이 자라게 하시므로 자라느니라"(골 2:19). 이것이 바로 복음의 능력입니다.

필자는 이런 복음의 능력을 이 시대에 알리기 위해 〈그리스도 중심의 성경훈련원〉을 창설하고 '개혁주의에 입각한 그리스도 중심의 신학'을 오랜 기간 연구해 왔습니다.

또한 스데반 황의 블로그(http://blog.naver.com/thebloodofx)를 만들어 날마다 성경 한 구절씩을 묵상하며 〈스데반 황의 한 절 묵상〉을 올렸습니다. 어느새 4년이 넘었습니다. 많은 사람이 이 묵상글과 함께했습니다. 반응도 좋았습니다. 이에 정성껏 추린 은혜로운 말씀을 많은 사람과 나누고 싶어 책으로 내놓게 되었습니다.

이 책을 내놓는 이유는 한 가지뿐입니다. 바쁘게 사는 그리스도인이 하루 말씀을 묵상하면서 예수 그리스도를 만나는 것입니다. 묵상하면서 자연스럽게 머리 되신 그리스도와 연합하고 복음의 능력이 삶 속에서 드러날 수 있도록 애썼습니다. 어떠한 상황에서도 말씀을 놓지 말고 예수 그리스도를 만나십시오. 그러면 십자가의 은혜가 삶에 흘러넘칠 것입니다.

인천 청학동에서

스데반 황

차례 | CONTENTS

예수님, 이 무거운 짐을 어떻게 할까요?

거짓과 우상이 가득한
세상을 이기는 비결

우상을 버리고 주를 앙망하라

아론이 그들의 손에서 금 고리를 받아 부어서 조각칼로 새겨 송아지 형상을 만드니 그들이 말하되 이스라엘아 이는 너희를 애굽 땅에서 인도하여 낸 너희의 신이로다 하는지라 _출애굽기 32:4

40여 일 동안 모세가 시내 산에서 내려오지 않자 이스라엘 백성은 모세가 죽었다고 생각합니다. 그들은 아론에게 "우리를 위하여 우리를 인도할 신을 만들라"(출 32:1)라고 소리쳤습니다. 아론은 군중이 두려워 금 고리를 가져오면 그들을 인도할 신을 만들겠다고 말합니다. 그리고는 금 고리를 모아 애굽에서 본 우상처럼 금송아지를 만들고 "이스라엘아 이는 너희를 애굽 땅에서 인도하여 낸 너희의 신이로다"(출 32:4)라고 선포합니다.

이 얼마나 가증한 일입니까! 이들이 누구입니까? 하나님과 언약을 맺은 백성이 아닙니까. 이들은 애굽에서의 관습을 버리지 못했습니다. 새로운 언약을 받아 새 출발을 했지만 구습에 사로잡혀 있었습니다. 그리스도인도 마찬가지입니다. 비록 그리스도 안에서 새로운 피조물이 되었지만(고후 5:17) 여전히 옛사람으로 살아갑니다. 옛 자아를 죽이고 그리스도 안에 거하지 않으면 그 즉시 옛 본성에 따라 우상을 만들게 됩니다. 우리는 예수 그리스도 안에서 하나님의 자녀가 되었습니다. 이 언약은 절대로 파기되지 않습니다. 우리가 주님을 떠나 우상을 바라보면 주님은 곧바로 우리를 징계하십니다. 많은 고난과 시련을 주십니다. 반면, 우리가 그리스도 안에 머물면 하나님은 하늘의 평강과 사랑과 은혜를 차고 넘치게 주십니다.

새해를 시작하면서 우리 스스로 만든 우상을 내버리고 오직 예수님만 앙망합시다.

예수님, 이 무거운 짐을 어떻게 할까요?   17

영원한 가치의 인생

풋대를 향하여 그리스도 예수 안에서 하나님이 위에서 부르신 부름의 상을 위하여 달려가노라 _빌립보서 3:14

목표가 썩을 것에 있을 때 우리 인생은 헛됩니다. 이런 인생은 죽음 앞에 설 때 후회와 허망에 빠집니다. 영원한 가치를 위해 살 때 인생은 헛되지 않습니다. 성경은 우상이 헛되다고 말합니다. 허상이며 가짜라고 합니다. 우상을 위해 산다면 열심과 진심이 있어도 결국 헛되고 거짓되게 됩니다. 성경은 인생의 목표에 따라 그 사람이 빚어진다고 말합니다. 우상을 위해 살면 우상을 닮고 진짜를 위해 살면 진짜가 됩니다.

영원하지 않은 것은 가짜입니다. 허상이며 거짓입니다. 오직 살아 계신 주 하나님과 그분의 나라만 영원합니다. 주 하나님을 위해 사는 길은 예수 그리스도께서 주시는 영생으로 사는 것입니다. 어떻게 영생을 얻을 수 있습니까? 예수 그리스도의 십자가를 통해 하나님께서 내 죄를 사하셨다는 것을 믿고 성령을 받아 살아야 합니다. 즉, 예수님과 언약을 맺고 그분과 동행해야 합니다. 오직 그리스도를 의식하며 순종하고 사랑하는 삶만이 영원한 가치를 위해 사는 길입니다. 유혹은 영원한 것을 보지 못하게 하고 잠깐 보이다 사라지는 가짜에 인생을 걸게 만듭니다. 오늘도 영원한 하나님 나라와 그 나라의 왕이신 주 예수님을 위해 살아갑시다. 그 길만이 참된 길입니다.

예수님은 말씀의 하나님

태초에 말씀이 계시니라 이 말씀이 하나님과 함께 계셨으니 이 말씀은 곧 하나님
이시니라 그 안에 생명이 있었으니 이 생명은 사람들의 빛이라 _요한복음 1:1, 4

예수 그리스도는 '말씀' 하나님이십니다. 만물이 그분으로 인해 창
조되었고 그분 안에 생명이 있습니다. 그 생명은 빛입니다. 하나님
께서는 생명을 주시기 위해 그리스도를 우리에게 보내셨습니다. 하
나님 아버지는 그리스도를 통해 모든 것을 창조하셨습니다. 예수님
은 '여호와의 말씀'입니다(참조, 시 33:6). 말씀 하나님이 사람의 몸을
입고 이 세상에 오셨습니다. 따라서 예수님은 보이지 않는 하나님의
형상이시고 피조물보다 먼저 나신 분입니다. 한편 하나님께서는 우
리를 흑암의 권세에서 건져내어 그분이 사랑하는 아들의 나라로 옮
기셨습니다. 그리고 우리는 아들로 인해 죄 사함을 얻었습니다(골
1:13~14).

하나님께서는 우리에게 영생을 주시기 위해 예수님을 보내셨습니
다. 그리고 그를 통해 최종 말씀을 하셨습니다. 그는 말씀의 능력으
로 만물을 붙드시고 죄를 정결하게 하시며 하나님의 우편에 앉으셔
서 만물을 주도하며 다스리십니다(참조, 히 1:2~3). 그분은 영원한 말
씀이기에 일점일획도 변함이 없고 실수나 오차가 없으십니다. 하나
님은 모든 사람이 예수 그리스도를 통해 죄 사함을 얻고 그 안에서
영생과 평강을 누리기를 바라십니다.

예수 그리스도는 영원하신 말씀, 창조의 말씀, 구원의 말씀, 생명
의 말씀, 마지막 말씀, 하나님의 뜻을 다 이루시는 말씀, 승리의 말
씀, 영이신 말씀, 생명과 구원을 주는 말씀, 죄를 씻겨주며, 죄를 이
기는 말씀이십니다. 마침내 죄의 뿌리인 마귀와 어둠을 이기고 영원
히 서는 말씀이십니다.

모든 일에서 유익을 얻는 비결

우리가 알거니와 하나님을 사랑하는 자 곧 그의 뜻대로 부르심을 입은 자들에게는 모든 것이 합력하여 선을 이루느니라 _로마서 8:28

참 신앙의 기본적인 토대는 하나님의 주권을 믿고 아는 것입니다. 주님의 주권을 보지 못하면 하나님의 뜻을 발견할 수 없습니다. 또한 복음적으로 행동하지 못합니다. 그러나 하나님의 주권을 믿는 사람은 자신에게 일어나는 사건 속에서 하나님의 사랑과 거룩함의 역사를 보게 됩니다. "하나님을 사랑하는 자"는 태초부터 하나님의 영원한 사랑을 받아 하나님의 주권 가운데 거듭난 사람입니다. 이때 그들의 최고선은 "그 아들의 형상을 본받는 것"입니다. 이것이 거듭난 자에게 주어지는 가장 위대한 사명이며 축복입니다. 즉, 그들의 복은 이 세상에서 잘 먹고 잘사는 잠깐의 복이 아니라 "하나님의 아들 예수 그리스도의 형상까지 자라나는" 최고의 복입니다.

따라서 하나님은 우리가 그분의 아들을 본받도록 모든 일을 만드십니다. 그 속에는 비참, 슬픔, 고난이 있습니다. 아이러니하게도 많은 그리스도인이 고난을 통해서 주의 형상을 닮아갑니다. 우리는 '그 어떤 상황에서도' 주의 형상을 닮는 최고의 복을 얻어야 합니다. 그것이 하나님의 뜻입니다. 이를 인정하지 않으면 어떻게 될까요? 자신이 원치 않는 상황이 발생할 때, 하나님을 의심하고 원망할 것입니다. 나아가 하나님을 대적하며 다투게 됩니다.

성령의 사람은 성령을 따라 행동합니다. 또한 이 세상의 모든 사건과 만남을 그리스도를 닮도록 하는 하나님의 섭리로 압니다. 따라서 믿음의 사람은 언제나 위대한 유익을 얻습니다. 곧, 예수 그리스도의 형상을 닮습니다. 이런 사람이 복음의 사람입니다.

무거운 짐 진 자들아

수고하고 무거운 짐 진 자들아 다 내게로 오라 내가 너희를 쉬게 하리라 _마태복음 11:28

죄를 짓고 사는 사람은 인생이 무겁습니다. 자기 죄 때문에 힘들고 사회에 만연한 죄로 무겁게 살아갑니다. 오류와 분쟁, 그리고 미움과 거짓이 사회에 가득합니다. 또한 죄로 인한 저주로 아프고 지쳐 있습니다.

영혼이 지친 사람들은 교회를 찾습니다. 그러나 교회에서 더 상처를 받습니다. 위로와 쉼이 아닌 멍에를 메고 돌아옵니다. 서기관과 바리새인은 율법을 변질시키거나 부풀려서 많은 의무 조항을 만들었습니다. 그리고 그것을 지켜야 구원을 얻을 수 있다고 주장하였습니다. 하나님의 은혜 말씀을 멍에로 만들어 놓은 것입니다. 복음이 없는 교회도 마찬가지입니다. 이 교회는 참된 쉼이 아닌 종교적인 멍에를 사람들에게 씌우고 있습니다.

예수님께서는 죄의 사슬과 율법의 멍에에서 벗어나도록 참된 자유와 평안을 제시하셨습니다. 자유와 평안은 십자가와 성령의 능력 가운데 있습니다. 아무리 무겁고 힘든 멍에를 지더라도 성령은 우리 마음을 평안하게 합니다.

예수님은 누구시기에 이런 참된 쉼을 주시는 것일까요? 그는 하나님의 아들이십니다. 하나님께서는 그 아들 예수 그리스도에게 모든 권세와 나라를 주셨습니다. 그분에게는 모든 질병과 강건함, 육신과 영혼, 생명과 죽음, 복과 저주 등 모든 것을 다스리는 권세가 있습니다. 또한 그분만이 하나님께로 나아가는 유일한 길이며, 하나님에게서 내려오는 모든 위로와 안식과 평화와 영생을 나누어주시는 유일한 중보자이십니다.

삶의 궁극적인 의미

그는 구백삼십 세를 살고 죽었더라 _창세기 5:5

얼마 전에 납골당에 갔습니다. 유골함마다 언제 태어나 죽었는지 생몰 시기가 쓰여 있었습니다. 어떤 사람은 이 땅에서 20년, 어떤 사람은 50년, 또 어떤 사람은 80년을 살다가 세상을 떠났습니다. 네 살도 안 되어 죽은 어린아이도 있었습니다.

전도서 기자는 해 아래서의 삶은 의미가 없다고 노래합니다. 헛되고 헛되며 헛되고 헛되니 모든 것이 헛되다고 합니다. 전도서 기자는 최대의 부귀와 영광과 명예와 인기와 이 세상의 온갖 쾌락을 누려본 사람입니다. 그렇다면 그의 고백대로 해 아래서의 모든 수고가 헛되다는 말은 일리가 있을 것입니다.

그러나 우리에게는 해 위에서의 삶이 있습니다. 영생의 삶이 있습니다. 절대 헛되지 않은 영원한 보람과 의미가 있는 삶이 있습니다. 우리는 그리스도 안에서 성령을 통해 해 위에 있는 삶을 이 땅에서 누릴 수 있습니다. 우리는 먼지로 돌아가는 생명이 아닙니다. 영생의 근원인 예수 그리스도와 영원히 사는 사람들입니다.

아담은 930세를 누리고 죽었습니다. 하나님께서는 그에게 가죽 옷을 입히셨습니다. 비록 첫 아담은 실패했지만, 자신의 허리에서 언젠가 오실 둘째 아담을 바라보면서 메시아의 대속과 구속을 믿음으로써 그는 구원을 얻었습니다. 그 믿음을 갖고 사는 순간부터 그는 먼지로 돌아갈 인생에서 벗어났습니다. 하나님과 사랑하며 영생을 누리게 되었습니다.

의의 예복을 입으라

그리스도 예수 안에 있는 속량으로 말미암아 하나님의 은혜로 값없이 의롭다 하심을 얻은 자 되었느니라 _로마서 3:24

필자는 하나님을 믿음으로서 거룩해지기를 원합니다. 믿음으로 얻은 거룩은 하나님과 나를 연결하며 주님의 의를 얻게 합니다. 많은 사람이 왜 의에 이르지 못하는 것일까요? 자기 힘으로 거룩해지려 하기 때문입니다. 이런 의는 율법을 통한 의입니다. 믿음에 의한 의가 아닙니다. 이런 의는 구원에 이르지 못합니다. 구원을 얻게 하는 의는 "믿음을 통하여" 받는 것입니다. 하나님께서는 자신이 영적으로 가난하다는 것을 아는 사람에게 이 의를 선물로 주십니다. 그리스도께서는 예복을 입지 않고 왕 앞에 서 있는 자들에 대해 비유를 말씀하셨습니다. "이르되 친구여 어찌하여 예복을 입지 않고 여기 들어왔느냐 하니 그가 아무 말도 못하거늘 임금이 사환들에게 말하되 그 손발을 묶어 바깥 어두운 데에 내던지라 거기서 슬피 울며 이를 갈게 되리라 하니라"(마 22:12~13).

이 비유는 의의 예복을 입지 않은 사람이 어떤 비참함을 당할지 알려줍니다. 의의 예복을 입은 사람은 믿음으로 주의 의를 얻은 자입니다. 의의 예복을 입지 않았어도 이 땅에서 '성도'로 불릴 수 있습니다. 교회를 다니며 성경도 읽을 수 있습니다. 기도를 많이 하고 주의 이름으로 착한 일을 할 수도 있습니다. 그러나 그것은 하나님의 작품이 아닙니다. 인간의 작품일 뿐입니다. 의의 예복을 입은 사람은 전능하신 하나님의 작품입니다. 성령의 능력을 통해 믿음으로 예수 그리스도의 의를 "은혜로 값없이" 얻은 사람입니다.

당신은 의의 예복을 입고 있습니까?

길갈에 도달할 때

여호와께서 여호수아에게 이르시되 내가 오늘 애굽의 수치를 너희에게서 떠나가게 하였다 하셨으므로 그곳 이름을 오늘까지 길갈이라 하느니라 _여호수아 5:9

여호와를 바라보는 자들은 그들이 저지른 죄악에 대한 수치에서 벗어나는 날이 옵니다. 그들은 그날에 광야를 지나 약속의 땅에 들어갑니다. 이스라엘 자손이 길갈에서 처음 한 일은 유월절을 지키는 것이었습니다. 그들은 어린양의 피로 구원을 얻었고 죄악을 이겼으며 수치와 관련 없는 자리에 서게 되었습니다.

그리스도인의 특징은 거룩함입니다. 거룩함이란 죄악을 범하지 않는 것입니다. 죄성을 이기고 거룩 그 자체이신 예수 그리스도와 연합한 상태에 있는 것입니다. 즉, "내가 죽고 그리스도가 살아서" 그분의 거룩함이 나를 통해 나타나는 것입니다. 그리스도 안에 있는 연합의 삶은 내 의와 거룩을 나타나는 삶이 아니기에 더욱 예수 그리스도를 높이며 그분의 영광을 기리는 삶이 됩니다.

예수 그리스도의 보혈을 끝까지 의지하십시오. 보혈로 죄 사함을 받고 우리의 죄성이 제거됩니다. 그러면 어느 날 요단 강을 건너 길갈에 도착할 것입니다. 즉, 애굽의 수치, 말하자면 죄로 인한 수치에서 벗어나면, 보혈의 언약을 찬양하는 삶이 될 것입니다.

열매를 맺지 못하게 하는 것

바위 위에 있다는 것은 말씀을 들을 때에 기쁨으로 받으나 뿌리가 없어 잠깐 믿
다가 시련을 당할 때 배반하는 자요 … 이생의 염려와 재물과 향락에 기운이 막
혀 온전히 결실하지 못하는 자요 _누가복음 8:13~14

왜 우리는 말씀을 들으면서도 열매를 맺지 못할까요? 예수님께서
는 그 이유를 시련을 당할 때의 배반, 이생의 염려, 재물과 향락 때
문이라고 하셨습니다. 시련을 당할 때 배반하는 자는 어떤 사람입니
까? 바위 위의 얇은 흙처럼 감정적 흥분과 피상적인 열정으로 신앙
생활을 하는 사람입니다. 즉, 감정과 기분을 위해서 예배를 찾는 이
들입니다. 이런 사람들은 하나님의 말씀이 심령 깊이 뿌리를 내리지
못합니다. 그래서 어려운 일을 당하면, 하나님께 섭섭해 하고 하나
님을 원망하며 배반합니다.

이생의 염려는 세상에 속한 것들에 대한 염려입니다. 하나님을 불
신할 때 이생을 염려합니다. 이들은 말씀을 기억하기보다는 상황에
관심이 더 많습니다. 따라서 염려하는 동안 그들 마음에 말씀은 없
습니다. 염려하는 만큼 하나님의 말씀은 그들의 마음과 기억 속에서
사라집니다. 이들은 염려하기 때문에 말씀의 열매를 맺지 못합니다.

예수님은 사람이 재물과 하나님을 함께 섬길 수 없다고 하셨습
니다. 부자가 되려고 교회를 다닌다면, 그 사람은 하나님을 섬기
는 자가 아닙니다. 그런 마음이 있다면 하나님의 참된 말씀이 들
어갈 자리가 없습니다. 어리석은 부자(눅 12:16~21)와 부자 관원(눅
18:18~23) 사건이 이를 증명합니다.

검증된 바울의 복음

내가 이방 가운데서 전파하는 복음을 그들에게 제시하되 유력한 자들에게 사사
로이 한 것은 내가 달음질하는 것이나 달음질한 것이 헛되지 않게 하려 함이라
_갈라디아서 2:2

바울은 다메섹으로 가다가 부활하신 예수 그리스도를 만났습니
다. 그 후 다메섹과 아라비아에 3년간 머물면서 십자가의 도를 전합
니다. 그 기간에 그는 하나님과 예수 그리스도에게 복음의 계시를
받습니다. 이때 바울은 그리스도에게 받은 복음의 계시의 정통성을
확증합니다.

신명기에는 거짓 선지자를 자세하게 구분하고 있습니다(참조, 신
13장, 18장). 거짓 선지자는 하나님의 말씀과 반대되는 내용을 전합
니다. 기존의 말씀과 어울리지 않는 내용을 추가하거나 전혀 상반된
내용을 주장합니다. 그리고 성경의 하나님이 아닌 거짓 신을 소개하
며 사람을 미혹합니다. 사도 바울은 예수님과 3년 동안 함께했던 주
님의 제자들에게 자신이 받은 복음을 알리고 검증을 받습니다. 이에
제자들은 바울이 전하는 복음에 전혀 문제가 없음을 확인하고 그를
공식 사도로 인정합니다.

우리는 우리가 깨달은 것들에 대해 객관적인 확인을 받아야 합니
다. 어떻게 확인할까요? 참 교회가 남긴 바른 교리가 기준입니다.
정통의 교리는 한 사람의 작품이 아닙니다. 성령이 교회를 통해 만
든 작품입니다. 어떤 것이 진리인지 혼란스러운 이때 우리는 더욱
성경으로 돌아가야 합니다. 참 교회가 남겨 놓은 교리를 마음속 깊
이 간직해야 합니다.

하나님께서 의롭다고 여기는 사람

세리는 멀리 서서 감히 눈을 들어 하늘을 쳐다보지도 못하고 다만 가슴을 치며
이르되 하나님이여 불쌍히 여기소서 나는 죄인이로소이다 하였느니라 _누가복음
18:13

예수님께서 "독사의 자식들아, 뱀들아, 회칠한 무덤아"라고 질타
한 사람들이 있습니다. 그런데 그들은 사람들이 보기에 훌륭한 사람
들이었습니다. 도덕적이고 율법적이었습니다. 그들은 자신을 의롭
다고 믿고 있었습니다. 그들은 그들의 의로움에 도전하거나 그 명예
를 손상키는 사람들이 있으면 참지 못했습니다. 또한 자신보다 의
롭지 않다고 여기는 사람을 멸시했습니다. 주님께서는 어떤 사람을
높이실까요? 자신이 죄인임을 깨닫고 고백하는 사람입니다. 가슴을
치며 크게 후회하는 사람입니다. 모든 사람이 죄를 범해 하나님의
영광에 이르지 못하게 된 것을 알고 "주가 필요하다"고 외치는 사람
입니다. 우리는 모두 죄인입니다. 하나님은 예수 그리스도의 복음과
그분의 보혈의 공로와 능력을 믿고 외치는 자들을 높이십니다.

그분의 보혈로 우리 죄가 사해졌습니다. 그분의 보혈의 권능이 우
리 죄를 이기게 하셨습니다. 우리에게는 죄를 이길 힘이 없습니다.
그러나 보혈의 권능은 우리를 날마다 새롭게 합니다.

성도는 자신이 죄인임을 인정하고 날마다 회개하고 믿음 안에서
그리스도를 붙잡아야 합니다. 또한 성도 간에 서로 용납하고 날마다
거룩한 그리스도의 품성을 닮아가야 합니다.

마지막 말씀이신 예수 그리스도

이 모든 날 마지막에는 아들을 통하여 우리에게 말씀하셨으니 _히브리서 1:2

하나님 아버지께서는 아들을 통하여 말씀하십니다. 선지자나 조상을 통해 말씀하실 때도 사실은 주의 영이 그들에게 임한 것입니다. 그런 점에서 하나님께서 말씀하신 것과 같습니다. 하지만 예수 그리스도는 하나님의 최종 말씀입니다. 즉, 성경의 모든 내용이 예수 그리스도를 향해, 그분을 통하여, 그리고 그분에게서 나왔습니다.

히브리서 1장 전체는 하나님의 말씀을 인용해 예수 그리스도에 대해 언급합니다. 그 내용에 따르면 그리스도는 모든 창조의 상속자이십니다. 그분은 창조주이시지만 둘째 아담으로서 하나님과의 언약을 완성하셨기에 상속자가 되셨습니다. 예수 그리스도는 하나님의 영광을 나타내며 하나님의 본성을 그대로 보여줍니다. 피조물인 우리는 그리스도를 통해서 하나님이 어떤 분인지 압니다. 그리스도는 말씀으로 만물을 붙드십니다. 예수 그리스도를 믿는 자들은 만물을 붙드신 이의 품 안에 있는 자들입니다. 이 얼마나 안전하고 확실한 것입니까!

그분은 우리 죄를 깨끗게 하십니다. 죄의 문제가 해결되지 않은 이들은 완전하게 거룩하신 하나님과 함께할 수 없습니다. 주의 나라에 들어갈 수도 없습니다. 그러나 보혈은 죄의 문제를 해결합니다. 또한 성령의 역사는 죄성을 이기고 주의 생명으로 살아가게 합니다. 예수 그리스도는 하나님이십니다. 하나님이면서도 그 영광을 버리고 사람이 되시고 아버지 하나님을 순종하여 십자가에서 보혈을 흘리고 돌아가셨습니다. 이 사역을 감당하신 그분은 경배를 받아 마땅하신 하나님이십니다.

귀중히 여김을 받으라

인자와 진리가 네게서 떠나지 말게 하고 그것을 네 목에 매며 네 마음판에 새기라 그리하면 네가 하나님과 사람 앞에서 은총과 귀중히 여김을 받으리라 _잠언 3:3~4

사람들은 하나님과 하나님이 인정하는 사람들에게 인정받고 싶어 합니다. 하나님을 경외하는 자들에게 인정받는 것은 기분 좋은 일입니다. 나아가 하나님께 은총과 귀중히 여김을 받는다면 얼마나 큰 영광이며 복입니까?

잠언은 귀중히 여김을 받는 비결을 말합니다. 하나님을 경외하고 주께 충성하며 사람에게는 인애하라고 합니다. 개역개정성경은 "인자와 진리가 네게서 떠나지 말게 하라"고 합니다. 쉽게 말하면 하나님께 충성하고 사람들에게 자비와 친절을 베풀라는 뜻입니다.

솔로몬은 "인자와 진리"를 중요하게 여겼습니다. 그래서 "그것을 네 목에 매며 네 마음판에 새기라"고 당부합니다. 이는 인자와 진리를 내 마음과 삶에서 가장 소중히 여기며 생활하라는 뜻으로 이해할 수 있습니다. 물론, 이런 삶은 말씀을 따라 그리스도 안에서 성령의 능력으로 살아갈 때 자연스럽게 나옵니다.

우리는 인자와 진리를 꼭 붙든 삶을 살기 위해 예수 그리스도의 복음을 잘 이해하고 복음을 따라 살아야 합니다. 복음의 삶은 주 하나님께는 충성하고 사람들에게는 인애하는 삶을 사는 것이기 때문입니다. 하나님은 이런 삶을 사는 참된 성도를 하나님과 좋은 사람 앞에서 귀하게 여기십니다.

말씀과 기도로 악한 세대를 이기라

그리스도께서 하나님 곧 우리 아버지의 뜻을 따라 이 악한 세대에서 우리를 건지시려고 우리 죄를 대속하기 위하여 자기 몸을 주셨으니 영광이 그에게 세세토록 있을지어다 아멘 _갈라디아서 1:4

성경은 현재의 하늘과 땅의 세대를 "악한 세대"라고 합니다. 예수님께서도 우리가 사는 세대를 '악한 세대'라고 정의하시며 이 세대가 표적을 구한다고 말씀하셨습니다(참조. 눅 11:29~30). 표적을 구하는 것은 나를 위해 하나님의 특별한 기적을 기대하는 것입니다. 즉, 악한 세대는 하나님의 역사로 내 욕구를 채우려 합니다. 그러나 하나님 나라는 내 욕구가 죽고 주님의 뜻이 이루어지길 바랄 때 임합니다.

하나님은 하나님의 자녀를 악한 세상과 세대에서 구원하기 위해 아들을 우리에게 주셨습니다. 하나님의 아들이신 예수님께서는 이 땅에 오셔서 우리 죄를 대속하셨습니다. 그러므로 성도는 악한 이 세대를 거슬러 살아야 합니다(참조. 롬 12:2). 악한 이 세대를 본받지 않기 위해서는 세상에 속한 것들 욕망하지 않아야 합니다. 우상이 없어야 합니다. 우리 소망은 이 세대가 아닙니다. 다음 세대, 즉 새 하늘과 새 땅입니다. 즉, 부활의 소망이 있어야 합니다. 또한 현실을 사는 힘도 내게 있지 않고 성령의 역사에 있음을 깨달아야 합니다. 그래야 말씀과 기도로 이 악한 세대를 이길 수 있습니다.

복음을 깨달으면 깨달을수록 이 세대가 악하다는 것을 압니다. 그리고 내세를 바라보게 됩니다. 우리가 이 악한 세대를 사는 이유는 오직 하나님 나라와 그분의 뜻을 드러내기 위해서입니다. 그러므로 십자가에서 우리 죄를 대속하신 예수님의 뜻을 알아야 합니다. 그리고 그 뜻에 온 마음을 다해 충성해야 합니다.

하나님께서 제일 싫어하시는 것

바아사가 여호와 보시기에 악을 행하되 여로보암의 길로 행하며 그가 이스라엘
에게 범하게 한 그 죄 중에 행하였더라 _열왕기상 15:34

하나님께서는 여로보암 왕을 미워하셨습니다(왕상 16:2; 왕상 16:19; 왕상 22:52). 위 구절은 바아사의 부패와 악함을 "여로보암의 길로 행하며"라고 표현하고 있습니다. 여로보암이 어떤 길을 갔길래 이런 표현을 썼을까요?

여로보암 왕은 북이스라엘 사람들이 예루살렘에서 제사를 드리다가 남유다로 귀환할지도 모른다는 두려움 때문에 우상을 만들었습니다. 그는 "이는 너희를 애굽 땅에서 인도하여 올린 너희 신"이라하며 금송아지를 만들었습니다. 또한 제멋대로 절기를 정하여 제사를 지내고 제사장을 임의로 세웠습니다. 즉, 하나님께서 가장 싫어하는 우상숭배와 혼합주의와 배도의 길을 걸은 것입니다.

하나님은 마음과 뜻과 힘을 다하여 여호와 하나님을 사랑하고 섬기기를 원하십니다(신 6:6). 반면, 하나님은 다른 신을 좇고 우상을 만드는 것을 가장 싫어하십니다. 하나님은 사람들이 우상을 만들어 섬길 때 진노하셨습니다. 바울은 우상 뒤에는 악령의 세계가 있다고 알려줍니다(고전 10:19~21). 그러므로 벨리알과 그리스도를 함께 섬길 수 없고 이방 신들과 하나님을 함께 섬길 수 없습니다(고후 6:14~18).

혼합주의는 우상과 함께합니다. 종교 다원화는 주 하나님께서 가장 싫어하시는 배도의 죄악입니다. 우리는 성령 안에서 더욱 마음과 정성을 다해 하나님과 예수 그리스도만을 사랑하며 의지해야 할 것입니다.

하나님의 평가를 의식하는 삶

다만 나를 심판하실 이는 주시니라 _고린도전서 4:4

사람은 자기 자신을 세 가지 관점에서 평가합니다.

첫째, 다른 사람을 의식하는 관점입니다. 다른 사람이 나를 어떻게 생각하는지에 대해 민감합니다. 칭찬을 받으면 좋아하고 비난을 당하면 우울해 합니다. 그가 수고하는 이유는 사람들에게 칭찬을 받기 위해서입니다. 이런 삶은 자기 자신의 삶을 사는 것이 아닙니다. 둘째, 자신이 기준입니다. 이런 사람은 교만 또는 자학으로 치닫기 쉽습니다. 이들은 자신의 죄와 연약함에 대해서는 너그럽지만 다른 사람들에게는 매우 엄격합니다. 자신과 다를 때, 강렬하게 비난합니다. 무엇이든지 자기중심적이며 이기적입니다. 권위를 쉽게 업신여기며 착각을 잘합니다. 라오디게아 교인은 자신들을 대단하게 여겼습니다. 그러나 하나님이 보시기에 그들은 가난하고 눈멀고 벌거벗은 비참한 이들이었습니다. 셋째, 하나님의 평가를 의식하는 삶입니다. 그분의 평가 기준에 맞춰 살려고 합니다. 이때 하나님의 평가는 객관적이며 절대적입니다. 그 기준은 흔들리지 않습니다. 이렇게 사는 사람은 하늘의 평강을 누리며 기쁨을 소유합니다.

바울은 하나님의 평가에 예민했습니다. 그는 이렇게 고백합니다. "이제 후로는 나를 위하여 의의 면류관이 예비되었으므로 주 곧 의로우신 재판장이 그날에 내게 주실 것이며 내게만 아니라 주의 나타나심을 사모하는 모든 자에게도니라"(딤후 4:8). 얼마나 당당하고 멋집니까! 하나님의 평가 기준을 의식하며 살아가길 바랍니다.

성도는 어떻게 살아야 하나?

양들의 큰 목자이신 우리 주 예수를 영원한 언약의 피로 죽은 자 가운데서 이끌어 내신 평강의 하나님이 모든 선한 일에 너희를 온전하게 하사 … 우리 가운데서 이루시기를 원하노라 _히브리서 13:20~21

히브리서 저자는 성도가 어떻게 살아야 하는지를 알려줍니다. 그리스도 안에서 믿음의 형제들을 사랑하고 나그네를 대접하라고 합니다. 지금 시대로 말하면 약자를 대접하라는 뜻입니다. 복음을 전하다가 옥에 갇힌 자, 즉 믿음으로 고난 당하는 자들을 기억하십시오. 결혼을 귀히 여기고 침소를 더럽혀서는 안 됩니다. 돈을 사랑하지 마십시오. 돈을 쌓지 말며 또한 돈 때문에 염려하지 마십시오. 사람을 두려워하지 마십시오. 사람을 두려워할 때 우리는 믿음을 잃게 됩니다. 바른 복음을 전하는 영적 지도자를 기억하며 그들의 신학과 삶을 배우십시오. 성경에서 벗어난 교훈이나 운동을 따르지 마십시오. 특히 율법주의나 영지주의(금욕주의)를 경계해야 합니다. 율법주의와 영지주의는 이단의 뿌리입니다.

예수님은 그의 백성을 거룩하게 하려고 십자가에서 보혈을 흘리셨습니다. 거룩한 생명을 얻은 우리는 그에 걸맞게 살아야 합니다. 우리는 살아가면서 예수님의 십자가 희생을 기억해야 합니다. 하나님께 찬송하고 믿음으로 예수 그리스도와 연합해야 합니다.

하나님은 이웃의 필요를 채워주는 사랑의 삶을 기뻐하십니다. 형제에게 더욱 선을 베풀어야 합니다. 주께서 세우신 복음의 사역자와 관계가 좋아야 합니다. 우리 힘으로는 이렇게 살지 못합니다. 오직 십자가의 도인 복음의 능력으로만 그렇게 살 수 있습니다.

삭개오처럼 아름답게 변하라

삭개오가 서서 주께 여짜오되 주여 보시옵소서 내 소유의 절반을 가난한 자들에게 주겠사오며 만일 누구의 것을 속여 빼앗은 일이 있으면 네 갑절이나 갚겠나이다 _누가복음 19:8

예수님을 만나기 전 삭개오는 사람들의 재물을 착취하며 살았습니다. 물질 때문에 다른 사람과 다투고 이웃에게 해를 끼치는 사람이었습니다. 그런 삭개오가 예수님을 만났습니다. 군중 속에서 주님을 만난 것이 아니라 자기 집에서 예수님을 영접하며 개인적으로 만났습니다.

예수님께서도 삭개오를 구원하기 위해 여리고를 지나가셨습니다. 예수님은 삭개오의 이름을 부르시고 삭개오의 집에 거하시겠다고 말씀하셨습니다. 그 말씀을 들은 삭개오는 급히 뽕나무에서 내려와 기쁨으로 예수님을 영접했습니다. 예수님을 개인적으로 만난 삭개오는 가치관과 삶이 바뀌었습니다.

많은 사람이 교회를 다닙니다. 그러나 예수님을 개인적으로 만난 사람은 정작 많지 않습니다. 예수님을 개인적으로 만난 사람은 삭개오처럼 삶이 변합니다.

변화된 삭개오는 그동안 자신이 추구하고 손에 쥐고 놓지 않으려 했던 것들을 가볍게 여기게 되었습니다. 이제 그는 돈, 명예, 권력이 중요하지 않았습니다. 진정한 복을 발견한 삭개오는 착취와 축적의 인생을 버리고 함께 나누는 삶을 시작합니다. 소유의 절반을 가난한 자들에게 주고 토색(討索)한 것이 있다면 네 배를 갚겠다고 결심합니다. 그는 정직한 삶을 살기 시작했습니다. 당신은 예수님을 만난 후 어떻게 아름답게 변했습니까?

영생의 삶을 살고 있는가?

또 증거는 이것이니 하나님이 우리에게 영생을 주신 것과 이 생명이 그의 아들 안에 있는 그것이니라 _요한일서 5:11

예수님은 죄인과 병든 자를 위해 이 땅에 오셨습니다. 따라서 주님이 머리가 되시는 교회는 영적인 병원과 같습니다. 영적인 환자는 예수님께 치료를 받습니다. 주님은 자신이 죄인임을 인정하는 자들을 치료하십니다. 건강한 신앙생활이 되려면 교회를 통해 '죄'라는 병을 고쳐야 합니다. 또한 교회는 복음의 능력으로 죄인을 치유할 수 있어야 합니다.

요한은 믿는 자 안에 영생이 있음을 최선을 다해 알렸습니다. 영생은 예수 그리스도의 생명입니다. 신앙생활이란 교회와 관련된 삶만이 아닙니다. 우리의 모든 생활을 의미합니다. 만일 예수님의 생명으로 살지 않으면 우리 안에는 옛사람이 삽니다. 옛사람이 죽지 않으면 신앙생활은 옛사람의 종교생활로 대치됩니다. 이때 우리의 삶은 위선적이게 됩니다. 회개란 나도 모르게 옛사람으로 살던 시간을 깨닫고 옛사람을 십자가에 못 박는 것입니다. 기도는 나를 죽이고 예수님의 생명으로 살려는 갈등이요 고백입니다. 예배란 내가 죽고 내 안에 예수님의 생명이 살아나는 은혜를 체험하는 시간입니다. 헌신은 나를 죽이고 예수님의 생명으로 사는 삶입니다. 예수님을 믿는다는 것은 우리 안에 예수님이 계시다는 사실을 알고 그분께서 나 대신 살게 하는 것입니다. 나를 죽이고 우상을 제거하며 예수 그리스도만을 우리 왕으로 모시는 삶을 삽시다.

주의 손길만을 의지하며

*다윗과 그의 추종자들이 길을 갈 때에 시므이는 산비탈로 따라가면서 저주하고
그를 향하여 돌을 던지며 먼지를 날리더라 _사무엘하 16:13*

시므이는 상황에 따라서 하나님의 뜻을 판단했습니다. 그는 다윗이 고통을 당하고 부끄럽게 되자 여호와께서 다윗을 버리셨다고 판단합니다. 다윗을 질투하고 미워했던 시므이는 다윗이 힘을 잃자 당장 그 앞에 나타나 그를 저주하고 고통을 주었습니다. 비방도 서슴지 않았습니다. 이때 다윗은 그가 가진 권력으로 시므이를 제거할 수 있었습니다. 그러나 다윗은 그 상황을 하나님께서 허락하셨다고 여기고 자신을 낮추었습니다. 자기가 지은 죄의 결과에 대해 책임지려는 겸손함을 보여주었습니다. 다윗은 다음과 같은 생각으로 하나님을 기쁘게 했습니다. "저 시므이가 나를 저주하는 것은 여호와께서 허락하신 것이 아니겠는가? 내 삶을 돌아보며 내 죄악을 기억할 때 이런 모욕을 당하는 것이 마땅하다. 내가 가장 믿던 자들마저 나를 배신하고 죽이려 하는데 원래 원수였던 시므이가 나를 저주하는 것은 당연하니 내버려두고 참자. 주께서 나의 원통함을 감찰하셔서 선으로 내게 갚아주시리라."

예수님은 이 세상에서 가장 원통하고 불의한 사건을 당했습니다. 그러나 하나님만 의지하고 모든 것을 참으셨습니다. 십자가 이후 부활처럼, 억울한 일을 당한 후에는 진정한 열매와 영광이 반드시 기다리고 있습니다. 살아가면서 억울한 일을 당할 때, 다윗과 같은 자세로 대처하길 바랍니다. 그러면 하나님께서는 우리를 영화롭게 하시고 세우십니다. 그리고 복음을 알지 못하고 미움과 질투 속에서 저주하던 자들을 부끄럽게 하실 것입니다.

중보자이신 예수님

하나님은 한 분이시요 또 하나님과 사람 사이에 중보자도 한 분이시니 곧 사람
이신 그리스도 예수라 _디모데전서 2:5

많은 사람이 '도덕적인' 차원에서 타락을 말하지만, 성경은 '하나
님 말씀에서 벗어난 신앙'을 타락이라고 말합니다. 성경은 아론의
금송아지 사건과 여로보암의 금송아지 사건을 타락의 표본으로 언
급합니다. 성경은 아담이 타락한 이후 중보자 없이 하나님을 만나
려는 신앙을 가증하다고 하였습니다(신 18:9~15). 그래서 하나님께
서는 주의 백성이 참된 중보자인 메시아를 기다리게 하셨습니다. 우
리는 하나님께 나아가는 예배, 기도, 말씀, 찬양 등 모든 신앙의 행
위 속에서 예수 그리스도와 그분이 행하신 구속 사역을 의지해야 합
니다.

하나님께서는 예수 그리스도가 중보자가 되시는 기도를 받으십니
다. 갈멜 산에서 바알 선지자들이 어떻게 기도했습니까? 그들은 자
기 몸을 자해하면서까지 간절하게 울부짖으며 기도하였습니다. 살
아 계신 하나님은 그들의 기도를 가증하게 여기셨습니다. 하나님께
서 세우신 중보자를 통하지 않았기 때문입니다. 예수 그리스도만이
우리의 중보자이십니다(롬 5:10). 이런 관점에서 기독교가 타락하고
있습니다. 중보자가 없는 종교가 되고 있습니다. 이는 예수 그리스
도와 복음의 힘을 잃어가게 합니다. 물론 형식적으로는 예수님과 그
분의 보혈을 외치지만 새 언약에 대한 이해와 주 예수님을 향한 인
격적인 믿음이 빠져 있습니다. 복음을 잃고 종교 다원화에 휩쓸리는
타락한 기독교를 보며 우리는 애통해하면서 참 복음이 이 땅에 넘치
도록 기도해야 할 것입니다.

거룩한 삶은 무엇인가?

그런즉 너희가 먹든지 마시든지 무엇을 하든지 다 하나님의 영광을 위하여 하라 _고린도전서 10:31

거룩한 삶은 무엇입니까? 그리스도의 말씀과 생명이 우리를 다스리는 삶입니다. 다르게 표현하면 말씀과 성령이 우리를 주관하는 삶입니다. 말씀에 순종하고 성령을 따르는 것이 거룩한 삶입니다. 거룩한 삶은 생활 속에서 어떻게 나타날까요? 시간과 돈, 재능, 직장, 은사, 대인관계, 문화, 정치 등을 어떻게 관리하느냐로 드러납니다. 그런 점에서 거룩한 삶은 그리스도를 내 인생의 주인으로 인정하는 것입니다.

돈과 시간은 인생에서 매우 중요합니다. 돈과 시간은 재능, 직장, 은사, 대인관계, 문화, 정치 등과 연관되어 있습니다. 나의 시간과 돈을 주께 온전하게 드린다면 내 삶을 주께 드리는 거룩한 삶이 될 것입니다.

하나님의 말씀이 우리를 다스릴 때 우리는 우리의 시간과 주님이 주신 재능, 돈, 은사를 오직 주의 영광과 나라를 위해 사용하게 됩니다. 직장에서 성실하게 일하고 여러 사람과 어울리면서 주의 영광을 나타내며 나의 시간과 물질을 주를 위해 사용하게 됩니다.

또한 거룩한 삶은 하나님을 사랑하기 때문에 주의 영광을 위해 나의 시간과 자원을 이웃을 위해 사용합니다. 거룩한 삶은 그리스도의 구속의 능력에 의해 이웃을 향한 구체적인 사랑으로 나타납니다. 더 나아가 하나님 나라가 이 땅에 임하도록 애씁니다.

죽으면 죽으리라

우리는 우리 자신이 사형선고를 받은 줄 알았으니 이는 우리로 자기를 의지하지 말고 오직 죽은 자를 다시 살리시는 하나님만 의지하게 하심이라 _고린도후서 1:9

하나님께서 우리에게 어려움을 주시는 이유는 하나님만 의뢰하게 하기 위함입니다. 고난을 겪을 때 하나님의 의도를 알면 우리는 영적으로 성장합니다. 바울은 사형선고를 받았다는 자세로 모든 것을 내려놓았습니다. 그는 죽음 앞에서 주님만을 의뢰하며 부활을 바라보았습니다. 죽고 사는 문제를 주님 손에 맡겼습니다. 이것이 믿음의 자세입니다. 하나님께서는 이런 믿음을 보시고 역사하십니다. 바울은 자신이 죽을지도 모른다고 생각했지만 하나님께서는 바울을 건지시고 위대한 사역을 맡기셨습니다. "그가 이같이 큰 사망에서 우리를 건지셨고 또 건지실 것이며 이후에도 건지시기를 그에게 바라노라"(고후 1:10).

고난을 겪을 때 "죽으면 죽으리라"는 마음으로 더욱 주의 뜻을 분별하십시오. 어려울 때일수록 더욱 성실과 진실함으로 주께 나가십시오. 궁핍할수록 더욱 나누십시오. 하나님이 기뻐하시는 일들에 더욱 힘쓰십시오.

하나님은 믿음을 기뻐하십니다. 하나님은 주를 신뢰하는 자를 결단코 실망하게 하지 않으십니다. 어려운 때에 자신을 돌아보아 죄가 있으면 회개하고 하나님의 깊은 뜻을 헤아리고 더욱 주님을 신뢰하십시오. 미래가 나아질 것이라는 막연한 믿음이 아니라 사형선고 앞에서라도 의연해지십시오. 주님을 향한 충성으로 하나님께 나아가십시오. 그때 하나님께서는 우리 믿음에 감동하셔서 우리를 통해 일하십니다.

조급하지 말고 영원에서 보아라

우리가 알거니와 하나님을 사랑하는 자 곧 그의 뜻대로 부르심을 입은 자들에게는 모든 것이 합력하여 선을 이루느니라 _로마서 8:28

지금 일어나는 사건들에 관해 나는 다 알 수 없으나 한 가지 사실을 알고 있습니다. 하나님께서 주의 선하신 뜻을 이루기 위해 모든 일을 허락하셨다는 것입니다. 조급한 사람은 문제를 일으키기 쉽습니다. 어리석고 흐릿한 눈으로 사건을 보고 경솔하게 판단합니다. 그러나 믿음 안에서 우리는 하나님의 안경을 끼게 됩니다. 그 안경은 영원에서 볼 수 있는 능력을 줍니다. 이 안경을 끼고 사건을 보면, 바울처럼 "하나님을 사랑하는 자 곧 그 뜻대로 부르심을 입은 자들에게는 모든 것이 합력하여 선을 이룬다"라고 고백하게 됩니다.

죄로 가득 찬 허망한 세상에서 우리가 믿을 수 있는 유일한 것은 무엇입니까? 우리에게 소망을 주는 것은 무엇입니까? 그것은 우리를 향한 하나님의 선한 계획입니다. 우리는 우리에게 일어나는 사건을 모두 이해할 수 없습니다. 하지만 하나님의 선하심, 이 한 가지를 믿고 살면, 어떤 상황에서도 목표를 잃지 않고 가장 기쁘고, 가치 있으며, 보람된 삶을 살아갈 수 있습니다.

오늘 하루가 내 뜻대로 되지 않아도 낙심하지 마십시오. 일이 잘 된다고 신나서 들뜨지 마십시오. 언제나 하나님을 사랑하며 순종한다면 모든 것이 합력하여 선을 이룰 것입니다. 절대 조급하지 마십시오.

성경에 무지하면

네 시작은 미약하였으나 네 나중은 심히 창대하리라 _욥기 8:7

인간의 욕망을 달래기 위해 왜곡되게 쓰이는 성경구절이 있습니다. 위 구절이 그럴 것입니다. 무지한 많은 교회가 위 구절을 교회 정문에 붙여놓았고, 무지한 성도 역시 기념패나 부적처럼 위 구절을 액자로 만들어 집 안이나 회사 사무실 벽에 걸어놓고 있습니다. 하지만 위 구절은 빌닷이 욥에게 지은 죄를 시인하도록 강요하는 과정에서 나오는 말입니다. 악의에 차서 하는 말입니다. 빌닷 뒤에는 사탄이 도사리고 있습니다. 사탄은 욥이 하나님을 불의하게 여겨 저주하게 하는 것이 목적입니다. 이를 위해 마귀는 욥의 아내를 사용합니다. 욥의 아내는 욥에게 "당신이 그래도 자기의 온전함을 굳게 지키느냐 하나님을 욕하고 죽으라"(욥 2:9)라고 말하며 하나님을 저주하도록 부추깁니다. 그러나 욥은 믿음의 정절을 지킵니다. 욥기 3장부터 31장까지는 세 친구가 등장하여 욥이 하나님을 저주하도록 끈질기게 설득합니다.

빌닷은 욥에게 "네 더러운 죄를 자백하라"라고 다그칩니다. 심지어 욥의 자녀가 죽은 것은 욥의 죄 때문이라고 강조합니다(참조, 욥 8:1~7). 이때 만일 욥이 빌닷이 실제로 하나님을 대표하고 있다고 믿었다면 하나님을 향해 어떤 마음이 들었을까요?

"네 시작은 미약하였으나 네 나중은 창대하리라"는 빌닷의 말은 하나님에게서 나온 말이 아닙니다. 욥의 진실함을 무너뜨려 하나님을 저주하게 하려는 사탄의 음성입니다. 그런데도 많은 교회와 가정이 이 구절은 성공을 위해 강조하고 있다고 믿으니 유감입니다. 이것은 우리가 사욕을 위해 신앙생활을 한다는 것과 성경에 무지하다는 것을 보여줍니다.

머리 되신 예수 그리스도께 붙어 있어라

머리를 붙들지 아니하는지라 온몸이 머리로 말미암아 마디와 힘줄로 공급함을 받고 연합하여 하나님이 자라게 하시므로 자라느니라 … 지혜 있는 모양이나 오직 육체 따르는 것을 금하는 데는 조금도 유익이 없느니라 _골로새서 2:19, 23

개정개역성경에서 "육체"라고 번역한 원어는 '사르코스'입니다. '죄성'이라고 보면 됩니다. 바울은 골로새서에서 철학, 율법, 사상, 훈련, 체험, 금욕 등 인간이 할 수 있는 모든 것을 나열합니다. 그러나 이것들은 '죄성'을 없애는 데 전혀 도움이 되지 않습니다. 이 땅에서 살아갈 때 우리는 거룩해져야 합니다. 거룩이란 그리스도의 생명을 받아 그리스도의 분량까지 성장하는 것을 말합니다. 머리 되신 예수님께 은혜와 생명력을 받아 우리의 속사람이 강건해지고 우리 안의 죄성을 제거해 그리스도의 장성한 분량까지 자라는 것을 의미합니다.

신앙생활을 수십 년 해도 여전히 죄성이 있습니다. 더욱 악해지는 교인도 많습니다. 왜 그럴까요? "오직 죄성을 제거하는 길"이신 예수 그리스도와 연결되지 못하고 엉뚱한 종교 행위만 하기 때문입니다. 고해성사, 성체성사, 신사도 운동의 거짓 영 체험, 예언운동, 관상기도, 제자훈련, 믿음훈련, 극기, 도닦기, 적극적인 사고방식, 세상 철학, 공동체훈련 등 어떤 것을 해도 죄성은 사라지지 않습니다. "머리 되신 예수 그리스도께 붙어 있는 것"으로만 죄성이 사라집니다. 머리 되시는 예수 그리스도의 보혈로부터 흐르는 생명의 샘인 은혜를 받는 방법밖에 없습니다. 십자가의 대속만이 은혜의 샘입니다. 피 흘리신 어린양, 그의 보좌에서 흘러나온 은혜와 성령이 우리를 거룩하게 합니다.

예배에 관한 올바른 자세

하나님은 영이시니 예배하는 자가 영과 진리로 예배할지니라 _요한복음 4:24

    예배는 하나님 중심이어야 합니다. 사람을 기쁘게 하고 흥이 나게 하는 예배는 참예배가 아닙니다. 하나님은 찬양이 있는 제사를 기뻐하십니다. 그러나 찬양이 사람 중심이 되면 문제가 일어납니다. 구약을 보면 예배는 하나님이 명하신 방법에 따라 하나님 중심으로 드려야 했습니다. 구약 시대 선지자들은 이스라엘 백성이 타락한 예배를 드리는 것을 경고했습니다. 그들은 마음과 정성이 없는 예배에 대해 경고했습니다.

    하나님께서 요구하시는 거룩은 인간의 능력으로 다다를 수 없습니다. 조금의 흠도 없는 어린양의 보혈만이 하나님의 거룩을 만족하게 합니다. 따라서 예배와 찬양과 예배자의 마음에는 주의 보혈이 있어야 합니다. "큰 음성으로 이르되 죽임을 당하신 어린양은 능력과 부와 지혜와 힘과 존귀와 영광과 찬송을 받으시기에 합당하도다 하더라"(계 5:12).

    나아가 우리 영이 성령께 사로잡혀야 합니다. 예배는 그리스도의 보혈을 통한 하나님과의 진정한 교제입니다. 그 교제는 성령 안에서만 가능합니다. 따라서 보혈과 성령을 의지하는 것이 예배자들의 가장 중요한 자세입니다. 성도를 의식하는 교회는 타락하게 됩니다. 이런 교회는 사람 비위를 맞추려 노력하는 세상 종교와 닮아 있습니다. 하나님이 기뻐하시는 교회가 되기 위해 우리는 정성과 두려움과 겸손과 사랑으로 나가야 합니다. 하나님의 거룩하심과 그 존귀하심 앞에서 오직 예수 그리스도의 십자가만을 의지해야 합니다. 그리고 겸손한 마음으로 예배드려야 합니다.

바른 영성의 개념

오직 우리 주 곧 구주 예수 그리스도의 은혜와 그를 아는 지식에서 자라 가라
_베드로후서 3:18

기독교 서점에 가보면 영성을 주제로 한 책이 많습니다. 영성훈련센터도 전국 곳곳에 있습니다. 그런데 대부분이 금욕주의적인 삶을 영성으로 이해하는 경우가 허다합니다. 이것은 영지주의적이고 플라톤적인 개념입니다. 성경은 이런 영성을 마귀적인 개념이라고 말합니다(딤전 4:1~3).

어떤 사람은 영성운동을 한다면서 명상을 합니다. 자신의 내면을 살피기 위해 오랜 시간 자신에게 집중합니다. 요가의 명상기도를 응용하기도 합니다. 이런 것은 성경이 말하는 영성과는 거리가 멉니다. 오히려 사탄의 역사로 이어질 위험이 있습니다.

영성이란, 내 안에 계신 예수 그리스도께서 나 대신 살아가고 나는 예수 그리스도를 닮아가는 것입니다. 즉, 영성은 어떤 종교적 분위기나 행위가 아닙니다. 종교적 감상은 더더욱 아닙니다. 살아 계신 예수 그리스도와 인격적으로 교제하면서 내 인격과 삶이 변하는 것, 그것이 영성입니다. 이를 위해 우리는 나 자신을 십자가에서 죽여야 합니다. 그리고 부활하신 예수님께서 내 안에 오셔서 다스리게 해야 합니다. 우리는 그분이 나 대신 사시도록 자신을 부인하고 주께 순종해야 합니다. 그때 우리는 그리스도의 형상을 닮아가게 됩니다. 이것이 영성이 추구하는 목표입니다.

기록된 말씀에서 벗어나지 말라

이는 너희로 하여금 기록된 말씀 밖으로 넘어가지 말라 한 것을 우리에게서 배워 서로 대적하고 교만한 마음을 가지지 말게 하려 함이라 _고린도전서 4:6

하나님께서는 주의 백성을 위해 완성된 작품을 처음부터 마음에 품으셨습니다. 성경 66권이 바로 그 작품입니다. 주의 계시는 언제나 구속 사역과 관련되어 있습니다. 성경은 예수 그리스도를 통한 구속을 위해 기록된 책입니다.

성경에는 "기록된 바", "기록된", "기록된 말씀"이라는 표현이 많습니다. 예수님께서도 마귀를 대적하실 때 "기록된 바"라고 말씀하셨습니다. 오늘 바울은 기록된 말씀 밖으로 넘어가지 말라고 합니다. 사도 요한도 기록된 말씀에서 벗어나면 멸망의 길을 갈 것이라고 경고했습니다. "만일 누구든지 이것들 외에 더하면 하나님이 이 두루마리에 기록된 재앙들을 그에게 더하실 것이요 만일 누구든지 이 두루마리의 예언의 말씀에서 제하여 버리면 하나님이 이 두루마리에 기록된 생명나무와 및 거룩한 성에 참여함을 제하여 버리시리라"(계 22:18~19).

바울은 기록된 말씀에서 벗어나 말하는 것을 교만이라고 지적합니다. 교만으로 교회 안에 분쟁과 다툼이 일어납니다. 마귀는 하나님의 기록된 말씀에서 벗어나 다른 말을 더하거나 뺍니다. 성경의 절대성을 인정하지 않는 것은 교만이며 마귀의 일이 확실합니다. 절대 기록된 말씀인 성경에서 벗어나지 마십시오.

예수님의 제자가 된다는 것

무릇 내게 오는 자가 자기 부모와 처자와 형제와 자매와 더욱이 자기 목숨까지 미워하지 아니하면 능히 내 제자가 되지 못하고 누구든지 자기 십자가를 지고 나를 따르지 않는 자도 능히 내 제자가 되지 못하리라 _누가복음 14:26~27

신앙에서 가장 큰 원수는 우상입니다. 사람이든 물건이든 예수님보다 앞선 것은 신앙의 원수입니다. 주님을 따르는 것을 막는 애착을 잘라내지 못하면 온전한 신앙생활을 할 수 없습니다. 영적으로 성장하지도 못합니다. 신앙의 핵심은 어떤 법을 정해 놓고 그 법을 자신의 힘으로 따르는 것이 아닙니다. 신앙의 힘은 오직 예수 그리스도의 인격을 의식하면서 그분께 내 마음과 삶을 드리는 데 있습니다.

예수님의 제자가 된다는 뜻은 무엇입니까? 예수 그리스도의 주되심을 인식하고 자발적으로 주를 사랑하며 순종하는 것입니다. 안타깝지만 우리는 이런 마음을 스스로 가질 수 없습니다. 인간의 본성은 예수님을 결단코 사랑하지 않습니다. 성령께서 우리 마음에 주를 향한 사랑의 마음을 채워 넣어 주셔야 합니다. 예수님의 온전한 제자인지는 내 마음에 예수님을 향한 뜨거운 감사와 사랑이 있느냐로 확인할 수 있습니다. 사랑의 마음이 없는 충성과 열심은 예수님을 위한 것이 아닙니다. 사탄에게 속기 쉬운 열심이 됩니다. 그러므로 우리는 성령을 구해야 합니다. 기도를 통해 성령의 부으심을 간절히 구하고 예수님을 향한 뜨거운 사랑을 유지해야 합니다. "하물며 너희 하늘 아버지께서 구하는 자에게 성령을 주시지 않겠느냐" (눅 11:13).

오직 믿음!

복음에는 하나님의 의가 나타나서 믿음으로 믿음에 이르게 하나니 기록된 바
오직 의인은 믿음으로 말미암아 살리라 함과 같으니라 _로마서 1:17

성경은 오직 믿음을 말합니다. 물론 믿음의 대상은 하나님과 그의
아들 예수 그리스도입니다. 성경은 오직 믿음으로만 참된 행동이 나
온다고 말씀합니다. 생명의 행동이 믿음에서 나온다고 말씀합니다
(갈 5:6). 인간의 썩고 더러운 의가 아닌 예수 그리스도의 거룩한 의
가 흘러나옵니다. 인간이 자기 힘으로 의를 이룰 수 있다면 십자가
사건은 너무나도 헛된 죽음입니다. 인간은 구원에 이르는 의를 이룰
수 없습니다. 오직 예수님을 믿어야 구원을 얻습니다. 그 외에는 생
명의 역사가 나타나지 않습니다.

다른 사람들의 부패를 지적하다가 복음에서 멀어지는 사람들이
많습니다. 부패를 지적하며 분노하면서 복음을 더욱 붙들도록 격려
하면 얼마나 귀하겠습니까? 그런데 안타깝게도 마귀에게 속아서 인
간의 의를 강조하는 운동을 펼칩니다. 불의에 분노하던 자들은 어떤
운동이 등장하면 '와' 하고 외치며 따라갑니다. 그러나 실제는 참된
복음에서 떠나고 있는 것입니다. 마음을 항상 지켜야 합니다. 내 마
음을 오직 주께 드리고 사랑 안에 머물고 있습니까? 오직 그분의 사
랑 외에는 참된 거룩함과 의가 나타날 수 없음을 인정합니까? 생명
의 역사는 가난한 마음이 되어 주를 붙드는 자들에게만 나타납니다.
이 사실을 잊지 마십시오. 종종 교회의 부패를 지적하며 정의를 외
치는 자들이 있습니다. 이들이 오히려 염려스러울 때가 많습니다. 인
간의 힘으로 사회 정의를 이룰 수 있다고 착각하기 때문입니다. 가장
무서운 복음의 원수가 바로 그런 착각입니다.

영원한 영광을 바라보며
하루를 시작합니다

천국 백성이 되는 비밀

자기 이름을 높이려는 자의 실패

내가 사울을 왕으로 세운 것을 후회하노니 그가 돌이켜서 나를 따르지 아니하
며 내 명령을 행하지 아니하였음이니라 … 사울이 갈멜에 이르러 자기를 위해
기념비를 세우고 발길을 돌려 길갈로 내려갔다 하는지라 _사무엘상 15:11~12

   사울은 겉으로 보기에는 하나님께 순종하는 것 같았습니다. 그러
나 자기의 이득과 영광을 얻을 기회가 왔을 때는 하나님을 외면했습
니다. 사무엘은 사울의 타락과 부패를 막기 위해 그를 찾으러 갔습
니다. 그러나 사울은 자신의 본색을 드러내고 갈멜로 가서 기념비를
세웠습니다. 그는 결국 자기 영광을 구하다가 하나님께 버림을 받았
습니다. 자기 영광을 구하는 자들은 남의 수고를 빼앗아 자기 이름
을 드러내려 합니다. 그들은 감사를 모릅니다. 주님께 영광을 돌리
기보다 자신을 드러내기 위해 바쁩니다.

   예수님께서는 자기 영광을 구하는 사람을 향해 분명하게 말씀하
십니다. "나는 사람에게서 영광을 취하지 아니하노라 다만 하나님
을 사랑하는 것이 너희 속에 없음을 알았노라 … 너희가 서로 영광
을 취하고 유일하신 하나님께로부터 오는 영광은 구하지 아니하니
어찌 나를 믿을 수 있느냐"(요 5:41~44).

   위 말씀을 묵상하며 우리 마음을 주께 드립시다. '오, 주님. 내 영
광을 구하는 일이 없게 하소서. 침묵하며 주의 진리를 수호하고 모
든 선함과 영광을 주께만 돌리게 하소서.'

   그리스도인은 자기 영광을 구하는 자리에서 내려와 오직 하나님
의 영광을 구해야 합니다.

어리석은 사울이 되지 말라

사울이 그의 신하들에게 명령하되 너희는 다윗에게 비밀히 말하여 이르기를 보라 왕이 너를 기뻐하시고 모든 신하도 너를 사랑하나니 그런즉 네가 왕의 사위가 되는 것이 가하니라 하라 _사무엘상 18:22

사울 왕은 모든 군사 앞에 골리앗을 무찌르는 자에게 돈과 딸과 명예를 주기로 약속했습니다. 그러나 다윗이 골리앗을 무찌르고 그의 머리를 가져오자 다윗을 경계합니다. 여인들이 전쟁에서 다윗과 사울을 비교하며 "다윗은 만만, 사울은 천천이라"고 노래하자 사울은 다윗을 질투하기 시작합니다. 그러다 얼마 후 사울에게 악신이 들어가 사울은 창을 던져 다윗을 죽이려 합니다. 한편 정신이 맑을 때는 궤계(詭計)를 일삼았습니다. 오늘 말씀이 그 내용입니다. 그는 다윗을 죽이려는 속마음을 숨기고 다윗을 사랑한다고 말합니다. 하나님이 다윗과 함께하지 않았다면 다윗은 죽을 수밖에 없었습니다.

하나님은 사울과 같은 인생을 싫어하십니다. 사울은 자기 영광을 추구하기 위해 인간적인 모든 방법을 동원합니다. 그 방법은 거짓과 위선으로 사탄의 것입니다. 자신의 속셈을 철저히 감추고 뱀처럼 위장합니다. 약속을 지키지 않으며 상황에 따라 약삭빠른 행동을 합니다. 감정을 이기지도 다스리지도 못합니다. 질투가 끝이 없었습니다. 한편 다윗은 마음이 진실했습니다. 하나님의 영광만 생각했습니다. 억울한 일을 당해도 잠잠했고 자기 것을 챙기려 소리를 높이지 않았습니다. 언제나 자신의 할 일을 조용히 했습니다.

주의 영이 떠난 사울처럼 되지 맙시다. 거짓과 궤휼(詭譎)을 버리고 청결하고 진실한 마음으로 살아갑시다.

영원을 위한 것

이는 세상에 있는 모든 것이 육신의 정욕과 안목의 정욕과 이생의 자랑이니 다 아버지께로부터 온 것이 아니요 세상으로부터 온 것이라 … 오직 하나님의 뜻을 행하는 자는 영원히 거하느니라 _요한일서 2:16~17

육신의 정욕, 안목의 정욕, 이생의 자랑은 세상에 속한 것이라서 영원하지 않습니다. 영원하지 않은 것을 추구하는 신앙과 삶은 헛됩니다. 인생은 속절없이 빠르게 지나갑니다. 그런데 신앙은 영원을 위한 것입니다. 세상 영광과 부귀를 구하는 자는 하나님께서 우리에게 신앙을 주신 진정한 이유를 잊은 사람입니다. 물론 그리스도인이 부자가 되는 것이 나쁜 일은 아닙니다. 가난하다고 해서 그리스도를 온전히 닮은 그리스도인이 되지 못하는 것도 아닙니다. 그리스도인이 사회에서 존경을 얻으며 성공하는 것이 문제는 아닙니다. 그러나 그것이 신앙의 목표가 되어서는 안 됩니다.

청년들에게 이 세상에서 일등이 되라고 가르치는 목사들이 있습니다. 신호등을 지키는 차가 맨 앞에 있으면 다른 차들도 어쩔 수 없이 신호등을 지킵니다. 그처럼 그리스도인 청년들이 열심히 공부해서 세상에서 일등이 되어 세상 질서를 바로잡으라고 말합니다. 아주 그럴듯하지만 비성경적인 말입니다. 세상에서 일등이 되라는 메시지보다 하나님께서 일등으로 인정하는 사람이 되도록 가르쳐야 합니다. 세상에서 일등이 되라는 가르침을 따라 살면 사람들은 이생의 자랑을 합리화하는 허망한 삶을 살게 됩니다. 하나님의 뜻을 행하는 삶이 영원한 가치가 있음을 기억하십시오.

하나님이 보시는 귀한 사람

이스라엘 하나님 여호와를 찾지 아니하는 자는 대소 남녀를 막론하고 죽이는 것이 마땅하다 하고 _역대하 15:13

아사 왕은 마음을 다해 우상을 제거하고 이스라엘 백성이 하나님께 충성하도록 했습니다. 이스라엘 백성은 하나님께서 아사 왕과 함께하는 것을 보았습니다. 하나님께서는 모든 전쟁에서 이스라엘을 막아주시고 위험에서 건져주셨습니다. 아사 왕은 전쟁을 치르지 않은 왕이 되었습니다.

하나님께서는 아사 왕이 내린 조치를 기뻐하셨습니다. 오늘 본문은 어떤 관점에서 사람을 보아야 할지 알려줍니다. 아사 왕은 "하나님 여호와를 찾지 아니하는 자는 대소 남녀를 막론하고 죽이는" 조치를 내렸습니다. "대소"는 원어를 보면 '천한 사람(콰톤)이든 유명하고 힘 있는 사람(가돌)이든'을 말합니다. 하나님을 찾지 아니하면 신분에 상관없이 죽이라는 것입니다. 오직 하나님을 향한 마음에 따라 그 사람을 대하겠다는 것입니다. 아무리 외적인 여건이 뛰어나도 아사 왕의 조치 앞에서는 전혀 자유롭지 못했습니다. 오직 그 중심이 하나님을 구하는지 구하지 않는지에 따라 죽음과 삶이 결정되었습니다.

성공에 목마른 자들이 있습니다. 사회적으로 유명한데도 더 큰 명성과 부를 원합니다. 그러나 그 마음에는 주님이 없습니다. 하나님이 보시기에 이 사람들은 죽음에 합당하다는 것을 위 구절이 알려줍니다. 세상의 성공과 실패로 사람을 평가하지 않기를 바랍니다.

복음의 원수는 누구인가?

내가 하나님의 은혜를 폐하지 아니하노니 만일 의롭게 되는 것이 율법으로 말
미암으면 그리스도께서 헛되이 죽으셨느니라 _갈라디아서 2:21

십자가의 은혜를 값없이 만드는 모든 사상과 생각과 종교와 시도
와 행위는 복음과 원수가 됩니다.

십자가의 원수란 그리스도의 보혈의 가치를 감하거나 없애는 모
든 것입니다. 갈라디아서에서는 율법을 구원의 조건으로 끌어들이
는 가르침을 십자가의 원수라고 말합니다. 예수 그리스도의 십자가
만으로는 구원받을 수 없다며 할례와 구약의 율법을 지켜야 구원을
얻는다고 가르칩니다. 바울은 이런 주장을 십자가의 원수로 천명합
니다. 예수님의 십자가를 헛되이 만드는 가르침이나 믿음이 십자가
의 원수입니다. 히브리서는 그리스도의 보혈을 가볍게 여기는 죄가
얼마나 심각한지 말씀합니다. "우리가 이같이 큰 구원을 등한히 여
기면 어찌 그 보응을 피하리요"(히 2:3). "하물며 하나님의 아들을 짓
밟고 자기를 거룩하게 한 언약의 피를 부정한 것으로 여기고 은혜의
성령을 욕되게 하는 자가 당연히 받을 형벌은 얼마나 더 무겁겠느
냐"(히 10:29).

성령을 모독하는 죄는 보혈의 가치를 우습게 아는 생각이나 처사
입니다. 마지막 때가 될수록 거짓 선지자가 많아질 것입니다. 행동
에 흠이 있는 자가 거짓 선지자가 아닙니다. 오히려 행동에 흠이 없
는 사람일 수 있습니다. 성경이 말하는 거짓 선지자는 그 가르침과
생각, 삶에 있어서 보혈의 가치를 깎아내리거나 망각하거나 우습게
여기는 영적 지도자입니다. 즉, 복음을 가리는 모든 가르침과 설교
와 사상을 전파하는 사람입니다.

향락을 좋아하는 자

향락을 좋아하는 자는 살았으나 죽었느니라 _디모데전서 5:6

"향락을 좋아하는 자"는 원어로 '스타탈라오'입니다. 이 단어는 야고보서 5장 5절에서도 나오는데 개역개정성경은 "너희가 땅에서 사치하고 방종하여 살륙의 날에 너희 마음을 살찌게 하였도다"라고 하였습니다. 즉, 사치하고 방종한 삶이 향락을 좋아하는 삶입니다. 또한 헬라어사전을 찾아 뜻을 찾아보면 '호색하며 음탕한 삶', '관능적인 삶', '감각을 추구하는 삶', '성적으로 빠져드는 삶', '사치스럽고 향락적인 삶' 등으로 나옵니다.

향락, 즉 사치와 방종, 또는 쾌락에 빠진 자, 호색하는 자, 성적으로 타락한 자는 주께서 보시기에 산 자가 아니라 죽은 자입니다. 아모스 선지자는 타락하고 부패한 이스라엘을 향해 향락을 추구하는 민족이라고 정죄하며 심판을 선언합니다. "너희는 흉한 날이 멀다 하여 포악한 자리로 가까워지게 하고 상아 상에 누우며 침상에서 기지개 켜며 양 떼에서 어린양과 우리에서 송아지를 잡아서 먹고 비파 소리에 맞추어 노래를 지절거리며 다윗처럼 자기를 위하여 악기를 제조하며 대접으로 포도주를 마시며 귀한 기름을 몸에 바르면서 요셉의 환난에 대하여는 근심하지 아니하는 자로다"(암 6:3~6).

성경은 향락에 빠지지 말고 선한 일을 하라고 말씀합니다. 인생은 짧습니다. 선한 일을 하기에도 벅찹니다. 향락을 누릴 시간이 없습니다. 내게 주어진 시간과 물질은 향락이 아닌 주의 나라와 복음, 특히 예수 그리스도를 위해 사용하기 위한 것입니다. 향락을 구하는 자는 산 자가 아니라 죽은 자임을 잊지 마십시오.

사랑 안에서 진리를 말하라

사랑으로써 역사하는 믿음뿐이니라 _갈라디아서 5:6

진리는 좁은 길이라 배타적입니다. 그래서 진리를 선포하는 자들은 독선적이라는 평을 듣기도 합니다. 이들은 예수님에게 충성하기에 우상을 멀리하고 세상을 사랑하지 않습니다. 또한 자신은 물론 다른 사람들이 부패하지 않도록 항상 조심하고 깨어 있습니다.

진리를 지킨다며 자신의 사나운 품성을 합리화하는 사람이 있습니다. 비판하기 좋아하는 자들이 그들 주변에 모여듭니다. 그들은 진리를 말하는 것 같지만, 생명을 나누기보다 사나운 당파를 만드는 것입니다. 그들은 복음을 위해 사는 것 같지만, 교만을 채우는 자입니다. 이들은 자기들과 조금이라도 의견이 다르면 무섭게 공격합니다.

갈라디아서를 보면 진리를 전하는 바울의 자세가 나타납니다. 바울은 사랑을 위해 진리를 외치고, 사랑을 담아 진리를 외쳤습니다. 성도도 배타적인 복음을 사랑으로 전해야 합니다. 사랑은 사람의 비위를 맞추지 않고 사람들을 선한 길로 인도합니다. 그러므로 주께서 원하시는 공동체를 이루려면 복음의 배타성 위에 사랑이 있어야 합니다. 당신은 복음과 하나님 나라의 확장을 위해 그리스도께 충성하고 있습니까? 이웃을 향한 긍휼과 온유와 오래 참음이 있습니까? "오직 사랑 안에서 참된 것을 말하며 범사에 그에게까지 자랄지라 그는 머리니 곧 그리스도라"(엡 4:15).

견딜 수 없는 고통 속에서도

사탄이 여호와께 대답하여 이르되 욥이 어찌 까닭 없이 하나님을 경외하리이까
_욥기 1:9

사탄이 하나님께 도전적인 질문을 던집니다. "욥이 하나님을 사랑하는 이유는 하나님께서 복을 주시고 모든 것이 형통하기 때문입니다. 그러니 그의 복을 없애 보십시오. 그러면 하나님 얼굴에 침을 뱉으며 저주할 것입니다. 분명히 그는 하나님만으로 사랑할 수 없다는 사실을 증거할 것입니다."

이제 당신이 욥의 입장이 되어 보십시오. 내 뜻대로 되는 것이 하나도 없고 불의가 완전하게 승리하는 것 같은 현실에 있습니다. 너무나도 궁핍하고 부끄럽게 살아가며 난관을 겪을 때, 과연 나는 사탄에게 끌려가지 않을 자신이 있습니까? 견딜 수 없는 억울함과 고통과 좌절이 올 때, 과연 하나님을 원망하지 않고 끝까지 주님을 의지할 수 있습니까?

주님 안에서 모든 환경을 초월하는 평강을 누린다면 사탄의 꾐에 절대 넘어가지 않습니다. 즉, 예수 그리스도의 날개 아래에 피한다면, 우리는 안전합니다. 죽음도 두렵지 않습니다. 궁핍 가운데서도 하나님께 감사하고 찬양할 수 있습니다. 신앙의 힘은 주께서 우리에게 주신 복과 만남과 건강과 번영에 있지 않습니다. 사탄은 욥에게 했던 것처럼 오늘날의 성도에게도 도전적인 질문을 합니다. 그러나 그리스도 안에 있는 성도들은 대답이 확정되었습니다.

"십자가 앞에서, 예수 그리스도 안에서, 나는 내 생명과 신앙을 지키시는 전능자를 본다. 나를 영원히 사랑하시며 그 사랑의 깊이를 헤아릴 수 없는 그분 때문에, 오직 그분만으로, 나는 변함없이 하나님을 믿는다."

네가 낫고자 하느냐

예수께서 그 누운 것을 보시고 병이 벌써 오래된 줄 아시고 이르시되 네가 낫고
자 하느냐 _요한복음 5:6

38년 된 병자는 소망이 없이 사는 사람이었습니다. 버림받아 외로
웠고 삶의 의욕이 없었습니다. 예수님은 그 사람을 위해서 명절 안
식일에 예루살렘에 도착하셔서 베데스다 연못에 가셨습니다. 주님
은 먼 길을 걸어와 풍성한 은혜로 38년 된 병자를 만나주셨습니다.
그는 아무런 반응을 하지 않았지만, 예수님께서 "그 누운 것을 보시
고" "아시고" 말씀하십니다. "네가 낫고자 하느냐?" 그는 예수님의
질문에 진심으로 아뢰었습니다. 자신의 실패와 절망과 외로움을 다
주께 고했습니다. 그러자 주께서 "일어나 침상을 들고 걸으라"라고
말씀하셨습니다. 주의 말씀은 그의 마음 깊은 곳에 이르러 체념과
절망을 이기는 의욕을 주었습니다. 그는 당장 일어나 걷게 되었습니
다. 이는 자신의 모든 이성과 경험을 무시하고 "일어나 침상을 들고
걸으라"라는 주의 말씀에 믿음과 순종으로 응답한 것입니다. 그리
고 그는 주의 영광을 보았습니다.

인생에서 가장 큰 비참은 "네가 낫고자 하느냐"는 주님의 음성을
거부하는 것입니다. 반항심과 고집과 독함은 죄성 때문입니다. 타락
한 심령은 하나님을 대적하는 마음을 즐깁니다. 그래서 자비를 베푸
시려는 하나님을 거절하고 조롱합니다.

"네가 낫고자 하느냐"는 질문을 받고 "네"라고 대답합시다. "네"라
고 할 때, 죄 사함과 믿음의 의욕을 체험하게 될 것입니다.

아버지의 마음

그 조상들의 하나님 여호와께서 그의 백성과 그 거하시는 곳을 아끼사 부지런
히 그의 사신들을 그 백성에게 보내어 이르셨으나 그의 백성이 하나님의 사신
들을 비웃고 … _역대하 36:15~16

북이스라엘이 멸망한 다음, 남유다는 약 130년을 더 이어갑니다.
자기 백성과 성전을 불쌍히 여기시는 하나님께서는 예언자를 계속
보내 백성에게 경고하셨지만, 그들은 예언자를 비웃고 하나님의 말
씀을 멸시하였습니다. 오늘 본문은 두 가지 그림을 보여줍니다. 오
래 참으시는 하나님의 마음, 멸망시키기보다 말씀으로 돌아오게 하
려는 아버지의 마음입니다. 하나님은 남유다에 선지자를 계속 보냅
니다. 그러나 이들은 선지자를 돌로 죽이고 멸시하고 조롱합니다.
거룩하신 하나님은 결국 이들을 심판하실 수밖에 없으셨습니다. 이
때 하나님의 마음이 얼마나 아프신지, 오늘 말씀이 보여줍니다. 십
자가 위에서도 아버지의 두 마음이 보입니다. 죄악을 저지른 백성을
향한 분노와 슬픔, 그리고 주의 백성을 향한 무한한 사랑입니다.

혼합주의를 아무렇지 않게 받아들이는 이 시대 교회가 안타깝습
니다. 주의 백성을 그릇된 길로 인도하는 거짓 목사와 적그리스도의
길을 예비하는 이 세상을 보십시오. 가톨릭 교회의 간교한 정치와
위선을 보십시오. 하나님을 버리고 맘몬 신에게 나가는 이들이 많아
지고 있습니다.

교회가 예수 그리스도께 돌아가도록 기도합시다. 이런 때 기도하
지 않으면 언제 기도하겠습니까! 사랑하는 사람에게 지금 복음을 전
하십시오. 지금 하지 않으면 언제 그들이 주께로 돌아오겠습니까?

왜 마음에 근심하나?

너희는 마음에 근심하지 말라 하나님을 믿으니 또 나를 믿으라 _요한복음 14:1

예수님께서 "믿으라"고 하실 때는 인격적으로 믿으라는 뜻입니다. 즉, 주님의 성품과 능력과 신실하심을 믿으라는 말입니다. "나를 믿으라"(요 14:1). 이 의미는 이 세상에서 다른 어떤 것, 즉 돈, 인기, 권력, 사람, 과학, 철학, 우상, 귀신을 믿지 말고 오직 영원한 실체이시며 전능자이신 사랑의 예수 그리스도를 믿으라는 요구입니다. 여기서 예수님의 믿음의 요구는 예수님에 '대하여' 믿으라는 '지적인' 요구가 아니라 예수 그리스도를 '인격적'으로 믿으라는 요구입니다.

인격적인 믿음을 가진 자는 이 세상 염려가 사라집니다. 모든 것을 초월하는 평강을 누립니다. 그리스도를 인격적으로 믿을 때 우리는 어떤 사람이 될까요?

1) 악한 마귀가 어떤 짓을 해도, 어떠한 일이 발생해도 하나님께 감사합니다. 2) 모든 상황과 사건과 만남 속에서 그리스도께서 그곳에 계신 것을 알고 주님을 보며 안심합니다. 3) 주님의 말씀에 순종하여 내 할 일을 꾸준하게 합니다. 4) 전능하신 주 하나님이 내 아버지이심을 잊지 않습니다. 5) 하나님 아버지와 그리스도께서 나를 사랑하심을 잊지 않습니다. 6) 성령을 구하여 내 마음이 하나님과 연합함으로 하나님의 사랑을 의심하지 않습니다. 7) 먼저 그의 나라와 그의 의를 구하며 아무것도 염려하지 않습니다.

더 할 수 없는 행복을 누리는 법

육체의 소욕은 성령을 거스르고 성령은 육체를 거스르나니 이 둘이 서로 대적
함으로 너희가 원하는 것을 하지 못하게 하려 함이니라 _갈라디아서 5:17

육체의 소욕은 무시한다고 없어지지 않습니다. 인간의 본성이기 때문입니다. 세상 사람들은 이를 욕망이라고 부릅니다. 욕망을 잠시 감출 수는 있지만, 영원히 가둘 수는 없습니다. 육체의 소욕은 마치 공 같습니다. 물 위에 뜬 공을 누르면 잠깐 수면 아래로 내려가 보이지 않지만 손을 놓는 순간 공은 물 위로 솟아오릅니다.

그리스도인은 하나님 안에서의 '지복(bliss)', 즉 지극한 행복과 기쁨을 간절히 바랍니다. 지복은 인간의 영혼이 가장 갈망하는 것을 누릴 때 옵니다. 놀라운 것은 예수님께서는 "우리가 하나가 된 것 같이 그들도 하나가 되게 하려 함이니이다"(요 17:23)라고 기도하셨습니다. 주님의 기도 응답은 우리가 지복을 누리는 최상의 상태입니다. 지복을 누리는 자들은 더는 죄의 욕망을 탐하지 않습니다.

오늘 본문은 인간의 욕망을 어떻게 이길 수 있는지를 말해줍니다. 성령을 따르는 것입니다. 이 땅에 사는 동안 우리는 육체의 욕망이 여전히 있습니다. 부패한 인간의 본성이 남아 있기 때문입니다. 그러나 거듭난 사람은 옛사람의 본성으로 살지 않고 성령을 따라 삽니다. 성령으로 살면 그리스도와 하나가 되었기 때문에 지복을 누리게 됩니다. 지복을 누리면, 육체의 소욕은 전혀 즐겁지도 탐하지도 않게 됩니다.

하나님께 섭섭해질 때

아사가 노하여 선견자를 옥에 가두었으니 이는 그의 말에 크게 노하였음이며
그때에 아사가 또 백성 중에서 몇 사람을 학대하였더라 _역대하 16:10

아사는 하나님 앞에 바르게 살았습니다. 하지만 나라가 안정되고
평안해지자 신앙이 연약해졌습니다. 처음 왕이 되었을 때, 아사는
크고 강대한 구스 군대가 침략해도 하나님만 의지해 승리했습니다.
그러나 어느새 그는 작은 나라 북이스라엘이 공격해 와도 두려움에
사로잡혔습니다. 그리고는 아람 왕 벤하닷을 의지하였습니다. 아사
왕은 아람 왕의 도움을 받아 북이스라엘의 공격에서 벗어났습니다.
결국 하나님은 주를 의지하지 않는 아사 왕에게 선지자 하나니를 보
내 그를 꾸짖으셨습니다.

이때 아사 왕은 회개하지 않았습니다. 그가 회개했다면 자비로우
신 하나님은 그를 새롭게 일으키셨을 것입니다. 그러나 아사 왕은
자신의 잘못과 불신앙을 지적하시는 하나님께 오기를 부렸습니다.
하나님의 선지자 하나니를 감옥에 가두기까지 합니다. 하나님께 노
골적으로 반항한 것입니다. 하나님께 맞서는 자세입니다. 아마 그는
'하나님을 위해 평생 믿음으로 살았는데 이 정도의 불신앙에 어떻게
이렇게 나를 모독하여 꾸짖을 수 있는가'라고 억울해했을지도 모릅
니다. 그러나 누가 하나님을 이길 수 있겠습니까! 결국, 아사는 발에
병이 났습니다. 그러나 아사 왕은 마음이 더욱 강퍅하여져서 하나님
을 찾지 않고 의사만 찾았습니다(참조, 대하 16:12).

하나님께 섭섭한 마음이 들거나 그분이 가혹하시다는 생각을 한
적이 있습니까? 그렇다면 내 마음에 교만과 불신앙이 싹튼 것입니
다. 주께서 나를 못마땅하게 여기실 때 회개의 자리로 내려가 매일
매 순간 하나님과 동행하기를 힘써야 합니다.

사랑하기 때문에 징계하시는 하나님

주께서 그 사랑하시는 자를 징계하시고 그가 받아들이시는 아들마다 채찍질하심이라 _히브리서 12:6

어려움을 당할 때 "하나님께 죗값을 받았다"고 말하는 사람이 있습니다. 이런 표현은 하나님을 오해하고 복음을 제대로 이해하지 못해서 나온 것입니다.

우리가 죗값을 받는다면 영원한 형벌을 받는 것입니다. 하나님의 거룩하고 공의로운 법정 앞에서 인간의 죄에 대한 형벌은 지옥입니다. 그러므로 우리가 "죗값을 받았다"고 한다면 지옥으로 간다는 이야기입니다.

예수님 안에 있는 주의 자녀에게는 형벌이 없습니다. 우리가 받아야 할 모든 형벌을 예수님께서 십자가 위에서 대신 받으셨기 때문입니다. 이에 성경은 "그러므로 이제 그리스도 예수 안에 있는 자에게는 결코 정죄함이 없다"(롬 8:1)고 선포합니다. 이 사실을 알지 못하면 아직 복음을 모르는 것입니다.

그렇다면 우리가 죄를 지을 때, 하나님은 우리를 어떻게 하실까요? 가만히 두실까요? 아닙니다. 하나님은 반드시 훈계하십니다. 훈계는 형벌이 아니라 징계입니다. 사랑하기 때문에 징계합니다. 자녀가 잘못했을 때, 부모는 그들을 감옥에 보내서 형을 살게 하지 않습니다. 그러나 반드시 꾸짖습니다. 하나님께서도 그분의 자녀를 사랑으로 징계하십니다.

부활을 알아야 소망이 있다

육의 몸으로 심고 신령한 몸으로 다시 살아나나니 육의 몸이 있은즉 또 영의 몸도 있느니라 _고린도전서 15:44

기독교의 핵심은 십자가의 속죄와 부활입니다. 그런데 부활을 바르게 이해하는 사람이 많지 않습니다. 기독교를 세속 종교와 구별하지 못하고 복 받기 위한 수단으로 여기기 때문입니다. 성경은 우리의 최대 소망이 부활이라고 말합니다. 부활 때문에 우리는 죽음이 두렵지 않습니다. 부활 이후의 새 하늘과 새 땅을 믿기에 우리는 이 땅에서 영광을 구하지 않습니다. 억울한 일을 당해도 주를 보며 참습니다. 부활 이후에 있을 참된 공의를 믿기 때문입니다.

부활을 이해하려면 먼저 예수 그리스도께서 입으셨던 부활체를 이해해야 합니다. 특히 우리가 기억할 것은 부활은 하나님께서 인간을 창조하신 본래 계획의 완성이라는 사실입니다.

둘째, 부활의 연속성과 불연속성을 알아야 합니다. 불연속성이라 함은 우리가 이해할 수 없는 깜짝 놀랄 변화가 있다는 것입니다. 부활의 불연속성은 고린도전서 15장에 잘 설명되어 있습니다. 부끄럽고 연약하며 죽어가는 우리 몸이 영광스럽고 강하며 불멸하는 신령한 몸으로 변화할 것입니다. 바로 이 점에서 불연속성입니다. 그러나 지금의 내가 부활 이후의 나일 것이며 지금 몸의 모습과 별다르지 않은 것입니다. 이 점에서 연속성이 있습니다. 마치 부활하신 예수님께서 부활 전의 예수님 모습과 같았던 것처럼 말입니다.

우리는 큰 관심을 두고 부활을 알아가야 합니다. 성령의 도우심을 받아 부활을 더욱 배워야 합니다. 부활을 알아야 바른 소망을 소유할 수 있기 때문입니다.

하나님의 두루마리를 여는 자

장로 중의 한 사람이 내게 말하되 울지 말라 유대 지파의 사자 다윗의 뿌리가
이겼으니 그 두루마리와 그 일곱 인을 떼시리라 하더라 _요한계시록 5:5

고린도후서 3장 14~16절은 성경을 바르게 해석할 수 있는 근거
로 예수 그리스도를 제시합니다. "그러나 그들의 마음이 완고하여
오늘까지도 구약을 읽을 때에 그 수건이 벗겨지지 아니하고 있으니
그 수건은 그리스도 안에서 없어질 것이라 오늘까지 모세의 글을 읽
을 때에 수건이 그 마음을 덮었도다 그러나 언제든지 주께로 돌아가
면 그 수건이 벗겨지리라"

요한계시록 5장에서 말하는 보좌에 앉으신 이의 오른손에 있는 두
루마리는 성경입니다. 그런데 그 두루마리는 완전하게 봉인되어 있
습니다. 보이는 세계나 보이지 않는 영적 세계에서나 그 인봉을 뗄
자가 없습니다. 그 인봉을 떼어야 하나님의 마음과 계획을 알 수 있
습니다. 하나님의 비밀을 알 수 있습니다. 그 인봉을 떼는 자가 다윗
의 후손으로 오신 예수 그리스도십니다. 그분은 하나님의 두루마리,
즉 기록된 성경 66권을 푸는 열쇠가 됩니다.

성경은 예수 그리스도를 증거합니다. 성부와 성령 하나님께서도
그리스도를 증거합니다. 예수 그리스도는 하나님을 아는 길이며 하
나님의 비밀을 푸는 열쇠이십니다.

요한계시록을 대할 때 그리스도를 중심으로 읽으십시오. 보지 못
했던 것을 보게 될 것입니다. 창세기부터 요한계시록까지 모든 곳에
그리스도가 있습니다. 죄가 들어온 이후, 그 죄의 문제를 영원히 푸
는 분은 하나님 보좌에 앉으신 어린양밖에 없습니다. 성경의 마지막
절 역시 주 예수로 마치고 있습니다. "주 예수의 은혜가 모든 자들에
게 있을지어다 아멘"(계 22:21).

십자가의 능력

그리스도께서 약하심으로 십자가에 못 박히셨으나 하나님의 능력으로 살아계
시니 우리도 그 안에서 약하나 너희에게 대하여 하나님의 능력으로 그와 함께
살리라 _고린도후서 13:4

십자가의 능력을 말할 때 죄 사함만 말하는 경우가 있습니다. 신학적으로 '전가(imputation)'만 말하는 것입니다. 내 죄는 예수께로 넘어가고 그분의 완전한 의가 내게로 넘어오는 것이 전가입니다. 이로 인해 우리는 '칭의(justification)'를 얻습니다.

그러나 십자가의 능력은 여기서 머무르지 않습니다. 십자가의 능력을 정확하게 말하려면 '부여(impartation)'를 덧붙여야 합니다. 칭의뿐 아니라 거룩한 생명력을 말해야 합니다. 거룩이란 금욕적인 삶이 아닙니다. 종교성이 짙은 것이 아닙니다. 거룩이란 내 안에 계신 예수님의 생명이 나를 통해 나타나는 효력입니다. 그러므로 나를 죽이고 예수님께서 나를 주관하는 시간이 많을수록 우리는 더욱 거룩해집니다. 이를 '성화(sanctification)'라고 합니다.

머리로 교리를 알고 있다고 복음의 능력이 나타날까요? 종교적인 예식을 치르며 교회 봉사에 힘쓴다고 나타날까요? 아닙니다. 물론 교리를 제대로 알고 신앙의 열심이 있다면 십자가의 능력을 접할 기회가 많아집니다. 하지만 칭의의 교리를 잘 알기에 은혜를 빙자하여 죄의 늪으로 빠지는 것을 합리화할 수도 있습니다.

십자가의 능력은 내가 죽음으로 주님이 내 안에서 왕으로 사시며 그 생명력을 나타내는 것을 말합니다. 요약하면, 십자가의 능력은 주님을 통해 진리를 알고 진리대로 사는 것입니다. 사고와 삶이 예수님 안에서 하나가 되면서 칭의와 생명이 나타납니다. 즉, 믿음의 삶에는 법적인 효력과 영적인 생명의 능력이 모두 나타납니다.

영적인 아버지가 있는가?

그리스도 안에서 일만 스승이 있으되 아버지는 많지 아니하니 그리스도 예수 안에서 내가 복음으로써 너희를 낳았음이라 _고린도전서 4:15

바울이 고린도전서를 쓸 때 스승이라는 단어는 그 당시 로마 시대의 '교사(Tutor)'를 의미합니다. 보통 한 학생에게는 과목별로 교사가 있었습니다. 학생에게 교사는 여럿이지만 아버지는 하나입니다. 아버지는 자녀를 낳고 양육합니다. 마찬가지로 바울은 복음으로 고린도 교인을 낳았습니다. 그는 아버지의 심정으로 성도를 사랑했습니다.

영적인 아버지는 복음을 통해 거듭남과 성령의 역사를 가르칩니다. 아버지는 자녀에게 그리스도의 보혈을 통한 죄 사함과 성령으로 죄를 이기는 거룩한 변화를 이끌어 냅니다. 자녀가 이 땅에서 하나님 나라를 미리 경험하게 하고 하나님 나라의 완성을 고대하게 합니다. 복음의 능력을 아는 바울은 자녀가 아버지를 닮아 가는 것처럼 고린도 성도에게 자신을 본받으라고 당부합니다.

내 힘으로 죄를 짓지 않고 완벽하게 사는 것이 복음으로 사는 것일까요? 그렇지 않습니다. 오직 예수 그리스도만 의지해 살면서 성령의 도우심을 받아 사는 것이 복음으로 사는 것입니다. 믿음의 삶을 살아가는 영적 자녀는 영적인 아버지가 어떻게 살아가는지를 배우고 따라야 합니다. 그렇게 할 때 그리스도의 온전한 분량까지 자랄 수 있습니다. 당신의 영적인 아버지는 누구입니까? 복음을 들려주고 삶으로써 복음의 능력을 가르쳐주는 아버지가 있습니까? 자녀의 영혼을 자기 생명처럼 생각하고 늘 기도하며 자녀가 죄에 빠질까 봐 조바심을 내며 복음을 전하는 영적인 아버지가 있습니까?

점치지 말라

주께서 주의 백성 야곱 족속을 버리셨음은 그들에게 동방 풍속이 가득하며 그들이 블레셋 사람들 같이 점을 치며 이방인과 더불어 손을 잡아 언약하였음이라 _이사야 2:6

하나님께서는 왜 야곱 족속을 버리셨을까요? 동방 풍속이 가득하고 점을 치고 이방인과 손잡고 언약했기 때문입니다.

동방 풍속은 바벨론, 앗수르 등의 이방 나라 종교에서 오는 풍속을 말합니다. 이사야가 살던 시대 사람들은 이방 종교와 뗄 수 없는 삶을 살고 있었습니다. 현재 동방 종교를 배우려는 운동이 일어나고 있습니다. 요가나 관상기도입니다. 힌두교를 배우는 이들도 많습니다. 종교의 화합을 외칩니다. 이것은 동방 풍속입니다. 하나님은 동방 풍속을 따르는 자를 버리셨습니다.

점을 치는 것은 원어로는 '아난'입니다. '구름을 가져온다'는 뜻입니다. 점치는 것은 미래를 말해주고 죽은 영을 만나며, 요술, 접신 비법, 마술 등이 있습니다. 이들은 카드를 읽거나 나뭇잎, 연기 등의 방향을 읽으면서 뱀의 소리를 냅니다. 하나님께서는 점치는 백성을 버리십니다. 악령을 접하기 때문입니다.

이방인과 손잡고 언약하는 것은 무엇을 의미할까요? 태어나서 우리가 맺는 언약 중에서 가장 큰 언약은 결혼입니다. 하나님은 이방인과의 결혼을 원하시지 않습니다. 이방인과의 언약은 종교 간의 통합을 말하기도 합니다. 이는 하나님과의 언약을 깨뜨리는 일입니다. 이방인과 언약함으로 이방인과 구별되지 못할 때, 그들은 하나님께 버림을 받게 됩니다.

하나님의 빛 가운데 거하는 사람은 이방 종교의 풍습을 따르지 않습니다.

언제 길갈에 이를 수 있을까

> 여호와께서 여호수아에게 이르시되 내가 오늘 애굽의 수치를 너희에게서 떠나가게 하였다 하셨으므로 그곳 이름을 오늘까지 길갈이라 하느니라 _여호수아 5:9

이스라엘 백성은 광야에서 하나님께 불순종함으로 오랫동안 유리하며 방황했습니다. 이때 애굽은 이스라엘을 조롱하고 모욕했습니다. 이것이 애굽에게 받은 수치입니다. 너희를 광야에서 죽이려고 애굽에서 인도했다고 놀렸습니다(출 32:12; 민 14:13~16; 신 9:28). 그런데 이제 그 수치와 모욕이 떠나갔습니다.

'길갈'은 '굴리다'라는 뜻입니다. 이스라엘이 약속의 땅 가나안에 도착함으로 애굽에게 받은 수치에서 벗어났다는 뜻입니다. 그러므로 위 구절은 이스라엘 백성이 저지른 죄악에 대한 수치가 벗겨졌음을 의미합니다. 하나님을 바라보는 자들은 그들이 저지른 죄악에 대한 수치에서 자유로워지는 날이 옵니다. 광야를 지나 약속의 땅에 들어가는 날입니다. 이스라엘 자손은 길갈에 도착해 유월절을 지켰습니다. 어린양의 피로 구원을 얻었고 그 피로 죄악을 이기고 수치와 관련 없는 자리에 선 것입니다.

예수 그리스도의 보혈을 끝까지 의지하십시오. 거듭남과 죄 사함도 보혈에서 시작됩니다. 인생의 광야에서 승리하는 비결도 보혈의 능력에 있습니다. 언제나 거룩 그 자체이신 예수 그리스도와 연합하십시오. 즉, "내가 죽고 그리스도가 사시면" 그분의 거룩함이 나를 통해 나타납니다. 우리가 믿음으로 예수님과 연합할 때 보혈의 능력이 우리의 죄성을 제거합니다. 그러면 어느 날 요단 강을 건너 '길갈'에 이를 것입니다.

약할 때 강함이라

그리스도께서 약하심으로 십자가에 못 박히셨으나 하나님의 능력으로 살아계
시니 우리도 그 안에서 약하나 너희에게 대하여 하나님의 능력으로 그와 함께
살리라 _고린도후서 13:4

누구나 육체적으로, 정신적으로, 정서적으로, 영적으로 단점이 있
고 불완전합니다. 또한 가난과 질병이 닥치고 사랑하는 사람들을 잃
기도 하고 열악한 환경에 처하기도 합니다. 어떤 이들은 자신의 이
런 약점이나 환경을 숨기며 부끄러워합니다. 심지어 그 약점에 분노
하기도 합니다. 우리 약점을 잘 알고 계시는 하나님은 연약한 자를
사용하기를 기뻐하십니다. 힘든 상황에서 역사하시기를 즐기십니
다. 즉, 하나님께서는 자신의 영광을 위해 우리의 강점보다 약함을
사용하시고 이를 기뻐하십니다. 하나님은 인간의 생각과 전혀 다르
게 역사하실 때가 많습니다.

하나님께서 우리에게 연약함을 허락하셨습니다. 주의 위대하심을
드러내기 위해서입니다. 따라서 자신의 연약함을 인정하고 더욱 주
를 의지하는 자를 기뻐하시며 그들을 통하여 큰일을 이루십니다. 위
대한 선교사 허드슨 테일러는 이런 고백을 했습니다. "하나님의 일
을 한 위대한 사람들은 모두 연약함이 많았다."

하나님께서는 완벽한 척 위선을 행하는 자를 싫어하십니다. 그분
은 자신의 불완전함과 연약함을 정직하게 고백하는 자를 좋아하십
니다. 진실한 그리스도인은 연약함을 인정하고 주를 의지합니다. 사
실 영적인 지도자의 자질도 완벽함보다는 진실함이 더욱 중요합니
다. "그러므로 내가 그리스도를 위하여 약한 것들과 능욕과 궁핍과
박해와 곤고를 기뻐하노니 이는 내가 약한 그때에 강함이라"(고후
12:10). 우리의 연약함을 주께 맡기고 더욱 겸손하고 진실해집시다.

일시적 형통을 부러워 말라

제사 드릴 때에 압살롬이 사람을 보내 다윗의 모사 길로 사람 아히도벨을 그의 성읍 길로에서 청하여 온지라 반역하는 일이 커가매 압살롬에게로 돌아오는 백성이 많아지니라 _사무엘하 15:12

압살롬은 왕이 되려는 야망을 위해 사람을 속입니다. 그 첫 단계로 사람의 마음을 잘못된 방법으로 사로잡았습니다. 다윗 시대에는 억울한 일을 당했을 때, 왕에게 직접 호소할 수 있었습니다. 압살롬은 억울한 사람을 겨냥해 그들이 왕을 만나기 전 "왕의 이름으로" 억울함을 해결해 주었습니다. 압살롬의 동기는 순수하지 않았습니다. 왕의 권한을 가로채고 자신의 권한을 늘리려는 속셈이 있었기 때문입니다.

무려 4년간 이런 일을 하다 보니 압살롬을 따르는 자들이 많아졌습니다. 압살롬에게 충성하는 사람도 생겨났습니다. 그러자 압살롬은 드디어 숨은 야망을 드러내기 시작했습니다. 반란을 일으킬 날과 장소를 정하고 다윗 왕을 만나 헤브론으로 "여호와께 예배드리러 가겠다"고 말합니다. 자기 뜻을 이루기 위해 하나님의 이름까지 사용했습니다. 그는 반란을 치밀하게 계획했습니다. 누구에게도 의심을 받고 싶지 않았습니다. 특히 다윗에게 들키고 싶지 않아서 '여호와'를 불렀습니다.

거짓 그리스도인은 신앙을 탐욕의 도구로 이용합니다. 그들은 하나님을 영화롭게 하는 것이 아닌 자신의 세력을 키우는 것이 목적입니다. 그들의 계획이 형통하기도 합니다. 그러나 하나님께서는 그들의 궤계를 엎으십니다. 하나님께서는 그들의 기만과 궤계를 부끄럽게 만드십니다.

하나님만이 내 삶과 신앙의 목표이며 기쁨입니까?

바른 신앙고백을 하는가?

시몬 베드로가 대답하여 이르되 주는 그리스도시요 살아계신 하나님의 아들이
시니이다 _마태복음 16:16

기독교는 성경을 소중히 여깁니다. 교회 뿌리에는 성경이 있고 주
님의 복음이 있습니다. 이 뿌리는 신앙고백으로 나타납니다. 신앙고
백이 바르면 바른 교회요, 그렇지 않으면 거짓 교회입니다. 아무리
사람이 많이 모여도 바른 신앙고백이 없다면 그 교회는 주님의 교회
가 아닙니다. 사람들이 모였다 흩어지는 종교 집단일 뿐입니다.

마태복음 16장 16절은 예수 그리스도께서 베드로가 주를 그리스
도라고 고백했을 때 그의 신앙고백을 교회의 반석으로 삼으시는 장
면입니다. 개혁주의의 선구자인 칼뱅도 참된 교회란 바른 신앙고백
이 그 뿌리라고 확정했습니다. 루터는 '오직 성경', '오직 믿음'의 참
된 신앙고백에 서 있지 않은 교회는 거짓 교회라고 했습니다.

참된 성도는 하나님의 말씀을 통해 신앙고백을 합니다. 또한 성령
만이 참된 생명의 진리를 가르친다고 확신합니다. 하나님의 말씀을
변질시키거나 왜곡하지 않습니다.

교회는 이 땅에서 하나님의 복음과 계시를 알리는 그리스도의 몸
입니다. 예수님께서 친히 세우신 기관입니다. 따라서 하나님의 계
시와 복음을 그대로 전달하는 것이 교회의 사명입니다. 시대에 따라
카멜레온처럼 변하거나 사람의 입맛을 맞춰서는 안 됩니다. 참된 신
앙고백을 놓친 교회는 세상이 말하는 도덕을 말하며 이리저리 모습
을 바꾸면서 상업주의와 결탁할 것입니다. 성도는 하나님께서 교회
역사 가운데 남겨두신 신앙고백의 유산을 붙들어야 합니다. 나아가
신앙고백을 바르게 하는지 늘 확인해야 합니다.

신앙과 양심의 관계

그리 한 후에 사울의 옷자락 벰으로 말미암아 다윗의 마음이 찔려 _사무엘상 24:5

성령의 역사는 특별 은총입니다. 성령은 우리 양심을 선하게 합니다. 하나님의 뜻이 무엇인지 알면서도 의도적으로 불순종할 때 우리 양심은 부패해집니다. 그러나 회개하면 부패한 양심은 보혈의 능력으로 다시 깨끗해집니다. 이때 성령께서 우리 마음을 충만하게 사로잡으시며 그리스도와 하나가 되게 하십니다. 그러면 우리 마음은 그리스도 안에서 평강을 누리게 됩니다.

본문은 다윗의 양심을 보여줍니다. 하나님을 의식하며 사는 다윗은 자신의 순전을 증거하기 위해 사울이 잠든 사이 그의 옷자락을 베었습니다. 그런데 그 행동이 양심에 걸렸습니다. 충성스런 신하들은 원수를 죽일 기회라고 기뻐했지만, 다윗은 아니었습니다. 신하들의 주장이 틀린 것일까요? 신하들은 사울을 죽이는 것이 하나님의 뜻이며 하나님께서 주신 기회라고 믿었습니다. 따라서 사울을 죽이는 일에 전혀 양심에 거리낌이 없었습니다. 오히려 사울을 죽인다면 평생 이 일을 자랑스럽게 여기며 기뻐했을 것입니다. 다윗과 신하들의 양심은 서로 달랐습니다. 신앙의 깊이가 달랐기 때문입니다.

성경은 믿음생활과 착한 양심은 동전의 양면과 같다고 말합니다 (참조. 딤전 1:19). 또한 성숙한 양심은 신앙의 성숙과 비례합니다. 신앙이 성숙한 사람은 사람들이 모두 괜찮다고 해도 하나님의 마음을 예민하게 느끼기에 다르게 생각하고 행동합니다. 하나님의 사람들은 성령의 인도하심을 받으며 맑고 청결한 양심으로 살아갑니다. 그리고 그 양심은 점점 하나님의 뜻에 예민해지고 깊어집니다.

안식일과 주일은 다르다

또 이르시되 안식일이 사람을 위하여 있는 것이요 사람이 안식일을 위하여 있는 것이 아니니 이러므로 인자는 안식일에도 주인이니라 _마가복음 2:27~28

예수님께서는 안식일의 주인은 인자시며 그날은 사람을 위해 있다고 말씀하셨습니다. 사람을 위해 있다는 것은 죄 사함과 기쁨과 하나님과의 만남과 하늘의 특권을 누리도록 안식일을 마련했다는 뜻입니다. 또한 안식일은 예수 그리스도께서 이루실 구속을 상징합니다. 안식일의 상징이 그리스도의 십자가로 완성되었으니 안식일의 주인은 인자이신 그리스도가 됩니다. 그리고 하나님의 백성은 안식일이라는 율법에서 벗어나 자유롭게 주일을 지키게 되었습니다.

그럼에도 주일을 '안식일의 율법'으로 만들어 사람들의 자유를 박탈하는 자들이 있습니다. 그리고 이런 운동이 하나님을 기쁘게 하는 일이라며 명분을 댑니다. 하지만 주님의 말씀과 어긋난 일입니다. 또한 주님이 완성하신 구속에 율법을 더하려는 그릇된 의도입니다. 그렇게 되면 안식교처럼 다른 복음을 전하게 됩니다.

우리가 분명하게 알아야 할 것은 주님의 십자가 구속이 완성된 후로 안식일 율법이 폐지되었다는 것입니다. 그리고 이제 주의 백성은 교회 공동체와 약속한 날에 그리스도 안에서 하늘의 안식을 누리면 됩니다. 이것이 안식 계명의 핵심입니다. 그러므로 우리는 주일에 모여 한 공동체로서 거룩하신 하나님께 예배로 나아가야 합니다. 그리스도 안에서 속죄와 자유와 기쁨과 하늘의 안식을 맘껏 누려야 합니다. 즉, 참된 예배를 통해 천국 잔치에 참여해 한없는 감사와 찬양을 주님께 올려드려야 합니다.

성령으로 거듭난 자들의 복

너희에게는 머리털까지 다 세신 바 되었나니 두려워하지 말라 _마태복음 10:30

성령으로 거듭난 자들은 세 가지 진리가 적용됩니다.

첫째는 하나님께서 그들을 사랑하신다는 것입니다. 그 증거로 로마서 5장 8절을 들 수 있습니다. "우리가 아직 죄인 되었을 때에 그리스도께서 우리를 위하여 죽으심으로 하나님께서 우리에게 대한 자기의 사랑을 확증하셨느니라"

둘째로 하나님께서는 메시아의 언약을 통해 그들에게 복을 베푸신다는 것입니다. 예레미야 32장 40~41절이 이 사실을 증거합니다. "내가 그들에게 복을 주기 위하여 그들을 떠나지 아니하리라 하는 영영한 언약을 그들에게 세우고 나를 경외함을 그들의 마음에 두어 나를 떠나지 않게 하고 내가 기쁨으로 그들에게 복을 주되 정녕히 나의 마음과 정신을 다하여 그들을 이 땅에 심으리라" 이는 하나님께서 주의 자녀에게 조건적으로 복을 베푸시지 않고 그리스도 안에서 언제나 복을 베푸신다는 것을 의미합니다.

셋째로 하나님께서 이 우주의 모든 사건을 완전하게 다스린다는 사실입니다. 특히 하나님은 자녀의 머리카락까지 세신다고 말씀합니다. 그러므로 성도가 이 땅에서 겪는 모든 사건과 일은 우리를 향하신 하나님의 사랑과 복을 표현한 것입니다. 이를 믿을 때 우리는 참된 평강을 누릴 수 있습니다.

하나님의 영원한 관점에서 볼 때, 성도에게 주어진 모든 상황은 복입니다. 그리스도의 형상을 나타내며 닮아가게 하는 하나님의 섭리이기 때문입니다. 특히 그리스도 안에서 우리는 믿음을 통해 모든 환경을 초월하는 천국의 실제를 누릴 수 있습니다.

말의 지혜로 복음을 전하지 말라

오직 복음을 전하게 하려 하심이로되 말의 지혜로 하지 아니함은 그리스도의
십자가가 헛되지 않게 하려 함이라 _고린도전서 1:17

"말의 지혜"로 복음을 전하지 않아야 합니다. 말의 지혜로 복음을
전하면 그리스도의 십자가가 헛되게 됩니다. 생명의 역사가 나타나
지 않습니다. 죄악을 물리치고 거룩하게 하는 성령의 역사가 나타나
지 않습니다. 성령의 역사가 없는 예배는 단지 사람들이 모여 서로
추켜세우고 다시 세상으로 돌아가는 헛된 예배입니다.

말의 지혜에는 사람의 귀와 마음을 즐겁게 하려는 의도가 있습니
다. 자신의 명석함과 재능을 나타내려는 웅변술이기도 합니다. 하지
만 성령은 이런 것으로 역사하지 않습니다.

성령께서는 간절한 기도와 믿음 안에서 복음을 외치는 자와 함께
역사하십니다. 내가 죽고 오직 그리스도를 나타내고자 하는 자들을
통해 역사하십니다. 인간의 힘으로는 영생을 얻고 죄 문제를 해결하
고 사탄과의 전쟁에서 이길 수 없습니다. 이것을 인정해야 합니다.
그리고 진지한 마음으로 쉬지 않고 무릎 꿇는 자세로 살아야 합니다.

인간의 귀와 마음을 즐겁게 하는 수고는 결국 헛수고가 됩니다.
이것을 알면, 요령을 부리지 않게 됩니다. 사람들의 논리와 감정과
비위를 맞추려고 애쓰지 않습니다. 그 대신 다른 이들의 잘못된 신
앙생활을 보면서 아파하고 안타까워하며 좀 더 기도하게 됩니다.

"눈물을 흘리며 씨를 뿌리는 자는 기쁨으로 거두리로다 울며 씨를
뿌리러 나가는 자는 반드시 기쁨으로 그 곡식 단을 가지고 돌아오리
로다"(시 126:5~6). 복음을 전하는 여러분! 오늘도 이 약속을 믿고 세
상으로 나아갑시다.

하나님 나라는 말이 아니라 능력이다

하나님 나라는 말에 있지 아니하고 오직 능력에 있음이라 _고린도전서 4:20

하나님 나라의 능력은 어떻게 나타납니까? 귀신을 몰아내고 병을 낫게 하며 사람을 많이 모으는 능력입니까? 어떤 황홀한 신비 체험을 이끄는 능력입니까? 이렇게 알고 있다면, 마귀에게 속은 것입니다.

바울이 말하는 '능력'은 변화된 삶의 능력을 말합니다. 거룩하지 않은 자가 거룩한 삶을 사는 능력을 말합니다. 이 능력은 성령의 역사로만 나타납니다. 이 능력은 아무리 많은 지혜로운 말과 논리적인 말을 해도 나타나지 않습니다. 오직 그리스도의 복음을 전하는 자에게 성령이 함께할 때 나타납니다. 또한 듣는 자의 마음이 옥토가 되어 믿음으로 복음을 받을 때 나타납니다. 그래서 바울은 고린도전서 4장 19절에서 "주께서 허락하시면 내가 너희에게 속히 나아가서 교만한 자들의 말이 아니라 오직 그 능력을 알아보겠으니"라고 말한 것입니다. 이와 비슷한 표현이 디모데후서에도 있습니다. "경건의 모양은 있으나 경건의 능력은 부인하니 이같은 자들에게서 네가 돌아서라"(딤후 3:5).

경건하고 거룩하게 말하고 복장이나 분위기도 종교적이며 경건의 모양을 갖추었어도 능력이 나타나지 않습니다. 그리스도를 깊게 사랑함으로 나타나는 그리스도의 성품이 보이지 않습니다. 하나님 나라는 말에 있지 않고 능력에 있습니다. 성령이 운행하지 않는 복음 증거는 헛된 수고가 됩니다. 기도 외에는 다른 길이 없습니다. 기도하고 성경을 깊게 연구하면서 복음의 칼을 예리하게 갈아서 선포하는 것 외에는 다른 길이 없습니다. 오직 하나님의 긍휼과 자비를 구하는 길 외에는 하나님 나라의 능력을 나타낼 수 없습니다(참조, 고전 2:1~5).

거룩해지는 과정

곧 하나님 아버지의 미리 아심을 따라 성령이 거룩하게 하심으로 순종하고 예수 그리스도의 피 뿌림을 얻기 위하여 택하심을 받은 자들에게 편지하노니 은혜와 평강이 너희에게 더욱 많을지어다 _베드로전서 1:2

오늘 구절은 사람이 어떻게 거룩해지는지를 말씀합니다. 아주 간략합니다. 하나님의 택하심을 받고 성령이 임하는 것입니다. 하나님은 그분이 택한 자에게 성령을 보내십니다. 그러므로 택함을 입은 자는 복음을 들었을 때 성령의 역사로 거듭나게 됩니다. 이때 그들은 주의 생명이 임하므로 거룩해집니다. 즉, 거룩한 하나님의 자녀가 되어 새 생명을 얻게 됩니다. 그들은 하나님께 순종하려는 자연스러운 욕구를 갖게 됩니다. 그들은 그리스도 안에서 하나님을 '의식하며' 하나님께 순종하게 됩니다. 성경을 읽으면서 하나님의 요구를 알고 그 뜻대로 행하려 합니다. 물론 항상 완벽하게 순종할 수는 없습니다. 하지만 새 생명이 있기에 그리스도를 의식하며 하나님께 순종합니다. 그 순종의 깊이와 분명함은 성령 안에서 계속 자라납니다.

우리가 죄성을 이기는 비결 역시 그리스도의 구속에서 오는 은혜와 평강입니다. 이를 알고 있던 바울은 성도에게 그리스도의 은혜와 평강이 임하기를 기도했습니다. 이는 오직 은혜와 평강만이 거룩으로 나아가게 하는 하나님의 능력이기 때문입니다. 또한 은혜와 평강 안에서 성도는 거룩한 그리스도의 성품을 닮아갑니다.

March

3월

오늘을 마지막처럼
살게 하소서

하나님의 뜻을 따르는 거룩한 삶

율법을 폐기하려는 자를 조심하라

내가 율법이나 선지자를 폐하러 온 줄로 생각하지 말라 폐하러 온 것이 아니요
완전하게 하려 함이라 진실로 너희에게 이르노니 천지가 없어지기 전에는 율법
의 일점일획도 결코 없어지지 아니하고 다 이루리라 _마태복음 5:17

교회 개혁을 이야기하는 이들 중에는 십계명은 폐기되었고 십일
조는 구약의 율법에 속하였으므로 지금 우리에게 적용되지 않는다
고 말하는 이들이 있습니다. 그릇된 주장입니다. 그들은 사랑만이
'새 법'이라면서 율법을 없애려 합니다. 그들은 은혜를 빙자하여 그
리스도인이 감당해야 할 의무를 율법이라고 말하면서 신앙의 본분
과 책임과 순종을 제거합니다.

십계명은 영원한 법입니다. 십계명은 구약의 율법이 아닙니다. 복
음과 율법은 둘 다 하나님의 거룩과 사랑에서 나옵니다. 복음과 율
법은 분리되지 않았습니다. 율법은 복음을 알리고 복음은 율법을 완
성합니다.

예수님의 산상수훈은 십계명 강해로 볼 수 있습니다. 예수님은 마
음에까지 적용되는 십계명을 말씀하십니다. 즉, 성도의 책임이 더욱
무거워집니다. 그러므로 우리는 내 힘으로는 율법을 완성할 수 없음
을 고백해야 합니다. 주 예수님께 나아가 구원을 얻어 새 생명으로
살아야 합니다. 이때 새 생명의 삶은 율법을 완성합니다.

율법을 폐지하자고 말하는 이들이 하나님의 사랑을 어떻게 표현
하는지 알고 싶습니다. 하나님의 사랑을 표현하는데 십계명을 기준
으로 삼지 않으면 어떻게 그 사랑이 참이겠습니까? 율법 폐지론을
주장하는 것은 복음과 율법이 하나라는 것을 무너뜨리는 것입니다.
율법 폐지론자들을 조심하십시오. 그들은 반쪽 복음에 서 있는 자들
입니다.

나를 생각하옵소서

그의 머리털이 밀린 후에 다시 자라기 시작하니라 _사사기 16:22

수십 년 동안 죄악된 삶을 살아온 삼손이었지만 그는 하나님이 인정하시는 승리의 삶을 산 믿음의 거장이 됩니다(히 11:32). 삼손이 어떻게 하나님의 역사를 일으키는 믿음의 영웅이 되었는지 그 과정을 살펴보겠습니다.

그는 죄의 열매를 먹었습니다. 죄의 열매는 고통과 부끄러움과 손실이었습니다. 아무도 돌아보지 않는 외로운 삶이었습니다. 그는 사람들에게 버림받고 이방인들에게 조롱을 받았습니다. 삼손은 주의 징계를 받으며 철저하게 회개합니다. 그는 지난날을 낱낱이 돌아보았습니다. 그 후에야 주님과 진정한 연합을 구할 수 있었습니다. "그의 머리털이 밀린 후에 다시 자라기 시작하였다"는 것은 주의 은혜가 함께하기 시작했다는 말씀입니다. 성령께서는 회개한 그의 마음속에 역사하기 시작하셨습니다. 이제 삼손은 원수 다곤을 대항해 싸울 태세를 취합니다. 이는 생명을 걸고 사탄과 싸우겠다는 비장한 각오를 한 것입니다. 그는 간절히 기도했습니다. "주 여호와여 구하옵나니 나를 생각하옵소서."

패배 후에 삼손은 '내 힘'이 아닌 '주님의 힘'이 역사를 이룬다는 사실을 알게 됩니다. 이 비밀을 알기까지 삼손은 하나님이 주신 은사와 능력을 모두 자신의 영광을 위해 썼습니다. 그러나 그는 징계를 받으면서 주님이 떠나시면 자신은 아무것도 아님을 깨닫게 됩니다. 그 후 하나님의 역사가 삼손에게 나타나기 시작하였고 그는 믿음의 영웅이 되었습니다.

하나님의 뜻에 따라 사는 비결

육신을 따르는 자는 육신의 일을, 영을 따르는 자는 영의 일을 생각하나니 _로마서 8:5

　거듭난 사람은 자신이 육신을 따르는지 성령을 따르는지 분간할 수 있습니다. 갈라디아서 5장에는 육체의 열매와 성령의 열매가 열거되어 있습니다. 이것은 우리가 맺는 열매를 보면서 자신이 무엇을 따르는지 발견하라는 것입니다. 성령 안에 있으면 성령의 열매를 맺지만 옛사람으로 살면 죄성의 열매를 맺게 됩니다. 놀랍게도 로마서 8장은 죄성을 이기는 비결을 논하며 '생각'이라는 차원을 끄집어냅니다. 거듭난 사람은 내 생각을 점검해 볼 수 있습니다. 만일 그리스도인이 자기 생각을 점검해 자기 생각이 육신의 생각인지 성령의 생각인지를 분간할 수 있다면, 주님만 생각하면서 육신의 생각을 버릴 수 있다면, 이 사람은 치열한 영적 전투를 벌일 것입니다.

　사실, 대부분의 성도가 이 차원까지 못해 실수를 많이 하게 됩니다. 육신의 생각은 육신의 열매를 맺고 그 죄가 장성하면 사망과 비참의 인생이 됩니다. 필자는 독자들에게 "내 생각이 성령의 생각인지 세 번 점검하라"고 당부합니다. 만약 육신의 생각을 하고 있다면, 당장 회개하십시오. 그러나 성령의 생각을 하고 있다면 그 생각을 구체화하여 말과 행동으로 발전시키십시오. 이를 위해 바울은 우리에게 "쉬지 말고 기도하라"라고 당부합니다.

이미-아직의 하나님 나라

이러므로 하나님이 그를 지극히 높여 모든 이름 위에 뛰어난 이름을 주사 _빌립보서 2:9

"이미-아직(Already Not Yet)"은 예수님의 십자가 및 부활 사건과 예수님의 재림 사이를 말합니다. 이미 하나님 나라는 시작되었지만, 아직 완성되지는 않았습니다. 이미 사탄의 허리는 부러졌지만 그의 세력은 아직 남아 있습니다. "이미-아직" 구조를 예수님의 권세가 마치 불안전한 것처럼 생각하거나 주님의 사역이 완성되지 않은 것으로 보아서는 안 됩니다. 그것은 주께 모욕이 됩니다. 성도란 예수님께서 십자가에서 마귀의 권세를 '완전히' 멸하셨음을 믿고 아는 자들입니다. 마귀의 권세와 둘째 아담으로 오신 예수님 권세의 마지막 대결이 십자가였습니다. 사탄은 십자가에서 자신이 이긴 줄 알았지만, 주께서는 완전한 지혜로 결정적으로 승리하셨습니다. 사흘 만에 부활하셔서 사망을 이기셨습니다.

이후로 예수님은 둘째 아담으로서 최고의 권세를 누리게 됩니다. 지금 주 예수님은 우주의 최고 권세자입니다. 마귀의 권세는 이미 끝났습니다. 우리 눈에는 여전히 그 악한 권세가 강해 보입니다. 또한 현실의 삶에서 무섭게 다가옵니다. 그러나 실제로는 이미 패배한 권세입니다. 그의 완전한 멸망은 시간문제일 뿐입니다.

성도는 예수님의 권세를 볼 줄 알아야 죄를 이길 수 있고 이 세상 어둠의 권세에 굽실거리지 않습니다. 눈을 들어 최고의 권세를 보십시오. 살아계신 최고의 통치자를 보십시오. 그분의 콧김에 지금 당장에라도 이 우주의 모든 악이 제거될 수 있습니다. 참된 성도는 예수님의 권세를 보면서 이 죄악된 세상에서 악한 권세를 이기며 예수님께서 주신 생명으로 살아갑니다.

약속을 지키시는 하나님

주의 약속은 어떤 이들이 더디다고 생각하는 것 같이 더딘 것이 아니라 오직 주
께서는 너희를 대하여 오래 참으사 아무도 멸망하지 아니하고 다 회개하기에
이르기를 원하시느니라 _베드로후서 3:9

성경에서 언약은 중요한 개념입니다. 하나님과 노아와의 언약, 아브라함과의 언약, 모세와의 언약 등…… 성경은 언약에 관한 내용이 많습니다. 성경의 언약은 예수 그리스도를 통한 무한하신 하나님의 사랑과 용서의 새 언약으로 요약됩니다. 곧, 복음입니다. 복음은 예수 그리스도 안에서 하나님의 영원한 언약으로 이는 누구든지 예수를 믿으면 의롭게 되며 영원한 생명을 주시겠다는 하나님의 절대 변하지 않는 언약입니다. 따라서 오늘 우리가 주 앞에서 죄 사함을 받고 생명을 누리고 많은 복과 하늘의 영광을 누리는 것은 자신이 잘나서가 아닙니다. 언약에 신실하신 하나님 덕분입니다.

하나님은 약속에 신실한 분이십니다. 그분은 신실함을 보여주기 위해 모세에게 여호와라는 이름을 알려주셨습니다. 그리고 자기 백성과의 언약 관계 속에서 그 이름을 사용하셨습니다. 성경을 보면 마치 약속을 기억하시듯 구속의 약속과 관련된 내용마다 여호와 하나님의 이름이 나옵니다. 즉, 하나님께서는 자신의 이름을 걸고 언약한 것을 지키시는 것입니다.

죄가 만연한 이 세대는 쉽게 약속을 어깁니다. 거짓과 과장과 사기와 의심이 팽배해 있습니다. 사람들이 하나님의 신실한 성품과 거리가 멀다는 증거입니다. 예수님의 생명으로 사는 그리스도인은 약속에 신실합니다. 약속에 신실할 때 하나님의 영광이 드러납니다. 그리고 빛과 소금으로서 이 세상의 부패를 막는 자들이 될 것입니다.

하나님의 계시는 바뀌지 않는다

그가 그 사람에게 이르되 나도 그대와 같은 선지자라 천사가 여호와의 말씀으로 내게 이르기를 그를 네 집으로 데리고 돌아가서 그에게 떡을 먹이고 물을 마시게 하라 하였느니라 하니 이는 그 사람을 속임이라 _열왕기상 13:18

여로보암은 하나님을 향한 믿음과 경외심이 없었습니다. 하나님께서는 그를 심판하기로 작정하고 유다에 있는 선지자를 보냈습니다. 그리고 그에게 분명한 지시를 하시고 여로보암을 향한 심판의 예언을 맡기셨습니다. 하나님은 그 선지자에게 아무것도 먹거나 마시지 말고 가던 길로 되돌아오지 말라고 하셨습니다. 또한 요시야가 다윗 왕조에 태어나 여로보암이 세운 제사장들로 제물을 삼을 것이며 인간의 뼈를 여로보암 위에서 태울 것이고, 이에 벧엘의 금송아지 제단이 갈라져 그 위의 있던 재가 땅에 쏟아질 것이라는 심판의 예언을 전하게 하셨습니다.

유다의 예언자는 하나님의 지시를 잘 따랐습니다. 여로보암 왕이 음식과 선물을 주어도 사양하고, 왔던 길이 아닌 다른 길로 갔습니다. 이때 벧엘에 살던 늙은 예언자가 이 사실을 알고 유다에서 온 선지자를 쫓아가서 거짓말을 합니다. 그는 자기도 하나님께 예언을 받았다면서 유다에서 온 선지자를 설득하여 자기 집으로 데리고 가서 먹고 마시게 했습니다. 유다에서 온 선지자는 음식을 먹다가 늙은 선지자의 입술을 통해 그의 불순종에 대한 하나님의 심판을 듣게 됩니다. 그 후 길에서 사자에게 물려 죽습니다. 하나님께서 주신 말씀은 나중에 주시는 하나님의 말씀과 어긋나지 않습니다. 이 원칙에 의해 우리는 하나님의 참 계시인 성경과 거짓 계시를 구별할 수 있습니다. 주의 말씀에는 모순이 없습니다. 만일 하나님의 말씀이라고 하는 두 음성이 대치된다면 그중 하나는 거짓 예언자의 음성입니다.

타락하는 예배

아하스 왕이 물두멍 받침의 옆판을 떼내고 물두멍을 그 자리에서 옮기고 또 놋
바다를 놋소 위에서 내려다가 돌판 위에 그것을 두며 _열왕기하 16:17

　오늘 본문은 요담의 아들 아하스가 남유다의 왕이 되었을 때의 상
황입니다. 아하스 왕의 불신앙은 북이스라엘의 르신과 아람 왕 베가
가 연합하여 예루살렘을 치러 왔을 때 나타났습니다. 그는 하나님보
다 앗시리아 왕을 의지했습니다. 앗시리아 왕의 마음을 사려고 성전
에 있는 금과 은과 보물을 선물로 주었습니다. 또한 아하스 왕은 앗
시리아 왕을 만나려고 아람 나라의 수도인 다메섹에 갔다가 이방 제
단을 보고 반합니다. 그 후 그 제단의 설계도와 모형을 그려 유다의
제사장 우리야에게 보냅니다. 우리야는 왕이 보내준 설계도에 따라
제단을 만들고 주님이 알려주신 대로 만들었던 놋제단을 곁으로 밀
쳐냅니다. 그 후 이방 제단을 본떠 만든 제단 위에서 번제와 희생제
사를 드렸습니다. 아하스 왕은 얼마나 악한가요? 그는 하나님께 드
리는 제사를 경시하고 하나님을 업신여겼습니다. 제사장 우리야도
마찬가지입니다. 그는 왕의 뜻에 따르기 위해 하나님의 명령을 져버
렸습니다. 아하스 왕과 우리야로 인해 예배는 변질하였고 결국 남유
다는 멸망했습니다.

　사탄은 예배가 타락하도록 부추깁니다. 이를 위해 하나님께서 명
하지 않은 방법으로 예배를 드리게 합니다. 현재 많은 교회의 예배
가 타락하고 있습니다. 예배가 타락했다는 것은 복음을 잃었다는 것
입니다. 세상 냄새가 물씬 나는 인간 중심의 예배가 된 것입니다. 예
배가 타락하면 교회는 부패하고 마침내 사탄을 숭배하게 됩니다. 그
래서 하나님은 타락한 예배자를 가장 미워하십니다.

여호와 하나님과 예수 그리스도만 섬겨라

또 내가 너희와 세운 언약을 잊지 말며 다른 신들을 경외하지 말고 오직 너희 하나님 여호와만을 경외하라 그가 너희를 모든 원수의 손에서 건져내리라 _열왕기하 17:38~39

　위의 본문은 하나님께서 야곱 자손과 언약을 맺는 내용부터 시작하지만, 결론적으로 북이스라엘이 이 땅에서 영원히 사라졌다는 사실을 말합니다. 북이스라엘은 여호와 하나님과의 언약을 어겨서 멸망했습니다. 여호와 하나님만 섬기지 않고 다른 우상 신도 함께 섬겼기 때문입니다. 영적 간음을 한 것입니다. 하나님의 백성이 실패하는 가장 큰 이유는 '~만'으로 가지 않고 '~도'로 가기 때문입니다. 이방인은 그리스도인이 '~만'이라는 태도를 보여서 그리스도인을 미워합니다. 주의 백성이 '~도'라고 하면 그들은 우리를 반가워합니다.

　로마 시대의 그리스도인은 카타콤에 숨어 살았습니다. '오직' 예수님에게만 구원이 있으며 '오직' 삼위일체 하나님만이 참 신이라고 외쳤기 때문입니다. 이에 혼합주의로 가득 찼던 로마제국은 그리스도인을 핍박했습니다. 일제강점기 때, 일제는 우리에게 신사참배를 강요했습니다. 하나님 외에 다른 신에게 경배하지 않겠다는 의지로 신사참배를 거부한 이들은 감옥에 갇히고 고문을 받았습니다.

　우리는 하나님만을 섬겨야 합니다. 언약의 백성이기 때문입니다. 또 하나님 외에 다른 신이 없기 때문입니다. 다른 피조물과 함께 하나님을 섬겨서는 안 됩니다. 하나님을 다른 신, 사탄과 함께 섬기는 것은 가장 큰 신성모독입니다.

최악의 조건에서 최고의 것을 얻는 비결

갇힌 중에서 낳은 아들 오네시모를 위하여 네게 간구하노라 _빌레몬서 1:10

바울은 최악의 상황에서 오히려 최상의 것, 가장 아름다운 것을 얻었습니다. 믿음의 능력이며 보혈의 능력입니다. 어떻게 바울은 최고의 것을 얻었을까요?

첫째, 바울은 감옥에서 언제나 기도했습니다. 감옥에서 자신을 돌아보며 예수 그리스도와 깊은 교제를 했습니다. 바울은 감옥생활을 주님과의 단둘의 시간으로 바꾸어냈습니다.

둘째, 바울은 감옥에서 영적인 실력을 쌓았습니다. 그는 원망하거나 억울해하지 않고 모든 것을 주께 맡겼으며 기도와 말씀으로 실력을 키웠습니다. 또한 교회와 성도에게 편지와 글을 썼습니다. 그 편지와 글은 하나님 나라를 위해 지금까지 위대하게 쓰이고 있습니다.

셋째, 감옥에서의 삶마저 주의 나라를 위한 기회로 만들었습니다. 사람은 여러 상황 속에서 악인이든 선인이든 사람을 만나게 되어 있습니다. 오늘 본문에서 바울은 악독하기로 유명한 로마 감옥에서 도망한 노예 오네시모를 만납니다. 바울은 감옥에서 오네시모에게 복음을 전하고 그를 거듭나게 했습니다. 나아가 그를 충성스러운 주님의 제자로 만들었습니다.

하나님의 백성을 가둘 수 있는 것은 이 세상에 없습니다. 우리는 감옥과 같이 가장 비참한 자리에 있어도 그리스도 안에서 모든 것을 감당하며 최고의 것을 얻어낼 수 있습니다.

충성의 모습이란?

이르되 내 하나님이여 내가 결단코 이런 일을 하지 아니하리이다 … 그들이 자기 생명도 돌보지 아니하고 이것을 가져왔으므로 그것을 마시기를 원하지 아니하니라 세 용사가 이런 일을 행하였더라 _역대상 11:19

우리는 세 용사가 다윗 왕에게 보여준 충성을 통해 그리스도를 향한 충성을 배우게 됩니다.

첫째, 세 용사는 온 맘을 다해 주인을 기쁘게 해드리려 했습니다. 다윗은 푸념하듯 소원을 말했습니다. 그런데 그 푸념이 충성된 용사의 귀로 들어가자 그들 마음에 열정이 타올랐습니다. 왕이 원하는 것이 아무리 작아도 그것을 이루어 드리고 싶은 마음으로 강렬해진 것입니다. 이것이 충성된 마음입니다.

둘째, 왕을 위해 가장 소중한 것을 드렸습니다. 생명마저 아끼지 않고 드리려는 마음입니다. 그리고 이들은 언제나 왕과 시간을 함께 했습니다.

셋째, 세 용사는 자신의 영광을 구하지 않았습니다. 자기 영광을 얻기 위해 왕의 영광을 '이용하려' 하지 않았습니다. 오직 왕을 보호하고 그의 나라를 확장하며 왕에게 인정받기를 바랄 뿐이었습니다.

넷째, 왕이 무엇을 원하시는지 알고 어떠한 불편과 난관도 개의치 않고 앞으로 나갔습니다. 충성된 마음에는 포기가 없습니다. 생명까지 드릴 각오로 그 목표를 향해 전진할 뿐입니다.

변치 않는 신앙

아사가 그의 하나님 여호와께 부르짖어 이르되 여호와여 힘이 강한 자와 약한
자 사이에는 주밖에 도와줄 이가 없사오니 우리 하나님 여호와여 우리를 도우
소서 _역대하 14:11

아사 왕은 약 20년을 우상을 제거하고 주 앞에서 바르게 살았습니
다. 성경은 이런 아사 왕에게 하나님께서 평강을 더하셨다고 기록
합니다. 한번은 구스(에티오피아) 사람 세라가 많은 군대와 전차 삼백
대를 이끌고 남유다를 공격했습니다. 이때 아사 왕은 하나님께 부르
짖으며 주님만 의지했고 주께서는 아사 왕에게 큰 승리를 안겨주셨
습니다.

그러나 아사 왕이 재위 36년이 되었을 때 일어난 사건으로 그는
달라졌습니다. 북이스라엘의 바아사 왕이 남유다를 공격하기 위해
라마에 성을 쌓았습니다. 평화를 누리며 영적 안일함에 빠져 있던
아사 왕은 바아사가 공격하자 큰 충격에 빠집니다. 믿음을 잃은 아
사 왕은 두려움 속에서 자신의 방법으로 위기를 대처합니다. 아람
왕 벤하닷을 의지한 것입니다.

그는 아람 왕을 의지하고 하나님과 관련된 모든 것을 희생시켰습
니다. 이 점에 주목해야 합니다. 영적으로 말하면 자신의 방법으로
두려움을 해결하기 위해 하나님과 관련한 모든 것을 희생시킨 것입
니다. 그 후 아사 왕은 발에 심한 병이 나서 고통을 당합니다. 그런
데도 아사 왕은 하나님을 찾지 않았습니다.

신앙생활은 매우 간단합니다. 어떤 상황에서도 하나님의 선하심
과 인자하심을 믿고 그분을 끝까지 의지하며 붙드는 것입니다.

고난 속에 숨겨진 사랑

그가 한 사람을 앞서 보내셨음이여 요셉이 종으로 팔렸도다 _시편 105:17

요셉은 형제에게 버림받아 애굽으로 팔려갔습니다. 그는 발에 차꼬를 차고 감옥에 갇히는 신세가 됩니다. 시편은 요셉의 인생을 하나님께서 아브라함에게 하신 약속을 이루는 관점에서 봅니다. 즉, 요셉이 애굽에 팔려간 것도, 가나안 땅에 기근이 온 것도 하나님의 계획 아래 있는 일입니다. 요셉은 고통과 외로움과 억울함과 좌절 속에서도 하나님의 말씀을 붙들고 마음을 지켰습니다. 요셉은 믿음으로 강해졌고 하나님의 마음과 하나가 되었습니다. 그러면서 하나님께서 아브라함과 했던 계획을 이루어 갔습니다.

삶이 진행되는 과정에서 요셉이 하나님의 계획을 언제나 알지는 못했습니다. 그러나 그는 하나님께서 자신을 사랑한다는 것과 그의 인생을 완벽하게 인도하신다는 것을 믿었습니다. 그러기에 고통스럽고 억울해도 낙심하지 않고 하나님의 약속을 붙들었습니다. 그 후 요셉은 자신의 인생 속에 함께하셨던 하나님의 깊은 뜻을 알게 되었습니다.

하나님은 그분의 계획을 이루시기 위해 사람을 선택하십니다. 그리고 그를 사용할 때 '반드시' 고난의 과정을 겪게 하십니다. 또한 주의 택함을 받은 사람들은 주께서 허락하신 고난을 믿음과 인내로 이겨냈습니다.

고난은 힘들고 딱한 일입니다. 그러나 주를 향한 믿음을 절대로 잃지 마십시오. 어떤 고난이 와도 그 고난을 믿음으로 대처하십시오. 그러면 하나님의 귀한 뜻을 이루며 주께서 기뻐하시는 삶을 살 수 있습니다.

모든 순간, 주께 감사

만물이 그에게서 창조되되 하늘과 땅에서 보이는 것들과 보이지 않는 것들과 혹은 왕권들이나 주권들이나 통치자들이나 권세들이나 만물이 다 그로 말미암고 그를 위하여 창조되었고 _골로새서 1:16

오늘 본문은 예수 그리스도가 누구신지를 설명합니다. 그는 먼저 하나님이십니다. 또한 성부와 성령과 구별되는 성자 하나님이십니다. 예수 그리스도는 사람이 되셔서 피조 세계의 시공간으로 오셨고 보이지 않던 하나님의 형상을 우리에게 보여주셨습니다. 그래서 우리는 그분을 눈으로 보고 만지고 사귀게 되었습니다.

예수 그리스도는 모든 만물을 창조하셨습니다. 보이는 세계와 보이지 않는 세계를 창조하셨습니다. 또한 모든 권세와 보좌와 주권과 능력이 그분에게서 나왔습니다. 보이는 세상과 보이지 않는 세상의 능력과 권세도 마찬가지입니다. 만물은 예수 그리스도를 '위해' 존재합니다. 이는 우리 인간도 주 예수님이 지으셨고 그를 위해 존재하고 있음을 분명하게 말해줍니다. 따라서 이런 존재 목적을 잃어버리면 타락하게 됩니다.

만물은 예수 그리스도 안에서 유지됩니다. 그리스도 없이는 그 어떤 것도 지탱될 수 없습니다. 오직 예수 그리스도 안에 있는 무한하신 은혜와 능력과 자원으로 만물과 영의 세계가 유지됩니다. 지금 내가 손가락을 움직여 글을 쓰는 것도 그리스도께서 건강과 생명과 자원을 유지해 주시기 때문입니다. 우리의 호흡까지 주 예수님께 달려 있습니다. 지금 이 순간에도 우리를 붙들어 주시는 예수 그리스도를 찬송하며 감사합시다.

보혈의 기쁨에 엎드리다

내가 피를 볼 때에 너희를 넘어가리니 재앙이 너희에게 내려 멸하지 아니하리라 _출애굽기 12:13

하나님께서는 주의 백성을 애굽에서 데리고 나오실 때, 좌우 문설주와 인방에 피가 발린 집에는 재앙을 내리지 않으셨습니다. 그 집에 어떤 사람이 있는지는 중요하지 않았습니다. 하나님은 오직 그 집 문에 바른 '피'를 보셨습니다. 문에 피를 바르지 않은 사람 중에는 착하고 양심 바른 사람도 있었을 것입니다. 나라를 위해 자신의 생명을 바치는 충성된 자도, 깊은 철학을 깨닫고 인류에게 도덕적인 교훈을 가르치는 사람도 있었을 것입니다. 그러나 어린양의 피가 없으면 그 집의 장자는 죽었습니다. 여호와의 약속을 믿고 피를 바른 사람은 '피' 덕분에 살았습니다.

바울은 유대인의 율법을 완벽하게 지키던 사람으로 예수님을 따르는 그리스도인을 핍박했습니다. 그러나 하나님의 어린양 예수 그리스도와 보혈을 깨닫고 난 후, 그는 완전히 다른 사람이 되어 주의 보혈의 능력을 전했습니다. 주의 보혈이 바울의 죄악을 덮지 않았다면 그는 영원한 지옥으로 떨어졌을 것입니다. 바울은 자신의 과거를 볼 때마다 하나님을 대적하던 소름 끼치도록 끔찍한 자신을 보았습니다. 그러나 예수 그리스도의 자비가 바울의 모든 죄를 덮었습니다. 또한 그를 사도로 불러주셨습니다. 그리하여 바울은 하나님의 자비와 은혜를 전하는 이가 되었습니다.

주의 보혈을 외치는 곳에 성령이 함께하십니다. 또한 성령이 함께하는 자들은 오직 주의 보혈을 외치며 그 보혈을 더욱 깊게 체험합니다. 그리스도의 보혈의 사랑을 체험할 때 주께 엎드리게 됩니다. 모든 생명과 삶을 드려 주의 보혈을 감사하며 찬양하게 됩니다.

다른 목적으로 복음을 전하지 말라

말의 지혜로 하지 아니함은 그리스도의 십자가가 헛되지 않게 하려 함이라 _고린도전서 1:17

복음을 사람의 지혜나 말의 지혜로 전하면 그리스도의 십자가가 헛되게 됩니다. '헛되다'는 말은 '케노우'라는 헬라어로서 '능력을 잃다', '의미를 잃다', '아무 열매가 없다'라는 뜻입니다. 이는 복음의 능력과 열매는 사람의 힘으로 되지 않는다는 뜻입니다. 복음은 하나님의 가장 깊은 지혜로서 오직 하나님께서 역사하실 때에만 능력과 열매가 나타납니다. 따라서 복음을 전하는 자는 성령의 역사가 나타나기를 간절히 소망하면서 믿음과 간구로 전해야 합니다. "내 말과 내 전도함이 설득력 있는 지혜의 말로 하지 아니하고 다만 성령의 나타나심과 능력으로 하여 너희 믿음이 사람의 지혜에 있지 아니하고 다만 하나님의 능력에 있게 하려 하였노라"(고전 2:4~5).

고린도 교회 성도 중에는 파벌 세력을 만들고 기득권을 취하기 위해 복음을 전하고 세례를 주는 이들이 있었습니다. 하지만 세력을 확장하거나 추종자를 늘리려는 수단으로 복음을 전하면, 성령의 생명의 능력이 절대 나타나지 않습니다.

복음은 돈이나 명예, 권력과 인기를 얻는 수단이 아닙니다. 어떤 기적과 명석함을 드러내는 수단도 아닙니다. 표적을 구하던 유대인과 지혜를 찾던 헬라인에게 바울이 전하는 십자가의 도는 어리석어 보였습니다. 복음은 오직 믿는 자에게만 역사하십니다. 복음을 전하는 자든, 받는 자든 가난한 심령으로 예수 그리스도를 믿는 자는 십자가에 못 박히신 예수님께 감사하며 그분을 사랑하게 됩니다. 그들은 복음의 비밀을 체험하면서 하나님의 능력을 삶 가운데 나타냅니다. 바로 거룩과 용서와 사랑의 능력입니다.

자족함이 경건

그러나 자족하는 마음이 있으면 경건은 큰 이익이 되느니라 _디모데전서 6:6

인류 역사를 보면 인간에게 가장 큰 우상은 돈이었습니다. 돈 때문에 하나님을 저버린 이들이 많았습니다. 돈을 사랑하는 사람은 궁극적으로 예수님을 멀리하며 주 하나님을 버리게 됩니다. 돈의 황홀함을 경험한 사람은 하나님으로 인한 황홀함을 누리지 못합니다. 혹시 이들이 하나님을 찾는다면 자신의 탐욕을 위해서입니다. 돈을 더 많이 소유하고 싶은 마음에 하나님께 아첨하는 간교함에 주님은 속지 않으십니다. 그러나 탐욕에 빠진 그들은 돈을 무한하게 '축적'하며 하나님께 복을 받았다고 착각하며 자랑합니다. 하지만 돈을 사랑하면서 하나님을 섬길 수는 없습니다. "한 사람이 두 주인을 섬기지 못할 것이니 혹 이를 미워하고 저를 사랑하거나 혹 이를 중히 여기고 저를 경히 여김이라 너희가 하나님과 재물을 겸하여 섬기지 못하느니라"(마 6:24).

경건하게 살려면 물질과 환경에 자족해야 합니다. 예수님께서는 세상의 염려와 재리의 유혹에 말씀이 막혀 열매를 맺지 못하는 자를 마음이 가시떨기 밭이라고 하셨습니다(참조, 막 4장). 이는 '재리', 즉 물질로 인한 고민과 염려 때문에 풍성한 열매를 맺지 못한다는 것입니다. 이런 마음은 자족함을 모르고 늘 불안합니다.

모든 환경을 초월하는 참된 만족과 자족은 예수 그리스도 안에서만 누릴 수 있습니다. 자족의 비결을 배운 자들은(참조, 빌 4:11~13) 오직 주님만으로 만족합니다. 돈은 단지 주님께 사랑을 보여드리는 수단일 뿐입니다. 헌물로 주께 사랑을 표현하고 이웃을 위해 물질을 사용하여 그리스도의 사랑을 보여주는 것입니다.

안개와 같은 인생

그가 모든 사람을 대신하여 죽으심은 살아 있는 자들로 하여금 다시는 그들 자신을 위하여 살지 않고 오직 그들을 대신하여 죽었다가 다시 살아나신 이를 위하여 살게 하려 함이라 _고린도후서 5:15

그리스도께서는 우리를 대신해 죽으심으로 내가 받아야 할 저주를 대신 받으셨습니다. 또한 부활하셔서 우리에게 영생을 주셨습니다. 따라서 우리는 예수 그리스도를 위해 살아야 합니다. 짧은 안개와 같은 인생을 살면서 잊어서는 안 되는 진리가 있습니다. 주님께서 나를 위해 대신 죽으셨고, 그런 그분을 위해 살아야 한다는 것입니다. 이런 복음의 진리를 기억하는 한 우리는 예수 그리스도를 기쁘시게 하는 삶을 살 수 있습니다. 그리스도를 위한 삶은 우리에게 가장 영광되고 복된 삶을 보장합니다.

우리는 주님의 죽으심과 부활로 새 생명을 얻었습니다. 새 생명은 주 예수님과 연합해 있고 죄를 죽기까지 싫어합니다. 성령은 이 새 생명과 함께 거하시며, 이 새 생명은 하늘에서 내려오는 생명의 말씀을 먹고 충만해집니다.

우리 속의 옛사람을 죽이고 새 생명으로 살아갑시다. 새 생명은 본성상 예수님만 사랑하며 주의 기쁨이 되길 원합니다. 성령으로 우리의 속사람을 강건하게 하며 더욱 주님만을 위해 살아갑시다. 우리의 모든 생각과 말과 마음을 사로잡아 주께 복종합시다. 주님의 말씀에 온 맘과 귀를 기울이고 날마다 주님의 말씀을 따릅시다. 우는 사자와 같이 다니며 삼킬 자를 찾는 마귀에게 조금도 틈을 주어서는 안 됩니다. 온 생명을 다해 주께 순종할 때 옛생명은 조금도 고개를 들지 못할 것입니다.

곧 예수님께서 일을 시작하신다

항상 내 말을 들으시는 줄을 내가 알았나이다 그러나 이 말씀 하옵는 것은 둘러
선 무리를 위함이니 곧 아버지께서 나를 보내신 것을 그들로 믿게 하려 함이니
이다 _요한복음 11:42

잠깐 나사로의 식구가 되어 봅시다. 예수님께 전갈을 보내 빨리
오시도록 부탁했지만 아무리 기다려도 예수님은 오지 않으셨습니
다. 결국 나사로는 죽습니다. 예수님께서 나사로를 낫게 하실 것이
라는 소망이 사라지는 순간입니다. 절망과 고통과 비통함, 또한 시
간에 맞추어 오지 않으신 예수님께 실망합니다. 그런데 이 타이밍이
전능하신 예수님의 계획입니다.

이 사건을 우리 삶과 연결해 봅시다. 먼저 예수 그리스도는 전능
자이십니다. 우리의 마음과 상황을 다 알고 계십니다. 우리를 사랑
하셔서 자기 생명까지 주셨습니다. 주님의 십자가가 그것을 확증합
니다. "사람이 친구를 위하여 자기 목숨을 버리면 이에서 더 큰 사랑
이 없나니"(요 15:13) 그런데 주께서 우리의 간곡한 기도를 들어주지
않으십니다. 심지어 우려하던 최악의 상황까지 갑니다. 이때 우리는
주님께 실망하고 믿음을 잃게 됩니다. 주님의 의도를 알 수 없어서
좌절합니다. 어떻게 무엇을 해야 할지도 모릅니다.

이런 때도 믿음을 잃어서는 안 됩니다. 실수가 없으신 주님의 계
획과 타이밍 때문입니다. 나사로 사건을 살펴보면 주님은 모든 것이
끝났다고 생각하는 그 순간부터 일하셨습니다. 주님의 사랑과 전능
하심을 끝까지 믿을 때, 주님은 기뻐하십니다. 그때 주님께서는 주
의 영광을 드러내십니다. 그러니 주님의 계획을 믿으십시오. 상황이
아무리 나쁘고 처지가 곤란해도 실망하지 마십시오. 곧 예수님께서
일을 시작하실 것입니다.

나의 나 된 것에 감사하라

그러나 내가 나 된 것은 하나님의 은혜로 된 것이니 내게 주신 그의 은혜가 헛되지 아니하여 내가 모든 사도보다 더 많이 수고하였으나 내가 한 것이 아니요 오직 나와 함께하신 하나님의 은혜로라 _고린도전서 15:10

몇 년 전, 목회 세미나를 참석한 적이 있습니다. 소위 성공했다는 목사들이 개척 교회 목회자들에게 나의 나 된 것은 하나님의 은혜라고 말했습니다. 목회 성공을 "나의 나 된 것"이라고 표현한 것입니다. 그 분위기에서는 실패한 목회자, 가난한 목회자, 개척 교회 목회자들은 설 자리가 없었습니다. "너희에게는 하나님의 은혜가 적었다"라고 말하는 것 같았습니다. 얼마나 비통한 현장입니까? 바울은 자신이 이룬 업적에 대해 "나의 나 된 것은"이라고 말하지 않았습니다. 그에게 나의 나 된 것은 어떤 상황에서도 복음을 전하는 특권을 받은 것이었습니다.

바울은 예수님을 따르는 자들을 핍박하던 사람이었습니다. 그런 그에게 주님은 벌을 내리지 않았습니다. 오히려 바울을 만나주시고 사도로 쓰셨습니다. 이것이 바울의 나의 나 된 것입니다. 즉, 주의 복음을 세상에 알리게 하셨고 하나님의 원수였던 그에게 은혜를 베푸셔서 영생을 주신 것입니다. 나아가 그 은혜의 뿌리가 되는 예수 그리스도의 십자가를 전하도록 하셨습니다. 이것이 바울에게 나의 나 된 것입니다. 만일 바울이 예수님을 만나지 못했다면, 그는 마귀의 종으로 살다가 일생을 마쳤을 것입니다.

오늘도 주께서는 우리에게 은혜를 베푸십니다. 우리 형편이 어떠하던지 우리를 하나님의 자녀로 불러주신 그 무한한 은혜를 기억합시다. 그리고 "나의 나 된 것은 하나님의 은혜"라고 고백합시다. 영생을 주신 것에 감사하고 주님께 사랑을 고백합시다.

이 글에서 시작하여

빌립이 입을 열어 이 글에서 시작하여 예수를 가르쳐 복음을 전하니 _사도행전 8:35

　　예수님 당시의 바리새인은 눈이 가려져서 성경을 제대로 이해하지 못했습니다. 예수님을 삼 년 동안 따라다닌 제자들도 마찬가지였습니다. 그래서 예수님께서는 부활하셔서 그들의 마음의 눈을 열어 성경을 바르게 이해할 수 있도록 도와주셨습니다(눅 24:44~45).

　　오늘 본문을 보면 빌립이 성령의 인도를 따라 에티오피아 여왕 간다게의 모든 국고를 맡은 내시를 만나게 됩니다. 큰 권세가 있는 그 내시는 예루살렘에서 예배를 마치고 자기 나라로 돌아가고 있었습니다. 그는 병거에서 이사야서를 읽고 있었는데 도무지 그 뜻을 이해할 수 없었습니다. 이에 내시는 빌립에게 자신이 읽는 이사야서가 무엇을 뜻하지는 묻습니다.

　　이때 빌립이 "입을 열어 이 글에서 시작하여 예수를 가르쳐" 복음을 전했습니다. 만일 내시가 성령으로 인도함을 받는 빌립이 아닌 바리새인을 만났다면 어떻게 되었을까요? 또는 지금 현대 신학자들을 만났다면요? 만일 내시가 당신을 만나 빌립에게 했던 질문을 한다면, 당신은 뭐라고 대답하시겠습니까? 감사하게도 내시는 성령의 인도함을 받는 빌립을 만났습니다. 빌립은 내시에게 말합니다. "이 글에서 시작하여 예수를 가르쳐 복음을 전하더라" 빌립의 성경 해석으로 예수님이 존귀하게 드러났고 이를 믿은 내시는 구원을 얻게 되었습니다.

어떻게 하나님과 한마음이 될 수 있을까?

여호와께서 임하여 서서 전과 같이 사무엘아 사무엘아 부르시는지라 사무엘이
이르되 말씀하옵소서 주의 종이 듣겠나이다 하니 _사무엘상 3:10

사무엘은 어머니 한나가 주의 종으로 바치겠다고 서원한 사람이
었습니다. 그는 성막에서 종교의식을 도우면서 자랐지만, 하나님의
음성을 듣지 못했습니다. 오늘 본문은 사무엘이 하나님의 음성을 듣
는 장면입니다. 사무엘은 하나님께서 여러 번 자신을 불렀지만, 제
사장 엘리가 부르는 줄로 착각합니다. 그러나 곧 하나님의 음성임을
알고 대답합니다. "사무엘이 이르되 말씀하옵소서 주의 종이 듣겠
나이다"

두 사람이 한마음이 되려면 '마음으로 듣는 것'이 중요합니다. 효
자는 부모 말씀을 마음으로 듣고 따릅니다. 참 성도는 목자의 설교
를 마음으로 듣습니다. 좋은 친구는 상대의 말을 마음으로 듣습니
다. 그러면 주님과 어떻게 한마음이 될 수 있을까요? 어떤 사람은
안타깝게도 귀로만 듣습니다. 이런 자들은 주님과 마음이 연합하지
못하고 성경 지식만 늘어 교만해집니다. 어떤 사람은 감정으로만 듣
습니다. 이들은 지식이 없이 종교 체험을 갈급해 하다가 신비주의에
빠집니다. 어떤 사람은 의지로만 듣습니다. 이들은 남들보다 뛰어난
자신의 결단력과 행위를 믿고 자만하며 자기 의에 빠져 남들을 판단
합니다. 마음으로 듣는 자는 성령과 함께하며 주님의 마음과 연합합
니다. 겸손하고 그리스도를 향한 믿음과 사랑으로 충만합니다. 하나
님께서는 우리가 주의 음성을 마음으로 들을 수 있도록 성경과 성령
을 주셨습니다. 우리는 기도를 통해 성령을 의지하면서 성경을 통해
주시는 그분의 음성을 들어야 합니다. 그래야 주님의 마음과 연합할
수 있습니다. 또한 주님을 닮아갈 수 있습니다.

복음이신 예수 그리스도

하나님의 아들 예수 그리스도의 복음의 시작이라 _마가복음 1:1

마가는 복음을 예수 그리스도라고 정의합니다. 예수님께서는 공생애를 시작하실 때 이사야 61장을 인용하셨습니다. 놀랍게도 이사야 61장은 성령이 메시아에게 임하는 사건과 함께 "아름다운 소식"이 전파되는 것을 말합니다. 마음이 상한 자를 고치고, 포로된 자에게 자유를, 갇힌 자에게 놓임을 전파한다는 소식입니다. 또한 여호와의 은혜의 시절이 임하고 슬픈 자를 위로하고 무릇 시온에서 슬퍼하는 자에게 희락의 기름과 찬송을 주신다는 내용입니다. 이런 아름다운 소식이 바로 메시아의 오심입니다(사 61:1~3).

공생애를 시작하신 예수님께서는 당장 천국복음을 전파하십니다. 예수님께서 전하신 복음은 하나님 나라에 대한 말씀이요, 그 나라 주인이 바로 자신이라는 것입니다. 하나님 나라에 들어가려면 죄 문제가 해결되어야 합니다. 주님께서는 하나님의 은혜에 의해 그의 정체를 정확하게 알아본 제자들에게 자신이 십자가에서 죽으실 것과 사흘 만에 부활하실 것을 알려주셨습니다.

우리는 본성상 자기중심적입니다. 그래서 복음을 전할 때도 인간이 얻는 유익에만 머무를 때가 있습니다. 복음의 핵심을 잃을 때가 있습니다. 예수 그리스도가 우리를 구원하시기 위한 수단이 될 뿐 구원의 목적이 되지 않을 때가 많습니다. 하지만 복음은 사람을 구원하기 위한 하나님의 사랑입니다. 복음의 목적은 예수 그리스도이십니다. 오늘도 복음이신 주님, 기쁜 소식 그 자체이신 그리스도를 바라봅시다.

왜 가죽옷을 입히셨을까?

3월 23일

여호와 하나님이 아담과 그 아내를 위하여 가죽옷을 지어 입히시니라 _창세기
3:21

죄가 없던 아담과 하와는 사탄의 음성을 듣고 선악과를 따먹었습니다. 이것은 사탄의 편에 서서 창조주신 하나님을 대적하여 반란을 일으킨 죄악이었습니다. 아담과 하와는 스스로 하나님이 되려는 악한 교만이 있었습니다. 이제 '행위 언약'을 깨뜨린 아담과 이브는 영원히 멸망하게 되었습니다. 그들에게는 아무런 소망이 없게 되었습니다. 완전한 절망이었습니다. 하지만 하나님께서는 그들을 버리지 않으셨습니다. 그들을 향한 하나님의 사랑이 너무 컸고 무엇으로도 막을 수 없는 영원한 사랑이었기 때문입니다. 하나님은 변할 수 없는 분이십니다. 사람과 맺으신 약속은 지켜야 했습니다. 그렇다면 하나님의 사랑의 대상인 아담과 하와가 약속을 어긴 죄의 결과를 피할 수 없는 것일까요? 사람에게는 불가능하지만 전능하신 하나님께는 가능했습니다. 완전한 저주에 빠진 아담과 하와를 구원할 길이 하나님께는 있습니다. 바로 십자가의 대속을 통한 '은혜 언약'입니다.

하나님께서는 죄를 대속하실 어린양을 알려주시기 위해 동물을 죽이셔서 그들에게 가죽옷을 지어 입히셨습니다. 그 옷은 그들의 모든 죄와 허물을 덮어주고 회복시키는 그리스도의 '피의 계약', '은혜 계약', 즉 우리 예수 그리스도의 복음을 상징합니다.

하나님께서는 아담과 하와에게 그들을 살리실 계획을 말씀하셨습니다. 하나님의 어린양을 통한 주의 은혜 언약입니다. 이제 그들은 영원한 멸망에서 나올 수 있게 되었습니다. 완전한 주의 은혜 언약을 믿음으로 다시 살아난 것입니다.

복음을 막는 사탄

가인과 그의 제물은 받지 아니하신지라 가인이 몹시 분하여 안색이 변하니 _창세기 4:5

창세기 3장 15절로 죄인을 살리는 복음이 시작되었습니다. 아담과 하와는 오실 '후손'에 대한 복음을 믿고 죄 사함과 구원을 얻었습니다. 이제 그들은 하나님과 관계를 회복했으며 주께서 모든 사람을 부활시키실 때 부활체를 입고 영원히 살게 될 것입니다. 그런데 문제가 생겼습니다. 사탄이 더욱 왕성하게 활동하게 된 것입니다. 세상에 죄가 들어오기 전, 사탄의 목적은 행위 언약을 파괴하도록 사람을 유혹하는 것이었습니다. 그러나 죄가 들어오자 목적이 바뀌었습니다. 하나님께서 인류를 회복시키려는 피의 언약, 은혜 언약을 막는 것이 그의 최종 목적이 되었습니다. 이를 위해 사탄은 예수 그리스도의 복음을 왜곡시켜 가짜 복음을 만들기 시작했습니다. 그는 복음만 막으면 사람들이 하나님과 회복될 수 없다는 것을 잘 알고 있었습니다.

죄가 이 세상에 들어온 이후, 인간이 사탄의 음성을 듣고 행한 첫 번째 죄악은 복음을 거부하는 일이었습니다. 그것도 예배를 통해 거부했습니다. 이런 관점에서 볼 때 하나님께 나아가지 않는 모든 종교 행위는 가인의 행위입니다. 이는 하나님의 은혜를 의지하기보다는 인간의 열심과 정성과 행위로 하나님을 강요하려는 교만한 행위입니다. 가인은 동생 아벨을 살인하기 전 교만한 마음이 있었습니다. 하나님께서는 가인의 교만을 잘 아시고 이렇게 말씀하셨습니다. "네가 선을 행하면 어찌 낯을 들지 못하겠느냐 선을 행치 아니하면 죄가 문에 엎드리느니라"(창 4:7). 가인은 하나님의 이 말씀을 듣고 자신의 정체를 드러낸 것입니다.

고난이 기쁨이 되는 이유

그리스도의 남은 고난을 그의 몸된 교회를 위하여 내 육체에 채우노라 _골로새서 1:24

　바울은 의도적으로 고난을 택합니다. 이때 그가 당하는 고난은 그리스도를 위한 고난입니다. 바울은 그리스도의 남은 고난에 동참하는 것을 기쁘게 여겼습니다. 어떻게 고난을 기쁘게 생각할 수 있습니까?

　첫째, 고난을 통해 사랑하는 이를 향한 자신의 사랑을 보여줄 수 있습니다. 바울이 복음을 위해 당하는 고난은 주를 향한 그의 사랑이 진심임을 증거합니다. 그러므로 기뻐할 수밖에 없습니다. 둘째, 하나님께 감사하는 마음을 표현하고 싶은데 만일 주를 위해 고난을 받는다면 그것이야말로 감사를 표현하는 최고의 길입니다. 셋째, 주께서 주신 사명에 목숨을 걸고 그 사명을 이루길 원하는 강한 소원은 고난 가운데 서서 기쁨을 얻게 합니다. 넷째, 복음을 위한 고난은 이 땅에서 잠깐이지만 영원한 보상을 얻기 때문입니다.

　우리는 죄로 인해 영광스러운 위치에서 타락하여 비참과 추함 속에 거하고 있으며 죄를 이길 힘이 없습니다. 그러나 하나님의 가장 큰 비밀인 예수 그리스도 안에서 우리는 영광스러워지고 풍성하여지며 온전하게 서게 됩니다. 바울은 이 비밀을 고난이 와도 쉬지 않고 전했습니다. 그것이 하나님과 사람을 사랑하는 최고의 삶이기 때문입니다. "우리가 그를 전파하여 각 사람을 권하고 모든 지혜로 각 사람을 가르침은 각 사람을 그리스도 안에서 완전한 자로 세우려 함이니 이를 위하여 나도 내 속에서 능력으로 역사하시는 이의 역사를 따라 힘을 다하여 수고하노라"(골 1:28~29).

교묘한 말에 빠지지 말라

그 안에는 지혜와 지식의 모든 보화가 감추어져 있느니라 _골로새서 2:3

바울은 타오르는 열정이 있었습니다. "얼마나 힘쓰는지"라는 말(1절), 이 서신을 받는 자들이 "교묘한 말"에 속지 아니할 것을 간절히 바라는 마음(4절), "심령으로는 너희와 함께 있어"(5절) 등을 통해 그 열정을 찾을 수 있습니다.

사실 골로새서 1장과 연결해 보면 '얼마나 힘쓰는지'라는 표현은 바울이 고난을 당한다는 것을 알게 합니다. 고난 속에도 바울이 그토록 알려주고 싶어 하는 것은 하나님의 비밀인 그리스도입니다. 본문은 그리스도를 깨닫지 못하면 교묘한 말에 넘어간다고 분명하게 말합니다. 바울은 그리스도를 깨닫게 하려고 온 맘, 정성, 노력을 다합니다. 바울의 이 마음은 하나님 아버지 마음입니다. 성령의 마음이요, 예수 그리스도의 마음입니다. 이 마음은 주의 백성이 그리스도를 깨닫기를 바랍니다. 성도가 그리스도를 깨달을 때 그 안에 있는 모든 지혜와 지식의 보화를 소유하면서 교묘한 말에 빠지지 않게 됩니다.

하나님은 주의 백성이 그리스도를 깨닫고 주님이 주시는 지혜와 지식을 소유하기를 바라십니다. 바울의 기쁨 역시 그리스도를 믿고 신앙이 성장해 흔들리지 않는 것을 보는 것입니다.

우리는 위 내용에서 성도가 그리스도를 깨닫는 것이 얼마나 중요한지 알게 됩니다. 성경을 볼 때도, 기도를 할 때도 그리스도를 깨달아야 합니다. 그렇지 않으면 우리의 노력과 행위는 결국 죽은 종교 행위가 될 뿐입니다. 바울의 소원대로 인생을 마치는 날까지 성경을 통해 그리스도를 깨닫고 배우기를 힘써 합시다.

하나님의 의가 어떻게 나타나는가?

이 예수를 하나님이 그의 피로써 믿음으로 말미암는 화목제물로 세우셨으니 이는 하나님께서 길이 참으시는 중에 전에 지은 죄를 간과하심으로 자기의 의로우심을 나타내려 하심이니 _로마서 3:25

성경에서 '의'는 하나님의 율법을 완전히 항상 지킨 상태로 '완전한 의'를 의미합니다. 하지만 인간은 아담의 타락 이후 원죄를 물려받아서 의를 이룰 수 없게 되었습니다. 인간은 하나님의 진노 아래에 있게 되었습니다. 그러나 복음을 믿고 성령으로 거듭나면, 예수님께서 이루신 완전한 의를 전가 받아 '의인'이 됩니다. 성도가 지은 모든 죄는 그리스도께서 십자가 위에서 율법의 형량을 감당해 주셔서 율법의 정죄함에서 자유하게 되었습니다. 이는 창세로부터 하나님의 사랑을 받은 주의 백성을 향해 아브라함과 이삭과 야곱에게 하신 하나님의 은혜 언약의 성취입니다. 놀라운 것은 우리가 그리스도와의 인격적 관계 속에서 그분께 신실하면 의로운 삶이 나타난다는 것입니다.

하나님의 은혜 언약은 궁극적으로 그리스도의 보혈을 통한 죄 사함입니다. 하나님의 자녀가 자신들의 죄성으로 죄를 범하고 불의해질 때 하나님께서는 영원토록 변함없는 예수 그리스도의 피의 언약 안에서 그들의 죄를 사하여 주십니다(참조, 마 26:27~28). 예수님의 언약의 피가 나를 위한 하나님의 사랑임을 믿고 그 언약을 의지하는 자는 하나님 앞에 의롭게 설 수 있게 됩니다.

나 자신이 아닌 하나님의 의를 믿을 때 하나님과의 관계가 회복됩니다. 새 언약에 따른 영원토록 변함없는 하나님의 사랑 때문에 우리는 언제든지 그리스도 안에서 하나님과 관계를 회복하고 하나님 나라를 누리는 것입니다.

양보할 때의 축복

이삭이 거기서 옮겨 다른 우물을 팠더니 그들이 다투지 아니하였으므로 그 이름을 르호봇이라 하여 이르되 이제는 여호와께서 우리를 위하여 넓게 하셨으니 이 땅에서 우리가 번성하리로다 하였더라 _창세기 26:22

이삭은 아버지 아브라함이 지나갔던 길을 더듬으며 아버지가 팠던 우물을 찾아 다시 파기 시작합니다. 그리고 우물 이름도 아버지가 지었던 대로 따라 짓습니다. 이때 그랄 백성이 이삭의 뒤를 쫓아와서 우물을 차지하려고 이삭의 종들과 다툽니다. 이에 이삭은 생명처럼 귀한 우물을 그들에게 주고 다른 곳으로 가서 우물을 팝니다. 또 그랄 사람들이 와서 우물을 빼앗으려고 다투면 이삭은 또 이사하여 우물을 팠습니다. 마침내 한 곳에 도착하여 우물을 파니 더 이상 그랄 사람들이 시비를 걸지 않습니다. 이삭은 그 우물의 이름을 '르호봇'이라고 했습니다. 여호와께서 넓은 곳을 주셨으며 그 땅에서 형통할 것이라는 뜻입니다.

이 사건 후에 하나님께서는 이삭에게 나타나셔서 아브라함과 하셨던 약속을 다시 한 번 확증해 주십니다. 즉, 아브라함이 이삭을 바쳐 믿음의 시험에 통과한 것처럼 이삭도 믿음의 시험에서 통과했다는 뜻입니다. 더 놀라운 것은 이삭을 질투하며 다투고자 하였던 그랄 왕 아비멜렉이 친히 찾아와 이삭과 언약을 맺었습니다. 그 후 그 땅에서 다시 우물이 터졌고 그 우물의 이름을 '브엘세바'라고 불렀습니다. '언약의 우물', 또는 '일곱의 우물'이란 뜻입니다.

이삭은 하나님의 은혜와 복을 믿고 세상 것을 양보했습니다. 선으로 악을 이긴 믿음의 증거입니다. 이런 삶의 극치는 예수 그리스도의 십자가입니다. 예수님께서는 오직 하나님께서 신원하여 주실 것과 복을 베푸실 것을 믿고 모든 것을 내려놓으셨습니다.

약할 때 강함이라

그러므로 도리어 크게 기뻐함으로 나의 여러 약한 것들에 대하여 자랑하리니
이는 그리스도의 능력이 내게 머물게 하려 함이라 _고린도후서 12:9

바울이 말하는 능력은 일반 사람들이 의미하는 능력이 아닙니다. 만약 그 능력이 같다면 바울은 능욕과 궁핍, 핍박과 곤란을 겪지 않았을 것입니다. 바울이 자기를 능욕하는 악한 자를 향해 그 혀가 어눌해지는 초능력을 부렸다면 그는 바울을 괴롭히지 않았을 것입니다. 바울을 박해하고 핍박하던 자들은 아첨과 아부를 했을 것입니다.

그러나 바울에게는 그런 능력이 없었습니다. 오히려 사람들이 업신여기는 '가시'가 있는 사람이었습니다. 바울은 그 가시를 제거해 달라고 하나님께 세 번이나 기도드렸지만, 주께서는 들어 주지 않으셨습니다. 이는 바울이 약해야 그리스도를 영화롭게 하며 그분의 능력이 나타나기 때문입니다.

인간의 부패한 본성은 자기 능력을 갖추고 싶어 합니다. 끊임없이 더 많은 능력을 원합니다. 그들은 자기 멋대로 능력을 휘두르고 싶어 합니다. 그러나 그런 능력을 얻게 되면 하나님을 의지하지 않고 교만해집니다. 그리고 그 능력으로 부패하여 망하게 됩니다.

하나님께서는 우리가 그리스도의 능력으로 살기 바라십니다. 주님은 우리가 세상의 능력을 소유하는 것보다 주를 믿고 의지하는 것을 원하십니다. 그리고 그 믿음을 가장 소중하게 여기십니다. 이것을 깨달은 바울은 마침내 이렇게 고백합니다. "내가 약할 때 강함이라." 자신을 철저하게 부인하고 오직 예수 그리스도만을 믿는 참된 믿음의 고백입니다. 만일 우리가 이 사실을 깨닫는다면 어떤 상황에서도 하나님께 불평하지 않을 것입니다.

오늘이 마지막 날인 것처럼 살라

내일 일을 너희가 알지 못하는도다 너희 생명이 무엇이냐 너희는 잠깐 보이다
가 없어지는 안개니라 _야고보서 4:14

허탄한 것은 영원하지 않습니다. 사도 요한은 이생의 자랑이 하
나님께 온 것이 아니며 잠깐 있다가 없어진다고 말합니다. 돈, 권
력, 외모, 학벌, 인기, 가문, 지혜, 건강 등을 자랑하는 것은 허탄합
니다. 우리는 세상 것을 자랑하지 말고 그것을 복음과 하나님 나라
를 위해 사용해야 합니다. 건강, 돈, 권력, 인기 등은 하나님의 은혜
로 얻은 것입니다. 주님이 거두어 가시면 그만입니다. 아무리 건강
을 유지하려고 애써도 주께서 거두시면 속수무책입니다. 견고해 보
이는 권력도 하루아침에 무너집니다. 따라서 우리는 이 땅에 살면서
"주의 뜻이면 우리가 살기도 하고 이것이나 저것을 하리라"(15절)라
고 겸손히 고백해야 합니다.

인생은 안개와 같습니다. 안개처럼 곧 사라집니다. 어리석은 사람
은 자기 인생이 영원할 것으로 착각합니다. 그러나 오늘 목숨을 잃을
수도 있습니다. 안개 같은 인생은 언제 끊어질지 모릅니다. 그러므로
우리는 목숨이 있을 때 주의 나라와 복음을 위해 살아야 합니다.

이에 야고보는 허탄한 자랑을 붙잡느라고 하나님께서 주시는 영
원한 것을 놓치는 것을 어리석다고 말합니다. 허탄한 자랑을 쌓기
위해 오늘 허락된 선을 행하지 않는 것은 어리석은 일입니다. 오늘
이 마지막 날일지도 모르기 때문입니다. 오늘이 마지막 날인 것처럼
살아갑시다. 이것이 바로 하나님의 영광을 위해 최선을 다해 사는
삶이며 복음적인 인생관입니다.

하나님은 징계로 가르치신다

너는 사람이 그 아들을 징계함 같이 네 하나님 여호와께서 너를 징계하시는 줄 마음에 생각하고 _신명기 8:5

신명기 8장에서 모세는 하나님 여호와를 경외하라고 말합니다. 하나님께서는 절대로 사람들에게 업신여김을 받지 않으십니다. 그분은 자신이 받으실 대우를 찾으시고 사람들이 자신을 경외하기를 원하십니다.

로마서 1장을 보면 하나님은 자신과 관계없는 자들, 버려진 자들을 내버려 두십니다. 인생을 마칠 때까지 그냥 두십니다. 그러나 하나님은 그의 백성이고 자녀이기에 간섭하고 징계하십니다. 히브리서 12장 9절 역시 "또 우리 육체의 아버지가 우리를 징계하여도 공경하였거든 하물며 모든 영의 아버지께 더욱 복종하여 살려 하지 않겠느냐"라고 말씀합니다.

하나님 말씀에 순종하지 않는 것은 하나님을 경외하지 않기 때문입니다. 하나님을 경외하며 순종을 배우는 가장 효과적인 방법이 징계입니다. 하나님께서는 우리를 징계하셔서 그분을 경외하게 하십니다. 징계를 마치면 우리를 다시 안으시고 위로해 주십니다. 그 후 하나님의 영광을 위해 우리를 사용하십니다.

그리스도 안에서 주를 경외하는 것은 언제나 두 가지 감정이 겹칩니다. 하나님을 지극히 존경하며 두려워하는 것과 너무나도 감사하여 맘과 뜻과 생명을 다해 사랑하는 것입니다. 그래서 하나님을 경외하는 자는 주를 향한 두려움과 감사함으로 주님의 계명을 힘껏 따르게 됩니다. 이런 삶은 죄의 그림자에는 근처에도 가지 않고 주께서 원하시는 거룩과 사랑을 향해 나갑니다.

하나님 안에 영원히
거하게 하소서

그리스도와의 사랑과 연합

거짓 가르침을 구별하라

온몸이 머리로 말미암아 마디와 힘줄로 공급함을 받고 연합하여 하나님이 자라
게 하시므로 자라느니라 _골로새서 2:19

바울은 어떻게 죄를 끊어내며 승리의 삶을 살 수 있는지 핵심을
말합니다. 그러면서 복음의 핵심을 흐리는 거짓 가르침을 경계하라
고 당부합니다. 이런 거짓된 가르침은 듣기는 좋아도 죄의 문제는
해결하지 못하는 속임수입니다. 바울은 그 당시의 공교한 가르침을
알려줍니다.

첫째, 유대교의 율법입니다. 유대교의 율법은 그림자일 뿐 실체가
아닙니다. 실체는 예수 그리스도입니다. 그러나 유대교는 이를 알지
못하고 그림자를 붙들고 예수 그리스도를 거부합니다. 둘째, 인간의
마음 자체를 계발하여 어떤 경지에 이르게 하려는 가르침입니다. 바
울 당시 금욕주의를 따르는 자들은 정신수련을 통해 스스로 자신을
만들어 갔습니다. 최소한의 음식을 먹고 속세를 떠나 극기와 명상을
했습니다. 셋째, 신비주의입니다. 그들은 예수님보다 천사를 강조
하고 영적 체험을 강조합니다. 환상을 보며 영적인 세계와 소통합니
다. 계시를 받기도 하고 초자연적인 세계와 통하기도 합니다. 그럼
에도 죄를 이기는 부활의 능력은 없습니다.

이런 공교한 가르침들은 많은 사람을 속이지만 예수 그리스도가
누구인지, 또한 십자가의 죽으심과 부활의 능력이 무엇인지 알지 못
합니다. 나아가 성령 안에서 그 능력을 자신의 삶에 연결하지 못합
니다. 바울은 오직 그리스도 안에 뿌리를 내리고 그 안에서 자라나
야만 영적으로 성장한다고 말합니다. 그리스도를 진정 의지하며 그
와 연합할 때만 죄성이 물러나며 내 힘이 아닌 예수 그리스도의 부
활의 능력으로 그리스도의 형상을 닮게 됩니다.

오호라 나는 곤고한 사람이로다

내가 행하는 것을 내가 알지 못하노니 곧 내가 원하는 것은 행하지 아니하고 도리어 미워하는 것을 행함이라 _로마서 7:15

복음을 알수록 내 속에 두 자아가 치열하게 싸운다는 것을 알게 됩니다. 두 자아는 서로 나를 사로잡으려 합니다. 두 자아는 철저하게 다릅니다. 믿음으로 새 생명의 자아에 있을 때는 한없는 평강과 사랑과 확신과 기쁨을 누립니다. 그러나 불신에 빠져 죄 또는 육신이라는 옛사람이 나를 사로잡을 때는 그렇지 못합니다. 우리에게는 내 멋대로 살고 싶은 마음과 주님을 기쁘시게 하려는 마음이 있습니다. 성경과 기도에 힘쓰다가 어느새 우상에 빠지기도 합니다. 나를 힘들게 하는 사람이 망하면 희열을 느끼기도 하지만 그들이 잘 되기를 바라는 마음도 있습니다. 도대체 진심은 무엇일까요? 바울은 이 두 자아의 투쟁이 얼마나 처절한지 체험하면서 "오호라 나는 곤고한 사람이로다 이 사망의 몸에서 누가 나를 건져내랴"(롬 7:24)고 절규했습니다.

우리를 창조하신 하나님은 우리 마음을 아십니다. 따라서 주님은 이 문제를 돕기 위해 우리에게 옛사람을 죽이라고 하십니다. 어떻게 죽일 수 있습니까? 옛생명으로 살지 말고 성령을 의지하여 주의 피로 값주고 사신 새 생명으로 살아야 합니다. 바로 이 '영생'이 우리가 거듭난 이후 실제 나의 '자아'입니다. 과거의 나는 십자가에 이미 죽었고 이제 나는 오직 믿음으로 사는 예수 그리스도의 생명이어야 합니다.

바울은 내면의 영적 투쟁에서 승리하는 비결을 알려줍니다. 내 자아를 부인하고 그리스도와 연합하는 것입니다. 그때 우리는 성령의 힘으로 옛자아와 세상을 넉넉히 이기게 됩니다.

서로 용납하고 피차 용서하라

누가 누구에게 불만이 있거든 서로 용납하여 피차 용서하되 주께서 너희를 용서하신 것 같이 너희도 그리하고 _골로새서 3:13

　나에게 피해를 준 사람을 용서하면 주님께서는 그 피해를 친히 갚아주십니다. 성도 간에 용서하며 살아야 합니다. 서로 용서하지 못해 세상 법정으로 성도 간의 문제를 가져가는 이들이 있습니다. 하나님의 영광을 세상 사람들 앞에서 땅바닥에 떨어뜨리는 것입니다. 서로 용서하지 못하고 교회 문제와 성도 간의 문제를 세상 법정으로 끌고 가는 것은 옳지 않습니다. 자신들은 그리스도의 피로 무한하게 용서를 받았지만 다른 형제의 실수와 죄악을 용서하지 못하고 앙심을 품고 보복한다면, 예수 그리스도의 사랑과 용서를 어떻게 말할 수 있겠습니까?

　용서는 공동체를 세웁니다. 가정, 교회, 사회도 용서의 능력 앞에 새롭게 서게 됩니다. 또한 어떠한 죄인도 용서 앞에서 다시 일어섭니다. 예수님은 일곱에 일흔 번이라도 용서하라고 하셨습니다. 사실 용서하지 못하면 진정한 그리스도인이 아닙니다. 큰 죄인인 나를 용서하신 하나님의 은혜를 안다면 남을 용서하지 않을 수 없기 때문입니다. 남을 용서하지 못한다면, 복음을 체험하지 못했다는 것입니다.

　남은 인생을 주께 드리며 억울한 일이 있더라도 용서합시다. 하나님께서 백배로 갚아주실 것입니다. 하나님이 인정하시면 그것이 가장 행복한 삶이 아니겠습니까?

새 힘을 얻는 삶의 비결

오직 여호와를 앙망하는 자는 새 힘을 얻으리니 독수리가 날개치며 올라감 같을 것이요 달음박질하여도 곤비하지 아니하겠고 걸어가도 피곤하지 아니하리로다 _이사야 40:31

믿었던 사람에게 배신을 당하고 억울한 누명을 쓰면 절망하고 자포자기합니다. 하루아침에 파산한 사업가, 대학 입학에 낙방한 학생, 사랑하는 이를 잃은 사람도 깊은 슬픔에 빠지게 됩니다. 그동안 쌓아온 관계와 수고가 하루아침에 물거품이 되었을 때 인간은 허망함을 느낍니다. 감당할 수 없는 비참함을 겪기도 합니다. 특히 영적인 공허함은 말로 표현할 수 없습니다.

이스라엘 백성은 그들이 저지른 죄악으로 하나님의 진노를 당해 연단을 겪습니다. 이때 그들은 하나님과의 관계가 단절되어 더욱 무기력해졌습니다. 슬프게도 그들은 하나님께 돌아오지 않고 우상을 찾아 헤맵니다. 그러나 주를 떠났기에 방황은 길어지고 더 큰 낭패에 이르게 됩니다. 다시는 그 자리에서 일어나지 못하는 비참에 빠지기도 합니다.

이때 하나님께서 자포자기, 무기력, 절망에서 일어날 힘에 대해 알려주십니다. 그 힘은 오직 여호와 하나님에게서 옵니다. 이사야 선지자는 여호와를 앙망하라고 외칩니다. "포기하지 말고 여호와를 앙망하라. 주께서 너희를 만나주실 때까지 쉬지 말고 주를 바라라. 여호와를 앙망하라. 그것이 살길이다."

상황이 전혀 바뀌지 않았어도 여호와를 앙망함으로 새 힘을 얻을 때 그는 믿음으로 변화된 사람이 됩니다. 내면세계의 변화야말로 하나님의 가장 큰 능력이 그에게 임한 것입니다. 내면의 변화가 우리에게 나타나면 하나님은 그때 모든 상황을 평탄하게 하십니다.

하나님 안에 영원토록 거하는 생명

이는 너희가 죽었고 너희 생명이 그리스도와 함께 하나님 안에 감추어졌음이라
_골로새서 3:3

누군가를 사랑하면 마음속에 늘 그 사람이 있습니다. 하나님을 사랑한다면 당연히 그분이 계신 하늘을 바라보게 됩니다. 바울은 위에 것을 찾으며 생각하라고 합니다. 예수님께서 계신 하나님 나라를 소망하며 예수님과 서로의 눈을 맞대고 뵐 날을 사모하라고 합니다.

바울은 이때 놀라운 선포를 합니다. "이는 너희가 죽었고 너희 생명이 그리스도와 함께 하나님 안에 감추어졌음이라" 우리의 옛사람은 죽었습니다. 실제로 옛사람은 이 땅에 사는 동안만 존재합니다. 그러다가 죽음을 통과하면 옛사람은 사라집니다. 한편 바울은 참 생명에 대해 언급했습니다. "너희 생명이 하나님 안에서 그리스도와 함께 감추어졌다"라고 말합니다. 여기서 생명은 성령으로 거듭남으로 받은 그리스도의 생명입니다. 옛사람과 대조되어 새사람이라 불리며 속사람, 영생, 숨겨진 사람이라고도 불립니다. 죄를 지을 수 없는 생명이며 완전하고 영원한 자아로서 그리스도와 완전한 연합 가운데 부활체를 얻게 될 때 완성된 영생을 누립니다.

성령을 통해 우리에게 주신 참 생명은 이미 그리스도와 함께 하늘에 앉아 있습니다(엡 2:4~6). 따라서 우리는 이 생명을 통해 하나님 나라를 이 땅에서 경험할 수 있습니다. 믿음이 있으면 됩니다. 이 생명은 주님의 강림을 기다립니다. 영원한 부활체를 소망하며 그 부활체를 입을 때 완전한 영생이 완성되기 때문입니다. 영생을 소유한 그리스도인은 이 땅의 것에 욕심내지 않습니다. 하나님을 가장 사랑합니다. 탐심도 없습니다. 이것들은 주님 안에 감춰진 생명의 본질과 어울리지 않습니다.

그리스도를 이용하지 말라

그들에게 이르시되 삼가 모든 탐심을 물리치라 사람의 생명이 그 소유의 넉넉한 데 있지 아니하니라 하시더라 _누가복음 12:15

어떤 사람이 예수님을 이용하기 위해서 찾아왔습니다. 그 당시 많은 사람이 예수님 말씀의 권위를 인정하고 있었기 때문에 그 사람은 그 권위에 의존하여 자신의 욕심을 채우려 한 것입니다. 그러나 예수님은 개인의 욕심을 채우기 위해 이 땅에 오시지 않았습니다. 예수님께서는 그에게 "누가 나를 너희 재판장이나 물건 나누는 자로 세웠느냐"고 말씀하셨습니다. 나아가 "삼가 모든 탐심을 물리치라"고 하십니다. 그리고 사람의 생명이 넉넉한 소유에 있지 않다고 알려주셨습니다. 그런데도 사람들은 더 많이 갖기 위해 바쁘게 살아갑니다. 그들은 소유의 넉넉함을 추구하지만 정작 그들의 소중한 생명은 곤궁해집니다.

탐심을 채우기 위해 교회를 다니는 사람들이 있습니다. 기도의 목적도, 헌금을 내는 이유도, 교회에서 열심히 봉사하는 까닭도 탐심을 채우기 위해서입니다. 하지만 예수님께서는 그런 탐심을 채워주지 않으십니다.

그리스도를 이용하기 위해 신앙생활을 해서는 안 됩니다. 가진 것이 많아야 기쁨과 평안과 만족이 있을까요? 그렇지 않습니다. 그것은 세상 사람들의 가치관일 뿐입니다. 부족해도 만족할 줄 아는 능력을 얻도록 하십시오. 가진 것이 없다고 불평하지 말고 오히려 부족함 속에서 일용할 양식을 신실하게 공급하시는 하나님을 찬양하십시오. 또한 하늘에서 내려오는 주의 은혜를 바라십시오. 가난 속에서도 하나님이 주시는 평강과 풍성함을 체험하십시오. 이것이 그리스도를 믿는 복음의 능력입니다.

보이지 않는 곳에서의 기도와 사귐

너는 기도할 때에 네 골방에 들어가 문을 닫고 은밀한 중에 계신 네 아버지께 기도하라 은밀한 중에 보시는 네 아버지께서 갚으시리라 _마태복음 6:6

기도는 숭고하고 아름다운 신앙 행위입니다. 그러나 위선자들은 기도하는 척하며 하나님과 사람들을 속입니다. 예수님께서는 위선을 미워하십니다. 바리새인들은 회당과 사람들이 많이 다니는 거리 어귀에서 큰 목소리로 기도했습니다. 많은 사람에게 자신이 경건하고 거룩한 사람이라는 것을 드러내고 싶었기 때문입니다.

신앙생활에서 다음 두 가지는 사람들이 몰라도 우리 주님께서 기억해 주십니다.

첫째, 누군가를 위해 골방에서 중보기도 하는 것입니다. 그 사람은 내가 그를 축복하며 기도한다는 사실을 모릅니다. 그러나 하나님은 아십니다. 둘째, 홀로 있을 때 하나님과의 교제를 즐거워합니다. 하나님을 즐거워하는 사람이라면 혼자 있는 시간이 길어도 외롭거나 따분하지 않습니다. 하나님과의 교제를 즐거워하기 때문입니다.

아무도 모르게 드리는 중보기도와 홀로 있는 시간에 주님과 지내며 기뻐하는 것을 사람은 알지 못합니다. 그러나 하나님은 보십니다. 이 두 가지로 내 신앙의 깊이와 주를 얼마나 사랑하는지를 진단할 수 있습니다. 사람에게 보이려는 신앙은 바리새인적인 신앙으로 간교함에 빠질 수 있습니다. 그러나 사람에게 보이지 않아도 성실하게 기도하고 하나님과 친밀하게 시간을 보내는 이는 하나님께 사랑을 받습니다.

회개와 용서로 하나가 됨

진실로 다시 너희에게 이르노니 너희 중의 두 사람이 땅에서 합심하여 무엇이
든지 구하면 하늘에 계신 내 아버지께서 그들을 위하여 이루게 하시리라 _마태복
음 18:18~20

　　이방인과 주님의 자녀는 결코 하나가 될 수 없습니다. 주의 자녀
들이 하나가 되는 비결은 회개와 용서입니다. 두 사람의 관계가 원
만하고 연합이 되려면 서로 지은 죄를 회개하고 용서해야 합니다.
"잘못했습니다", "괜찮습니다" 진심을 담은 표현은 서먹해진 두 사
람을 하나가 되게 만들어 줍니다.

　　주님께서는 회복의 방법을 말씀하신 후, 관계를 회복한 두 사람,
곧 이 땅에서 풀린 사람들이 마음을 같이 하여 구하면 하나님께서
그 기도를 들으신다는 사실을 알려줍니다. 회개하지 않고 용서하지
않아 냉랭한 기운으로 공동체에서 신앙생활을 하는 것을 하나님께
서 기뻐하지 않습니다. 따라서 그들의 간구를 응답하실 리 없습니
다. 두세 사람이 예수 그리스도의 이름으로 모일 때, 주님께서는 그
들과 함께하십니다. 두세 사람은 용서와 회개를 통해 주안에서 하나
가 됩니다. 복음의 능력을 자기 삶에 적용한 주의 자녀들이 서로 맺
힌 것을 풀어 하나가 된 것입니다.

　　맺힌 관계를 풉시다. 내가 잘못했으면 용서를 빌고, 그들이 용서
를 빌면 용서합시다. 복음 안에서의 회개와 용서를 통해 그리스도의
나라가 확장됩니다. 이것이 오늘 주께서 주시는 약속입니다.

무거운 짐을 함께 나누며

너희가 짐을 서로 지라 그리하여 그리스도의 법을 성취하라 _갈라디아서 6:2

그리스도의 몸인 교회는 유기적인 신비한 공동체입니다. 갈라디아서 5장 마지막 부분은 우리 안에 있는 두 세력에 대해 언급합니다. 즉, 육신의 소욕과 성령의 소욕입니다. 이 둘은 우리 속에서 치열하게 싸웁니다. 우리는 육신의 소욕을 십자가에 못 박고 성령을 따라 살아야 합니다.

갈라디아서 6장은 개인의 문제가 아닌, 가정과 교회에 대해 언급합니다. 건강한 가정과 교회를 세우는 비결을 알려줍니다. 성도의 죄성으로 가정이나 교회 공동체에 죄악이 나타날 때 우리는 어떻게 해야 할까요? 즉, 어떤 지체가 육신의 소욕을 따라 살다가 공동체에 문제가 생기면 어떻게 해결해야 할까요? 서로 짐을 지어야 합니다. 죄악이 드러나면 반드시 회개하게 하고 함께 아파해야 합니다. 정죄만 하면 그 공동체는 무너집니다. 그 지체가 회개하고 회복되도록 도와야 합니다. 그리고 공동체 사람들은 각자의 죄성에 대해 더욱 깨어 경계해야 합니다.

갈라디아서 6장 1~5절은 그리스도의 몸을 건강하게 세워나가는 그림을 보여줍니다. 즉, 성령의 충만함이 교회 공동체를 강건하게 하는 생명과 같은 것임을 알게 해 줍니다. 고린도전서 12장도 그렇게 말씀하고 있습니다. "몸 가운데서 분쟁이 없고 오직 여러 지체가 서로 같이 돌보게 하셨느니라 만일 한 지체가 고통을 받으면 모든 지체가 함께 고통을 받고 한 지체가 영광을 얻으면 모든 지체가 함께 즐거워하느니라 너희는 그리스도의 몸이요 지체의 각 부분이라" (고전 12:25~27).

내 편이 되시는 하나님

여호와는 내 편이시라 내게 두려움이 없나니 사람이 내게 어찌할꼬 _시편 118:6

믿음을 떠난 이들은 사람들을 자기편으로 만들려 합니다. 공동체에 가장 위협을 주는 것은 당을 짓는 것입니다. 즉, 내 편을 만드는 것입니다. 사람들은 많은 이에게 지지를 받을 때 안심하며 자부심을 느낍니다. 그들은 자기편을 많이 만들어 공동체 안에서 힘을 과시하고 뜻을 달성시키려 합니다. 그러나 이런 만족과 동기는 악한 것입니다.

시편 기자는 자기편이 없었습니다. 낯설고 외로운 땅에서 원수에게 위협과 조롱을 받으며 홀로 서 있었습니다. 자기편이 없어 위축된 그는 생명의 위협 앞에서 두려움을 느꼈습니다. 이때 시편 기자는 하나님을 바라봅니다. 그러면서 여호와께서 내 편임을 더욱 확신합니다. 그는 여호와 하나님께서 나의 요새, 바위, 산성, 피난처가 되신다고 노래합니다.

하나님은 주를 의지하는 자의 편이 되어 주십니다. 주를 의지하는 자들은 세상에서 말하는 힘 있는 자들이 아닙니다. 권력과 돈이 있지도 않고 사람들의 지지와 인기를 얻는 자들도 아닙니다. 이들은 이런 것을 별로 중요하게 생각하지 않습니다. 오직 주님만을 의지하면서 주께서 내 편이라는 사실을 알고 있을 뿐입니다. 그러므로 주를 의지하는 자들은 주께서 역사하실 때를 기다리며 인내합니다. 아무리 큰 위협과 고통과 손실과 억울함이 있어도 주님의 때를 바라보면서 소망의 끈을 놓지 않습니다.

우리는 주께서 우리 편인 것을 압니다. 우리 마음속에 주의 성령이 충만히 거하시기 때문입니다. 전능하신 하나님께서 예수 그리스도를 통해 우리를 만나시니, 우리 주님은 내 편이십니다.

까닭 없이 하나님을 사랑합니다

사단이 여호와께 대답하여 가로되 욥이 어찌 까닭 없이 하나님을 경외하리이까
_욥기 1:9

위 구절은 사탄이 하나님과 나눈 짧은 대화지만 우리 마음속 가장 깊은 곳을 다루고 있습니다. 하나님은 우리를 믿으시고 사탄의 시험을 허락하십니다. 만일 하나님의 믿음대로 되지 않는다면 하나님은 사탄에게 조롱을 받게 됩니다. 그럼에도 하나님께서는 욥이 사탄을 시험하는 것을 허락하셨습니다. 하나님께서 우리를 믿고 사랑하심을 입증한 것입니다.

그러나 슬프게도 우리는 믿음을 저버리며 삽니다. 그분에게 실망을 드립니다. 그럼에도 하나님은 절대 패배하지 않으십니다. 우리가 십자가의 사랑을 의지해 언제든지 다시 일어날 수 있는 새 언약을 준비해 두셨기 때문입니다.

욥은 세 친구가 하나님을 왜곡해서 이야기하는 것을 들으면서 실족할 뻔했습니다. 그러나 하나님께서 친히 폭풍 가운데 나타나셔서 욥을 대장부같이 서게 하셨습니다. 이는 하나님께서 결코 우리를 완전한 패배 가운데 두지 않으신다는 것을 보여줍니다. 우리는 살아가면서 잠깐 실패하기도 하고 넘어지기도 합니다. 그러나 하나님께서 도우셔서 반드시 이깁니다. 우리가 승리하는 것은 하나님의 간섭하심과 도우심에 있습니다.

왜 하나님을 믿습니까? 세상이 말하는 행복과 복을 얻고 싶어서입니까? 그렇다면 까닭이 있어서 하나님을 믿는 것입니다. 그러나 조건이나 환경 때문이 아니라, 아들마저 아끼지 않으시고 주신 하나님 아버지 때문에, 그리고 자신의 생명까지 내놓으신 예수 그리스도의 사랑 때문에 믿는다면 우리 믿음은 절대 흔들리지 않습니다.

왜 성령의 역사가 나타나지 않을까?

육에 속한 사람은 하나님의 성령의 일들을 받지 아니하나니 이는 그것들이 그에게는 어리석게 보임이요, 또 그는 그것들을 알 수도 없나니 그러한 일은 영적으로 분별되기 때문이라 _고린도전서 2:14

십자가의 도는 하나님의 가장 깊은 지혜이며 사람의 지혜로는 깨달을 수 없습니다. 그러나 성령으로 거듭난 자들에게 십자가의 도는 분명하고 쉽게 깨달아집니다. 심지어 어린아이도 알고 감사합니다. 많은 교회가 종교 다원화로 나아가고 있습니다. 세계교회협의회에 가입하고 가톨릭과 적극적으로 연합하고 있습니다. 심지어 복음주의자들이라고 하는 자들이 십자가의 도를 버리고 다른 종교에도 구원이 있다고 인정하고 있습니다. 그러나 그 누구라도 성령으로 거듭나지 않고는 영생을 얻을 수 없습니다(요 3:5). 또한 십자가 보혈로 자신의 죄를 덮지 못한 자들은 결코 죄 사함이 없습니다(히 9:22). 그런데 어찌 한국교회는 이 지경이 된 것입니까! 성령께서 그들에게 역사하지 않다는 증거입니다.

성령만이 예수님과의 인격적인 교제를 가능하게 하십니다. 성령만이 하나님의 가장 깊은 지혜인 십자가의 도를 깨닫게 하십니다. 성령만이 죄가 무엇인지 가장 깊게 책망하십니다. 도덕적인 죄뿐 아니라, 복음에 대한 오류와 인간의 교만과 영적 간음 등의 죄를 적나라하게 책망하십니다.

지금 이 시대에 성령의 역사가 나타나지 않는 이유는 무엇입니까? 십자가의 도를 놓쳤기 때문입니다. 하나님을 사랑하는 마음이 없고 예수 그리스도께 감사하지 않기 때문입니다. 우리는 더욱 기도로 성령을 구해야 합니다. 하나님과 예수 그리스도를 더욱 사랑하기 위해서 성령을 구해야 합니다.

하나님의 영광이 나타나는 곳

솔로몬이 예루살렘 모리아 산에 여호와의 전 건축하기를 시작하니 그곳은 전에
여호와께서 그의 아버지 다윗에게 나타나신 곳이요 여부스 사람 오르난의 타작
마당에 다윗이 정한 곳이라 _역대하 3:1

솔로몬 성전은 하나님의 영광이 나타나는 곳으로 하나님께서 그
의 백성을 만나신 곳입니다. 위 구절은 솔로몬 성전을 모리아 산에
건축했다고 말합니다. 모리아 산은 일찍이 아브라함이 아들 이삭을
하나님께 번제로 드리려 했던 장소입니다. 이는 먼 훗날 하나님께서
그의 아들 예수 그리스도를 자기 백성을 위한 희생제물로 드릴 것을
예표합니다.

오르난의 타작마당은 다윗이 인구조사를 한 죄로 왕과 그 백성
이 하나님의 심판을 받을 때 하나님이 진노를 멈추신 장소입니다(대
상 21:15). 다윗은 바로 그곳에 번제단을 쌓았습니다. 다윗은 오르난
마당을 금 육백 세겔을 주고 샀습니다. 바로 그곳에 솔로몬은 성전
을 건축했습니다. 이는 하나님께서 그의 아들 예수 그리스도를 통해
피로 우리 죗값을 치르심을 예표합니다.

우리는 위 구절을 통해 예수 그리스도께서 십자가에서 죽으심이
하나님 성전의 영원한 터가 되는 것을 발견하게 됩니다. 그분의 보
혈로 우리는 죄 사함을 얻어 하나님과 사귀게 되었습니다.

영원한 하나님의 성전 되시는 예수 그리스도와 그리고 그분의 영
이 거하시는 성도가 하나님의 성전입니다. 주님께서 재림하실 때 우
주적인 하나님의 성전이 물리적으로 이 땅에 임할 것입니다. 죄와
죽음과 저주가 없는, 하나님의 진노가 사라진 하나님 나라가 임할
것입니다. "성 안에서 내가 성전을 보지 못하였으니 이는 주 하나님
곧 전능하신 이와 및 어린양이 그 성전이심이라"(계 21:22).

잃어버리면 안 되는 것들

내가 가진 의는 율법에서 난 것이 아니요 오직 그리스도를 믿음으로 말미암은 것이니 곧 믿음으로 하나님께로부터 난 의라 _빌립보서 3:9

바울은 자기 의를 소중하게 여긴 사람이었습니다. 그러나 예수 그리스도를 만난 후, 자기 의를 배설물로 여겼습니다. 소중하게 여겼던 자기 의가 오히려 예수 그리스도를 아는 데 방해가 된다는 것을 깨달은 것입니다. 사탄의 가장 무서운 역사는 복음을 가리는 것입니다. 사탄은 복음을 혼미하게 합니다. 기독교를 도덕으로 바꾸어 사람들이 자기 의를 드러내게 합니다. 복음을 잃으면 사람들은 위선자가 됩니다.

인간의 깊은 죄성은 복음을 거절하려고 합니다. 그 성향을 이기려면 믿음을 붙들고 살아야 합니다. 믿음은 인격적인 신뢰를 의미합니다. 믿음을 잃는 순간, 사람은 하나님 없이 자기 맘대로 살려는 죄의 상태에 빠지게 됩니다. 생각하는 것도 감정도 결정도 내 중심으로 합니다. 그러나 믿음이 있으면 하나님을 기쁘게 합니다. 믿음의 삶에는 평강이 있습니다. 하나님의 기적을 체험하면서 진정한 삶의 의미를 실현해 나갑니다.

우리는 늘 믿음을 새롭게 하기 위해 믿음의 동역자를 가까이해야 합니다. 하나님 안에서 신의와 약속을 지키고 서로 존중하며 같은 목적을 갖고 나가는 동역자를 잃어서는 안 됩니다.

오직 예수 그리스도께서 우리를 대신해서 사시게 합시다. 내가 죽고 주님이 내 안에서 사실 때 주의 온전한 성품이 내 삶 속에 나타날 것입니다. 우리는 기도를 통해 이 일을 이루어야 합니다. 나를 죽이고 예수님께서 내 안에 사시게 하는 방법은 기도밖에 없습니다. 기도와 말씀이 언제나 우리에게 있어야 합니다.

너희 죄악을 십자가 앞으로 가져오라

우리가 진리를 아는 지식을 받은 후 짐짓 죄를 범한즉 다시 속죄하는 제사가 없고 _히브리서 10:26

위의 내용을 어떻게 받아들이는지에 따라 결말이 달라집니다. 무서운 죄에 빠졌을 때 다시 살아나기도 하고 사탄에게 속아 비참함에 이르기도 합니다. 성경을 왜곡하여 해석하는 자들은 히브리서 10장 26절의 죄를 '고범죄'라고 정의합니다. 고범죄를 계속 지으면 그 죄는 다시 속죄될 수 없다고 합니다. 이런 가르침은 많은 그리스도인에게 경각심을 주어 죄를 짓지 않게 합니다. 하지만 복음을 왜곡한 가르침입니다. 이런 가르침은 스스로 구원을 이루려는 방향으로 성도를 이끌어 갑니다. 위의 해석은 예수 그리스도의 속죄에도 한계가 있는 것처럼 만듭니다. 결국, 예수님을 바라보게 하기보다는 자신의 결심과 의지를 따르도록 합니다.

물론 사랑의 하나님은 우리가 죄를 지을 때, 엄하게 때리실 것입니다. 그분의 때리심은 버리심이 아니라 고치심이요, 바르게 하기 위함입니다. 하나님은 고집부리는 죄성을 고치시기 위해 때리십니다. 그러나 영원토록 버리지는 않으십니다. 만약 죄를 지었는데 하나님이 징계하지 않는다면, 그는 하나님의 자녀가 아닙니다.

히브리서를 통해 하나님께서 말씀하시는 것은 "제발 너희 죄악이 무엇이든, 되풀이하는 죄악이든 일시적인 죄악이든 대제사장인 그리스도께 가져와 십자가 앞에서 진심으로 해결하자"는 것입니다. 주의 신실하심과 사랑을 믿고 주 앞에 나와 회개하면 어느새 그 사람의 죄성이 주의 은혜로 사라집니다.

보혈의 능력

하물며 영원하신 성령으로 말미암아 흠 없는 자기를 하나님께 드린 그리스도의 피가 어찌 너희 양심을 죽은 행실에서 깨끗하게 하고 살아계신 하나님을 섬기게 하지 못하겠느냐 _히브리서 9:14

접신을 하는 악령의 집회를 보면 사람을 흥분시키는 노래를 수십 번 수백 번 부릅니다. 그 후 소위 '성령의 불로' 사람들을 넘어뜨리며 실신시킵니다. 사람들을 최면에 빠뜨리기도 합니다. 가톨릭은 마리아의 동상에서 눈물이나 피가 흐르는 기적이 나타났다며 자랑하기도 합니다. 또한 떡과 포도주가 성체성사를 통해 변화되어 사람 입속에서 예수님의 살과 피가 되었다고 주장하기도 합니다.

그리스도의 보혈은 신앙생활의 가장 큰 중심입니다. 보혈이 중요한 이유는 하나님의 새 언약 때문입니다. 즉, 복음 때문입니다. 예수님의 보혈은 복음을 나타내는 핵심 용어입니다.

위 구절을 보면 그리스도의 피는 우리 양심을 깨끗하게 합니다. 그리고 하나님께 나아가 그분과 사귀게 합니다. 더욱이 그리스도의 피는 죽은 행실, 즉 죄악된 삶에서 우리를 자유하게 합니다. 보혈은 철저하게 새 언약의 테두리 안에서 다루어져야 합니다.

그리스도인의 승리는 감사에서 옵니다. 예수 그리스도의 사랑과 나를 위해 목숨마저 아끼지 않고 모든 죗값을 치르신 주님의 고난과 그 구속을 전하시는 성령의 수고에 감사해야 승리합니다. 그 감사로 우리는 죄를 넉넉히 이길 수 있습니다.

이 땅의 실패는 잠시일 뿐

무릇 하나님께로부터 난 자마다 세상을 이기느니라 세상을 이기는 승리는 이것
이니 우리의 믿음이니라 _요한일서 5:4

　권투나 야구, 축구와 같은 스포츠 경기는 끝까지 보아야 승자를
압니다. 중간에 이기고 있다고 승자가 되는 것이 아닙니다. 역전이
있고 최종 승자는 판정이 난 후에 결정됩니다. 우리 인생은 죽는 날
까지 영적 전쟁을 치릅니다. 우리 마음속에서 하나님을 대적하는 옛
사람과 하나님을 사랑하는 새사람이 전쟁을 치릅니다. 성경은 이를
이스마엘과 이삭의 싸움으로 비유합니다(갈 4장). 한편 외적으로는
빛의 자녀와 어둠의 자녀가 싸웁니다. 정치, 문화, 경제 등 사회 전
반에서 영적 전쟁을 벌입니다.

　4절에서 세상은 하나님과 주의 교회를 대적하는 인간의 내부와
욕망을 추구하는 외부 세력을 가리킵니다(2:15~17). 그리스도인은
부활하신 예수 그리스도를 믿음으로써 이 세상을 대항하여 승리합
니다. 즉, 우리는 세상을 이기신 그리스도(요 16:33)를 믿고 의지하면
서 세상을 넉넉히 이깁니다(롬 8:37). 우리가 그리스도를 믿을 때 하
나님의 능력이 흘러나옵니다. 예수님을 하나님의 아들로 믿는 자는
하나님의 능력으로 세상을 이길 수 있습니다.

　죄와 어둠의 세계는 빛의 본체이신 예수 그리스도께서 십자가에
돌아가시고 부활하심으로 패배했습니다. 이제 주님의 재림으로 사
탄은 완전히 제거될 것입니다. 그러므로 잠깐의 패배를 슬퍼하지 마
십시오. 주님의 영원한 승리를 기억하며 오뚝이같이 일어서길 바랍
니다. 아직 게임은 끝나지 않았습니다. 우리는 믿음으로 이 세상을
이깁니다. 어제는 졌지만, 오늘은 이길 수 있습니다. 그리고 마침내
완전하게 이길 것입니다.

믿음으로 여리고 성을 무너뜨리자

이에 백성은 외치고 제사장들은 나팔을 불매 백성이 나팔 소리를 들을 때에 크게 소리 질러 외치니 성벽이 무너져 내린지라 _여호수아 6:20

하나님의 기적은 순식간에 일어납니다. 요한복음 2장에서 소개한 예수님의 첫 번째 기적이 그렇습니다. 하인들이 물을 "아귀까지 채울 때"(요 2:7) 물이 변하여 포도주가 되었습니다. 아람의 군대 나아만 장군이 문둥병이 걸린 후 엘리사의 명령에 따라 요단 강에 가서 일곱 번을 목욕합니다. 그런데 그의 병이 낫지 않았습니다. 그러다 마지막 일곱 번째 목욕을 마친 후에야 어린아이 피부처럼 되었습니다(참조, 왕하 5:14). 여리고 성은 이스라엘 백성이 약속의 땅 가나안에 들어가 첫 번째로 만난 전쟁터였습니다. 이때 이스라엘은 칼의 싸움이 아니라 오직 하나님의 약속을 신뢰하는지에 대한 믿음의 싸움을 했습니다. 하나님께서 말씀하셨습니다. "아무 말도 하지 말고 여리고 성을 매일 하루에 한 번씩 돌라. 그리고 제칠 일에는 일곱 번을 돌라."

인간의 이성으로는 여리고 성을 도는 것과 성이 무너지는 것은 아무 연관이 없습니다. 따라서 믿음이 없으면 절대 돌지 않습니다. 하나님의 약속을 믿을 때만이 여리고 성을 돌 수 있습니다. 그런데 열두 번을 돌아도 여리고 성은 꿈쩍도 하지 않았습니다. 그러나 마지막 열세 바퀴를 돌고 함성을 지르자 여리고 성이 무너졌습니다.

믿음의 삶은 하나님의 약속을 믿고 여리고 성을 도는 것입니다. 성이 전혀 무너질 것 같지 않아도 믿음의 사람은 인생의 여리고 성을 인내하며 돕니다.

배도에 대한 하나님의 경고

하물며 하나님의 아들을 짓밟고 자기를 거룩하게 한 언약의 피를 부정한 것으로 여기고 은혜의 성령을 욕되게 하는 자가 당연히 받을 형벌은 얼마나 더 무겁겠느냐 너희는 생각하라 _히브리서 10:29

그리스도인이 된 유대인 중에 다시 유대교로 돌아가려는 이들이 있었습니다. 그래서 히브리서 기자가 서신을 쓴 것입니다. 즉, 예수 그리스도의 공로를 신뢰하지 못하고 자기 힘으로 구원을 이루려는 율법주의로 돌아갔기 때문입니다. 히브리서 기자에게 가장 무섭고 위험한 것은 배도였습니다. 배도란 그리스도를 아는 바른 지식과 복음을 버리고 사탄의 가르침을 따르는 것입니다.

배도는 복음을 떠나는 죄입니다. 예수님을 완전한 구세주로 인정하지 못하고 인간이 뭔가를 해야 구원을 얻을 수 있다면서 예수님을 불완전한 그리스도로 만드는 죄를 말합니다. 이 내용은 사실 신명기 17장 2~7절을 개념적으로 인용한 것으로 구약의 우상숭배자와 관련되어 있습니다. 우상숭배자들은 하나님 외에 바알과 아세다롯도 필요하다고 주장하였습니다.

구약을 보면 하나님께서는 배교자를 무섭게 심판하셨습니다. 하물며 예수 그리스도를 공개적으로 인정하지 않고 모독하면 어떻게 될까요? 아들을 십자가에 내어주신 하나님의 크신 사랑을 배반하는 것은 예수 그리스도를 떠나는 것입니다.

땅에 있는 지체를 죽이라

그러므로 땅에 있는 지체를 죽이라 곧 음란과 부정과 사욕과 악한 정욕과 탐심이니 탐심은 우상숭배니라 _골로새서 3:5

바울은 옛사람은 죽었으니 새 생명으로 살라고 당부하면서 음란, 부정, 사욕, 악한 정욕, 탐심을 죽이라고 합니다. 음란은 합법적인 부부의 관계를 벗어난 성적 욕구를 말합니다. 음란은 육체적인 정욕과 안목의 정욕과 관련이 깊습니다. 최근에는 이성뿐 아니라 동성 간의 음란도 크게 번지고 있습니다. 하나님께서 짝지어주신 결혼의 테두리를 벗어난 모든 성적 욕구와 관계는 음란한 것입니다.

부정은 더러운 생각입니다. 특히 질투, 미움으로 인한 부정한 생각들이 여기에 해당합니다. 거짓말과 비방, 앙심을 품은 마음도 부정입니다. 성적인 더러운 생각도 부정입니다.

사욕은 비정상적인 애착입니다. 자녀를 향한 애착이 선을 넘을 때 사욕이 됩니다. 이성에 대한 애착으로 가정과 사회생활에 어려움을 주는 것도 사욕입니다. 음식에 대한 과욕도 사욕입니다. 비뚤어지고 왜곡된 애착이 사욕입니다.

악한 정욕은 악을 향한 욕구입니다. 남을 해치려 하고 권위에 도전하는 당돌함입니다. 권력, 돈, 인기나 명예를 위해 악을 추구합니다. 악한 정욕은 사회와 공동체를 크게 파괴합니다.

마지막으로 탐심은 있는 것에 만족하지 않고 더 많은 것을 추구합니다. 끝없이 뭔가를 쌓고 싶은 욕심입니다. 하나님보다는 다른 뭔가를 의지하기 때문에 탐심이 생깁니다. 그리스도인은 예수님 안에서 순간마다 땅에 있는 지체를 십자가에 죽여야 합니다. 또한 성령의 도움을 받아 속사람의 생명이 자라야 합니다. 그래야 살 수 있습니다.

세월을 아끼라

4월 21일

세월을 아끼라 때가 악하니라 _에베소서 5:16

세월은 정말 빠릅니다. 새해 시작이 엊그제인데 벌써 4월도 끝나가고 있습니다. 모두 바쁘게 삽니다. 그렇게 살아야 뒤처지지 않는 것 같아 마음이 놓이는 모양입니다. 학교와 직장 일에 갇혀서, 먹고 사는 문제 때문에 바쁘게 살고 있습니다. 세월을 아끼는 삶은 바쁜 삶이 아니라 목표가 있는 삶입니다. 열심히 산다고 해서 세월을 아끼는 것이 아닙니다. 목표를 정하고 성실하게 사는 것이 세월을 아끼는 핵심입니다. 썩어질 것을 위해 바쁘고 분주하게 사는 것은 인생을 낭비하는 것입니다.

그렇다면 참 목표는 무엇입니까? 성경은 "성령의 충만을 받으라"고 말씀하십니다. 성령으로 충만한 삶은 어떤 에너지를 받은 것이 아닙니다. 도리어 내가 비고 성령이 주인이 되는 상태입니다. 성령이 충만하면 온통 예수님을 즐거워하게 됩니다. 즉, 세월을 아끼는 자는 예수님과 사랑에 빠져서 삽니다. 예수님께서 원하시는 것을 하고 싶어서 성령을 더욱 구하게 됩니다. 또한 성령이 충만하면 죄를 미워하고 진리를 사랑하게 됩니다.

죄를 멀리하고 진리를 알아가며 사는 삶이 세월을 아끼는 삶입니다. 바울은 세월을 아끼는 삶을 우리의 일상생활과 연결합니다. 아내와 남편의 관계, 부모와 자녀의 관계, 직장생활의 관계, 대인관계, 그리고 영적 전쟁 및 복음의 확장으로 이어집니다. 즉, 나의 작은 행동과 말 한마디가 주를 향한 사랑의 고백이 되도록 사는 것이 세월을 아끼는 삶입니다.

우리의 왕, 예수 그리스도

내가 진실로 진실로 너희에게 이르노니 너희가 나를 찾는 것은 표적을 본 까닭
이 아니요 떡을 먹고 배부른 까닭이로다" _요한복음 6:26

성도는 예수님을 구세주와 왕으로 영접한 사람입니다. 오늘 본문
은 예수님을 임금으로 삼는 이유에 따라 참 성도와 거짓 성도로 구
분된다고 말합니다. 유대인은 잘못된 메시아관 때문에 예수님을 메
시아로 여기지 않았습니다. 그들은 정치와 경제적 상황에서 그들을
구원해 줄 메시아를 기대했습니다. 그런데 예수님께서 로마 병사에
게 끌려가자 큰 배신감을 느낍니다. 그리고는 빌라도의 법정 앞에서
예수님을 십자가에 못 박으라고 외쳤습니다.

당신은 왜 예수님을 왕으로 모십니까? 이생의 자랑을 위해서라면
우리는 예수님을 따르다가 배신한 유대인과 다를 바가 없습니다. 원
하는 것을 얻지 못할 때 예수님을 버릴 것입니다.

성경은 죄의 문제를 해결하기 위해 예수님을 왕으로 모시라고 합
니다. 십자가에서 보혈을 쏟으신 예수님의 사랑 때문에 왕으로 모시
라고 합니다. 예수님의 통치에 항복하기 위해 왕으로 모시라고 합니
다. 예수님을 믿기 위해 왕으로 모시라고 합니다.

예수님을 왕으로 모신다는 의미는 모든 일을 불평하지 않고 받아
들이겠다는 뜻입니다. 가난하든 부하든, 건강하든 약하든 우리가 할
일은 왕께 충성하는 것입니다. 왕의 명령이 언제나 이해되지는 않지
만 믿고 순종하는 것입니다.

당신은 왜 예수님을 왕으로 섬깁니까? 만일 십자가에서 죽기까지
나를 사랑하신 그분이 나의 전능자이시기 때문이라고 답한다면, 주
님은 기뻐하십니다. 주님은 우리의 영원한 왕이십니다.

예수 이름으로 일어나 걸으라

베드로가 이르되 은과 금은 내게 없거니와 내게 있는 이것을 네게 주노니 나사렛 예수 그리스도의 이름으로 일어나 걸으라 하고 _사도행전 3:6

예루살렘 성전 미문 앞에 앉아 있던 앉은뱅이는 구걸을 하며 오랜 세월을 지냈습니다. 이 사람의 간절한 소원은 일어서는 것이었습니다. 신체적으로는 온전한데 영적으로 불구인 사람들이 있습니다. 치유함을 받지 못한 영적 불구자들은 안타깝게도 자신이 불구라는 사실조차 모르고 삽니다. 따라서 치유를 받아야 한다는 생각조차 못합니다.

앉은뱅이는 이 세대에 정신적, 영적 불구자를 이르는 말입니다. 성장하지 않고 언제나 똑같은 자리에 앉아 있는 자들입니다. 이들을 고칠 자가 없습니다. 그런데 성경은 이런 불구자를 부활하신 예수님이 고치신다고 말씀합니다. "은과 금은 내게 없거니와 내게 있는 것으로 네게 주노니 곧 나사렛 예수 그리스도의 이름으로 걸으라"

예수 그리스도의 이름으로 앉은뱅이는 당장 발과 발목에 힘이 생기면서 일어나 뛰고 걸었습니다. 그리고 하나님을 찬미하였습니다. 이때 베드로는 그가 일어선 것은 자신이 가진 능력 때문이 아니라 예수님을 향한 믿음 때문이라고 말합니다. 즉, '예수 그리스도의 이름'의 능력입니다.

영적인 앉은뱅이가 있다면 주께로 데리고 오십시오. 매일 죄를 저지르는 불구자들을 주님께로 오게 하십시오. 그리고 예수 그리스도의 이름의 능력으로 그들을 일으켜 세우십시오. 그들이 일어날 것입니다.

너도 나를 떠나겠느냐?

그때부터 그의 제자 중에서 많은 사람이 떠나가고 다시 그와 함께 다니지 아니
하더라 _요한복음 6:66

"그때부터"는 중요한 의미가 있습니다. 예수님께서 사람들이 바라
는 빵과 음료를 주러 오신 것이 아니라 영생을 얻게 하는 "하늘의 떡
과 신령한 음료"를 주기 위해 오셨다는 사실을 선포한 때부터 많은
사람이 예수님을 떠났습니다. 그들은 그리스도를 통해 이 땅에서 편
안하게 살기를 바랐습니다. 그러나 영원한 나라와 영생을 말씀하시
자 크게 실망하고 주님을 떠났습니다. 많은 무리 중 오직 열두 명만
남았습니다. 지금 이 시대 성도에게 주님께서 "이 땅에서의 번영을
보장하지 못한다. 오히려 고난과 손해와 희생의 삶을 살아야 한다"
라고 말씀하시면 과연 몇 명이 남을까요? 주님은 남아 있는 열두 제
자에게 물으셨습니다. "너희도 가려느냐?" 이때 시몬 베드로가 대답
했습니다. "주여 영생의 말씀이 주께 있사오니 우리가 누구에게로
가오리이까? 주는 하나님의 거룩하신 자이신 줄 믿고 알았사옵나이
다."
  예수님이 누구이며 또한 그분을 믿을 때 어떤 결과가 있는지 알아
야 우리 신앙이 바르게 설 수 있습니다.
  주 예수님을 믿는 신앙은 영생과 하나님 나라를 보장받습니다. 죄
를 이기는 거룩의 능력을 얻습니다. 모든 미움을 이기는 사랑의 능
력을 얻습니다. 그러나 세상 것을 보장받지는 않습니다. 단지 일용
할 양식만 얻을 수 있습니다. 그러므로 세상 것을 추구하는 자는 주
님을 떠나게 됩니다. 그러나 영생을 소망하는 자들은 세상 것이 보
장되지 않아도 주를 떠나지 않습니다. 오직 예수님만 만족하며 그분
을 따르며 삽니다.

하늘의 별처럼 땅의 모래알처럼

이 일 후에 내가 보니 각 나라와 족속과 백성과 방언에서 아무도 능히 셀 수 없는 큰 무리가 나와 흰옷을 입고 손에 종려 가지를 들고 보좌 앞과 어린양 앞에 서서 _요한계시록 7:9

요한계시록 7장은 예수님 때문에 환난과 고난을 당하는 자들이 결코 죽음을 두려워하지 않게 만듭니다. 믿음의 정절을 잃지 않고 믿음을 지키게 합니다. 죽음 이후, 자신의 운명을 정확하게 알기 때문입니다.

사도 요한은 밧모 섬에서 이 환상을 보았습니다. 로마의 도미티아누스 황제가 그리스도인을 박해하던 때입니다. 사도 요한은 세상 모든 민족으로부터 허다한 영혼이 하나님의 보좌 앞으로 나아오는 환상을 봅니다. 엄청난 핍박을 받지만 도리어 모든 민족과 나라로부터 구원받는 하나님의 백성이 구름 떼처럼 많은 것을 보았습니다. 이 무리는 하늘의 별처럼 땅의 모래알처럼 셀 수 없었습니다. 이는 하나님께서 아브라함에게 주셨던 약속이 성취된 것을 나타낸 것입니다. "그를 이끌고 밖으로 나가 이르시되 하늘을 우러러 뭇별을 셀 수 있나 보라 또 그에게 이르시되 네 자손이 이와 같으리라"(창 15:5~6).

바울은 갈라디아서에서 하나님이 아브라함에게 하신 약속이 어떻게 이방 민족 가운데 성취되는지 설명합니다. 바울은 복음을 듣고 믿는 자들이 아브라함의 자손이 된다고 증언합니다(참조, 갈 3:7~8, 14). 요한계시록 7장 9절에서 사도 요한이 받은 계시와 환상은 아브라함에게 주신 약속을 이루신 것입니다. 모든 나라와 족속, 그리고 온갖 종류의 언어를 사용하는 사람들로부터 하늘의 별들처럼, 땅의 모래알처럼 많은 백성이 구원을 얻는 사실을 묘사하는 것입니다. 그날에 우리 모두 구원받은 백성이 되어 만나기를 바랍니다.

음란한 세상을 어찌하나

지혜가 또 너를 음녀에게서, 말로 호리는 이방 계집에게서 구원하리니 _잠언 2:16

역사의 끝이 다가올수록 성적 타락은 극에 달할 것입니다. 영적 음녀는 실제적인 음란과 함께 나타납니다. 잠언에서 등장하는 음녀는 이방 창녀들로서 우상숭배를 도왔습니다. 바알 신과 아스다롯, 몰렉을 믿으라고 호객하는 자들이 잠언이 말하는 음녀입니다. 그러므로 잠언은 영적인 면과 사회적인 면, 그리고 개인적인 면까지 모두 적용되는 진리를 선포합니다. "음녀를 멀리하라"는 것입니다. 음녀를 가까이하는 인생은 멸망의 그림자가 드리우며 마침내 영원히 멸망하게 됩니다.

현재 이 시대는 음란을 향해 달려가고 있습니다. 음녀가 세상에 가득합니다. 눈을 들기만 하면 어디나 음녀가 있습니다. 이는 이 시대가 음란한 세대인 것을 입증합니다. 특히 인터넷과 동영상으로 온 세상이 음란에 빠지고 있습니다. 사회 자체가 극한 음란에 처해 동성애를 지지하기까지 합니다. 이와 함께 온 세상이 영적인 음녀, 즉 적그리스도의 거짓 선지자들을 맞이합니다. 교회까지도 거짓 선지자를 환영하게 됩니다.

음란한 마음이나 습관이 있다면, 회개하십시오. 신속하게 참 신랑이신 주님께 돌아가십시오. 예수 그리스도를 더욱 가까이하십시오. 성령의 충만을 구하십시오. 하나님만이 당신 인생에서 전부가 되게 하십시오. 모든 생명과 삶을 예수님께 헌신하며 충성하십시오. 시간이 날 때마다 성경을 가까이하고 모든 정욕을 십자가에 못 박으십시오. 오직 주의 생명으로 성령 안에서 행하십시오. 이것만이 음녀에게서 벗어나는 길입니다.

죄를 지어서 고난이 온 것일까?

예수께서 대답하시되 이 사람이나 그 부모의 죄로 인한 것이 아니라 그에게서
하나님이 하시는 일을 나타내고자 하심이라 _요한복음 9:3

예수님께서는 죄를 지어서 고난이 온다는 당시 사람들의 일반적인 개념을 무너뜨리셨습니다. 어떤 사람이 고난을 받을 때 그 고난이 그 사람이 죄를 지어서라고 주장한다면, 이는 비성경적이며 잘못된 생각입니다. 나아가 대단히 위험한 생각입니다.

예수님은 고난에 그렇게 접근하지 않으셨습니다. 주의 자녀들이 겪는 고난은 죗값이 아니라 하나님의 영광을 나타내기 위한 것입니다. 맹인은 주님의 도움을 바라다가 주님을 만났습니다. 그리고 잃었던 시력을 되찾았습니다. 과거의 아픔과 고난은 주의 영광을 드러내는 도구가 되었습니다.

상황과 처지로 믿음을 평가해서는 안 됩니다. 부자는 축복을 받았고 가난은 저주라고 생각하는 것은 옳지 않습니다. 일이 형통하면 믿음에 서 있고 고난을 당하면 그렇지 않다고 여겨서도 안 됩니다. 오직 절대 기준인 하나님의 말씀으로 자신을 점검해야 합니다.

그리스도의 관점에 의하면 지금 겪는 고난은 마치 해산하는 산모의 고통과 같습니다. 곧 미래의 영광과 거룩과 성장을 위해 고난이 있는 것입니다. 그러므로 고난은 유익이 되어 기뻐할 수 있습니다. 물론 고난은 아프고 힘들고 지칩니다. 그러나 고난이 있어야 영광도 거룩도 있습니다. 욥은 이 사실을 잘 알고 있었습니다. "그가 나를 단련하신 후에는 내가 정금같이 나오리라"(욥 23:10).

사랑하는 자에게 잠을 주시는 하나님

여호와께서 그 사랑하시는 자에게는 잠을 주시는도다 _시편 127:2

하나님께서는 그의 자녀가 잠을 잘 때 역사하십니다. 하나님께서는 아담을 "잠들게 하시고" 하와를 만드셨습니다(참조. 창 2:21). 사람이 잠들어 있을 때 가장 큰 복을 주신 것입니다. 갓난아기가 잠들어 있을 때 어머니가 그 아기를 위해 많은 일을 하는 것처럼, 주께서는 우리가 잠들어 있을 때 많은 일을 하십니다. 안전하게 지켜주시고 먹을 것을 준비하시고 지긋한 사랑으로 우리를 안아주십니다.

하나님께서 아브라함과 은혜 언약을 맺을 때도 하나님은 아브라함을 잠들게 하셨습니다(창 15:12~14). 하나님은 야곱이 벧엘에서 돌베개를 베고 잠이 들었을 때 그에게 나타나셨습니다. 다니엘이 잠이 들었을 때 그를 어루만지시고 앞으로 일어날 일들을 보여주셨습니다. 가브리엘 천사도 요셉이 잠들었을 때 예수 그리스도께서 임마누엘 하신다는 복된 소식을 알려주었습니다(참조. 마 1:23~24).

성경은 우리가 주안에서 죽는 것을 "잠이 든다"고 말합니다. 이것은 영혼이 수면 상태가 되는 것이 아니라 죽음 직후 주의 보좌 앞에서 우리 영혼이 의식을 가지고 일어나는 것을 의미합니다. 물론 육체는 이 땅에 묻혀 잠을 잡니다. 따라서 주안에서 잠든다는 의미는 주님과 연합되는 참된 안식의 순간을 의미하기도 합니다.

잠을 자는 동안에도 주와 함께하면서 주님의 은혜가 가득 차기를 바라며 잠이 들어야 하겠습니다.

하나님의 주권과 최고의 선

우리가 알거니와 하나님을 사랑하는 자 곧 그의 뜻대로 부르심을 입은 자들에게는 모든 것이 합력하여 선을 이루느니라 _로마서 8:28

믿음의 가장 중요한 핵심은 여호와 하나님을 인격적으로 믿고 그분의 주권을 믿는 것입니다. 즉, 하나님의 부르심을 받은 자들은 모든 것이 합력하여 선(善)을 이룰 것을 믿습니다. 이때 최종 선은 이 땅이 아닌 영원한 하나님 나라에서 이룹니다.

우리는 우리를 위한 최고의 선이 어떤 과정을 통해 이루어지는지 모릅니다. 모든 일이 형통하는 것 같아도 그 형통이 시험일 수 있습니다. 내가 보기에 고달프고 어렵더라도 최고의 선을 이루는 과정일 수 있습니다. 따라서 우리에게 일어나는 모든 일이 하나님의 완전한 주권 아래서 최고의 선을 이루기 위해 진행되고 있다고 믿어야 합니다.

우리에게 있어 최고의 선은 예수 그리스도의 형상을 본받는 것입니다. 이를 위해 복음의 능력이 필요합니다. 환경이 바뀌지 않아도 복음의 능력이 임하면 평강이 임합니다. 감사와 사랑과 기쁨이 넘칩니다. 세상이 전혀 부럽지 않을 만큼 만족합니다. 이 세상에서 경험할 수 없는 기쁨을 느낍니다. 이런 복음의 능력은 하나님을 인격적으로 믿을 때 임합니다. 보혈의 새 언약을 믿을 때 하나님의 보좌로부터 은혜의 능력이 내 영혼에 임합니다. 이 능력은 성령으로 인해 우리 영혼 속에 임하는 것으로 관념이나 착각이 아닙니다. 영적 생명이며 실제입니다.

하나님을 존중히 여길 때

나를 존중히 여기는 자를 내가 존중히 여기고 나를 멸시하는 자를 내가 경멸히
여기리라 _사무엘상 2:30

엘리 대제사장은 하나님보다 그의 아들들을 더 사랑했습니다. 즉, 자녀가 우상이 되었습니다. 아들이 너무 사랑스러워 그들이 악한 행동도 눈감아 주었습니다. 과잉보호와 사랑이 아들을 망쳤습니다. 엘리는 하나님을 중히 여기는 마음이 있었지만, 하나님보다 자녀를 더 중히 여긴 것이 문제였습니다.

신앙생활을 방해하는 가장 큰 것은 무엇일까요? 죄악이 아닙니다. 내가 싫어하는 것이 아닙니다. 오히려 가장 좋아하는 것입니다. 자녀, 친구, 책임감, 의리, 가족, 직업, 그리고 교회 사역 등이 신앙생활을 방해합니다. 만일 이런 것이 하나님을 향한 사랑보다 앞서 있다면 문제입니다. 만일 엘리가 하나님을 더 중히 여기고 사랑했다면 자녀를 바르게 이끌고, 자녀의 죄악을 꾸짖었을 것입니다.

하나님은 결국 엘리 가문을 버리셨습니다. 대제사장 가문이 하나님을 노골적으로 경멸하고, 주님을 향한 예배를 가볍게 여겼기 때문입니다. 주님께 드려야 할 예배를 오히려 엘리 가정의 탐욕을 채우는 수단으로 만들었기 때문입니다. 따라서 하나님은 더 이상 그들의 예배를 받지 않으셨습니다. 하나님의 말씀을 기억합시다. "나를 존중히 여기는 자를 내가 존중히 여기고 나를 멸시하는 자를 내가 경멸히 여기리라" 이 선포는 놀랍게도 황금률과 같습니다. "남에게 대접을 받고자 하는 대로 너희도 남을 대접하라"(눅 6:31). 당신은 주 하나님을 나의 주로 모시고 경외하며 온 마음을 다해 사랑하며 순종하고 있습니까?

미혹과 고난을 당할 때
당신을 부릅니다

우리 삶에 기쁨을 주시는 하나님

리워야단을 이기는 법

네가 낚시로 리워야단을 끌어낼 수 있겠느냐 노끈으로 그 혀를 맬 수 있겠느냐
_욥기 41:1

욥이 고난과 곤경을 당했다는 것을 듣고 세 친구가 욥을 찾아와 잠깐 위로하고는 욥이 왜 고난 당하는지 말해줍니다. 그들 뒤에는 욥이 하나님을 저주하게 하려는 사탄의 음모가 있습니다. 세 친구는 인과응보의 논리로 욥의 고난을 해석합니다. 친구들의 말에 욥은 자신의 고통이 죄 때문이 아니라고 변론합니다. 그러나 그의 변론이 도를 넘으면서 결국 하나님을 오해하려는 상황까지 갑니다. 이때 하나님께서 폭풍 가운데 나타나셔서 욥의 의심을 막으시며 '리워야단'을 다스릴 수 있느냐고 질문하십니다.

리워야단은 무엇입니까? 성경은 리워야단을 영적으로 마귀와 연결시킵니다(계 12:9). 리워야단은 역사 속에 존재한 동물로서 사탄의 영향을 받아 큰 힘과 권세를 가진 존재입니다. 욥은 삶 가운데서 감당할 수 없는 리워야단과 싸웁니다. 리워야단은 욥에게 임한 고난과 맞물려 있습니다. 심지어 욥의 세 친구마저도 리워야단일 수 있습니다. 악한 세력이 욥을 괴롭힐 때 하나님께서는 "이 우주에서 리워야단을 죽이고 제거할 수 있는 분은 하나님밖에 없다"고 말씀하십니다. 리워야단을 이기려면 '전능하신' 하나님께 의탁하는 수밖에 없습니다.

하나님은 전능자시며 리워야단을 다스리시는 분이십니다. 우리의 두려움의 대상은 리워야단이 아닙니다. 오직 여호와 하나님이십니다. 하나님께서 우리 삶에 리워야단을 허락하시는 이유를 우리는 알 수 없습니다. 그러나 하나님께서 우리를 사랑하시고 우리를 향한 선한 뜻이 있다는 사실은 분명합니다.

우상에 중독되지 말라

에브라임이 여러 민족 가운데에 혼합되니 그는 곧 뒤집지 않은 전병이로다 _호세아 7:8

북이스라엘이 혼잡해졌습니다. 이방 민족의 풍습과 사고방식을 배운 것에서 그치지 않고 하나님 대신 이교도의 신을 섬겼습니다. 그들은 위험에 처했을 때엔 하나님이 아닌 이방 나라의 힘을 의지했습니다. 이방 나라와 정치적 동맹을 맺어 거룩한 백성으로서의 정체성을 잃어버렸습니다. 그들은 이방 민족의 풍습을 따르고 우상을 숭배함으로써 하나님과 한 언약을 파기했습니다. 이는 영적인 간음입니다.

호세아 7장은 이방 우상에 중독된 모습을 '달궈진 화덕', '뒤집지 않은 전병', '어리석은 비둘기', '속이는 활'로 비유합니다. 달궈진 화덕은 우상을 향하여 끝없이 타오르는 욕망입니다. 뒤집지 않은 전병은 하나님 앞에 전혀 쓸모없는 존재가 된 것을 말합니다. 비둘기는 우상으로 지극히 어리석어진 것을 의미합니다. 속이는 활은 언제나 하나님을 속이는 자라는 뜻입니다.

우상은 중독성이 있습니다. 우상에 빠지면 심판 직전까지도 우상을 버리지 못하고 사랑합니다. 힘을 완전히 잃어도 우상을 찾고 사랑합니다. 힘이 생기면 다시 우상을 찾아가 영적 간음을 합니다. 하나님보다 더 사랑하는 것은 모두 우상입니다. 우상에 중독되면 하나님께로 돌아갈 수 없습니다. 사도 요한은 "자녀들아, 너희 자신을 지켜 우상에서 멀리하라"(요일 5:21)라고 했습니다. 혹시 예수 그리스도보다 더 사랑하는 우상이 있습니까? 지금 바로 내려놓으십시오. 그것이 참된 복을 얻는 지름길입니다.

하나님의 가장 깊은 비밀

지혜로우신 하나님께 예수 그리스도로 말미암아 영광이 세세무궁토록 있을지
어다 아멘 _로마서 16:27

　예수 그리스도와 그의 복음은 하나님께서 영세 전에 감춘 비밀입
니다. 그런데 이제 세상에 나타났습니다. 또한 하나님의 명을 따라
선지자들이 알린 예언이 완성된 것입니다. 구약의 모든 예언은 그리
스도를 향한 것입니다. 하나님의 구원 계획은 예수님과 그의 사역을
통해 드러났습니다. 또한 성령에 의해서 충분히 계시되었습니다(고
전 2:7~12). 따라서 사도가 전하는 복음은 이제 역사 가운데 환하게
드러났습니다. 예수 그리스도와 그분의 구속 사건은 더 이상 비밀이
아닙니다.

　로마서는 하나님께서 "예수 그리스도로 말미암아" 영광을 받으신
다는 사실을 알려줍니다. 수많은 사람의 찬양도, 인간의 지극한 정
성도, 오랜 세월의 기다림과 간구도 예수 그리스도가 없으면 하나님
께 영광이 되지 못합니다. 반면, 사람들이 무시하는 작은 정성이라
도, 하찮은 존재의 기도라도 예수 그리스도로 말미암은 것이라면 하
나님께서 영광을 받으십니다.

　우리는 하나님의 가장 깊은 비밀, 영세 전에 감추었다가 나타난
비밀, 모든 선지자가 그토록 외쳤던 비밀인 그리스도에게 마음과 뜻
을 두어야 합니다. 평생 그분을 알려고 애써야 합니다. 예수 그리스
도의 마음을 알고 그분 안에 거하기 위해 인생을 드려야 합니다. 이
보다 더 가치 있는 일은 없습니다. 예수 그리스도는 하나님께서 우
리에게 주신 최고의 선물, 하나님의 가장 깊은 비밀이며 지혜임을
잊지 마십시오.

주께 하듯 하라

무슨 일을 하든지 마음을 다하여 주께 하듯 하고 사람에게 하듯 하지 말라 _골로새서 3:23

골로새서 3장에는 공동체에 대한 주의 명령이 담겨 있습니다. 우리는 주의 요청에 순종해야 합니다.

첫째, 아내는 남편에게 복종하십시오. 복종은 군대 용어입니다. 대장이 "앞으로 전진!"이라고 명하면 군사는 앞으로 나가야 합니다. "내 생각은 그렇지 않은데요. 나는 할 수 없어요"라고 하면 복종이 아닙니다. 아내가 남편에게 복종하는 것은 주안에서 마땅한 일입니다.

둘째, 남편은 아내를 사랑하며 아끼십시오. 아내를 괴롭게 해서는 안 됩니다. 남편들의 가장 큰 죄성은 자기 아내를 자기 몸처럼 사랑하고 아끼지 못하는 것입니다.

셋째, 자녀는 부모에게 순종하십시오. 이는 주안에서 기쁨이 되기 때문입니다. 자녀가 부모에게 순종하지 않는 것은 주님께 슬픔이 됩니다. 이런 자녀들의 앞날에는 고통스러운 주님의 징계가 준비되어 있습니다. 더 늦기 전에 부모님께 순종하십시오.

넷째, 부모는 자녀를 노엽게 하지 마십시오. 이유도 없이 혼내거나, 분풀이를 하거나, 편애하거나, 저주의 폭언이나 폭행을 하지 마십시오. 이는 그리스도께 반항하는 것입니다. 이런 부모는 합당한 징계를 받습니다.

다섯째, 일하는 자들은 예수님께 하듯 성실하게 일하십시오. 이런 자세로 일하는 것이 주를 섬기는 것입니다. 무엇을 하든 주님을 위해 주님께 하듯 하십시오. 이를 통해 그리스도의 향기가 나타날 것입니다.

고난을 벗어나는 법

그가 비록 근심하게 하시나 그의 풍부한 인자하심에 따라 긍휼히 여기실 것임
이라 _예레미야애가 3:32

이스라엘 백성은 어리석은 죄악으로 고통스러운 상황을 자초했습
니다. 이에 대해 예레미야는 어떻게 그 상황에서 벗어날 수 있는지
알려주었습니다.

1) 회상입니다. 살아가면서 저지른 실수와 죄악, 그리고 많은 위
험과 원수들 앞에서 하나님께서 어떻게 우리에게 자비를 베푸셨는
지 떠올리는 것입니다. 2) 주의 사랑과 긍휼을 아침마다 새롭게 체
험하는 것입니다. 주께서는 주를 바라는 자들에게 긍휼과 자비를 성
실하게 베푸십니다. 3) 오직 하나님으로만 만족하겠다고 결단합니
다. 고통스러운 상황에서 "나는 여호와로만 만족하겠습니다"라고
고백하면 주의 긍휼과 사랑과 위로가 임합니다. 4) 오직 주께만 소
망을 두며 그분에게만 도움을 요청합니다. 고통을 당할 때 사람을
의지하는 것은 어리석은 일입니다. 5) 조용히 하나님의 때를 기다리
며 고난의 멍에를 불평 없이 받아들입니다. 이런 진실한 자세는 주
님의 사랑을 불태웁니다. 6) 사람들에게서 받는 모독과 조롱을 묵묵
히 참고 감당합니다. 7) 수치와 아픔에는 하나님의 귀하고 선한 큰
뜻이 있음을 믿습니다. 8) 지극히 높으신 하나님께서는 아무런 실
수 없이 완벽하게 모든 상황을 주관하심을 믿고 나아갑니다. 9) 우
리의 죄성을 미워하며 이것을 제거하여 달라고 하나님께 매달립니
다. 10) 하나님께로 진심으로 돌아가 주님만 더욱 사랑하고 사모합
니다. 우리가 고난 속에서도 이렇게 살아간다면 사랑의 하나님께서
감동하셔서 우리를 도우실 것입니다.

악한 사람과 관계를 끊어라

내 아들아 악한 자가 너를 꾈지라도 좇지 말라 _잠언 1:10

잠언에서 말하는 악한 자는 하나님을 경외하지 않는 자입니다. 그들은 하나님께 감사도 하지 않고 그분을 영화롭게도 하지 않습니다. 그들은 자기 힘과 거짓과 꾀로 인생을 꾸려갑니다.

하나님께서는 그의 백성에게 가나안 땅에 들어가면 절대로 그 땅의 거민과 같은 통속이 되지 말라고 당부하셨습니다(참조, 민 33:55). 만일 그들과 한통속이 되면 정상적인 신앙생활을 할 수 없습니다. 또한 그들과의 동행은 무서운 올무가 됩니다. 이처럼 성경은 불신자와 멍에를 같이 하지 말라고 당부합니다.

사람이 악한 자와 함께하는 과정을 보면, 처음에 악한 자들의 음성을 듣습니다. 그들의 음성을 자주 듣다 보면 분별력이 사라집니다. 아론은 악한 자들의 음성을 듣고 금송아지를 만들었습니다. 그리고 그들과 하나가 되어 금송아지를 섬기기까지 했습니다. 이 일로 하나님은 분노하셨고 이스라엘 백성은 비참을 겪었습니다.

하나님을 두려워하지 않는 자들과 함께하고 있습니까? 그들의 협박이나 달콤한 아첨에 속아서 그들과 함께하고 있습니까? 당장 관계를 끊으십시오. 고통스럽더라도 잘라야 합니다. "만일 네 발이 너를 범죄케 하거든 찍어 버리라 절뚝발이로 영생에 들어가는 것이 두 발을 가지고 지옥에 던지우는 것보다 나으니라"(막 9:45).

작은 일이 복음의 씨앗

하나님 나라는 사람이 씨를 땅에 뿌림과 같으니 _마가복음 4:27

하나님 나라의 성장은 사람의 눈에 보이지 않습니다. 하나님께서는 복음의 씨앗이 어떻게 자라고 얼마나 큰 나무가 되고 열매가 맺을지 모르게 하셨습니다. 거리에서 따스한 친절을 베풀며 전한 예수님에 관한 말 한마디가 어떤 일을 이룰지 사람은 잘 모릅니다. 수천만 명을 그리스도께 인도한 스펄전 목사가 변화된 것도 아주 작은 사건 때문입니다. 눈이 많이 내린 어느 주일, 눈 때문에 목사님이 교회에 도착하지 못하자 교회 집사 한 사람의 짧은 설교에 어린 스펄전은 변화되었습니다.

사람들은 약아서 따지고 계산합니다. 손해 보지 않으려 합니다. 이런 사고가 신앙생활에도 깊게 들어와 있습니다. '큰일'을 위해 봉사를 하려는 사람이 있습니다. 스펙을 쌓기 위해 해외 봉사를 나가기도 합니다. 그런데 가정, 학교, 일터에서의 작은 일에는 크게 신경 쓰지 않습니다. 그 작은 일이 세상을 바꾸는 데 그것을 모릅니다.

필자는 27절을 묵상하면서 어떻게 살아야 할지 확신하게 되었습니다. 상황을 주장하시는 분은 하나님이고 내가 할 일은 복음을 뿌리는 것입니다. 내가 뿌리는 복음의 씨앗이 어떻게 자랄지 나는 모릅니다. 그 복음의 씨앗이 어떤 역사를 일으킬지는 하나님만이 아십니다. 바울은 이 내용을 알고 있었습니다. "그런즉 심는 이나 물 주는 이는 아무것도 아니로되 오직 자라게 하시는 이는 하나님뿐이니라 심는 이와 물 주는 이는 한가지이나 각각 자기의 일한 대로 자기의 상을 받으리라"(고전 3:7~8). 결과는 하나님께 맡기고 열심히 복음의 씨를 뿌리는 자가 됩시다.

죄에서 자유한 영혼

그러므로 이제 그리스도 예수 안에 있는 자에게는 결코 정죄함이 없나니 _로마서 8:1

이 우주의 죄와 저주가 완전하게 사라지려면 주님께서 재림하셔야 합니다. 그러나 성도는 이미 예수 그리스도 안에서 죄 문제를 모두 해결했습니다. 바로 믿음 때문입니다. 주를 신뢰하고 그의 약속을 누리는 만큼 우리는 주께서 이루신 구속의 효과를 누리게 됩니다.

과거와 현재의 모든 죄악이 이미 십자가 위에서 사라졌습니다. 머리털만큼 아주 작은 죄, 깊은 무의식의 죄악마저도 용서함 받았습니다. 주께서 나 대신 형량을 갚아주셨기 때문입니다. 내가 갚을 형량은 없습니다. 거듭난 사람은 형벌의 문제가 영원히 해결되었습니다. 따라서 성도는 죄의 문제에 관한 한 공의와 율법 차원에서 자유롭습니다.

그렇다면 우리는 하나님께 용서를 구할 필요가 없는 것입니까? 그렇지 않습니다. 우리가 용서를 구하는 이유는 죄의 형량을 면하기 위해서가 아니라 하나님과의 인격적인 관계를 회복하기 위해서입니다. 지은 죄를 낱낱이 고하지 못해도 하나님께 용서를 구하면 그분은 우리를 용서해 주시고 관계를 회복해 주십니다. 이처럼 인격적인 관계 문제는 우리가 주께 나아가 회개해야 해결됩니다. 주 앞에 지은 죄를 고백하고 회개함으로 우리 마음이 주께로 돌아가면 관계가 회복됩니다. 하나님께서는 두 팔을 벌리시고 우리를 기다리고 계십니다.

하나님께서는 우리를 거룩하게 하시기 위해 죄악과 죄성을 징계하십니다. 이는 우리를 주의 자녀답게 만들기 위해서입니다. 징계는 하나님의 공의가 아닌 사랑의 표현입니다. 이것을 잊지 마십시오.

내 마음을 아시는 예수님

또 사람에 대하여 누구의 증언도 받으실 필요가 없었으니 이는 그가 친히 사람의 속에 있는 것을 아셨음이니라 _요한복음 2:25

진정한 믿음은 우리가 주님을 속일 수 없다는 사실을 의식하며 삽니다. 또한 우리는 내 마음을 다 아시는 주님께서 자기 생명을 주실 만큼 사랑하신다는 사실을 압니다. 그 사랑으로 우리는 평강을 누립니다. 예수님께서 나다나엘을 만나 "보라 이는 참 이스라엘 사람이라 그 속에 간사한 것이 없도다"(요 1:47)라고 하셨습니다. 이 말씀은 나다나엘에게 죄성이 없으며 마음에 흠이 없다는 뜻이 아닙니다. 간사함이 없다는 것입니다. 마음이 얼마나 부패했는지 솔직하게 주님께 내어놓는다는 뜻입니다.

간사한 마음은 끝까지 죄악을 숨기고 용서를 구하지 않습니다. 진리가 아닌 것을 진리로 만들고 불의를 의로 만듭니다. 틀린 것을 옳다고 하고 옳은 것을 죽이려 합니다. 가깝던 인간관계가 깨지는 것도 간사한 마음 때문입니다.

나 자신의 부패를 인정하고 주님의 말씀을 받아 거듭나면 간사한 마음을 혐오하게 됩니다. 아담에게 물려받은 간사한 죄성을 인식하며 주님께 "주님, 내가 죄인이로소이다. 나를 떠나소서"라고 기도합니다.

주님은 진실한 고백을 하는 자들에게 위로와 진리, 자비의 말씀을 주십니다. "건강한 자에게는 의원이 쓸데없고 병든 자에게라야 쓸데 있느니라 내가 의인을 부르러 온 것이 아니요 죄인을 부르러 왔노라"(막 2:17). 이 음성을 들은 죄인은 주님께 "제가 주를 사랑하며 절대로 간사한 마음을 갖지 않겠습니다"라고 고백합니다.

하나님께서 기뻐하시는 중보기도

내가 그의 아들의 복음 안에서 내 심령으로 섬기는 하나님이 나의 증인이 되시거니와 항상 내 기도에 쉬지 않고 너희를 말하며 _로마서 1:9

하나님께서는 중보기도를 기뻐하시고 응답해 주십니다. 바울은 자신이 기도해 온 사람들의 믿음이 성장하고 그들로 인해 하나님 나라가 확장되는 것을 크게 기뻐하며 하나님께 감사했습니다. 사람들이 중보기도를 잘 드리지 못하는 이유가 있습니다. 이기심과 무관심, 시기와 질투 때문입니다. 사랑이 있어야 중보기도를 드릴 수 있습니다. 그리스도의 사랑이 우리 마음을 강권하면 중보기도는 자연스럽게 흘러나옵니다.

중보기도를 하면서 자신이 누군가를 위해 기도한다는 것을 알리지 마십시오. 이는 종교적인 위선입니다. 중보기도는 골방에 들어가 하나님께 은밀히 드리는 기도입니다. 내가 그를 위해 기도한다는 사실을 상대가 알지 못할수록 더욱 중보기도다워집니다. 기도 내용도 영원한 가치를 위한 것일수록 좋습니다. 하나님 나라와 의를 구할수록 더욱 귀한 기도가 됩니다. 그런 의미에서 거듭나지 않은 영혼을 위해 수년 동안 기도하는 것이야말로 귀한 중보기도라고 할 수 있습니다. 하나님께서는 중보기도를 기뻐하십니다. 중보기도는 신앙생활에서 가장 정직할 수밖에 없는 하나님과의 대화이며 영적으로 철든 자녀들의 신앙표현입니다.

오늘도 주님이 들으시는 중보기도를 드립시다. 믿음의 중보기도, 은밀한 중보기도는 하나님께서 가장 기뻐하시며 신속히 응답하신다는 사실을 믿으십시오. 그러면 하나님의 계획에 따른 합당한 방법으로 그분의 때와 주권 안에서 기도에 응답하실 것입니다.

나를 깨끗하게 하소서

예수께서 이르시되 삼가 아무에게도 이르지 말고 다만 가서 제사장에게 네 몸을 보이고 모세가 명한 예물을 드려 그들에게 입증하라 하시니라 _마태복음 8:4

한 문둥병자가 예수님께 나아와 "주여, 원하시면 저를 깨끗케 하실 수 있나이다" 하며 간구했습니다. 그는 "주님은 저를 낫게 할 수 있습니다"라고 하지 않고 "주님은 저를 깨끗하게 하실 수 있습니다"라고 말했습니다. 그는 깊은 죄의식이 있었고 그 죄가 자신의 삶에 일어나는 모든 문제의 요인임을 알고 있었습니다. 그래서 깨끗하게 해달라고 간구한 것입니다. 예수님도 그에게 치유가 아닌 죄와 관련한 용어를 사용해 대답하셨습니다. "내가 원하노니 깨끗함을 받아라." 주님은 우리를 죄에서 깨끗하게 하시는 유일한 분이십니다. 자신의 피를 흘려 죄 사함의 권세를 소유하셨기 때문입니다. 우리에게 가장 필요한 것은 죄 사함이며 죄에서 깨끗해지는 것입니다. 주님을 의지하며 "주여 원하시면 저를 깨끗하게 할 수 있나이다"라고 아뢸 때 주께서 당장 우리 죄를 깨끗하게 해 주십니다.

예수님께서는 죄 사함을 받은 문둥병자에게 병 나은 기적을 세상에 알리지 말라고 하셨습니다. 그 대신 제사장에게 가서 율법의 규례에 따라 행하라고 했습니다. 기적을 자랑하기보다 율법에 기록된 대로 준행하라고 하신 것입니다. 주님 말씀대로 준행하지 못하면서 주께서 베푸신 죄 사함과 복을 자랑하는 것이 예수님께 모독이 되기 때문입니다. 주님께서 베푸신 복이 오히려 주님께 욕이 되어 돌아온다는 말입니다. 주께 죄 사함과 복을 받은 자들은 흠 잡힐 행동을 해서는 안 됩니다. 문둥병자와 같던 우리가 주의 보혈로 깨끗해지고 무한한 복을 누리게 되었으니 거룩하게 살아야 합니다.

사람에게 영광을 구하지 말라

너희가 서로 영광을 취하고 유일하신 하나님께로부터 오는 영광은 구하지 아니하니 어찌 나를 믿을 수 있느냐 _요한복음 5:44

신앙의 이름으로 자기 이름을 드러내려는 사람이 많습니다. 그들은 예수님보다 자기 이름을 드러내는 데 관심이 있습니다. 이들은 군중을 모으기 위해 온 마음을 다합니다. 사람들이 무엇을 좋아하는지 그들의 연약함이 무엇인지를 연구해 당근과 채찍을 주며 많은 사람으로부터 영광을 구하려 합니다. 인간의 무서운 죄성 가운데 하나는 사람들에게 인정을 받으려는 것입니다. 많은 사람이 이 죄성에 중독되어 있습니다. 이들은 인기가 사라지고 주도권을 잃으면 견디지 못하고 괴로워합니다. 혈기를 부립니다.

우리의 목표는 그리스도를 닮는 것입니다. 전도하는 것도 그리스도를 닮아 하나님께 영광이 되기 위해서입니다. 예수님께서는 사람에게 영광을 취하지 아니하셨습니다. 사람들이 욕을 하든, 군중이 구름 떼처럼 모이든, 관심이 없으셨습니다. 구원이 필요한 한 사람이 있다면, 주님은 그곳이 어디든 가십니다. 예수님께서 인정받길 원하는 대상은 딱 한 분, 하나님 아버지시기 때문입니다.

부패한 인간은 무의식 가운데 사람의 영광을 구하는 죄악을 많이 저지릅니다. 이 세대의 교회는 사람의 영광을 구하려다가 부패해지고 있습니다. 우리는 사람의 영광이 아닌 오직 하나님의 칭찬을 구하는 마음을 가져야 합니다. 이를 위해 늘 자신을 부인하고 성령으로 충만해 깨어 있기를 당부합니다.

오래 참으시는 하나님

내가 너를 세웠음은 나의 능력을 네게 보이고 내 이름이 온 천하에 전파되게 하려 하였음이니라 _출애굽기 9:16

16절은 애굽 왕 바로를 그 자리에 세우신 분이 하나님이심을 분명히 합니다. 하나님께서는 바로 왕에게 그분의 존재를 인식시키고 바로 왕의 무가치함을 절실히 깨닫게 하여 하나님의 뜻에 순복하게 했습니다. 또한 여호와의 이름조차 알지 못했던 당시 열방에게 애굽이 겪는 재앙을 보여주시며 여호와의 이름과 능력을 제시하셨습니다.

하나님은 죄인을 언제라도 세상에서 제거할 수 있습니다. 하나님을 조롱하고 멸시하는 불신자와 나라를 제거할 수 있습니다. 그러나 그렇게 하지 않고 그대로 두십니다. 죄를 심판하시는 하나님의 위엄과 거룩함을 나타내기 위해서입니다. 또한 그들이 주 하나님을 불순종하고 거절한 사실에 대해 하나님의 심판과 능력을 체험하도록 하기 위해서입니다.

그러나 죄인들은 하나님의 심판이 있다는 것을 알면서도 주께로 돌아오지 않았습니다. 그들은 죄를 심판하는 하나님을 무시하고 여전히 '우연히 자기들에게 악한 일이 발생하였다'고 생각합니다.

이 땅에서 일어나는 일들을 보십시오. 이 땅에 만연한 죄를 하나님은 심판하십니다. 부패한 인간들은 하나님께서 당장 죽이지 않고 살려주시는 자비를 거꾸로 사용합니다. 하나님을 대적하는 기회로 사용합니다. 하나님은 애굽에게 자비를 베푸셨습니다. 그러나 그들은 하나님의 자비를 받는 순간, 마음이 더욱 강퍅해졌습니다. 이것으로 그들은 영원히 멸망하게 되었습니다. 혹시 우리 중에 하나님의 자비하심을 도리어 불신과 죄악을 짓는 데 사용하는 자들이 있습니까? 멸망하기 전에 속히 주께로 돌아오십시오(참조, 출 9:32~35).

십자가의 도는 하나님의 능력

십자가의 도가 멸망하는 자들에게는 미련한 것이요 구원을 받는 우리에게는 하나님의 능력이라 _고린도전서 1:18

바울은 십자가의 도는 표적과 기사를 구하는 자들에게 미련하게 보인다고 말합니다(고전 1:22). 세상 지혜와 자신의 논리를 믿는 자들에게도 십자가의 도는 미련해 보입니다(고전 1:22). 구원받은 자만이 그리스도의 십자가를 이해하고 자랑합니다. 복음은 세상에 속한 것을 성취하는 수단이 아닙니다. 이를 분명하게 하려고 하나님은 가난하고 연약하고 자랑할 것이 없는 자를 택하셨습니다. 그리고 강한 자들을 부끄럽게 하십니다(고전 1:26~29). 이는 약한 자에게 더 많은 세상 것을 주어 강한 자를 부끄럽게 하신다는 뜻이 아닙니다. 세상에 없는 하나님과의 깊은 사귐과 하늘의 신령한 복을 주신다는 의미입니다. 따라서 형통신학, 긍정적 사고방식, 표적과 기사를 구하는 치유집회, 세상 철학과 지식을 논하는 학문 등은 복음과 거리가 멉니다.

복음은 십자가를 믿는 자들에게 나타나는 그리스도의 능력입니다. 그 능력은 우리를 거룩하게 하고 하나님과 교제하게 합니다. 주 안에 거할 때의 평안과 확신, 죄 사함의 기쁨! 세상에 속한 것이 없어도 오직 주님만을 사랑할 때 이 우주에서 누리는 가장 큰 평안과 만족! 십자가 앞에서의 감사와 기쁨! 복음을 통해 얻는 가장 영원하고 깊은 실제! 신비한 하나님의 섭리와 역사! 하나님의 역사와 사랑과 지혜는 이 세상 그 무엇으로도 헤아릴 수 없습니다. 예수 그리스도의 십자가를 바라보는 믿음으로 하나님의 지혜와 권능과 사랑과 거룩함을 얻으십시오.

교회의 머리이신 예수 그리스도

그는 몸인 교회의 머리시라 그가 근본이시요 죽은 자들 가운데서 먼저 나신 이시니 이는 친히 만물의 으뜸이 되려 하심이요 _골로새서 1:18

예수 그리스도는 교회의 머리이십니다. 교회는 예수님께로부터 특별한 선택을 받아 그분의 다스리심과 사랑, 통치를 받습니다. 교회는 그리스도께서 영원 전부터 사랑했습니다. 주께서는 교회에게 특별한 나라를 예비하셨고 유업으로 주시기로 약속하셨습니다. 따라서 그들은 영원토록 복된 자입니다.

예수 그리스도는 부활의 첫 열매가 되셨습니다. 죽은 자들 가운데 가장 먼저 일어나 주님의 신부된 교회에게 소망을 주셨습니다. 그리스도처럼 영원한 몸을 얻는 소망입니다. 그때 그들은 부활하여 새 하늘과 새 땅을 기업으로 얻게 됩니다. 그 후 성삼위일체 하나님의 세계와 피조물의 모든 세계가 그리스도 안에서 영원히 하나가 될 것입니다. 이로써 하나님은 영원토록 우리의 아버지가 되시고 우리는 하나님의 백성, 자녀가 됩니다. 이제 죄와 저주와 죽음은 없습니다.

역사의 중심에는 예수 그리스도가 계십니다. 그분이 이루신 가장 중요한 사역은 십자가 사건입니다. 십자가에서 흘리신 보혈은 우리 죄를 용서하고 죄의 저주를 완전하게 제거하였습니다. 그리스도의 십자가 보혈은 모든 피조물에 영향을 미칩니다. 전 우주적입니다. 시간이 시작된 순간부터 영원까지 모든 죄와 죄의 결과를 완전하게 제거하고 모든 만물을 회복하십니다.

예수님이 세상에 오신 이유

예수께서 이르시되 내가 다른 동네들에서도 하나님 나라 복음을 전하여야 하리니 나는 이 일을 위해 보내심을 받았노라 하시고 _누가복음 4:43

예수님은 하나님께서 다윗에게 하신 약속을 이루기 위해 이 땅에 오셨습니다. 예수님은 자신이 메시아, 즉 그리스도라는 사실을 입증하기 위해 죄의 결과인 병을 고쳐주시고 죄의 저주를 없애 주셨습니다. 하나님 나라는 예수님께서 전하신 복음의 핵심적인 주제입니다. 주님은 죄인을 흑암의 세력에서 구해 하나님 나라로 옮기시기 위해 십자가의 구속을 이루셨습니다(골 1:13). 하지만 사람들은 예수님께서 이 땅에 오신 목적보다는 예수님이 이루신 일에 관심이 많습니다. 그들은 가난과 병과 고생을 제거해 주는 복을 원했습니다. 예수님은 그런 자들에게 분명하게 말씀하셨습니다. "나는 하나님 나라 복음을 전하여야 한다. 나는 이 일을 위해 보내심을 받았노라." 그리스도인은 예수님을 하나님의 아들과 그리스도로 믿고 그분을 자신의 구세주와 왕으로 모신 자입니다. 즉, 그리스도의 백성입니다. 그리스도의 백성은 왕의 관심에 자신의 관심을 일치시켜야 합니다.

왕의 관심은 그리스도의 나라입니다. 그 나라는 복음을 통해 확장되며 죄와 죄의 결과를 제거합니다. 하지만 그 나라는 십자가를 통해서만 들어갑니다. 즉, 내가 죽어야 들어갈 수 있습니다. 성도들이 이 땅에서 하나님 나라를 누리려면 자기를 부인하고 그리스도를 왕으로 인정하며 살아야 합니다. 또한 그 나라의 확장을 위해 십자가를 외치고 십자가의 방법으로 세상을 섬겨야 합니다.

모든 것은 드러난다

숨은 것이 장차 드러나지 아니할 것이 없고 감추인 것이 장차 알려지고 나타나지 않을 것이 없느니라 _누가복음 8:17

인생 가운데 감출 수 있는 것은 하나도 없습니다. 은밀하게 죄를 지어도 밝혀집니다. 많은 사람이 이 진리를 깨닫지 못하고 숨어서 죄를 범합니다. 아무도 보지 않았으니 괜찮다고 생각합니다. 끝까지 모를 것이라고 믿습니다. 그러나 하나님께서 보시고 들춰내십니다.

우리의 숨은 죄악을 감출 수 있는 유일한 비결이 있다면 십자가 뒤에 숨는 것입니다. 그러면 주께서 우리 죄악을 깊은 바닷속에 던지십니다. 동이 서에서 먼 것 같이 감추어 주십니다. 그러나 그 외의 모든 죄악은 반드시 드러납니다.

반복되는 죄악은 사람의 성품을 악하게 변화시킵니다. 예를 들어, 습관적으로 거짓말을 하면 사실을 인식하는 능력을 점점 상실하게 됩니다. 나아가 복음의 진리를 깨닫지 못합니다. 그들은 자신들이 진실을 말하지 않기 때문에 다른 사람도 그럴 것이라고 여깁니다. 그래서 진실을 말해도 믿지 않습니다. 결과적으로 그들은 모든 것을 의심하며 살게 됩니다. 가장 불행한 것은 하나님이 주시는 참된 부유와 아름다움, 생명력 넘치는 삶을 누릴 수 없다는 점입니다. 모든 선행과 죄악을 심판하실 하나님을 의식하며 부끄럽지 않게 살아야 합니다. 예수님의 영광과 그분의 나라를 위해 모든 죄악을 버리십시오.

긍휼을 체험하는 기회

제자들이 대답하되 이 광야 어디서 떡을 얻어 이 사람들로 배부르게 할 수 있으리이까 _마가복음 8:4

사람들은 두로에서 시작해 데가볼리를 거쳐 갈릴리까지 예수님을 사흘째 따라왔습니다. 그 숫자는 점점 늘어났습니다. 이제 그들에게 먹는 문제가 코앞에 닥쳤습니다. 이에 예수님께서는 제자들에게 깨달음을 주시면서 이들의 필요를 채워주셨습니다.

문제는 제자들입니다. 그들은 예수님이 행하신 많은 기적을 직접 보고도 예수님이 누구시며 어떤 일을 하실 수 있는지를 잊고 있었습니다. 우리 그리스도인도 이런 함정에 잘 빠집니다.

제자들은 예수님이 곁에 계시는데 "어떻게 사람들의 배고픈 문제를 해결하지?" 하며 궁금해 합니다. 이 부분이 믿음의 가장 중요한 핵심입니다. 즉, 예수님을 실제로 내 곁에 계시는 분으로 의식하고 그분의 전능하심을 믿느냐 하는 것입니다. 제자들은 주님의 도움을 많이 체험했지만 삶의 문제가 생기면 주님의 함께하심을 잊고 주님을 인정하지 않았습니다.

배가 고픈 상황은 주님의 긍휼을 체험할 기회입니다. 우리는 그 기회로 그분이 누구신지를 확인하게 됩니다. 그분은 배고픔의 문제를 해결해 주심으로 그분이 우리의 메시아시며 전능하신 하나님의 아들임을 기억하게 하십니다.

도무지 내 힘으로는 해결할 수 없는 상황에 있습니까? 그렇다면 주의 기적을 체험할 수 있는 기회입니다. 그래서 주님이 누구신지를 알게 되는 기회입니다. 문제 상황 속에서 믿음을 붙들 때 우리는 주님이 누구신지 몸소 체험케 될 것입니다.

이제부터라도 그리스도인답게

그 후로는 다시 사람의 정욕을 따르지 않고 하나님의 뜻을 따라 육체의 남은 때를 살게 하려 함이라 _베드로전서 4:2

"그리스도께서 이미 육체의 고난을 받으셨으니 너희도 같은 마음으로 갑옷을 삼으라 이는 육체의 고난을 받은 자는 죄를 그쳤음이니"라고 베드로전서 4장 1절에서 말하고 있습니다. 갑옷은 원수의 공격에서 자신을 방어하며 생명을 지켜줍니다. 원어를 보면, "너희는 예수님께서 삶 속에서 가지셨던, 똑같은 목적, 생각, 마음, 의도, 자세로 너희의 삶을 이끌라"고 되어 있습니다. 그러면서 베드로는 "이는 육체의 고난을 받은 자가 죄를 그쳤"다고 말합니다. 그리고 2절로 이어집니다.

베드로는 성도가 그리스도의 마음과 생각과 목적과 의도와 자세로 이 땅에서 살 때 당하는 모든 고난을 육체의 고난이라고 표현하고 있습니다. 그리고 그런 자는 죄를 이길 수 있다고 합니다. 인간 본성의 죄성이 그 사람을 다스리지 못하기 때문입니다. 그래서 이들은 옛사람으로 살지 않고 성령으로 사는 것입니다. 인생을 죄로 낭비하지 않으며 가치 있는 삶을 살게 됩니다. 주님 앞에 섰을 때 삶이 헛수고로 판명되면 얼마나 비참합니까? 영원한 영광과 주를 위해 살 수 있었건만 죄의 다스림을 받아 살다가 주님을 만나는 날, 책망을 받는다면 얼마나 부끄럽습니까!

이제부터라도 사람의 정욕을 따라 살지 말고 하나님의 뜻을 따라 사십시오.

권위 질서에 순복하라

젊은 자들아 이와 같이 장로들에게 순종하고 다 서로 겸손으로 허리를 동이라 하나님은 교만한 자를 대적하시되 겸손한 자들에게는 은혜를 주시느니라 _베드로전서 5:5

베드로는 교회 공동체 안에서의 겸손에 대해 말합니다. 공동체가 정한 하나님의 권위 질서에 순응하는 것이 겸손이라고 합니다. 겸손한 자는 하나님께 순종하며 하나님의 기쁨이 됩니다. 교회의 권위와 질서를 인정하지 않는 자는 교만하고 하나님을 대적하는 자입니다. 가정, 교회, 사회, 나라 등 모든 공동체에는 권위와 질서가 있습니다. 그것을 하나님 때문에 지키는 것이 겸손입니다. 이에 로마서 13장에서 시민은 정부에 순종하라고 명하며 이것을 주께서 원하신다고 분명히 합니다.

현세대는 권위와 질서를 무너뜨리고 있습니다. 이는 하나님을 경외하지 않는다는 증거입니다. 교회와 가정의 권위가 무너졌습니다. 학교와 나라도 권위가 무너져서 공동체가 쓰러지고 있습니다. 이 시대는 하나님이 세우신 권위 질서 대신에 대중의 힘을 최고 권위에 두고 있습니다.

대중이 하나님의 권위를 대신할 때 사회는 무질서에 빠지게 됩니다. 아이러니하게도 대중이 절대 권위를 지니면, 기준이 없게 됩니다. 자기 소견에 옳은 대로 행하는 사회가 됩니다. 성도인 우리는 하나님께서 세우신 권위와 질서를 지켜 하나님의 영광과 권위와 주권을 존중해야 합니다. 눈에 보이는 권위와 질서에 순복하지 않는 사람은 눈에 보이지 않는 하나님께도 순종하지 않습니다. 이 사실을 기억하며 이 세상 권위를 인정하기 바랍니다.

믿지 않는 악한 마음

형제들아 너희는 삼가 혹 너희 중에 누가 믿지 아니하는 악한 마음을 품고 살아 계신 하나님에게서 떨어질까 조심할 것이요 _히브리서 3:12

히브리서 기자가 보는 배도는 하나님의 약속을 믿지 않는 것입니다. 예수 그리스도를 통한 죄 사함과 죄를 이기는 능력도 믿지 않은 것입니다. 히브리서 9장 14절을 보겠습니다. "하물며 영원하신 성령으로 말미암아 흠 없는 자기를 하나님께 드린 그리스도의 피가 어찌 너희 양심을 죽은 행실에서 깨끗하게 하고 살아계신 하나님을 섬기게 하지 못하겠느냐"

구약에서는 이방 우상을 섬기는 것이 배교였습니다. 구약 시대 백성은 이방 신들이 참 복을 줄 것이라는 말에 속아서 우상에 빠졌습니다. 그들은 거짓을 진실이라고 믿었습니다.

히브리서 기자는 유대인을 향해 옛 언약에 갇혀 있지 말라며 이는 배교라고 말합니다. 안타깝게도 유대인들은 옛 언약이 예수 그리스도를 향한 그림자인 것을 깨닫지 못했습니다. 옛 언약인 율법에 얽매여 있었습니다. 심지어 예수님을 믿는 유대인 중에도 옛 언약이 필요하다는 이가 있었습니다. 이런 배경으로 히브리서가 쓰였습니다. 히브리서의 주제는 새 언약이신 예수 그리스도를 믿고 의지하라는 권면입니다. 주님 안에는 무한한 은혜와 용서가 있으니 주께로 돌아오라는 말씀입니다

새 언약을 끝까지 붙들라

우리가 시작할 때에 확신한 것을 끝까지 견고히 잡고 있으면 그리스도와 함께 참여한 자가 되리라 _히브리서 3:14

히브리서 기자는 그리스도와 우리 마음을 떼어놓으려는 것을 경계하라고 합니다. 끝까지 새 언약의 주인공이신 예수님을 붙들라고 말합니다. 이로 보건대, 죄는 새 언약의 주인공이며 죄 사함과 영생의 주인이신 예수님께 우리 마음과 삶을 드리지 못하게 하는 것입니다. 주님 없이도 평탄하게 잘살 수 있다는 착각은 죄의 속임수에 빠진 것입니다.

우리는 그리스도가 없으면 끝입니다. 그리스도로부터 마음이 떠나면 배도입니다. 그리스도를 떠나서는 죄 문제를 해결할 수 없습니다. 그리스도 없이는 죄를 이길 능력도 없습니다.

그러나 많은 실수를 하고 연약하며 큰 죄를 범했어도 예수님의 십자가로 나아와 회개하고 주를 붙잡는다면 이들은 신앙의 사람들입니다. 강퍅함이나 배교와는 거리가 먼 사람들입니다. 주님만 찾고 감사하며 사랑하는 자들입니다.

예수님을 필요로 하지 않는 바리새인들은 죄의 속임수에 빠진 배도자였습니다. 자신의 연약함을 인정하고 주를 소망하는 죄인들이 오히려 하나님의 마음에 합한 자들입니다. 하나님은 마음이 가난한 자들에게 긍휼과 자비를 베푸십니다. 죄를 이길 힘을 주십니다. 그리고 항상 그들의 친구가 되어 주십니다.

세상을 이기는 승리

무릇 하나님께로부터 난 자마다 세상을 이기느니라 세상을 이기는 승리는 이것
이니 우리의 믿음이니라 _요한일서 5:4

하나님을 사랑하기 위해서는 주의 계명을 알아야 합니다. 특별히 십계명을 알아야 합니다. 십계명은 하나님 사랑과 이웃 사랑으로 요약됩니다. 하나님을 사랑하려면 성경을 잘 알아야 합니다. 주의 계명이 마음속에 있어야 합니다. 그러면 주의 계명을 지키는 것으로 하나님을 사랑한다는 것을 표현하게 됩니다.

옛사람은 이 계명을 지키기가 어렵지만 새사람은 쉽습니다. 새사람은 내 속에 그리스도의 생명이 있음을 알고 믿음으로 사는 사람입니다. 주의 계명을 지키며 사는 것이 믿음의 삶입니다. 이런 삶이 실재하는 삶이요 영원을 사는 삶입니다. 그러므로 성경은 "무릇 하나님께로부터 난 자마다 세상을 이기느니라 세상을 이기는 승리는 이것이니 우리의 믿음이니라"(요일 5:4)고 합니다. 누가 이런 자입니까? 바로 예수께서 하나님의 아들이심을 믿는 자입니다. 그들은 주의 계명을 지키며 승리의 삶을 삽니다.

이들은 이 세상에서 살지만, 영원을 살기에 이미 세상을 이긴 자들입니다.

사랑할 때 같은 마음이

제사장 아론의 손자 엘르아살의 아들 비느하스가 내 질투심으로 질투하여 이스라엘 자손 중에서 내 노를 돌이켜서 내 질투심으로 그들을 소멸하지 않게 하였도다 _민수기 25:11

하나님을 사랑하면 주님과 같은 감정을 갖게 됩니다. 주께서 싫어하시는 자를 싫어하고 주께서 귀히 여기는 자를 귀히 여기며 주께서 사랑하는 자를 사랑하게 됩니다. 만일 주님의 감정과 반대라면 그 사람은 교만하고 하나님을 미워하는 자입니다. 하나님께서는 말씀하셨습니다. "제사장 아론의 손자 엘르아살의 아들 비느하스가 내 질투심으로 질투하여⋯⋯" 이 뜻은 여호와 하나님의 감정을 비느하스가 똑같이 느끼고 행동했다는 것입니다. 이에 하나님께서는 비느하스를 기뻐하시고 그와 그 후손에게 영원한 제사장 직분을 허락하셨습니다.

가증은 증오할 만큼 싫어한다는 뜻입니다. 성경에서 가증한 내용을 찾아보니 200여 개 정도 됩니다. 특별히 성적인 타락, 거짓말, 우상숭배, 거짓 선지자와 관련해 가증하다는 표현이 나옵니다. 죄를 회개치 않고 죄에 머무는 사람을 가증하게 여겨야 합니다. 위선자를 멀리해야 합니다. 만일 그들과 자리를 같이한다면 하나님의 원수 편에 서는 것입니다. 사랑의 개념을 잘못 알아서 가증한 사람들과 같은 편에 서는 사람들이 있습니다. 유다의 여호사밧 왕은 선한 왕이었습니다. 그러나 그는 북이스라엘의 아합 왕과 매우 가깝게 지냈습니다. 아마도 인간적인 차원에서 "서로 용서하고 사랑하자"는 마음이었을 것입니다. 그러나 하나님께서는 선견자 예후를 보내어 여호사밧 왕에게 심판을 선포하셨습니다(대하 19:2).

하나님의 마음을 알고 언제나 그분과 같은 마음으로 살아갑시다.

작은 것도 가볍게 여기지 말라

주인이 이르되 잘하였다 착한 종이여 네가 지극히 작은 것에 충성하였으니 열 고을 권세를 차지하라 _누가복음 19:17

하나님의 뜻은 작은 것에서 시작합니다. 작은 것의 귀중함을 알지 못하는 자들은 하나님의 인도하심을 깨닫지 못합니다. 또한 쓰임받기에 적절하지 않습니다. 우리 삶에 틈이 벌어질 때 언제나 작은 사건에서 죄가 시작합니다. 작은 죄를 내버려두면 시간이 지나면서 큰 죄에 빠지게 됩니다. 그리고 죄가 습관화된 사람이 됩니다. 이런 사람은 하나님께서 고쳐주시지 않으면 그 속에서 절대로 빠져나오지 못합니다.

성경을 보면 믿음의 사람들은 사소한 대화와 만남에서도 주의 뜻을 발견했습니다. 아브라함의 종이 이삭의 아내를 구하기 위해 메소포타미아로 갔습니다. 이때 물 한잔 얻어먹는 작은 사건으로 이삭의 아내를 찾게 됩니다. 이 사건을 통해 메시아의 조상인 이삭은 리브가를 아내로 맞게 됩니다. 아주 작은 사건이 인류 역사에 중요한 사건으로 이어진 것입니다.

우리 삶도 마찬가지입니다. 예수님은 하나님 나라를 겨자씨로 비유하셨습니다. 작은 겨자씨는 큰 나무로 자랍니다. 작은 믿음의 행동이 하나님의 큰일을 하게 됩니다. 성도는 작은 일도 소중히 여겨야 합니다. 모든 사건과 상황 속에서 주의 인도하심을 받아 말하고, 주의 생각에 따라 생각하고, 주의 뜻을 찾아 삶을 결정하며 살아야 합니다.

인생이 무너지는 것 같을 때

터가 무너지면 의인이 무엇을 하랴 _시편 11:3

다윗은 자신의 삶의 터가 무너졌지만 믿음으로 여호와께 피했습니다. 믿음이 없는 사람들은 다윗에게 "여호와께 피하는 것으로 불충분하다. 새같이 더 안전한 곳으로 도망하라"라고 말합니다. 악인들은 다윗을 향해 활을 쏘려 하고 어두운 곳에 숨어서 공격하고 죽이려 합니다. 이때 다윗은 이렇게 부르짖었습니다. "터가 무너지면 의인이 무엇을 하랴."

다윗은 불의가 이기고 속임수가 이기며 악한 세력이 이기는 것처럼 보이는 상황 속에 있습니다. 악한 세력에 의해 터가 무너진 가정과 사회를 보며 절규하고 있습니다. 하나님이 존재하지 않는 것 같고 주무시는 것처럼 느껴집니다. 그러나 다윗은 신앙을 포기하지 않았습니다. 하나님을 신뢰했습니다. 그분의 전능하심과 주권을 믿었습니다. 인간의 마음을 다 아시는 하나님을 믿었습니다.

예수님의 삶은 터가 무너지는 상황에서 우리가 어떻게 살아야 하는지를 보여주십니다. 십자가는 터가 무너질 때 세상 권력과 정치를 사용하지 말라고 합니다. 오히려 선으로 악을 이기고 오래 참음으로 기도하며 하나님을 의지하라고 합니다(참조, 벧전 2:21~24).

공동체와 삶의 터가 무너질 때 조심하십시오. 특히 죄악에 물들지 않도록 하십시오. 불신앙에 떨어지지 않도록 경계하십시오. 불의와 손을 잡거나 무질서를 만들어서도 안 됩니다. 오히려 터가 무너지는 상황을 보혈의 능력을 체험할 기회로 여기십시오. 그리고 주님께로 피하십시오(벧전 2:25).

다른 사람의 죄를 담당하는 복음의 삶

그가 자기 영혼의 수고한 것을 보고 만족하게 여길 것이라 나의 의로운 종이 자기 지식으로 많은 사람을 의롭게 하며 또 그들의 죄악을 친히 담당하리로다 _이사야 53:11

하나님의 의로운 종이신 예수님은 죄 문제를 해결하기 위해 이 땅에 오셨고 그 사명을 완벽하게 이루셨습니다. 그러므로 믿음으로 주님과 연합한 자들은 죄의 문제가 없습니다. 주님께서는 주의 백성을 의롭게 하셨습니다. 그들은 하나님 나라에 들어가는 법적 자격을 얻었습니다. 주의 백성이 지은 죄악을 예수님께서 친히 담당해 주셔서 주를 믿는 자들은 율법의 저주에서 벗어나게 되었습니다.

하나님께서는 예수 그리스도를 존귀한 자로 높여주셨고 그분께 분깃을 주셨습니다. 그 분깃은 구원받은 주의 자녀입니다. 죄로 인해 잃어버린 자녀를 다시 찾으니 그 분깃이 얼마나 귀하겠습니까? 승리자이신 예수님께서 악한 자에게서 모든 것을 찾아오셨습니다. 그리고 그 승리를 주의 백성과 맘껏 나누셨습니다. 에베소서는 승리의 전리품을 성령의 은사로 나누는 모습으로 소개합니다(참조, 엡 4:7~12). "그러므로 이르기를 그가 위로 올라가실 때 사로잡혔던 자들을 사로잡으시고 그 사람들에게 선물을 주셨다 하였도다"(엡 4:8).

이 세상은 잠깐 있다 사라집니다. 그러니 예수님처럼 삽시다. 다른 사람의 죄를 담당하는 복음의 삶을 삽시다.

영적 지도자를 위해 기도하라

이스라엘의 파수꾼들은 맹인이요 다 무지하며 벙어리 개들이라 짖지 못하며 다 꿈꾸는 자들이요 누워 있는 자들이요 잠자기를 좋아하는 자들이니 _이사야 56:10~12

본문은 영적 지도자들의 부패를 나열하고 있습니다. 그들은 '무지' 하고 '맹인'입니다. 아는 것이 없고 본 것이 없으니 '벙어리'이며 알 아듣지 못하는 말을 하는 개입니다. 그들은 오직 자신들의 직위와 특권을 이용해 쾌락을 즐겼습니다. 그들은 명예, 돈, 권력을 향한 탐 욕으로 부패에 빠졌고 자기 이득을 도모했습니다. 그들은 목자이면 서도 자기 양들의 상황이 어떠한지, 그 가정은 어떻게 되고 있는지, 사회가 어느 정도 부패했는지 알지 못했고 알려고도 하지 않았습니 다. 잔꾀와 술수와 속임수로 양들을 이용하기만 했습니다.

이사야 선지자는 질서가 무너지는 이유를 영적 지도자의 부패 때 문이라고 지적합니다. 그들은 부패해서 하나님의 뜻을 깨닫지 못하 고 그분의 마음을 백성에게 전하지 못했습니다. 메시아를 바르게 증 거하지 못했습니다.

지금 이 세대는 영적 혼란 속에 있습니다. 신비주의와 영지주의가 판을 치고 성경을 업신여기는 세대로 치닫고 있습니다. 영적 지도자 의 태만과 부패가 원인입니다. 이 세대를 위해 가슴을 치며 기도해 야 합니다. 이 땅의 모든 하나님의 종들이 깨어 있게 해달라고, 무지 하지 않게 해달라고, 양들을 속이고 이용하지 않게 해달라고, 자신 의 영광과 탐욕을 채우려고 발버둥 치지 않게 해달라고, 진실한 목 자가 많이 나오게 해달라고 기도해야 합니다. 그래야 가정이 살고 사회가 살고 국가와 민족이 살아납니다.

홀로 있는 시간을 보시는 하나님

내가 보는 것은 사람과 같지 아니하니 사람은 외모를 보거니와 나 여호와는 중심을 보느니라 _사무엘상 16:7

하나님께서는 주의 영광과 사역을 위해 사람을 택하실 때 외적인 조건을 보시지 않습니다. 그렇다고 일반 은총에 속한 학문, 지혜, 성실, 노력 등을 무시하는 것은 아닙니다. 다만 하나님께서는 인간의 마음과 그 동기를 보십니다. 사람은 육신의 눈으로 용모, 신장, 배경 등을 보지만 하나님께서는 겸손, 신앙, 인격, 진실, 충성 등 마음과 그 동기를 감찰하십니다(대상 28:9; 시 7:9; 눅 16:15).

다윗은 하나님을 향한 참된 믿음과 사랑이 있었습니다. 그는 홀로 있는 시간에도 하나님을 의식하며 진실하고 정직하게 살았습니다. 나의 진짜 모습은 하나님과 대면할 때 나타납니다. 따라서 하나님은 홀로 있는 시간을 어떻게 보내는지를 보시고 그 사람을 판단하십니다. 하나님은 아무도 볼 수 없는 삶의 부분을 보시는 분이므로 우리는 그분을 속이지 못합니다.

당신은 홀로 있을 때 무슨 생각을 합니까? 어떤 계획을 세웁니까? 하나님과 얼마나 깊이 있는 교제를 하십니까?

바울은 말합니다. "스스로 속이지 말라 하나님은 업신여김을 받지 아니하시나니 사람이 무엇으로 심든지 그대로 거두리라"(갈 6:7).

영원히 꺼지지 않는 불

여호와의 사자가 떨기나무 가운데로부터 나오는 불꽃 안에서 그에게 나타나시니라 그가 보니 떨기나무에 불이 붙었으나 그 떨기나무가 사라지지 아니하는지라 _출애굽기 3:2

모세는 어머니의 영향을 받은 자신이 누구인지 정확히 알고 있었습니다. 그는 자기 동족의 고통을 알았습니다. 그러다 40세에 애굽인이 자기 동족을 때리는 것을 보고 너무 화가 나 그를 죽였습니다. 그는 동족이 자신을 지도자로 삼아주길 바랐습니다. 그러나 모세의 기대와는 다르게 일이 진행되었습니다. 그는 살인자가 되어 미디안 광야로 도망가게 됩니다.

모세는 광야에서 40년 동안 양을 치며 살았습니다. 왕궁에서 배웠던 지식과 교양과는 거리가 멀어진 나이 든 양치기가 되었습니다. 그런데 어느 날 호렙 산에서 놀라운 광경을 보게 됩니다. 불이 붙은 떨기나무가 타지 않고 불도 사라지지 않는 것이었습니다. 모세는 이를 이상히 여기고 그 불붙은 떨기나무로 가까이 다가가다가 하나님을 만나게 됩니다.

오늘 본문은 떨기나무같이 보잘것없는 모세에게 하나님께서 나타나신 사건입니다. 세상 기준으로 볼 때 별 볼 일 없는 늙은 양치기를 하나님께서 만나주신 것입니다. 그리고 사명을 주신 것입니다. 이 사건은 모세 인생에 큰 전환점이 되었습니다.

하나님의 불이 아닌 사람의 불은 금세 식습니다. 열심도 성실도 감사도 식고 신앙도 식습니다. 그 불이 타지 못하고 재가 되는 것은 바로 사람의 불이기 때문입니다. 그러나 하나님의 불은 영원히 꺼지지 않습니다.

사랑의 기쁨을 영원히 누리는 길

내 영혼이 여호와를 즐거워함이여 그 구원을 기뻐하리로다 _시편 35:9

죄의 쾌락에서 벗어나는 유일한 길은 복음의 기쁨을 아는 것입니다. 복음의 기쁨에는 지적 기쁨이 있습니다. 그러나 더 큰 기쁨은 이 우주에서 가장 아름답고 위대한 삼위일체 하나님과 사랑에 빠지는 것입니다. 이 사랑은 하나님께서 먼저 우리를 사랑하신 사랑입니다. 하나님의 그 사랑에 감사와 사랑으로 응답할 때 우리는 완전한 기쁨을 누리게 됩니다.

이 기쁨을 파괴하는 유일한 세력은 죄입니다. 죄에는 쾌락이 있습니다. 죄의 쾌락을 이기지 못하는 것은 하나님과 기쁨을 누리지 못한다는 증거입니다. 사랑에 빠져 그 사랑의 기쁨을 영원히 누리는 길이 있습니다. 바로 예수 그리스도와 그분의 십자가를 믿고 깨닫는 것입니다. 그 사랑이 얼마나 아름답고 넓고 깊고 높은지 알수록 우리는 죄에서 멀어집니다.

사람은 지극한 행복을 추구합니다. 그 행복은 영원하신 하나님과 하나가 되는 데 있습니다. 지극한 행복을 추구하는 마음은 인간의 본성입니다. 그런데 그 본성이 죄가 들어온 이후 죄에 속아 죄를 향하게 되었습니다. 이에 끝없이 죄를 짓게 되었습니다. 슬프게도 이 죄성은 사람의 힘으로 없앨 수 없습니다. 바로 성령의 역사를 통한 거듭남이 있어야 합니다. 당신은 지극한 기쁨을 누리고 있습니까?

나의 발을 사슴과 같이 하신 분이시여

풍성한 열매를 맺는 빛과 소금의 삶

다윗의 집에서 나오는 의의 가지

여호와의 말씀이니라 보라 때가 이르리니 내가 다윗에게 한 의로운 가지를 일으킬 것이라 그가 왕이 되어 지혜롭게 다스리며 세상에서 정의와 공의를 행할 것이며 _예레미야 23:5

예레미야는 거짓 예언자들 때문에 하나님의 백성이 망하게 되었다고 선포하면서 참된 목자가 오실 것을 소망했습니다. 그 목자가 오시면 거짓 예언자와 거짓 목자들이 망쳐 놓은 양 떼를 모아 그들을 축복하고 번성케 하실 것입니다.

예레미야는 그 목자가 다윗에게서 나온다고 알려주었습니다. 그분이 오시는 날에 유다와 이스라엘로 상징되는 하나님의 백성은 평안을 얻을 것입니다. 그 목자이며 왕이 바로 예수 그리스도입니다.

예레미야는 네 개의 '엑소더스(Exodus)'를 선포합니다. 애굽에서 구원을 얻을 때 역사하신 것과 바벨론 포로에서 다시 가나안 땅으로 돌아가는 엑소더스가 있습니다. 세 번째는 예수 그리스도로 인한 것입니다. 마지막으로 예수님의 재림으로 이뤄지는 완성된 엑소더스가 있습니다. 예수님께서는 변화산 위에서 엘리야와 모세와 함께 엑소더스에 대해 대화를 나누셨습니다(참조, 눅 9:31). 그 엑소더스는 창세부터 계획된 하나님의 경륜이며 하나님의 가장 깊은 지혜입니다.

예레미야의 메시지는 핍박과 불의와 거짓으로 사회가 혼돈되어 있을 때, 죄가 창궐하여 하나님의 심판을 피할 수 없을 때, 유일한 소망이며 마지막 소망이 예수 그리스도임을 알려줍니다. 오늘도 어떤 상황에 있든지 예수 그리스도만 의지하며 바라봅시다. 그러면 모든 환경을 초월하는 하나님의 능력이 우리에게 임합니다.

과거로 돌아가지 말라

시몬 베드로가 나는 물고기 잡으러 가노라 하니 그들이 우리도 함께 가겠다 하고 나가서 배에 올랐으나 그날 밤에 아무것도 잡지 못하였더니 _요한복음 21:3

베드로와 제자는 3년 정도 예수님을 따르면서 많은 기적을 보았고 메시지를 들었습니다. 그러나 예수님께서 십자가에서 힘없이 돌아가시자 그동안의 체험과 지식을 버리고 과거의 삶으로 돌아갔습니다. 예수님께서는 그들을 '사람 낚는 어부'로 부르셨는데 그 사명을 잃어버린 것입니다. 그러나 부활하신 주님께서는 제자들을 만나주시고 그들에게 성령을 주셨습니다. 제자들은 과거 삶에서 사명을 받은 삶으로 돌아갔습니다. 세상의 안일과 무의미한 삶에서 주의 나라를 위해 수고하며 영원한 보람이 있는 삶을 살았습니다.

그들은 부활하신 예수님을 만나고 성령의 세례를 받고는 사람 낚는 어부의 사명을 감당하고 주께로 돌아갈 수 있었습니다.

부활하신 주님을 만나지 못한 사람과 성령을 받지 못한 사람은 불의하고 억울하고 이해할 수 없는 사건을 만날 때 과거의 삶으로 돌아갑니다. 그러나 성령을 받고 부활하신 예수님의 십자가 사건의 의미를 깨달은 사람은 어떤 일이 닥쳐도 자신의 정체성과 사명을 잊지 않고 사람을 낚는 어부의 삶을 살아갑니다.

이삭의 믿음과 예언

믿음으로 이삭은 장차 있을 일에 대하여 야곱과 에서에게 축복하였으며 _히브리
서 11:20

이삭은 리브가를 아내로 맞았지만 자식이 없었습니다. 아버지 아
브라함이 첩 하갈을 통해 이스마엘을 낳아 얼마나 많은 어려움이
있었는지 알고 있는 이삭은 하나님의 때를 기다렸습니다(참조, 창
25:21). 마침내 리브가가 임신을 했습니다. 뱃속에서는 두 태아가 싸
웠습니다. 이에 리브가가 하나님께 물으니 두 민족이 복중에서 나누
이고 큰 자가 어린 자를 섬길 것(참조, 창 25:23)이라는 대답을 듣습니
다. 이 내용에는 하나님의 경륜이 선포되어 있습니다. 큰 자 에서가
아니라 작은 자 야곱이 메시아의 조상이 될 거라는 것입니다. 죄가
인류에 들어온 이후, 하나님 경륜의 중심에는 죄 문제를 근본적으로
해결할 메시아가 있습니다. 그런데 이삭에게 주신 하나님의 경륜은
하나님께서 우주와 사람을 창조하실 때부터 본래 가지셨던 전 우주
적이요 전 역사적인 하나님의 구속 계획입니다.

이삭과 리브가는 하나님의 위대한 경륜을 짧은 시간 안에 알 수
없었습니다. 이를 알아내는 데 이삭의 인생이 걸렸습니다. 그리고
마침내 그 계획이 무엇을 의미하는지를 깨닫게 되었습니다. 그것이
믿음으로 장차 있을 일에 대해 야곱과 에서를 축복하는 장면입니다.
곧, 장차 오실 그리스도를 믿고 그분과 연합하는 경지에 이른 것입
니다. 초보적인 믿음은 자신이 원하는 것을 달라고 기도합니다. 그
러나 최상의 믿음은 메시아가 오실 것을 믿습니다.

나의 발을 사슴과 같이 하신 분이시여   185

이삭의 믿음에 대한 평가

너는 칼을 믿고 생활하겠고 네 아우를 섬길 것이며 네가 매임을 벗을 때에는 그 멍에를 네 목에서 떨쳐버리리라 하였더라 _창세기 27:40

에서는 하나님께서 원수로 여기는 대상과 결혼해 부모에게 '믿음의 차원에서' 말할 수 없는 고통을 안겨주었습니다. 이삭은 인간적으로는 장자인 에서에게 마음이 갔지만 에서가 신앙과 멀어지자 마음이 크게 상했습니다.

족장 시대에 장자는 축복의 분깃을 세 배나 받았습니다. 물질적인 축복으로 두 배를 받고 영적인 장자권을 받았습니다. 그런데 에서는 세상의 복을 더 원했습니다. 영적인 복에는 관심이 없었습니다. 장자권을 팥죽 한 그릇에 넘긴 에서는 구원받지 못한 자였습니다. 그는 육신적인 손해를 보면 분노하고, 육신적인 것에 만족하면 쾌락을 느끼는 사람이었습니다.

그럼에도 이삭은 에서는 장자라는 이유로 그에게 하나님의 언약을 부어주려고 했습니다. 그러나 리브가와 야곱에게 철저하게 속아 축복을 야곱에게 쏟아붓고 맙니다. 그리고 나서 하나님의 주권을 깨닫게 됩니다. 모든 축복을 야곱에게 준 이삭은 하나님의 주권 앞에 항복하며 떱니다. 이것은 에서와 이삭이 어머니 뱃속에 있을 때 하나님께 주셨던 메시지를 이룬 것입니다. 바로 그 내용을 바탕으로 히브리서 기자는 이삭을 믿음의 영웅으로 꼽았습니다. 곧 "믿음으로 이삭은 장차 있을 일에 대해 야곱과 에서에게 축복하였던"(참조, 히 11:20) 것입니다.

이삭이 이룬 믿음의 최고봉

이삭이 야곱을 불러 그에게 축복하고 또 당부하여 이르되 너는 가나안 사람의 딸들 중에서 아내를 맞이하지 말고 _창세기 28:1

이삭은 에서를 향한 애착이 얼마나 어리석었는지 깨달았습니다. 나아가 리브가가 많은 죄를 지었음에도 주의 뜻이 이루어지는 것을 직접 확인하게 됩니다. 그는 자신의 인생을 돌아보며 하나님의 크신 경륜을 깨닫지 못하고 불신앙으로 살았던 결과가 무엇인지 알게 됩니다. 그럼에도 하나님께서는 이삭을 통해 주의 뜻을 이루어 가셨습니다. 이를 보면서 이삭은 하나님께 '모든 것'을 맡깁니다. 그리고 자신이 원하는 것이 아닌 하나님의 영원한 계획을 위한 것을 구합니다.

하나님께서는 주의 백성이 메시아와 그의 나라를 기다리게 하십니다. 그리고 그 경륜에 따라 인간의 애착과 생각과 경험과 자기주장을 다 내려놓게 하시고, 주님의 십자가와 메시아의 뜻을 받들어 하나님 나라를 섬기게 하십니다.

오늘도 우리는 믿음의 최상을 향해 나아가야 합니다. 믿음의 최상은 무엇입니까? 나의 계획, 잔꾀, 생각, 애착, 죄성, 우상을 내려놓고 주님의 영원하신 경륜, 곧 하나님의 구속 계획에 동참하는 것입니다. 나는 왜 존재합니까? 이삭의 삶을 통해 메시아를 위해 그리고 그분의 나라를 위해 존재한다는 것을 알게 됩니다. 따라서 나는 주와 연합하기 위해, 나아가 주의 계획이 이 땅에 나타날 수 있도록, 나는 죽고 그리스도의 도구가 되어야 합니다. 그것이 이삭이 이룬 믿음의 최고봉입니다.

음욕과 사랑

나는 너희에게 이르노니 음욕을 품고 여자를 보는 자마다 마음에 이미 간음하였느니라 _마태복음 5:28

사탄은 사랑과 음욕을 혼동하게 합니다. 금욕주의를 기독교에 스며들게 하는 데 성공한 사탄은 성(Sex)을 더러운 것으로 터부시하게 했습니다. 사탄에게 속은 자들은 성 자체를 저속하고 타락한 것으로 보게 되었습니다.

성경은 하나님과 주의 백성 사이에 언약이 있고 그 언약에 신실하면 거룩하다고 합니다. 결혼이라는 언약 속에서 성을 즐기는 것은 거룩합니다. 반면, 결혼을 떠난 성은 음란이며 음욕입니다. 부부간의 사랑은 영과 마음과 육체의 하나 됨을 추구합니다. 언약이라는 테두리 안에서 전인격적인 하나 됨은 하나님 보시기에 거룩하며 그분의 뜻이기도 합니다. 사탄은 이런 하나님의 뜻을 왜곡하여 언약을 소홀히 여기게 합니다. 이를 위해 사탄은 사랑과 음욕을 혼동하게 해 놓았습니다.

이 세대는 음란합니다. 음란을 추적해 보면 그 뿌리에 언약을 우습게 여기는 마음이 있습니다. 육체적인 쾌락을 추구하는 인간은 언약을 깨뜨림으로 아름다운 사랑을 음란으로 바꾸어 버립니다.

악한 세대에 속지 마십시오. 달콤해 보이는 사랑이라도 언약에서 벗어났다면, 음란입니다. 언약의 테두리 밖에서 사랑이 진행된다면, 그것은 음욕입니다. 음욕하지 않기 위해 우리는 언제나 주의 성령 안에서 깨어 그리스도의 마음을 소유하고 있어야 합니다.

하나님의 징벌을 받을 때

에브라임이 스스로 탄식함을 내가 분명히 들었노니 … 멍에에 익숙하지 못한 송아지 같은 내가 징벌을 받았나이다 주는 나의 하나님 여호와이시니 나를 이끌어 돌이키소서 그리하시면 내가 돌아오겠나이다 _예레미야 31:18

하나님의 심판을 예언했던 예레미야는 이제 미래의 소망을 제시합니다(렘 30~33장). 그는 희망의 약속, 새 이스라엘, 새 언약, 새 예루살렘, 영원한 평화와 번영 등을 말합니다(참조. 렘 33:9). 이 모든 것은 하나님께서 메시아를 보내실 때 이루어질 것입니다. 메시아는 하나님의 '의'를 이루고 주의 백성을 위해 영원한 대제사장이 되실 것입니다(참조. 렘 33:14~16). 이런 구속의 배경 속에서 에브라임은 어떻게 용서받고 자유로울 수 있는지를 알려줍니다.

먼저, 주님의 징벌을 감사했습니다. 곧, "나는 죄인이오며 이러저러한 죄성이 있사오니 징벌을 통해 이 죄성을 제거해 주소서. 고통스럽더라도 하나님을 더욱 붙들겠습니다"라고 고백합니다. 또한 부끄러움과 수치를 느끼면서 지난날의 죄를 시인합니다. 즉, 그는 주의 징벌이 없었다면 이렇게 뉘우치지 못했을 것이라고 인정합니다. 주님의 징벌하심이 마땅하다고 고백하는 것입니다.

이런 고백을 하면 우리는 징벌을 받으면서도 사탄의 유혹을 이길 수 있습니다. 통회하는 마음으로 그리스도의 사역을 믿고 감사하면 하나님께서는 마음을 당장 돌이키십니다.

우리는 죄악을 저지르기 때문에 하나님의 징벌과 책망을 받기 마련입니다. 그러나 그리스도인에게는 징벌과 책망이 축복이 됩니다. 하나님의 사랑과 지혜를 체험하는 기회가 되기 때문입니다.

지금이 중요하다

만일 악인이 그 행한 악을 떠나 정의와 공의를 행하면 그 영혼을 보전하리라 _에스겔 18:27

하나님은 우리가 죽고 멸망하는 것을 원하지 않으십니다. 그러나 '지금' 죄를 고집하고 살아가면 언제든지 죽임을 당할 수 있습니다. 자비롭고 긍휼하신 하나님은 죄지은 자를 오래 참으시고 그가 악에서 돌이키기를 기다리십니다. 따라서 그 사람은 아직 은혜에 있고 기회가 있습니다. 그러나 하나님의 오래 참으심은 영원하지 않습니다. 우리 인생이 마치기 전에 있을 뿐입니다. 그러므로 주께서는 지금 마음을 새롭게 하라고 말씀하십니다(참조. 겔 18:31).

하나님께서는 돌아오는 자를 환영하십니다. 아무리 타락하고 악해도 주께 전심으로 돌아오면 그와 함께하십니다. 하나님께서는 누구든지 주께로 돌아올 수 있도록 새 언약을 주셨습니다. 바로 예수 그리스도의 보혈입니다. 누구든지 그 보혈을 의지하고 죄를 회개하면 그는 남은 인생을 하나님과 동행하면서 거룩한 삶을 살게 됩니다.

하나님은 이스라엘 족속이 죄악에서 돌이켜 회개하기를 원하십니다. 하나님의 은혜와 능력에 의해서만 그들은 새로운 마음과 영을 얻게 됩니다. 하나님은 하나님을 배신한 유다 백성을 버리지 않고 새 언약에 따라 끝까지 그들을 구원하시려는 신실하신 분입니다.

지금, 주안에 있으면 감사하십시오. 주안에 있으면 아무 염려 없이 주의 나라를 위해 쓰임받을 수 있습니다.

기록된 말씀을 멸시하지 말라

여후디가 서너 쪽을 낭독하면 왕이 면도칼로 그것을 연하여 베어 화로 불에 던
져서 두루마리를 모두 태웠더라 _예레미야 36:23

여호야김 왕은 종교개혁을 한 요시야 왕의 둘째 아들입니다. 그는
바벨론에 조공을 바쳤으나 3년 후 바벨론 왕 느브갓네살을 배반합
니다. 이는 여호와 하나님께서 예레미야를 통해 주신 말씀을 노골적
으로 거부한 행위입니다. 하나님은 여호야김 왕을 미워하셨고 예루
살렘에 무서운 재앙을 내렸습니다.

여호야김의 어떤 행위와 마음이 하나님을 분노하게 한 것일까요?

첫째, 여호야김은 하나님의 말씀을 멸시했습니다. 그는 하나님
의 말씀이 적힌 두루마리를 칼로 베어서 불에 던졌습니다. 둘째, 여
호야김과 그의 신하들은 하나님의 말씀을 들으면서 악한 행위를 했
습니다. 강퍅한 마음은 더는 하나님의 말씀을 듣지 않았습니다. 그
들은 회개를 촉구하는 하나님의 음성을 듣고도 하나님께 대항했습
니다. 셋째, 여호와의 말씀을 권면하는 사람들을 미워하고 업신여
겼습니다. 심지어 제거했습니다. 그들은 주님의 사람들을 대적하는
것으로 하나님의 원수임을 드러냈습니다. 이에 대한 하나님의 심판
은 자명합니다. 하나님은 그들의 시체까지 저주하셨습니다(참조, 신
28:26). 또한 믿음의 대를 끊으셨습니다. 가장 무서운 하나님의 저주
입니다. 하나님을 향한 존경과 사랑은 주의 말씀 성경을 귀히 여기
는 마음으로 나타납니다. 또한 주의 참된 종을 통한 성령의 음성에
귀 기울이고 자신의 마음을 드리는 자세로 나타납니다. 주의 말씀을
귀히 여기며 성령의 음성에 예민해지기 바랍니다.

고난이 내게 유익이다

고난 당한 것이 내게 유익이라 이로 말미암아 내가 주의 율례들을 배우게 되었나이다 _시편 119:71

고난은 신비한 영역입니다. 아이러니하게도 고난을 통해 아름답고 영원한 것을 얻게 됩니다. 하나님의 자녀는 이유 없이 고난 당하지 않습니다. 고난은 최고의 복을 주기 위해서입니다. 복음 안에서 고난을 바라보면 고난이 유익이었음을 고백하게 됩니다. 고난을 이기면 고난 당한 부분에서 복을 받는 것은 아닙니다. 믿음으로 경제적인 고난을 잘 이겨냈다고 해서 하나님께서 물질의 축복을 주시지는 않습니다. 그 대신 더 좋은 다른 복을 주십니다. 곧, 영원한 나라의 복입니다. 그 복은 하나님을 알고 예수님을 닮아가는 복입니다. 남들이 알지 못하는 것을 깨닫고 모든 환경을 초월해 평화와 평강을 누리는 복입니다.

고난은 언제나 복음 안에서 귀하고 가치 있는 것을 줍니다. 우리는 고난 속에서 신실하신 하나님의 사랑과 은혜를 알게 되면서 더욱 하나님을 사모하게 되고 사랑하게 됩니다. 자연스럽게 주를 본받게 되며 믿음의 사람으로 변화됩니다. 우리는 고난을 기뻐해야 합니다. 어떠한 고난이든, 그 고난이 어떤 이유에서 오든, 욥이 받았던 고난이든, 다윗처럼 죄악의 결과로 오는 고난이든, 주안에서 허락된 고난은 우리에게 유익하다는 것을 잊지 마십시오. "내 형제들아 너희가 여러 가지 시험을 당하거든 온전히 기쁘게 여기라 이는 너희 믿음의 시련이 인내를 만들어 내는 줄 너희가 앎이라 인내를 온전히 이루라 이는 너희로 온전하고 구비하여 조금도 부족함이 없게 하려 함이라"(약 1:2~4).

죄에게 에너지를 공급하지 말라

그러므로 땅에 있는 지체를 죽이라 _골로새서 3:5

이 구절은 청교도 신학이 깊게 다루는 내용 중 하나입니다. '죄 죽이기'라고 합니다. 일반적으로 죄 죽이기는 '성령으로 살아나서 죄를 죽이는 것'으로 설명합니다. 그래서 '살리기(Vivification)'와 '죽이기(Mortification)'라는 신학적 용어가 등장합니다. 오늘 본문을 원어로 보면 "땅 위에 있는 멜레이를 네크로사테하라"고 합니다. '멜레이'는 손이나 발, 머리 등의 지체를 의미합니다. '네크로사테'는 '죽게 두다', '힘을 빠지게 하다', '힘을 제거하여 파괴시키다', '말라 비틀게 하다', '죽게 내버려두다', '조금도 영양분을 주지 않아 쓰러져 죽게 하다'라는 뜻이 있습니다.

바울은 지체가 있는 '죄'라는 인격체를 그림으로 보여줍니다. 그런데 그 죄는 죽어가면서 손, 발, 코, 귀 등의 지체가 아무 역할도 못하게 합니다. 그러다가 결국 굶어서 죽습니다.

요약하면 죄 죽이기는 싸워서 죽이는 것이 아니라 공급하지 않아서 죽이는 것입니다. 성도는 죄에 먹을 것을 공급하지 않아야 합니다. 죄에 에너지를 공급하지 않겠다고 결단해야 합니다. 죄를 죽이고 싶습니까? 죄에게 에너지를 공급하지 않게 해달라고 주께 매달려 기도하십시오. 그때 우리는 예수 그리스도께서 성령을 통해 주시는 선한 에너지를 얻을 수 있습니다.

하나님의 가장 큰 심판

주 여호와의 말씀이니라 보라 날이 이를지라 내가 기근을 땅에 보내리니 양식이 없어 주림이 아니며 물이 없어 갈함이 아니요 여호와의 말씀을 듣지 못한 기갈이라 _아모스 8:11

하나님의 말씀을 향한 관심이 식었다면 우상이 생겼다는 뜻입니다. 아모스 선지자는 우상을 숭배하던 이스라엘 백성이 심판받는 환상을 보았습니다. 주께서는 메뚜기 떼와 불, 다림줄과 여름 과일이 든 바구니 환상을 보여주셨습니다. 그런데 모든 심판의 끝에 하나님의 가장 큰 심판이 선포되는데 바로 위의 구절입니다.

가장 큰 심판은 외적인 궁핍과 가난이 아닙니다. 영적인 기갈입니다. 하나님께서 만나주지도 않고 생수의 강과 같은 말씀을 주지 않으실 것입니다. 우상을 따르는 이스라엘 백성에게 임한 가장 큰 심판은 말씀이 공급되지 않은 핍절로 인한 영적 고갈입니다. 이 땅에서 가장 큰 실패는 하나님의 말씀을 잃는 것입니다.

하나님의 지혜와 은혜와 축복은 십자가에 있습니다. 십자가에 죄 사함과 성령의 능력이 있습니다. 무한한 깨달음과 사랑과 거룩함이 있습니다. 그러므로 십자가를 잃는 것이 가장 귀한 것을 잃는 것입니다. 우리 가정과 교회는 어떠합니까? 모든 것이 풍성해도 예수님과 그분의 복음을 잃었다면 하나님의 심판 아래 있는 것입니다. 영적 고갈이 오지 않도록 언제 어디서나 십자가를 붙드십시오.

하나님의 사랑에 질투하지 말라

여호와여 원하건대 이제 내 생명을 거두어 가소서 사는 것보다 죽는 것이 내게
나음이니이다 하니 _요나 4:3

요나는 두 가지 이유로 죽고 싶어 합니다. 첫째, 하나님이 사랑과
은혜와 오래 참으심이 많다는 이유입니다. 둘째, 그늘이 되어 햇볕
을 막아주던 박 넝쿨이 벌레 먹어 시들어 화가 나서입니다(참조, 욘
4:9). 요나를 보면서 인간의 모습을 적나라하게 알게 됩니다. 하나님
께서는 어리석고 답답한 요나를 부드럽게 꾸짖으시며 친히 대화해
주십니다.

하나님의 자비와 긍휼을 직접 경험한 요나는 하나님이 어떤 분인
줄 잘 알고 있었습니다. "주께서는 은혜로우시며 자비로우시며 노
하기를 더디하시며 인애가 크시사 뜻을 돌이켜 재앙을 내리지 아니
하시는 하나님이신 줄을 내가 알았음이니이다"(욘 4:2).

요나는 하나님께 불순종한 죄로 물고기 뱃속에 들어갔습니다. 그
는 하나님께서는 그분의 목적을 이루시기 위해 자비와 사랑과 오래
참으신다는 것을 경험했습니다. 그런데도 그는 하나님께서 니느웨
백성을 살피시는 것에 질투가 났습니다.

질투는 강합니다. 강하다 못해 복음과 원수가 되기도 합니다. 내
가 받은 주님의 긍휼을 망각하고 다른 사람에게 주의 자비가 임하는
것을 노여워합니다. 그리고 요나처럼 하나님께 불공평하다며 골을
내기도 합니다. 하나님이 우리에게 주신 아름다운 마음을 유지하는
비결은 무엇입니까? 예수님의 십자가를 통해 자신을 바라보면서 성
령의 충만함을 입는 것입니다. 이 세상에 자기 마음을 스스로 고칠
수 있는 사람은 없습니다. 오직 선하신 주님만이 하실 수 있습니다.

기쁜 소식을 예비하신 하나님

주와 같은 신이 어디 있으리이까 주께서는 죄악과 그 기업에 남은 자의 허물을
사유하시며 인애를 기뻐하시므로 진노를 오래 품지 아니하시나이다 _미가 7:18

미가 선지자는 사마리아와 유다가 멸망할 것이라고 예언합니다. 백성의 악한 마음과 거짓 예언자를 고발한 미가는 이들의 죄악이 도를 넘어 회복되지 못한다는 사실을 알려줍니다. 지도자가 타락하고 욕심을 부린 결과 불의와 죄악이 난무하게 되었다고 지적하면서 이스라엘 백성에게 참된 지도자가 없는 것을 슬퍼합니다. 그리고는 유다 땅 베들레헴에서 나게 될 지도자를 소망합니다(참조, 미 5:2).

미가는 인간의 죄와 그로 인한 저주를 해결할 수 있는 유일한 분은 하나님이심을 고백합니다. 하나님께서는 죄를 징계하시지만 그를 통해 주의 백성이 '하나님의 의'를 본다는 기쁜 소식을 전합니다. 이 징계가 없으면 '하나님의 빛'으로 나아갈 수 없습니다. 하나님의 회초리 덕분에 빛 되신 그리스도를 경험하게 되었고 그분의 의를 알게 되었습니다. 그때가 되면 주의 백성을 비웃던 자들이 부끄러움을 당하게 될 것입니다.

하나님께서 왜 이렇게 하실까요? 주께서 맹세하신 대로 야곱에게 성실을 베푸시고 아브라함에게 인애를 더하기 위해서입니다. 하나님은 야곱과 아브라함에게 그들의 자녀가 아브라함의 씨를 통해 죄 사함과 영생, 그리고 천국의 기업을 얻게 된다고 맹세하셨습니다.

미가는 메시아를 통한 하나님의 죄 사함과 긍휼과 자비를 외치고 있습니다. 아무리 심하게 무너졌어도, 원수에게 심한 멸시와 조롱을 받아도 우리는 두렵지 않습니다. 주께서 맹세하신 복음의 능력과 죄 사함을 믿기 때문입니다.

나의 발을 사슴과 같이 하신 분

주 여호와는 나의 힘이시라 나의 발을 사슴과 같게 하사 나를 나의 높은 곳으로
다니게 하시리로다 이 노래는 지휘하는 사람을 위하여 내 수금에 맞춘 것이니
라 _하박국 3:29

하박국은 불의가 판치고 죄악이 난무하는 세상에서 신음하며 고
통당하고 있습니다. 그러던 중 하나님의 계시를 받아 그분의 섭리가
어떻게 나타날지 알게 되면서 믿음을 갖게 됩니다. 하박국은 죄악
으로 가득 찬 하나님의 백성을 정결케 하시는 그분의 뜻을 알게 되었
지만, 그 도구였던 바벨론을 어떻게 하실지 궁금했습니다. 이에 대한
하나님의 답변은 '공의로운 심판'이었습니다. 하나님께서 이 땅의 모
든 죄악을 쓸어버리심으로 주의 공의를 나타내실 것은 자명합니다.

하박국은 죄가 승리할 수 없음을 알게 되었습니다. 이 땅에서 의
인이 불의를 당하는 것 같아도 그것이 끝이 아님을 알았습니다. 악
이 승리하는 것 같아도 절대 그렇지 않다는 것을 확신하게 되었습니
다. 그러므로 세상이 부패해도 주님을 믿는 자는 세상에 항복하지
않고 끝까지 주의 편에 섭니다. 그것이 믿음입니다.

의인에게는 현재 상황이 끝이 아니고 과정일 뿐입니다. 하박국은
이를 알고 주님의 완전하고 의롭고 깊은 섭리 앞에 무릎을 꿇습니
다. 이제 하박국은 상황을 초월하는 평강을 누립니다. 즉, 여호와 하
나님이 그의 힘이 된 것입니다. 어렵고 불의한 상황 가운데서 죄악
에 물들지 않고 살아갈 놀라운 지혜의 삶, 험난하고 위험한 상황에
서도 주님의 은혜 가운데 높은 곳을 다니는 사슴처럼 자유롭게 뛸
수 있는 믿음의 삶! 하나님의 주권과 역사를 온전히 의지할 때 이런
삶을 살 수 있습니다.

그리스도 안에서 번성하리라

내가 그들을 향하여 휘파람을 불어 그들을 모을 것은 내가 그들을 구속하였음이라 그들이 전에 번성하던 것 같이 번성하리라 _스가랴 10:8

하나님께서는 아담과 하와에게 이 땅에서 번성하라고 하셨습니다. 홍수가 지난 후 노아와 그 후손에게 이 땅에서 번성하라고 하셨습니다. 번성은 하나님의 뜻입니다. 그런데 어떤 번성입니까? 하나님의 백성이 번성하는 것입니다. 어떻게 번성합니까? 복음으로 번성하는 것입니다. 이는 예수 그리스도의 생명을 소유한 자들이 이 땅에 충만해지는 것을 의미합니다. 이것이 바로 하나님께서 인류를 창조하실 때 가지셨던 계획입니다.

하나님은 주의 백성이 번성하도록 그들을 세상에 흩으셨습니다. 그리고 그들이 각 나라에서 씨앗이 되길 원하셨습니다. 씨앗은 땅에 묻힌 후, 자라나면 풍성한 열매를 맺습니다. 그 열매가 하늘 곳간에 쌓입니다.

하나님께서는 세상에 흩어져 있는 주의 백성을 추수 때에 다시 모으시겠다고 하십니다. 그날이 되면 주의 백성은 하나님을 기억하며 영원토록 주께서 하신 일을 찬양할 것입니다. 비록 지금은 여러 나라로 흩어져 많은 고통과 외로움을 당하지만, 그 속에서 그들은 하나님의 씨앗이 되어 주님의 생명을 번성시킵니다. 번성하는 힘은 어디에서 옵니까? 죄의 문제를 담당하신 예수님을 의지하는 데서 옵니다. 메시아를 바라보고 의지하면 그들은 본래 사명을 담당하게 됩니다. 때가 되면 각 나라와 민족으로부터 주의 백성이 주 하나님께로 돌아올 것입니다. 그때는 주안에서 새롭게 태어난 인류가 함께 모여 주님을 찬양하며 주안에서 하나가 될 것입니다.

하나님께서 소중히 여기는 것

내가 그들에게 이르되 너희가 좋게 여기거든 내 품삯을 내게 주고 그렇지 아니하거든 그만두라 그들이 곧 은 삼십 개를 달아서 내 품삯을 삼은지라 _스가랴 11:12

스가랴는 이스라엘 백성에게 행위로서 메시지를 전달합니다. 양 떼를 먹이는 것으로 하나님께서 유대 민족을 돌보시기 위해 메시아를 보낸다는 것을 알려줍니다. 하지만 그들은 하나님께서 보내신 목자를 미워합니다(슥 11:9). 이처럼 메시아도 배척당할 것입니다. 스가랴는 그리스도의 예표로서 행동하고 있습니다. 스가랴는 이스라엘 백성에게 자신의 품삯을 요구합니다. 이는 자신의 사역을 어떻게 평가하는지 알아보려는 상징적인 요청이었습니다. 이에 그들은 은 삼십 개를 줍니다. 은 삼십 개는 노예 한 사람의 가격이었습니다(출 21:32). 이 예언은 그리스도께서 은 삼십에 팔리신 사건을 상징합니다. 메시아의 대가를 노예 한 사람으로 보는 것은 메시아와 그분을 보내신 하나님을 모욕하는 행위였습니다.

두 인격체가 하나가 되기 위해서는 상대방이 소중히 여기는 것을 소중히 여겨야 합니다. 상대방의 소중한 것을 우습게 여긴다면 하나가 될 수 없습니다. 하나님은 아들 예수 그리스도를 가장 소중하게 여기십니다. 그런데 하나님의 백성이 예수님을 알아보지 못하고 그의 가치를 은 삼십으로 정했습니다. 우리가 하나님과의 인격적인 연합을 이루려면 그분이 가장 소중하게 여기신 예수 그리스도의 가치를 알아야 합니다. 예수님의 가치를 알고 온 마음과 정성을 다해 예수님을 사랑하고 섬겨야 합니다.

생명을 살리는 신비한 은혜

> 유다 왕 여호야긴이 사로잡혀 간지 삼십칠 년 곧 바벨론 왕 에윌므로닥의 즉위한 원년 십이월 그달 이십 칠일에 유다의 왕 여호야긴을 옥에서 내놓아 그 머리를 들게 하고 _열왕기하 25:27

여호야긴은 위대한 요시야 왕의 아들이었지만 하나님의 말씀을 순종하지 않고 바벨론에 대항하다가 어려움을 당했습니다. 여호야긴은 예루살렘에서 불과 3개월간 통치하다가 바벨론으로 유배되어 37년간 포로생활을 합니다. 그런데 바벨론 왕 에윌므로닥 왕에 의해 석방되어 여생을 지극한 대접을 받으며 살았습니다.

마태복음 1장에는 예수 그리스도의 족보가 나옵니다. 족보는 예수님께서 아브라함과 다윗의 자손임을 증거합니다. 그 족보를 보면 바벨론으로 잡혀간 여호야긴이 예수 그리스도의 왕통을 이어주는 역할을 하고 있습니다(참조, 마 1:11~16). 바벨론 포로가 끝나면서 가장 중요한 인물은 스룹바벨입니다. 그런데 스룹바벨의 왕통을 이어주는 사람이 놀랍게도 여호야긴입니다. 그리고 스룹바벨은 새로운 성전을 세우는 왕통으로서 예수 그리스도를 예표합니다.

여호야긴은 하나님의 자비가 '무작정' 임하는 '오직 은혜'의 대표적인 인물로 볼 수 있습니다(참조, 렘 22:28~30). 일반적으로 반역죄를 범하면 곧바로 사형입니다. 그런데 그는 죽임을 당하지 않고 왕자처럼 대접을 받고 그리스도의 왕통이 됩니다. 우리 인생도 여호야긴의 인생을 닮았습니다. 우리 역시 예수님 때문에 은혜와 영광을 누립니다. 사실 우리는 사형을 받아야 할 사람들이었습니다. 그러나 그 판정을 뒤집고 생명을 살리는 신비한 은혜가 나타났습니다. 바로 십자가 사건입니다. 우리가 영원토록 주를 찬송하고 감사해야 하는 이유입니다.

맹세하지 말라

나는 너희에게 이르노니 도무지 맹세하지 말지니 하늘로도 하지 말라 이는 하나님의 보좌임이요 _마태복음 5:34

우리를 완벽하게 아시는 주님은 "맹세하지 말라"는 귀한 말씀을 주셨습니다. 맹세하고 지키지 못하면 큰 죄가 됩니다. 자신의 의지력을 믿고 자신의 삶을 스스로 다스릴 수 있다고 착각하기 때문에 사람들은 맹세합니다. 맹세는 자신의 능력을 과대평가하기 때문에 하는 것입니다. 그러나 상황이 바뀌고 자기 의지대로 일이 진행되지 않게 됩니다. 내 뜻대로 되지 않는 것입니다. 맹세할 때, 아무리 진실한 마음으로 다짐했어도 지키기가 어렵습니다.

약속은 맹세와 차원은 다르지만 비슷합니다. 약속하고 지키지 못하는 것보다 아예 약속하지 않는 것이 훨씬 낫습니다. 약속을 할 때는 그 약속을 지킬 수 있다는 충분한 확신이 있어야 합니다. 약속 기일이 멀수록 지킬 가능성이 떨어지기에 지혜롭게 약속해야 합니다.

베드로는 주를 부인하지 않겠다고 맹세했습니다. 그러나 그는 세 번이나 주님을 부인했습니다. 이런 상황은 베드로를 거짓말쟁이로 만들고 그리스도를 부인하는 큰 죄인으로 만들었습니다. 이 사건을 통해 주님께서는 인간이 자신을 믿는 것이 헛되다는 것을 깨닫고 오직 성령을 의지하도록 하셨습니다. 천국은 맹세나 결단, 다짐으로 들어가지 못합니다. 우리 속에는 의지할 만한 것이 전혀 없습니다. 오직 주님만 의지하고 두 손 들고 항복할 때 천국 문이 열립니다. 함부로 맹세하거나 약속하지 마십시오. 피치 못하게 약속했다면 가능한 한 빨리 그 약속을 지키도록 합시다.

삶 속에서 하나님을 아버지로 대접하라

너희가 악한 자라도 좋은 것으로 자식에게 줄 줄 알거든 하물며 하늘에 계신 너희 아버지께서 구하는 자에게 좋은 것으로 주시지 않겠느냐 _마태복음 7:11

기도는 구하고 찾고 두드리는 것입니다. 그 대상은 하나님이십니다. 하나님이 아닌 다른 신이나 사람에게 구하고 찾고 두드리는 것은 불신이며 우상숭배입니다. 그러므로 바른 기도를 하려면 하나님이 어떤 분인지 아는 것이 중요합니다. 그분을 알고 그분과 인격적인 관계, 바로 아버지와 자녀의 관계를 맺어야 합니다. 예수님을 통해 이 관계를 맺으면 하나님은 우리에게 영원한 아버지가 되십니다. 그분은 참 좋은 아버지이시며 이상적인 아버지이십니다. 나를 사랑하되 자기 아들까지 주신 사랑의 아버지십니다. 성경은 "너희가 악한 자라도 좋은 것으로 자식에게 줄 줄 알거든 하물며 하늘에 계신 너희 아버지께서 구하는 자에게 좋은 것으로 주시지 않겠느냐"라고 선포합니다. 우리는 기도할 때 이 사실을 근거로 기도해야 합니다.

기도는 인격적인 관계에 속하기에 '황금률'이 적용됩니다. 즉, 기도가 응답되기 원한다면 삶 속에서 하나님을 아버지로 대접해야 합니다. 온종일 하나님 아버지의 마음을 상하게 하다가 뭔가 필요할 때만 찾아와 구하고 찾고 두드린다면 주님 마음이 어떻겠습니까? 응답받는 기도를 드리려면, 기도 시간뿐 아니라 삶 속에서도 하나님을 아버지로 모시고 옳게 대접해 드려야 합니다.

내가 너희를 사랑한 것 같이

계명을 너희에게 주노니 서로 사랑하라 내가 너희를 사랑한 것 같이 너희도 서로 사랑하라 _요한복음 13:34

예수님께서는 제자들에게 서로 사랑하라는 계명을 주시며 왜 "새 계명"이라고 하셨을까요? 사실 구약과 예수님의 교훈에서도 사랑하라는 명령은 자주 나타납니다(참조, 레 19:18; 마 22:37~40). 성경은 예수님께서 주신 새 계명을 "그의 계명"이라고 부릅니다(참조, 요일 2:23; 요일 3:22). 예수님도 자신이 주신 새 계명을 "내 계명"이라고 부르셨습니다(참조, 요 15:12~14). 새 계명에는 "내가 너희를 사랑한 것 같이"라는 단서가 붙어 있습니다. 즉, 친구를 위해 자기 목숨을 버리기까지 사랑하라는 것입니다.

우리가 이런 사랑을 할 수 있도록 예수님께서는 우리를 위해 목숨을 버리셨습니다. 예수님은 십자가의 사랑으로 서로 사랑하라고 부탁하십니다. "그가 우리를 위하여 목숨을 버리셨으니 우리가 이로써 사랑을 알고 우리도 형제들을 위하여 목숨을 버리는 것이 마땅하니라"(요일 3:16).

로마서 5장은 하나님께서 우리를 어떻게 사랑하였는지를 보여줍니다. 내가 원수였을 때에, 내가 실수와 죄악으로 연약한 때에, 내가 죄악을 범하고 죄책감과 더러움으로 가득 찬 때에, 하나님께서는 나를 사랑하셨습니다. 그리고 주께로 돌아오게 하고 일으키셨습니다. 주님의 그 사랑을 맛볼 때 우리는 자연스럽게 그분과 같은 사랑을 삶 속에 드러내게 됩니다. 또한 아직 주님을 모르는 영혼을 사랑으로 대하게 됩니다. 원수까지 사랑하는 하나님의 사랑이 우리를 통해 나타난 것입니다.

낮은 곳에서 공동체를 섬기라

인자가 온 것은 섬김을 받으려 함이 아니라 도리어 섬기려 하고 자기 목숨을 많은 사람의 대속물로 주려 함이니라 _마태복음 20:28

세속 사회에서 권력을 가진 불신자는 자신도 모르는 사이에 폭군이나 압제자로 변합니다. 하나님 나라는 그 반대입니다. 하나님 나라에서 위대한 자는 예수님의 성품을 따라 다른 사람을 섬기며 자신을 기꺼이 희생합니다. 예수님께서는 하나님 나라에서 가장 위대한 자였지만 봉사하며 사셨습니다. 그는 마지막 만찬에서 제자들의 발을 씻어주셨고 자기 백성을 위해 십자가 위에서 죽으셨습니다. 예수님께서는 인간의 가장 깊은 죄성이 공동체에서 어떻게 나타나는지를 알려주십니다. "임의로 주관"하길 원하고 "권세를 부리려" 합니다. 즉, 군림입니다. 사람이 모이면 인간의 죄성은 군림으로 나타납니다.

남의 일에 참견하려는 마음도 다른 사람을 "임의로 주관"하고 싶어서입니다. 우리는 공동체에서 어떤 일을 할 때, 그 동기를 점검해야 합니다. 교회에서 봉사하는 이유가 무엇입니까? 지금 온 힘을 다해 수고하는 이유는 무엇입니까? 혹시 다른 이를 주관하고 싶어서는 아닙니까? 그리스도의 생명을 소유한 자들은 다른 영혼을 사랑하기에 그들을 위해 희생합니다. 그리고 그들을 임의로 주관하지 않고 오히려 낮은 자가 되어 그들을 섬깁니다. 예수 그리스도의 마음으로 낮은 곳에서 주의 공동체를 섬기고 있습니까? 이런 마음이 우리가 속한 공동체를 천국으로 만들어 갈 것입니다.

가슴 저미는 하나님의 사랑

그 주인이 대답하여 가로되 악하고 게으른 종아 나는 심지 않은 데서 거두고 헤치지 않은 데서 모으는 줄로 네가 알았느냐 _마태복음 25:26

복음을 알지 못하는 종교인은 하나님을 두려워하고 까다롭다고 여깁니다. 그들은 하나님이 일거수일투족을 감시하며 실수나 잘못을 찾아서 벌을 주는 분으로 여깁니다. 이는 사랑의 하나님을 왜곡시키는 사탄의 역사로 눈이 가려졌기 때문입니다. 즉, 사탄에게 속아 하나님을 보지 못한 것입니다(참조, 고후 4:4). 하나님은 우리에게 두려워하는 마음을 주시지 않았습니다(딤후 1:7). 우리는 부모님께 많은 꾸지람과 훈계를 받으며 자랐지만 그것이 우리를 사랑해서라는 것을 압니다. 우리는 하나님께도 그런 인식을 갖습니다. 그러므로 이방인처럼 하나님을 두려워하지 않습니다.

복음을 통해 하나님을 인식할 때 우리 마음은 풍성해집니다. 하나님의 은혜가 차고 넘치게 됩니다. 복음 안에서 뵙는 하나님은 한없이 자비하고 거룩하며 나를 사랑하는 좋은 분이십니다. 하나님은 나의 아버지이며 친구이고 연인이고 보호자이고 공급자이십니다. 자신의 생명마저 아낌없이 주시는 분이십니다. 하나님께서 얼마나 나를 사랑하는지를 아는 사람들은 주님을 생각만 해도 가슴이 저밉니다.

하나님의 그 깊은 사랑을 어떻게 갚을 수 있겠습니까!

열매 맺는 삶을 소망하며

좋은 땅에 있다는 것은 착하고 좋은 마음으로 말씀을 듣고 지키어 인내로 결실
하는 자니라 _누가복음 8:15

예수님께서는 네 종류의 밭을 비유로 사람들의 믿음을 말씀하셨습니다. 첫째, 길가 밭입니다. 이 밭은 사람의 마음속에 복음이 전혀 들어가지 못합니다. 따라서 구원과는 거리가 멉니다(참조, 고후 4:3~4). 둘째, 자갈 밭 또는 바위 밭입니다. 이 밭은 단단해서 복음의 씨앗이 뿌리를 내리지 못합니다. 이들은 말씀을 기쁨으로 받지만, 시험이 오면 복음과 믿음을 저버립니다. 어려움을 겪으면 떠나갑니다. 셋째, 가시떨기 밭입니다. 이들은 복음을 막습니다. 영양분을 차단하는 것입니다. 이들은 자신에게로 흘러들어오는 복음도 막지만, 남들에게 흘러가는 복음도 막습니다. 염려와 욕심과 쾌락 때문에 사람의 마음은 가시떨기 밭이 됩니다. 이 세 밭은 하나님과의 관계가 끊어지면서 생명의 열매를 맺지 못합니다.

마지막으로, 열매 맺는 밭입니다. 이 밭은 말씀을 듣고 행하는 밭입니다. 믿음의 행위는 신념으로 인한 행위와 다릅니다. 긍정적인 사고방식과도 다릅니다. 믿음의 행위는 자신의 의와 결단과 의지력을 자랑할 근거가 없습니다. 예수님께서 요한복음 15장에서 말씀하신 것처럼 주님과 연결되어 있으면 우리는 열매를 맺습니다. 또한 마태복음 7장처럼 말씀을 듣고 행하는 자는 반석 위에 집을 짓는 것과 같습니다. 이들이 바로 요한계시록 1장 3절에서 말하는 복 있는 자들입니다. 주께서는 그들의 삶을 통해 백배의 결실을 보십니다.

너희 믿음이 어디 있느냐?

제자들에게 이르시되 너희 믿음이 어디 있느냐 하시니 그들이 두려워하고 놀랍
게 여겨 서로 말하되 그가 누구이기에 바람과 물을 명하매 순종하는가 하더라
_누가복음 8:25

예수 그리스도를 향한 '인격적인 신뢰'가 커지면 믿음이 성장합니
다. 삶을 통해 주님이 어떤 분인지 체험하면 그분을 향한 신뢰는 깊
어집니다. 신뢰가 깊어지면 주께서 하신 약속이 이미 이루어진 것
같습니다. 주님의 신실함을 알기에 주님의 약속만 들어도 그 말씀이
이루어진 것으로 여기기 때문입니다.

본문에서 제자들은 믿음의 도전을 받고 있습니다. 도전은 언제
나 상황에서 옵니다. 예수님께서는 말씀하셨습니다. "호수 저편으
로 건너가자." 만일 제자들이 믿음이 깊었다면, 호수 건너편으로 당
연하게 갔을 것입니다. 그러나 제자들의 믿음은 도전을 받았습니다.
예수님은 잠이 드셨고 사나운 바람이 불었습니다. 배에 물이 들어오
자 제자들은 죽을지도 모른다는 두려움 속에서 믿음을 잃고 외칩니
다. "주여, 주여, 우리가 죽겠나이다." 많은 사람이 바로 이 지점에
서 믿음을 포기하고 무너집니다. 그러나 겨자씨만큼의 믿음이 있다
면 죽을 지경이 되었을 때 예수님을 "깨워 이르게" 됩니다. 이것이
믿음이 성장하는 비결입니다. 비록 겨자씨만 한 믿음이지만 주님과
인격적 관계를 맺었기에 그들은 죽을 위험에서 주님을 기억하고 찾
습니다. 그리고 주님을 흔들어 깨워 간구합니다. 그들의 간구에 주
님은 일어나셔서 모든 상황을 다스려 문제를 해결해 주십니다.

하루하루가 시험의 연속입니다. 그 시험을 잘 통과해 믿음의 성장
을 이루기 바랍니다.

멸망으로 가는 길

다른 복음은 없나니 다만 어떤 사람들이 너희를 교란하여 그리스도의 복음을
변하게 하려 함이라 _갈라디아서 1:7

갈라디아 교회는 다른 복음을 쉽게 따랐습니다. 본문에서 다른 복음은 "예수님을 믿어야 구원을 받지만, 또한 모세의 할례와 율법을 지켜야 구원을 얻는다"고 주장합니다. 이 때문에 예루살렘 총회는 다음과 같은 결론을 내립니다. "우리는 그들이 우리와 동일하게 주 예수의 은혜로 구원받는 줄을 믿노라"(행 15:11). 다른 복음은 참 복음과 약간 다르지만, 그 결과는 큽니다. 참 복음은 구원과 천국이지만, 다른 복음은 멸망과 저주, 지옥입니다.

바울은 고린도후서 11장 4절을 통해 놀라운 비밀을 알려줍니다. "만일 누가 가서 우리가 전파하지 아니한 다른 예수를 전파하거나 혹은 너희가 받지 아니한 다른 영을 받게 하거나 혹은 너희가 받지 아니한 다른 복음을 받게 할 때는 너희가 잘 용납하는구나." 다른 예수를 전하는 자, 다른 예수를 받는 자는 다른 영과 관련됩니다. 참된 복음은 오직 성령과 관계되어 있습니다. 다른 복음을 전하는 자와 거짓 복음을 받는 자는 마귀의 영을 주고받는 것입니다. 그들은 거짓 사도로서 궤휼에 뛰어난 사탄의 하수인입니다. "그런 사람들은 거짓 사도요 속이는 일꾼이니 자기를 그리스도의 사도로 가장하는 자들이니라 사탄도 자기를 광명의 천사로 가장하나니 그러므로 사탄의 일꾼들도 자기를 의의 일꾼으로 가장하는 것이 또한 대단한 일이 아니니라 그들의 마지막은 그 행위대로 되리라"(고후 11:13~15). 우리는 오직 성경과 성령의 도움을 받아 이 시대의 거짓 선지자들을 분별하십시오.

다른 복음을 경계하라

그러나 우리나 혹은 하늘로부터 온 천사라도 우리가 너희에게 전한 복음 외에 다른 복음을 전하면 저주를 받을지어다 _갈라디아서 1:8

마지막 날이 다가올수록 온갖 이단이 생겨나 참 교회를 구분하기가 어려워질 것입니다. 영적 분별력으로 영의 세계를 보는 바울은 다음과 같이 선포합니다. "그러나 우리나 혹 하늘로부터 온 천사라도 우리가 너희에게 전한 복음 외에 다른 복음을 전하면 저주를 받을지어다"(갈 1:8). 바울은 자신마저 이 선포에 포함시킵니다. 혹시 나중에 자신이 그 복음을 바꾼다면 저주를 받을 것이라는 말입니다. 참 복음을 아는 자들은 성령의 확신이 강해지면서 사람을 두려워하지 않게 됩니다. 그는 예수님의 나라와 그분의 복음을 위해 살아갑니다. 하나님 마음에만 들면 됩니다. 따라서 복음에 관해서는 조금도 양보하지 않습니다. 다른 복음을 받아들이는 순간, 구원의 길은 영원히 막히기 때문입니다. 사탄은 이 세상에 많은 죄악이 범람하도록 하고 있습니다. 구원의 길을 혼란시키고 있습니다. 그 방법으로 가짜 복음을 전합니다. 가라지를 최대한 많이 뿌리고 있습니다(참조, 고후 4:3~4).

복음을 지키는 것이 중요한 시대 속에 살고 있습니다. 복음의 능력이 우리 삶을 통해 나타나도록 해야 합니다. 믿는 자들은 복음을 위해 더욱 기도하고 자신의 삶 속에서 하나님의 영광이 드러나도록 깨어 있어야 합니다.

예수님이 누구신지 아는 법

내 아버지께서 모든 것을 내게 주셨으니 아버지 외에는 아들이 누군지 아는 자가 없고 아들과 또 아들의 소원대로 계시를 받는 자 외에는 아버지가 누군지 아는 자가 없나이다 하시고 _누가복음 10:22

베드로는 이렇게 고백합니다. "주는 그리스도시요 살아계신 하나님의 아들이시니이다" 그러자 예수님께서는 베드로에게 복이 있다고 선포하셨습니다. 예수님이 누구신지는 사람의 힘으로 알지 못합니다. 하나님께서 알려주셔야 알 수 있습니다.

"아들의 소원대로 계시를 받은 자 외에는" 하나님을 알지 못합니다. 예수 그리스도를 성경대로 알지 못한다면, 아버지를 알지 못합니다. 또한 하나님 아버지께서 알려주지 않으시면 그 누구도 예수 그리스도가 누구신지, 그분의 십자가가 무엇을 의미하는지 모릅니다. 그러므로 예수님과 상관없는 하나님을 말하는 것은 '인간이 생각하는 하나님일 뿐'입니다.

성경을 보면 아들과 아버지가 하나로 묶여 있습니다. 요한계시록 마지막 장면에서도 "아버지와 아들"이 나옵니다. "또 저가 수정같이 맑은 생명수의 강을 내게 보이니 하나님과 및 어린양의 보좌로부터 나서 길 가운데로 흐르더라"(계 22:1~2).

생수의 강으로 상징되는 은혜와 평강은 하나님 아버지와 그분의 아들 어린양 예수의 보좌로부터 흐릅니다. 하나님 아버지께서 구속을 계획하시고 어린양 예수께서 그 구속을 완성하셨습니다. 성령께서는 믿는 자에게 은혜와 평강을 부어주십니다.

아버지 하나님은 아들 예수님을 새 인류의 주가 되게 하셨습니다. 주 예수님은 완전한 사람이며 완전한 하나님이십니다. 이런 예수님께 찬송과 영광을 돌립시다.

고난 당할 때 기뻐하라

내 형제들아 너희가 여러 가지 시험을 만나거든 온전히 기쁘게 여기라 _야고보서
1:2

살아가면서 상처가 있는 사람들을 만나게 되는데 그들은 독이 있고
가시가 있습니다. 반면, 험난한 인생을 살아왔지만, 사랑이 많고 온
유한 사람도 있습니다. 야고보 사도는 삶의 고난을 "여러 가지 시험"
이라고 표현하면서 그 고난을 믿음으로 대하면 인내의 열매를 맺을
것이라고 약속합니다. 그러므로 "삶의 고난을 기뻐하라"고 합니다.

신체적이든 정신적이든 영적이든 삶의 고난은 죄성을 더하거나
빠져나가게 합니다. 삶의 고난을 겪은 후에 사람들은 변합니다. 더
훌륭한 성품을 갖기도 하고 나쁜 성품을 갖기도 합니다. 감당할 수
없는 삶의 고통을 당할 때 주께 돌아오는 사람들이 있습니다. 그런
점에서 고난은 하나님의 거룩한 생명을 얻는 최고의 기회가 됩니다.

오늘 본문은 고난 속에서 아름다운 성품을 얻는 비결로 믿음을 말
합니다. 즉, 예수 그리스도와 십자가를 믿는 것입니다. 하나님의 주
권과 십자가의 보혈을 통해 내게 일어나는 상황을 맞이합시다. 어떤
상황에서도 주님을 향한 믿음을 붙들고 속사람이 자라게 합시다. 믿
음으로 고난을 견딥시다. 그러고 나면 아름답게 바뀔 것입니다. 내
안과 밖에서 역사가 나타납니다. 그때 우리는 "아하, 이것이 십자가
의 능력이구나. 복음의 능력이구나" 하며 감탄하게 될 것입니다.

권위를 인정하라

관원들은 선한 일에 대하여 두려움이 되지 않고 악한 일에 대하여 되나니 _로마서 13:3

우리는 종종 권세가 하나님께로부터 왔다는 사실을 잊고 삽니다. 권세를 인정하지 않는 것은 하나님을 인정하지 않는 것과 같습니다. 그런데 만일 세상 권세가 그 권세를 주신 하나님의 뜻에 대적한다면 우리는 그 권세에 순복해서는 안 됩니다. 한편 권세 있는 자들은 하나님의 뜻에 합당하게 권세를 사용할 때에만 하나님께 충성하는 것이 됩니다. 만일 하나님의 뜻을 세우지 못하면 그 권세는 반드시 무너집니다.

하나님께서는 질서를 위해 공동체에 권세를 허락하셨습니다. 가정에는 부모의 권세가, 부부 사이에는 아내를 향한 남편의 권세가 있습니다. 학교와 직장, 교회에도 권세가 있습니다. 나라의 권세는 정부가 갖습니다.

로마제국은 법을 중요하게 여긴 나라였습니다. 그럼에도 하나님의 뜻과는 정반대로 갔습니다. 부정부패가 심하고 음란과 동성애가 만연했습니다. 특히 그리스도인을 향한 핍박이 강했습니다. 로마제국은 결국 하나님을 대적하다가 무너졌습니다.

우리는 어느 곳에서는 다스리는 자로 어느 곳에서는 다스림을 받는 자로 삽니다. 다스릴 때는 공의와 섬김을 잊지 말아야 합니다. 그렇지 않으면 나로 인해 공동체가 무너집니다. 한편 다스림을 받을 때는 지도자들의 권세는 하나님께서 주신 것을 인정하고 순종해야 합니다. 물론, 그들의 권세가 주의 뜻을 거역하지 않는 범위 안에서입니다(참조, 행 4:19).

이제 내 안에
주님이 사십니다

믿음의 본이 되신 하나님

나는 본래 주님의 것

다 이르되 그러면 네가 하나님의 아들이냐 대답하시되 너희들이 내가 그라고
말하고 있느니라 _누가복음 22:70

지금 예수님 앞에 선 사람들이 그분의 음성을 직접 듣고 있습니다. 비록 그들의 눈이 가려져 보지 못하지만 성육신하신 전능하신 하나님이 그들 앞에 계십니다. 그들이 단도직입적으로 예수님께 물었습니다. "네가 그리스도이거든 우리에게 말하라." 예수님께서는 그들이 주의 말씀을 들어도 자신을 받아들이지 않을 것이라고 하셨습니다. 그러면서 자신이 부활하실 것과 영광을 받으실 것을 증거하며 자신이 메시아임을 선포하셨습니다. 그러자 그들이 예수님께 한번 더 물었습니다. "그러면 네가 하나님의 아들이냐?" 이때 주님은 "내가 그니라. 내가 하나님의 아들이다"라고 대답하셨습니다. 이 대답에 대제사장과 율법학자들과 그 자리에 함께한 자들은 예수님을 십자가에 처형하기로 판결을 내립니다.

그들은 분명하게 자신의 정체를 알려주시는 살아계신 하나님의 아들 예수 그리스도를 직접 보고 그 음성을 들었습니다. 그러나 그분께 무릎 꿇고 경배하지 않았습니다. 오히려 주님을 죽였습니다. 엄청난 복의 기회를 악과 저주로 바꾼 것입니다. 왜 그랬습니까? 그들은 본래 주님의 것이 아니었기 때문입니다. 성도가 주님을 알게 된 이유는 본래부터 주님의 것이기 때문입니다. 요한복음 17장은 태초부터라고 말씀합니다. 그분의 마음속에 내가 있었고 나를 위해 십자가에서 그 사랑을 증거하시고 성령으로 내 마음속에 오셔서 예수님이 그리스도시며 하나님의 아들이심을 고백하게 하십니다. "내가 누구관대 어찌 이렇게 사랑하시는지요! 주님, 주님을 사랑합니다."

복음을 가리는 자를 꾸짖으라

그러므로 나는 그들이 복음의 진리를 따라 바르게 행하지 아니함을 보고 모든 자 앞에서 게바에게 이르되 … 어찌하여 억지로 이방인을 유대인답게 살게 하려느냐 하였노라 _갈라디아서 2:14

가톨릭은 베드로가 예수님의 수제자라는 이유와 마태복음 16장의 "이 반석 위에 내 교회를 세우리니"라는 말씀을 오해해 베드로를 1대 교황으로 세웠습니다. 그런데 가톨릭의 반석인 베드로가 바울에게 책망을 당하고 있습니다. 바울은 베드로와 그와 함께 외식한 자들을 공개적으로 꾸짖었습니다. 바울이 이렇게 할 수 있는 권위가 무엇입니까? 하나님 아버지와 예수 그리스도께 받은 복음의 권위입니다.

가톨릭은 교황을 베드로의 후계자라고 주장합니다. 그러나 그들이 아무리 높은 권세와 재력과 영향력이 있어도 베드로처럼 복음을 가리고 있으니 주님께 꾸지람을 받을 수밖에 없습니다. 베드로는 바울의 꾸지람을 듣고 부끄러워하며 자신의 행위를 시정했습니다. 그 사건 이후에 베드로는 주님께 문제가 되지 않았습니다. 그러나 교황들은 시정이 아니라 복음의 사람들을 죽이고 자신들의 위선을 고수해 오고 있습니다. 바울이 말한 저주가 임할 수밖에 없습니다.

이 땅의 권세 있는 자를 꾸짖을 자격이 우리에게는 없습니다. 그러나 복음을 통해서는 꾸짖을 수 있습니다. 복음을 가리거나 그편에 서 있지 않으면 우리는 그들을 꾸짖어야 합니다. 복음은 이 우주에서 가장 존귀한 진리이며 가장 높은 권세이기 때문입니다.

슬픔과 탄식이 달아나다

여호와의 속량함을 얻은 자들이 돌아오되 노래하며 시온에 이르러 그 머리 위
에 영영한 희락을 띠고 기쁨과 즐거움을 얻으리니 슬픔과 탄식이 달아나리로다
_이사야 35:10

이사야 35장에는 메시아로 인한 축복이 기록되어 있습니다. 세례
요한이 감옥에서 예수님이 메시아인지 확인하고자 했을 때 예수님
은 이렇게 대답하셨습니다. "너희가 가서 듣고 보는 것을 요한에게
알리되 맹인이 보며 못 걷는 사람이 걸으며 나병환자가 깨끗함을 받
으며 못 듣는 자가 들으며 죽은 자가 살아나며 가난한 자에게 복음
이 전파된다 하라"(마 11:4~5). 주 예수님께서 하신 일이 바로 메시아
에 대한 예언이 성취된 것을 알려준 것입니다. 메시아와 관련된 복
은 그리스도께서 성령을 부으신 이래 우리에게 임했습니다. 물론 주
님이 재림하실 때에 메시아의 복이 완전하게 완성될 것입니다.

삶에 지쳤습니까? 좌절했습니까? 메시아의 약속을 기억하며 예수
님을 영접하십시오. 영적인 눈이 밝아지고 귀가 열리며 사슴같이 뛸
것입니다. 성령 안에서 노래하고 광야에서 생수가 솟을 것입니다.
"거기 대로가 있어 그 길을 거룩한 길이라 일컫는바 되리니", "거기
는 사자가 없고 사나운 짐승이 그리로 올라가지 아니하므로 그것
을 만나지 못하겠고 오직 구속함을 얻은 자만 그리로 행할 것이며",
"여호와의 속량함을 얻은 자들이 돌아오되 노래하며 시온에 이르러
그 머리 위에 영영한 희락을 띠고 기쁨과 즐거움을 얻으리니"

죄 많은 이 세상에서 완전한 천국을 누리며 사는 자는 아직 없습
니다. 그러나 예수 그리스도 안에 있는 자들은 성령 안에서 하나님
나라를 누리며 삽니다.

하늘의 기쁨

내가 이것을 너희에게 이름은 내 기쁨이 너희 안에 있어 너희 기쁨을 충만하게 하려 함이니라 _요한복음 15:11

먹는 즐거움, 성적인 즐거움, 잠자는 즐거움, 휴식 및 오락의 즐거움 등은 그 자체로 악이 아닙니다. 그러나 즐거움은 조금만 방심하면 죄에 사로잡혀서 삶을 파탄으로 이끕니다. 가령, 중독된 쾌락은 하나님이 정하신 경계선을 넘어버린 죄악입니다.

행복은 즐거움보다 한 단계 높은 만족입니다. 우리는 사람들과의 관계 속에서 행복을 느낍니다. 예를 들어, 가난해도 서로 사랑하는 부부는 행복합니다. 그러나 이 세상의 행복은 영원하지 않습니다. 행복은 조건적이며 언제나 이 세상일에 의존합니다. 슬프게도 영원한 행복은 죄가 들어온 이후 불가능하게 되었습니다.

성경은 기쁨을 말합니다. 이 기쁨은 초자연적인 것으로 모든 환경을 초월합니다. 사실 이 기쁨은 영원한 곳에서 오는 신비한 능력입니다. 성경은 이 기쁨이 그리스도 안에 있다고 증거합니다. 성경이 말하는 기쁨은 언제나 믿음과 연결되어 있습니다. 성경은 "주안에서 기뻐하고 기뻐하라"라고 권면합니다.

성경이 말하는 기쁨은 거듭난 사람만 누릴 수 있습니다. 이 기쁨이 충만하게 되는 때는 하나님의 뜻에 순종한 이후입니다. 바울은 예수 그리스도의 뜻을 행하는 것이 자신의 기쁨이라고 고백합니다. 오늘도 주님께 순종합시다. 순종함으로 오직 거듭난 그리스도인만이 누릴 수 있는 기쁨을 누립시다.

거울 같으신 여호와 하나님

깨끗한 자에게는 주의 깨끗하심을 보이시며 사특한 자에게는 주의 거스리심을
보이시리니 _시편 18:26

시편 18편은 하나님을 '거울'로 은유합니다. 하나님은 "거울 같으
신 여호와 하나님"이십니다.

흉보는 것이 습관인 사람이 있었습니다. "저 사람은 배우지 못해
서 무식한 티가 철철 흘러!" "그 애, 어렸을 적에 부모님이 이혼했
데." "그 친구, 생긴 것 봐. 꼭 돼지 같지 않아?"

그 사람은 언제 어디서나 남의 단점을 찾아 수군거렸습니다. 어느
날 백화점에서 쇼핑하다가 앞에서 오는 여인의 용모를 딸에게 흉보
았습니다. "얘야, 저 앞에서 오는 여자, 너무 무섭게 생기지 않았니?
어떻게 저렇게 독하고 못되고 악하게 생겼을까? 누가 저런 사람하
고 사는지 불쌍하다." 이때 딸이 대답합니다. "엄마, 무슨 말을 하는
거야? 왜 거울을 보고 말해?"

그리스도 안에서 하나님의 자비를 맛보는 자는 이미 그 마음에 하
나님의 자비가 임했습니다. 하나님의 무한한 사랑을 아는 자들은 그
마음속에 주의 사랑이 임했습니다. 마음이 정결한 자는 하나님의 정
결함을 보면서 머리를 조아립니다. 마음이 더러운 자는 하나님을 볼
수 없고 교만한 자는 겸손하신 하나님을 폭군으로 오해하고 싫어합
니다.

십자가 앞에서 거울 같으신 하나님을 바라봅시다. 그리스도 안으
로 들어가 그곳에서 반사되는 하나님을 보십시오. 무한한 사랑과 자
비와 인자하심과 아름다움의 하나님만 보입니다. 그리스도 안에서
우리 마음을 정결케 할 때 영광스러운 주 하나님을 볼 것입니다.

풀은 마르고 꽃은 시든다

풀은 마르고 꽃은 시드나 우리 하나님의 말씀은 영영히 서리라하라 _이사야 40:8

선지자 이사야는 하나님께 구체적으로 물어보았습니다. "내가 무엇이라 외치리이까?" 이때 주님은 "잠시 있다 없어지는 것이 아닌 영원한 것을 외치라"고 명하셨습니다. 영원한 것은 하나님의 말씀입니다. 예수님이 누구시며 그분이 무엇을 했는지가 하나님 말씀의 주제입니다. 오직 예수님의 이름과 그분을 의지하는 자들에게 영생이 임합니다. 하나님의 거룩하신 진노를 피할 수 있는 유일한 길은 예수님의 보혈 안에 있습니다. 성령의 역사 없이는 절대 깨달을 수 없는 하나님의 가장 깊은 비밀은 예수 그리스도에 관한 하나님의 복음입니다.

그러므로 주의 종은 복음을 외쳐야 합니다. 십자가를 외쳐야 합니다. 어떻게 하면 건강하고, 돈을 벌고, 형통해지는지 외치는 것은 주의 종이 할 일이 아닙니다. 이런 것은 세상 경영과 의학과 심리학에서 충분히 다루고 있습니다. 세상의 학문을 통해 잠깐 있다 없어지는 이 세상의 것들을 얻을 수도 있습니다. 그러나 성경은 우리에게 영원한 것을 주려고 합니다.

목회가 무엇인지 오늘 말씀이 정확하게 말해줍니다. "잠깐 있다 없어지는 이 세상의 것을 외치지 말고 오직 영원한 것, 영생, 하나님 나라, 그 주인공이 되시는 예수님을 외치라." 성경에 통달했던 바울은 다음과 같이 고백합니다. "내가 너희 중에서 예수 그리스도와 그가 십자가에 못 박히신 것 외에는 아무것도 알지 아니하기로 작정하였음이라"(고전 2:2).

하나님께서 보시는 나

어리석도다 갈라디아 사람들아 예수 그리스도께서 십자가에 못 박히신 것이 너희 눈앞에 밝히 보이거늘 누가 너희를 꾀더냐 _갈라디아서 3:1

갈라디아 교회를 인간의 눈으로 보면 아무 문제가 없습니다. 오히려 열심이 있는 교회였습니다. 할례를 행하며 금식기도를 하고 여러 율법 조항을 부지런히 지켰습니다. 멋있고 힘 있고 조직적이고 건강하게 보입니다. 그러나 바울은 갈라디아 교회를 보면서 가슴을 찢었습니다. 그들이 십자가의 복음과 멀어지고 있었기 때문입니다.

갈라디아 교회는 십자가에 할례를 더하는 다른 복음을 믿었습니다. 그들은 할례를 받아야 구원을 완성할 수 있다는 교훈을 따랐습니다. 갈라디아 교인은 왜 다른 복음을 받았을까요? 인간의 의 때문입니다. 인간 본성에는 하나님이 거저 주시는 의가 아닌 자신들이 세우고 싶은 의가 있습니다. 이 본성은 사탄의 꾐에 속아 넘어간 아담과 하와로 생겨난 죄성입니다. 하나님 없이 살 수 있으며 내가 하나님처럼 의롭게 되겠다는 교만입니다.

십자가는 인간의 본성을 정확하게 아시는 하나님께서 인간을 위해 베푸신 구원의 길입니다. 성령의 역사로 겸손하게 된 자는 십자가를 통해 자신이 누구인지 알게 됩니다. 하나님이 보시는 내 모습을 알게 됩니다. 그는 자기 자신을 볼 때 다른 사람과 비교해 상대적으로 보지 않고 하나님께서 나를 보시는 대로 봅니다. 따라서 십자가의 은혜만을 의지합니다.

신령한 자는 누구인가

신령한 자는 모든 것을 판단하나 자기는 아무에게도 판단을 받지 아니하느니라
_고린도전서 2:15

'진짜'는 철학적인 용어로 '실체'이고, '가짜'는 '허상'입니다. 진짜는 '진실'이며, 가짜는 '거짓'입니다. 진짜는 겉과 속이 '같고', 가짜는 '다릅니다.' 진짜는 '진리'이며, 가짜는 '속임수'입니다. 진짜는 '맞고', 가짜는 '틀렸습니다.' 진짜는 '영원'하지만, 가짜는 '끝'이 있습니다. 영원한 실체는 오직 여호와 삼위일체 하나님이십니다. 처음과 나중의 역사 속에서 나타난 실체는 하나님의 영원한 경륜에 의해 이루어진 그리스도의 구속밖에 없습니다. 이 세상에는 진짜와 가짜가 섞여 있습니다. 그러나 주 예수께서 다시 오실 때 가짜는 모두 사라지고 진짜만 영원히 있게 됩니다.

인간은 신에 대해 많이 속습니다. 가짜 신 사탄이 참 신이신 하나님의 영광을 빼앗기 때문입니다. 우리는 참 신의 눈을 빌리지 않으면 결코 가짜 신을 분별할 수 없습니다. 하나님께서는 우리에게 가짜 신과 참 신을 분별할 수 있도록 성경을 주셨습니다. 또한 예수 그리스도를 보내셔서 참 신을 알게 해 주셨습니다. 나아가 성령을 보내주셔서 믿음을 통해 실체와 진리를 알게 하셨습니다.

신령한 자는 도를 닦는 자가 아닙니다. 성령의 인도함을 받는 자, 곧 성령 충만한 자를 뜻합니다. 성령의 사람은 하나님의 절대 기준인 성경을 통해 세상과 사람들과 사건들을 정확하게 바라볼 수 있습니다. 이 얼마나 복된 일입니까!

우리가 해야 할 한 가지

예수께서 대답하여 이르시되 하나님께서 보내신 이를 믿는 것이 하나님의 일이
니라 하시니 _요한복음 6:29

사람은 자존심 때문에 뭔가 근사한 일을 하고 싶어 합니다. 자기
영광을 위해 다른 사람보다 뛰어나고 싶어 합니다. 또한 먹고사는
문제가 두려워 쉬지 않고 일합니다. 자신의 꿈을 성취하려고 애를
씁니다. 예수님께서는 우리에게 하나님의 일을 하라고 말씀하셨습
니다. 그러자 제자들이 물었습니다. "하나님의 일을 어떻게 하는 것
입니까?" 이에 대한 예수님의 대답은 "그리스도를 믿는 것"이었습
니다. 이것이 우리가 해야 하는 하나님의 일입니다.

죄가 들어오기 전 에덴동산에서는 먹고사는 문제를 걱정하지 않
았습니다. 하나님이 모든 것을 책임지셨습니다. 먹을 것이 넘쳤습니
다. 이스라엘 백성이 광야생활을 할 때도 하나님은 그들의 먹고 마
시는 문제를 해결해 주셨습니다. 지금도 마찬가지입니다. 하나님은
우리의 생명을 유지하고 그 생명에 필요한 것을 주십니다.

우리가 할 일은 단 한 가지, 예수님을 믿고 순종하는 것입니다. 내
가 할 일은 많지 않습니다. 그리스도를 믿고 순종하면 됩니다. 그러
나 이 일은 죄악된 인간에게 가장 어려운 일은 예수님입니다.

하나님이 보내신 그리스도를 믿고 그분의 음성에 순종하십시오.
그러면 하나님이 얼마나 기뻐하시는지 체험할 것입니다.

하나님의 의를 믿을 때

이것은 죄 사함을 얻게 하려고 많은 사람을 위하여 흘리는바 나의 피 곧 언약의 피니라 _마태복음 26:28

성경에서 의는 율법에 대해서는 완전한 의요, 인격적인 관계 속에서는 신실함을 의미합니다. 한편 하나님은 공의로운 심판을 하십니다. 하지만 사랑 많으신 하나님의 의는 아브라함과 이삭과 야곱에게 하신 하나님의 언약으로 십자가에서 나타난 구속의 의입니다. 그러므로 하나님의 은혜 언약은 예수 그리스도의 피를 통한 죄 사함입니다. 하나님의 자녀들이 불의할 때, 죄를 범할 때, 하나님과의 언약에 신실하지 못할 때, 하나님께서는 의를 나타내십니다. 바로 예수 그리스도의 보혈로 인한 죄 사함입니다.

그리스도의 보혈을 의지하며 하나님의 언약을 의지하는 자들은 그들의 의로운 행위 때문에 하나님 앞에 당당히 서는 것이 아닙니다. 예수님의 보혈을 통해 죄를 사하시는 하나님의 언약과 그분의 신실하심 때문입니다. 그러므로 바울은 "이 예수를 하나님이 그의 피로써 믿음으로 말미암는 화목제물로 세우셨으니 이는 하나님께서 길이 참으시는 중에 전에 지은 죄를 간과하심으로 자기의 의로우심을 나타내려 하심이니 곧 이때에 자기의 의로우심을 나타내사 자기도 의로우시며 또한 예수 믿는 자를 의롭다 하려 하심이라"(롬 3:25~26)라고 했습니다.

하나님의 의를 믿을 때 그분과의 관계가 회복됩니다. 때로 하나님의 계명을 어기고 실패해도 우리는 하나님과의 관계를 회복할 수 있습니다. 언약에 신실하신 하나님 때문입니다.

작지만 큰 것

베들레헴 에브라다야 너는 유다 족속 중에 작을지라도 이스라엘을 다스릴 자가 네게서 내게로 나올 것이라 그의 근본은 상고에 영원에 있느니라 _미가 5:2

이스라엘 왕이 침략자에게 수치를 당하고 있을 때 미가는 이스라엘을 온전하게 다스릴 메시아가 오신다고 예고했습니다. 미가는 '떡집'이라는 뜻을 지닌 베들레헴의 옛 이름 에브라다를 통해 다윗의 집에서 메시아가 나온다고 알려주었습니다. 베들레헴은 매우 작은 동네로 보잘것없었습니다. 그러나 그곳에서 하나님께서 사람의 몸을 입고 나셨습니다.

사람들은 큰일을 하는 자를 좋아하지만, 하나님은 충성스러운 자를 기뻐하십니다. 사람들은 눈에 띄는 일을 좋아하지만, 하나님은 눈에 띄지 않게 역사하십니다. 사람들은 이 땅에서 영광받길 원하지만, 하나님은 아무도 계산할 수 없는 방법으로 영원한 상을 베푸십니다. 사람은 양을 채우려 하지만, 하나님은 진심과 동기와 성품을 보십니다.

양적으로는 예수님께서 하신 사역이 지금 이 땅의 대형교회 목사들의 사역보다 적습니다. 예수님은 수천 명을 먹였다고 하지만, 지금 유명한 목사들은 수십만, 수백만을 목양한다고 자랑합니다. 그러나 작은 베들레헴에서 나신 분은 소년이 바친 떡과 물고기로 오병이어의 기적을 보이십니다. 그리고 그 행위를 영원한 가치로 만드십니다. 양이 아무리 많아도 영원하지 않다면 의미가 없습니다. 양이 적어도 그 가치가 영원하다면 큰 의미가 있습니다. 이것이 천국의 비밀입니다. 영원한 것을 추구하십시오. 이것이 지혜입니다. "이 세상도, 그 정욕도 지나가되 오직 하나님의 뜻을 행하는 자는 영원히 거하느니라"(요일 2:17).

공의로운 심판의 날은 온다

너희가 이방인 중에서 행실을 선하게 가져 너희를 악행한다고 비방하는 자들로 하여금 너희 선한 일을 보고 권고하시는 날에 하나님께 영광을 돌리게 하려 함이라 _베드로전서 2:12

성도는 땅에 있는 것을 바라거나 정신이 팔려서는 안 됩니다. 성도는 육체와 함께 그 정욕을 십자가에 못 박았습니다. 따라서 땅의 것이 아닌 위의 것을 사모해야 합니다. 우리는 육체의 정욕을 다스리며 하나님의 자녀답게 말하고 행동해야 합니다. 하나님의 "권고하시는 날"이 있기 때문입니다. 그날에 우리를 비방하던 자들이 우리의 선한 일을 보고 하나님께 영광을 돌리게 됩니다. 그날에 하나님께서 우리를 모든 사람 앞에서 인정하십니다.

하나님께서 권고하시는 때가 반드시 옵니다. 우리가 육체의 정욕을 죽이고 하나님의 자녀답게 이 세상을 살면 그날이 임합니다. 그에 하나님께서는 우리의 선한 행실을 기억하시며 그것들을 가장 영광스러운 것으로 갚으십니다. 그날에 우리를 비방하던 자들이 회개하고 하나님께 영광을 돌리며 구원을 얻고 우리에게 감사하게 될 것입니다. 그렇지 않으면 권고하는 때는 그들에게 공의로운 심판의 날이 될 것입니다.

그날은 하나님이 정하십니다. 우리는 권고의 날을 기다리며 육체의 정욕을 다스리고 하나님의 자녀답게 살아야 합니다. 그날이 오기 전에 내 힘으로 억울함을 해결하거나 주님께 불평하거나 주님을 의심하면 패배합니다. 주 하나님이 권고하시는 날이 온다는 것을 믿고 사십시오.

죄가 드러날 때 감사하라

대답하되 주여 없나이다 예수께서 가라사대 나도 너를 정죄하지 아니하노니 가서 다시는 죄를 범치 말라 하시니라 _요한복음 8:11

간음하다 현장에서 잡힌 여인이 많은 사람 앞에 섰습니다. 공개적으로 여인의 죄가 드러난 것입니다. 그러나 예수님께서는 그녀의 죄를 용서해 주셨습니다. 예수님의 권위를 인정하지 않는 사람들도 그랬을까요? 당시 바리새인들은 예수님께서 사람들의 죄를 용서하신 것에 대해 크게 노해 주님을 죽이려 했습니다. 그렇다면 이 여인은 어떻게 예수님에게 받은 죄 사함을 누리며 살 수 있을까요? 예수님이 누구신지 알고 인정하는 것입니다. 그래야 죄 사함의 효력이 있습니다. 만일 그분이 누구신지 모르거나 사람들의 비난을 두려워한다면 그 여인은 죄 사함의 자유를 누릴 수 없습니다.

숨겨진 죄를 용서받았다고 확신한 사람 중에는 그 죄를 반복하는 이들이 많습니다. 반면 공개된 죄를 주 앞에서 회개하고 용서받은 사람은 그 죄를 다시 짓지 않으려 합니다.

주님께서는 믿음이 자라고 더욱 거룩해지기를 원하는 성도의 죄를 드러내십니다. 작은 죄까지 세상에 드러내십니다. 더 험하고 심하게 다루십니다. 그 사람을 사랑하시기 때문입니다. 죄가 세상에 알려졌을 때 기뻐하십시오. 이는 하나님의 특별한 은혜가 내게 임한 것입니다. 죄가 알려지면 그 죄뿐 아니라 자신의 인생 전체를 돌아보면서 지은 죄를 회개하고 오직 주만 의지하십시오. 그리하면 죄 사함을 받은 이 여인처럼 믿음으로 살아갈 수 있습니다.

행위로 예수님을 시인하라

누구든지 사람 앞에서 나를 시인하면 나도 하늘에 계신 내 아버지 앞에서 저를
시인할 것이요 _마태복음 10:32

교회 안에서 예수님을 시인하기는 쉽습니다. 그러나 사회에 나가
서 예수님을 시인하지 못하는 이들이 많습니다. 그들은 자신이 그리
스도인이라는 것을 밝히지 않습니다. 요한복음 12장 42절은 "그러
나 관원 중에도 저를 믿는 자가 많되 바리새인들을 인하여 드러나게
말하지 못하니 이는 출회를 당할까 두려워함이라"라고 말씀합니다.
예수님을 믿지만 사회에서 권력을 잡고 있는 사람들이 두려워 믿지
않는 척하는 이들도 있습니다. 그들 중에는 교회에서는 대단히 믿음
이 좋은 척하며 주님의 제자처럼 행세하는 자가 있을 것입니다.

디도서 1장 16절은 "그들이 하나님을 시인하나 행위로는 부인하
니 가증한 자요 복종하지 아니하는 자요 모든 선한 일을 버리는 자
니라"고 말씀합니다. 이 또한 지금 우리의 모습입니다. 교회에서
는 하나님을 시인하지만, 세상에서는 주님과 상관없이 살아갑니다.
"행위로 부인"한다는 것은 신앙을 분명하게 감춘다는 뜻입니다.

사회생활을 하면서 우리는 예수님과 친하다는 사실을 보여주어야
합니다. 그것이 예수님을 사랑하고 증거하는 삶입니다. 즉, 예수님
의 원수들 앞에서, 예수님을 핍박하려는 자들 앞에서 당당하게 예수
님을 시인해야 합니다. 또한 주를 증거하기 위해 세상 사람들 앞에
서 정직하고 흠 없이 살아야 합니다. 이것이 행위로 예수님을 시인
하는 것입니다.

너희가 내 안에 내가 너희 안에

너희가 나를 사랑하면 나의 계명을 지키리라 _요한복음 14:15

본문 10절을 보면, 아버지는 예수님 안에, 예수님은 아버지 안에 계십니다. 따라서 예수님이 말씀하는 것은 아버지께서 말씀하는 것입니다. 예수님과 아버지는 하나입니다. 그것이 요한복음 14장의 주된 가르침입니다. 예수님께서는 15~21절에서 성령의 오심과 역할, 그리고 우리의 책임을 말씀하십니다. 21절은 아버지와 아들의 관계를 언급하며 예수님을 사랑하는 자는 아버지를 사랑하는 자요, 아버지께서는 독생자 예수님을 사랑하시기에 아들을 사랑하는 자를 사랑하신다고 말씀하십니다.

그리고는 우리에게 성령에 대해 말씀하십니다. 쉬운성경은 이렇게 번역했습니다. "그분이 너희 안에 계시고 너희는 그분 안에 있기 때문에 너희는 그분을 안다." 즉, 하나님과 아들이 하나인 것처럼, 우리는 성령과 하나가 됩니다. 아버지는 예수님 안에, 예수님은 아버지 안에 있습니다. 성령은 우리 안에, 우리는 성령 안에 있습니다. 성령은 우리와 하나입니다. 그래서 예수님은 성령을 우리에게 보내심을 강조하십니다. 성령이 우리에게 임하는 날이 하나님의 궁극적인 뜻이 완성되는 날이기 때문입니다. 그 완성은 예수님의 기도처럼, 아버지와 아들이 하나인 것 같이 우리가 성령을 통해 그분들과 하나가 되는 것입니다. 20절은 우리가 성령과 하나가 되어 주님의 기도가 성취되었다고 알려줍니다. "그날에는 내가 아버지 안에 너희가 내 안에 내가 너희 안에 있는 것을 너희가 알리라"

나의 왕은 누구인가?

그들이 소리 지르되 없이 하소서 없이 하소서 그를 십자가에 못 박게 하소서 빌라도가 이르되 내가 너희 왕을 십자가에 못 박으랴 대제사장들이 대답하되 가이사 외에는 우리에게 왕이 없나이다 하니 _요한복음 19:15

빌라도는 비웃으며 유대인들에게 말합니다. "보라 너희 왕이로다." 그러자 대제사장과 백성은 "우리의 왕은 가이사입니다. 가이사 외에는 우리에게 왕이 없나이다"라고 외칩니다. 공개적으로 "예수는 우리의 왕이 아니라, 세상의 왕 가이사가 우리의 왕"이라고 고백한 것입니다.

누구를 왕으로 모시느냐에 따라 사람의 운명은 달라집니다. 유대인은 예수님을 왕으로 모시지 않아 영원한 저주의 불로 떨어졌습니다. 누가복음 19장 27절에는 예수님의 마음이 분명하게 표현되었습니다. "나의 왕 됨을 원치 아니하던 저 원수들을 이리로 끌어다가 내 앞에서 죽이라"(눅 19:27).

하나님께서는 그분의 아들을 왕으로 모시지 않는 자들에게 자비를 거두시고 엄중한 처벌을 내리실 것입니다. 그들의 어리석음과 완고함이 불쌍하기만 합니다. 그들은 참된 왕을 모시지 않고 주 하나님께 대항합니다. "주 예수께서 자기의 능력의 천사들과 함께 하늘로부터 불꽃 가운데에 나타나실 때에 하나님을 모르는 자들과 우리 주 예수의 복음에 복종하지 않는 자들에게 형벌을 내리시리라"(살후 1:7~9).

아직 예수님을 왕으로 모실 기회가 있습니다. 성도의 입술을 통해 주님은 지금도 간접적으로 말씀하십니다. "여기, 너희의 참된 왕이 있다. 이 왕을 너희 왕으로 모시라."

예수 그리스도의 공동체

너희는 그리스도의 몸이요 지체의 각 부분이라 _고린도전서 12:27

한 지체의 죄악 때문에 공동체가 고통을 당하기도 합니다. 이때 여러 지체가 성령 안에서 연약한 지체를 돌아보면 그 공동체는 살아납니다. 회개하는 역사, 회복하는 역사, 죄의 비참을 보며 경성하면 공동체는 건강하게 자랍니다. "너희가 짐을 서로 지라. 그리하여 그리스도의 법을 성취하라." 그리스도의 법은 사랑입니다. 결국, 회개와 회복과 경성은 그 공동체를 사랑으로 세웁니다. 그리스도 안에서 공동체 의식을 형성하지 않으면 그 공동체는 서로 흉을 보며 판단하며 찢고 미워합니다. 그리고 결국 무너집니다.

공동체 안에서 하나님께서 각자에게 주신 역할을 잘 감당하십시오. 자기 주제를 넘어서지 마십시오. 모든 것을 주장하려 하지 마십시오. 자기 역할만 잘하면 됩니다. 발이 손과 코와 입의 역할을 하면 안 됩니다. 이는 교만이며 스스로 속는 것입니다. 우리에게는 공동체를 위해 주께서 맡기신 역할과 은사가 있습니다. 공동체에서 내가 할 수 있는 특별한 일이 있습니다. 성도는 주께서 맡기신 일에 충성해야 합니다(롬 12:3).

예수 그리스도께서 당신에게 주신 사명은 무엇입니까? 주께서 주신 은사, 재능, 신분, 위치는 무엇입니까? 그것을 알고 주님을 머리로 하는 공동체를 위해 다른 지체의 부족을 채우고 도우며, 함께 짐을 지십시오. 특히 각 지체의 죄성으로 인한 죄악의 문제를 잘 다루기를 바랍니다.

소중한 것을 드리는 용기

세 용사가 블레셋 사람의 군대를 돌파하고 지나가서 베들레헴 성문 곁 우물 물을 길어 가지고 다윗에게로 왔으나 다윗이 마시기를 기뻐하지 아니하고 그 물을 여호와께 부어드리며 _사무엘하 23:16

다윗은 지금 비참한 자리에 있습니다. 실패한 다윗을 두고 많은 사람이 떠났지만, 다윗 곁에 남아 생명을 걸고 충성하는 이들이 있었습니다. 다윗은 비통한 심정 속에서 어릴 때 마신 베들레헴 성문 곁 우물물을 그리워합니다. 이것을 알고 세 용사는 생명을 걸고 그 우물물을 길어왔습니다. 그러나 다윗은 그 물을 먹지 않고 여호와께 부어드립니다. 가장 귀한 것을 드린 것입니다.

세 용사는 어려운 상황에 처한 다윗에게 생명을 바쳤습니다. 다윗이 잘 나갔을 때, 이런 충성심을 보였다면 이것은 다윗을 향한 충성이 아닌 다윗에게 잘 보여 자기 위치를 다지려는 행위일 수 있습니다. 그러나 지금의 충성은 다윗을 향한 것이었습니다. 왜 그들은 다윗에게 충성한 것입니까? 다윗이 하나님께서 기름 부어 세우신 왕이라고 확신했기 때문입니다. 그들이 다윗에게 충성하지 않았다면, 생명의 위협을 감수하지 않았을 것입니다. 이들은 다윗을 향한 충성이 하나님을 향한 것임을 알고 있습니다.

다윗은 세 용사를 마음속에 오래 기억했을 것입니다. 하나님은 다윗이 주께 부은 물을 영원히 기억할 것입니다. 우리 모두 세 용사와 같이 됩시다. 내가 가장 소중하게 여기는 것을 하나님의 발 앞에 부읍시다.

그분의 때에 심은 대로 거두다

자기의 육체를 위하여 심는 자는 육체로부터 썩어진 것을 거두고 성령을 위하여 심는 자는 성령으로부터 영생을 거두리라 _갈라디아서 6:8

심은 대로 거둡니다. 복음의 은혜도 결코 이 원칙에서 벗어나지 않습니다. 우리가 죄 사함을 받은 것도 심은 대로 거두는 원리 안에 있습니다. 육체로 심는 것은 "썩어진 것"을 거둡니다. 즉, 우리 생명이 마칠 때 우리 수고는 사라집니다. 오직 성령을 따라 주님의 구속과 연결된 것만 영원합니다. 성경은 이를 "하나님의 뜻대로 행한 것들"이라고 말합니다.

바리새인은 영원을 보지 않고 이 땅의 영광을 구했습니다. 모세는 믿음으로 세상 영광이 아닌 영원한 영광을 구했습니다. 십자가 도를 위한 고난과 수고와 섬김을 통해 이 영원한 영광을 얻을 수 있습니다. "심은 대로 거두는 것"은 확정되었습니다. 악인이 형통하는 것 같아도 그들은 반드시 악의 열매를 맺습니다. 사탄은 아직 최종 심판을 받지 않았습니다. 그러나 그는 반드시 심판받습니다.

우리는 심은 대로 거둔다는 것을 확신하며 주님께 의탁할 줄 알아야 합니다. 그것이 믿음입니다. 지금 당장 열매를 맺기 원하겠지만 그러려면 시간이 걸립니다. 악한 열매가 심판받는 것도, 선한 열매가 영광을 얻는 것도 때가 있습니다. 그때는 하나님의 손에 있습니다. 그러므로 그때가 '당장'이 아니라고 하나님의 존재, 그분의 사랑과 공의를 의심해서는 안 됩니다. 하나님은 반드시 그분의 때에 심은 대로 거두십니다.

십자가 외에 자랑할 것이 없다

그러나 내게는 우리 예수 그리스도의 십자가 외에 결코 자랑할 것이 없으니 그리스도로 말미암아 세상이 나를 대하여 십자가에 못 박히고 내가 또한 세상을 대하여 그러하니라 _갈라디아서 6:14

갈라디아 교회는 예루살렘에서 온 사람들이 전하는 메시지에 매료되어 할례운동에 동참했습니다. 이 운동은 갈라디아 교회와 예루살렘을 중심으로 복음이 전파된 교회로 퍼져나갔습니다. 많은 사람이 할례운동에 휩쓸리면서 '십자가만으로 받는 구원'을 믿지 않게 되었습니다. 이 운동 뒤에는 거짓 사도의 역사, 나아가 영생을 가리려는 사탄의 음모가 숨겨져 있습니다. 할례운동은 거룩한 운동 같아 보였습니다. 교회를 부흥시키고 사람들이 더욱 하나가 될 것 같았습니다. 할례를 받으니 사람들이 인정하는 것 같았습니다. 그러나 바울은 그들에게 말합니다. "너희들의 겉모습과 열심은 종교적이지만, 마음을 들여다보라. 이것이 십자가를 위함이냐, 아니면 인간을 위함이냐? 그리스도의 영광을 드러냄이냐, 아니면 너희 자신의 영광을 추구함이냐?"

할례운동은 결국 그리스도를 깎아내리고 십자가의 의미를 퇴색시키며 인간의 노력과 열심을 강조하는 범죄입니다. "할례받은 저희라도 스스로 율법은 지키지 아니하고 너희로 할례받게 하려 하는 것은 너희로 육체로 자랑하려 함이니라." 바울은 갈라디아 교인을 향해 전심으로 외칩니다. "그러나 내게는 우리 예수 그리스도의 십자가 외에 결코 자랑할 것이 없나니" 더는 칭찬, 인정, 명예, 자랑 등에 관심이 없다는 것입니다. 바울의 관심은 오직 그리스도께 인정받는데 있습니다. 예수님만을 드러내고 높이는 데 있습니다. 바울은 십자가 외에 자랑할 것이 없었습니다.

십자가 그늘 밑에는 두려움이 없다

내가 내 말을 네 입에 두고 내 손 그늘로 너를 덮었나니 이는 내가 하늘을 펴며 땅의 기초를 정하며 시온에게 이르기를 너는 내 백성이라 말하기 위함이니라 _ 이사야 51:16

염려와 두려움과 공포 속에 사는 이들이 있습니다. 공포에 빠진 사람은 쉽게 정신적인 병자와 영적인 병자가 됩니다. 대부분의 우울증 환자는 염려와 공포가 있습니다. 공포는 한 사회와 공동체를 무너뜨리기도 합니다. 공포는 그 뿌리에 죄가 있습니다. 공포에서 벗어나는 길은 죄의 문제를 해결하고 하나님과의 관계를 회복하는 것입니다. 어떻게 관계를 회복할 수 있습니까? 예수님의 보혈밖에는 없습니다. "이는 그리스도 예수 안에 있는 생명의 성령의 법이 죄와 사망의 법에서 너를 해방하였음이라"(롬 8:2).

그리스도를 아는 자들은 두려움을 이기고 안식과 평강을 누립니다. 세상이 줄 수 없는 평안과 환경을 초월하는 평안이 임합니다. 이는 하늘로부터 오는 부활의 능력입니다. 복음을 체험하는 자는 공포가 사라집니다. 주의 보혈을 향한 믿음을 통해 신비한 부활의 능력이 성도의 마음에 임할 때 공포와 염려가 사라집니다.

복음을 잃은 교회도 공포를 이기기 위해 하나님을 말합니다. 이단도 자신들이 믿는 하나님을, 다른 종교도 자기 신을 찾습니다. 그러나 이사야는 여호와 하나님께 피하지 않으면 우상에게 피한 것이고, 그들은 반드시 멸망한다고 말합니다.

염려라는 영적 질병

너희 중에 누가 염려함으로 그 키를 한 자라도 더할 수 있겠느냐 _마태복음 6:27

염려라는 영적 질병을 주의하십시오. 염려는 하나님을 불신하게 하고 주님이 아닌 환경을 바라보게 합니다. 주님의 사랑의 손길을 느끼지 못하게 합니다. 염려는 우리를 영적 장님으로 만듭니다. 예수님께서는 염려하는 마음을 가시떨기 밭이라고 말씀하셨습니다. 이들은 다른 사람들까지 가시로 찌릅니다. 이런 마음은 복음의 열매를 맺을 수 없습니다. 예수님께서는 "가시떨기에 뿌리웠다는 것은 말씀을 들으나 세상의 염려와 재리의 유혹에 말씀이 막혀 결실치 못하는 자요"(마 13:22)라고 하셨습니다.

요나단 에드워드의 일기를 보면 이런 결심을 하는 내용이 있습니다. "절대로 염려하지 말라. 염려가 올 때마다 속고 있다고 선포하며 주께 더욱 기도하리라. 내 마음을 쳐 복종시키리라. 절대로 염려하지 않으리라. 주여 제 마음을 지켜주소서."

그렇다면 어려운 상황이 왔을 때, 염려하지 말고 무엇을 해야 할까요? 예수님께서는 "먼저 그의 나라와 그의 의를 구하라"고 하셨습니다(마 6:33~34).

주의 나라와 의를 위해 기도하는 것이 염려는 이기는 방법입니다.

죄를 이기는 비결

누구든지 그의 말씀을 지키는 자는 하나님의 사랑이 참으로 그 속에서 온전하게 되었나니 이로써 우리가 그의 안에 있는 줄을 아노라 _요한일서 2:5

죄를 지으면 예수님께 나아가야 합니다. 그분은 완전한 의를 하나님 앞에서 이루셨고 우리 죄를 위해 화목제물이 되셨습니다. 우리는 그분을 통해 죄 사함을 받았습니다.

용서받을 자격이 없는 우리를 용서해 주신 하나님의 사랑과 은혜를 깨달을 때 감사가 넘칩니다. 그리고 신비하게도 그 마음은 더 이상 죄를 짓지 않게 합니다. 이것이 복음의 능력입니다. 두려울 때 죄를 이기는 것이 아니라, 감사할 때 죄를 이깁니다. 이것이 복음의 신비입니다.

공포와 두려움은 죄의 문제를 억제하지만 해결하지는 못합니다. 디모데후서 1장 7절은 "하나님이 우리에게 주신 것은 두려워하는 마음이 아니요 오직 능력과 사랑과 절제하는 마음이니"라고 증언합니다. 탕자의 비유를 보면 탕자는 그를 안아주고 사랑하는 아버지의 사랑을 알고 철이 듭니다. 그리고 아버지의 가슴을 찢는 죄악을 더 이상 저지르지 않습니다. 이처럼 복음은 사랑으로 사람을 변화시킵니다.

우리가 죄성을 이기는 길은 하나님과 교제하는 것입니다. 그분과 사귄다고 하면서 그의 계명을 어긴다면 거짓말하는 것입니다. 하나님께 감사하고 사랑하는 마음이 커지면 커질수록 더욱 온전하게 그의 계명을 지키게 됩니다. 이는 더욱 그리스도를 닮아가는 것을 의미합니다. 우리는 그분을 기쁘게 하려고 그의 계명을 순종합니다. 또한 너무 감사하여 즐거움으로 순종합니다. 결론은 주 하나님께 감사하며 사랑하는 것이 죄를 이기는 비결입니다.

나의 사랑, 예수 그리스도

그 기쁘신 뜻대로 우리를 예정하사 예수 그리스도로 말미암아 자기의 아들들이
되게 하셨으니 _에베소서 1:5

하나님은 예수 그리스도의 아버지십니다. 아버지께서는 그리스도
안에서 신령한 복을 우리에게 주셨습니다. 그 복은 내가 행하고 노
력하여 받은 것이 아닙니다. 그리스도 안에서 받는 것입니다. 그러
므로 나의 싸움은 믿음으로 예수님 안에 거할 것인지의 싸움입니다.
내 안에 계신 그리스도를 인식할 것인지의 싸움입니다. 이는 내가
죽고 내 안에 계신 그리스도로 살 것인가의 싸움입니다.

하나님은 우리를 그리스도의 사랑 안에서 거룩하고 흠이 없게 하
십니다. 그리스도의 능력과 생명이 나 대신 산다면 내 삶은 거룩하
고 흠이 없게 됩니다. 주님께서 나 대신 살게 되는 것은 나의 의지와
결단보다는 그리스도 안에서 하나님의 사랑을 아는 것입니다.

하나님은 우리를 한없이 사랑하십니다. 그러나 우리 죄성이 하나
님의 사랑을 의심하게 합니다. 하지만 하나님의 사랑은 영원합니다.
십자가가 그 사랑의 확실한 증거입니다. 우리는 십자가를 통해 그분
의 사랑의 깊이와 넓이와 높이를 맛봅니다.

하나님은 우리를 자기 자녀가 되게 하셨습니다. 예수 그리스도 안
에서 우리를 양자 삼으셨고 이를 기뻐하십니다. 우리는 그리스도로
인해 그분의 아들이 되었습니다. 그러므로 하나님께서 그리스도를
통해 우리를 보실 때 한없이 사랑스러운 것입니다. 오늘도 그리스도
만을 바라보며 그분을 한없이 사랑합니다.

성령을 통한 하나님의 역사

우리 예수 그리스도의 하나님, 영광의 아버지께서 지혜와 계시의 영을 너희에게
주사 하나님을 알게 하시고 _에베소서 1:17

바울은 하나님께 지혜와 계시의 영을 성도들에게 달라고 기도합
니다. 성령께서는 성경을 가르치십니다. 우리는 성령의 계시와 가르
침으로 하나님의 마음을 압니다. 하나님 마음 가장 깊은 곳에는 복
음이 있습니다. 십자가의 비밀이 있습니다. 가장 깊은 지혜인 예수
그리스도가 있습니다. "오직 하나님이 성령으로 이것을 우리에게
보이셨으니 성령은 모든 것 곧 하나님의 깊은 것까지도 통달하시느
니라"(고전 2:10).

우리는 성령과 성경을 통해서 하나님과 복음을 알게 됩니다. 바울
은 우리가 얻을 기업과 소망을 보기 원했습니다. 기업이란 새 하늘
과 새 땅을 기본으로 하는 상급입니다. 거듭난 자는 누구나 그곳에
들어갑니다. 그러나 바울은 이뿐 아니라 예수님께서 주실 면류관을
말합니다. 그 영광과 풍성함을 기억하며 결코 이 땅에서 소망을 잃
지 말라고 위로합니다.

바울은 성령을 통해 우리에게 주신 능력을 깨닫기를 기도합니다.
날마다 되풀이하는 죄를 이기는 비결은 내가 아닌 내 안에 계시는
성령을 의지하는 것입니다. 생명인 성령의 법으로 살 때 우리는 큰
능력을 얻을 수 있습니다. 하나님의 능력은 성령 안에서 우리에게
이미 주어져 있습니다. 우리가 주께 받은 것이 무엇인지 믿고 알 때
능력이 나타납니다. 우리는 더 받을 것이 없습니다. 이미 우리는 성
령을 받았고 선한 것을 받았습니다. 그래서 바울은 우리가 성령을
인식하기를 기도한 것입니다.

진노 아래 있던 나

전에는 우리도 다 그 가운데서 우리 육체의 욕심을 따라 지내며 육체와 마음의 원하는 것을 하여 다른 이들과 같이 본질상 진노의 자녀이었더니 _에베소서 2:3

이 구절은 구원받기 전의 우리 모습입니다. 양심을 따라 산다며 지독히 방자하고 교만했던 모습입니다. 우리는 공중 권세 잡은 자 밑에 있었습니다. 우리는 하나님을 영화롭게 하지도 감사하지도 않았습니다. 기고만장하여 자기중심적으로 살았습니다. 최고가 되려 했고 경쟁자를 이기려 했습니다. 육신의 정욕과 안목의 정욕과 이생의 자랑을 따라 살면서도 자신을 괜찮은 사람이라고 여기며 드러내고 싶어 했습니다.

가장 큰 허물과 죄는 하나님을 의심하고 내 힘으로 살려고 하는 태도입니다. 그렇게 할 때 우리는 사탄의 노리개가 됩니다. 이런 과거의 상태는 자신이 의식하는 것보다 더 깊게 자리 잡고 있어서 자기도 모르게 죄를 범합니다. 하나님을 대적하면서 자신이 얼마나 큰 죄를 저지르고 있는지 알지 못하는 것입니다. 죄인은 하나님 앞에서 자신의 죄인임을 의식하지 못합니다. 죄인인 것을 의식한다면 그리스도의 생명이 들어온 것입니다. 이제 새 생명을 얻고 나니 과거 내가 진노의 자녀였다는 것을 알게 되었습니다. 거듭난 자는 사탄의 역사에서 빠져나와 우리를 구원하신 하나님의 사랑을 안 자들입니다. 하나님의 경륜의 비밀을 알고 하나님께 찬송과 영광을 돌리는 자들입니다. 그에 걸맞게 사는 것이 합당하지 않겠습니까?

이제 내가 사는 것이 아니다

내가 그리스도와 함께 십자가에 못 박혔나니 그런즉 이제는 내가 사는 것이 아니요 … 나를 사랑하사 나를 위하여 자기 자신을 버리신 하나님의 아들을 믿는 믿음 안에서 사는 것이라 _갈라디아서 2:20

지식적으로 성경을 알지만 예수님은 모르는 이들이 많습니다. 이들은 거듭나지 않았고 예수님의 십자가 구속 사건과 관계가 없습니다. 이들은 예수님을 간디, 석가, 공자 정도로 이해합니다. 복음의 핵심은 예수님께서 "나를 대신하여" 십자가에 돌아가셨다는 것입니다.

누가복음 7장을 보면 죄 많은 여인이 바리새인 시몬의 집에 계시는 예수님을 찾아옵니다. 그녀는 예수님의 발 곁에서 울며 눈물로 그 발을 적시고 자기 머리털로 씻고 그 발에 입 맞추고 향유를 부었습니다. 그 여인은 예수님의 죄 사함을 알고 감사했습니다. 예수님께서 자신을 대신하여 어떤 형량을 받으실 것을 알고 감사로 장례를 치르고 있습니다. 복음 안에 들어온 자의 감사와 사랑의 표현입니다. 하나님께서는 예수 그리스도를 다시 살리셨습니다. 예수님은 하나님의 아들이요 메시아로 그분을 통해 죄 사함을 받는다는 것이 확증되었습니다.

예수 그리스도와 하나님 아버지께서 우리에게 성령을 보내셨습니다. 성령을 통해 그리스도의 생명이 우리에게 임합니다. 이때 그리스도께서는 나를 대신해 사시길 원하십니다. 그러나 많은 사람이 이를 간과하며 깨닫지 못합니다. "예수님께서 나를 대신하여 돌아가셔서 나는 형량을 받을 필요가 없다"는 것을 알고 기뻐하지만, 정작 우리를 대신해 살기 원하시는 그리스도를 알지 못하는 이가 많습니다. 향기 나는 성도가 많지 않은 이유입니다.

세상 영광은 헛되다

그들이 여호와께 범죄하였으므로 르호보암 왕 제오년에 애굽 왕 시삭이 예루살렘을 치러 올라오니 _역대하 12:2

솔로몬은 부귀영화를 누린 왕이었습니다. 그는 금 6백 세겔이 들어가는 방패 2백 개, 금 3백 세겔이 들어가는 방패 3백 개를 만들어 레바논 숲에 있는 궁에 두었습니다. 또한 커다란 상아 보좌를 만들어 순금으로 덮었습니다. 하지만 솔로몬은 얼마 후 왕위를 르호보암에게 물려줍니다. 르호보암은 권력의 힘으로 이스라엘을 다스리려 했지만 베냐민과 유다 지파를 제외한 모든 이스라엘 지파가 반란을 일으켜 이스라엘은 결국 남과 북으로 나뉘게 됩니다. 르호보암이 남유다의 왕이 된 지 5년째, 나라가 견고하고 세력이 강해지자 그는 하나님의 말씀을 버립니다(참조, 대하 12:1). 이에 하나님께서는 애굽 왕 시삭을 통해 예루살렘을 치셨습니다. 이때 남유다는 예루살렘의 모든 보물과 영광을 빼앗깁니다. 성경은 솔로몬의 최고의 영광이며 자랑인 금 방패를 비웃기라도 하듯 언급합니다. "애굽 왕 시삭이 올라와서 예루살렘을 치고 여호와의 전 보물과 왕궁의 보물을 모두 빼앗고 솔로몬이 만든 금 방패도 빼앗은지라"(대하 12:9).

하나님은 진실한 경외를 바라십니다. 이 세상의 영광과 부귀는 잠깐 있다 사라집니다. 솔로몬이 금 방패와 금 보좌가 몇 년 후에 사라질 것을 알았다면 그것을 만들었을까요? 이 땅의 영광이 헛되다는 것을 알았다면 좀 더 하나님을 가까이했을 것입니다. 이 땅의 영광이 지속된다고 착각하며 인생을 허비하는 사람들이 있습니다. 그러나 우리 마음이 주의 말씀을 떠나는 순간, 하나님께서는 땅에서의 영광을 잿더미로 만드십니다. 이것을 기억하며 삽시다.

성령의 역사를 분별하라

그러나 진리의 성령이 오시면 그가 너희를 모든 진리 가운데로 인도하시리니 그가 스스로 말하지 않고 오직 들은 것을 말하며 장래 일을 너희에게 알리시리라 _요한복음 16:13

지금 이 시대는 '성령운동'이라는 명목 아래 악한 운동이 번져가고 있습니다. 그들은 하나님의 계시와 예언을 받았다고 주장합니다. 그러나 이런 영적인 체험을 자랑하는 사람들은 예수 그리스도의 영광을 나타내지 않고 하나님의 복음을 막고 있습니다. 이런 영적 현상은 사탄의 역사이며 덫입니다.

사람들이 종종 필자에게 와서 "영감이 성령이 주신 것인지, 자신의 상상인지, 악령이 준 것인지 어떻게 알 수 있습니까?"라고 질문합니다. 내 답변은 간단합니다. 예수님께서 가장 간단하고 쉬운 안내서를 주셨기 때문입니다. 예수님께서는 "보혜사 곧 아버지께서 내 이름으로 보내실 성령 그가 너희에게 모든 것을 가르치고 내가 너희에게 말한 모든 것을 생각나게 하리라"(요 14:26)고 하셨고, "그러나 진리의 성령이 오시면 그가 너희를 모든 진리 가운데로 인도하시리니 그가 스스로 말하지 않고 오직 들은 것을 말하며 장래 일을 너희에게 알리시리라"(요 16:13)고 하셨습니다. 성령의 역사는 말씀에서 벗어나지 않습니다. 말씀은 순종을 위해 주신 것입니다. 따라서 성령의 역사는 우리를 그리스도의 말씀에 순종해 거룩하게 합니다.

예수 그리스도가 아닌 인간을 영화롭게 하는 종교 체험을 주의하십시오. 그 영적 현상이 예수님을 영화롭게 하는지 확인하십시오. 교회를 혼란하게 하고 주의 영광을 떨어뜨린다면, 이는 사탄의 역사입니다. 최종 분별 기준은 "그 아들의 형상을 본받게 하는가"(롬 8:29)입니다.

영적 전쟁에서 승리하는 법

십자가의 도가 멸망하는 자들에게는 미련한 것이요 구원을 얻는 우리에게는 하나님의 능력이라 _고린도전서 1:18

성도라면 두 가지를 기억해야 합니다.

첫째, 하나님의 주권을 믿는 것입니다. 믿음은 하나님의 지혜, 인격, 권능, 사랑을 믿는 것으로서 유익을 줍니다. 성도로서 하나님의 주권을 믿지 못하면 위기를 당했을 때 넘어집니다. 바르게 신앙생활을 할 수도 없습니다.

둘째, 사탄의 역사가 순간마다 있다는 사실입니다. 우리에게는 원죄라는 죄성이 있습니다. 우리는 사탄이나 자신 속의 죄성을 이길 수 없습니다. 오직 보혈의 능력으로만 이길 수 있습니다. 복음의 능력은 보이지 않는 영적 세계 속에서 실제로 역사합니다. 성령의 역사를 체험하면 놀라운 변화가 나타납니다. 사탄과 싸워 승리하고 죄성을 이깁니다. 복음의 능력을 아는 자들은 하나님의 능력을 통해 가정과 교회, 사회를 변화시킵니다.

사탄과의 싸움은 영적 전쟁입니다. 하나님께서는 영적 전쟁에서 승리하도록 우리에게 영적 무기를 주셨습니다. 사탄의 존재와 실제 악의 역사마저도 믿음으로 사는 주의 자녀들에게 유익을 줍니다. 모든 것이 합력하여 선을 이루기 때문입니다. 사람은 실패할 수 있어도 만사를 주관하시는 하나님은 실패할 수 없는 분이십니다.

마지막 출애굽

이스라엘 집 자손을 북방 땅, 그 모든 쫓겨났던 나라에서 인도하여 내신 여호와
의 사심으로 맹세할 것이며 그들이 자기 땅에 살리라 하시니라 _예레미야 23:8

예레미야는 하나님의 계시를 통해 유다와 예루살렘 성이 바벨론
에 의해 멸망할 것을 알고는 몹시 슬퍼했습니다. 그 비참함 속에서
예레미야는 회복의 복음을 전합니다. 메시아에 관한 것으로 "그날"
이 온다는 것입니다. 그날은 다윗에게서 "한 의로운 가지"가 일어나
는 날입니다. 의로운 가지는 왕이 되어 공평과 정의를 행하고 지혜
를 나타낼 것입니다 그날에 모든 주의 백성은 평안을 얻고 그 왕은
"여호와 우리의 의"라 일컬음을 받게 됩니다. 이분이 바로 예수님이
십니다. 멸망이 코앞에 있는 상황에서, 하나님께서는 예레미야를 통
해 당신의 백성에게 '죄가 제거된 아름다운 주의 나라'를 바라보게
하셨습니다. 이 땅에서 실패한 나라는 메시아에 의해 다시 회복되어
완성될 것입니다.

'여호와 우리의 의'는 죄 문제를 해결하는 가장 중요한 주제입니
다. '여호와 우리의 의'로서 완전히 멸망한 유다와 예루살렘은 회복
되어 원래 의도대로 완성됩니다. 로마서 3장에 의하면 '여호와 우리
의 의'는 그리스도께서 십자가에서 우리 죄를 담당하신 것을 말합니
다. 또한 주께서 이루신 완전한 의를 믿는 자에게 거저 주시는 은혜
를 말합니다. 우리도 의롭게 되고 예수 그리스도를 믿는 우리를 의
롭다 칭하시는 하나님도 의로우신 것을 '여호와 우리의 의'라고 정의
합니다(참조, 롬 3:23~26). 하나님의 백성은 죄 때문에 멸망했습니다.
그러나 그 죄의 문제를 하나님께서 해결하실 날이 옵니다. 바로 다
윗의 가지에서 나오는 의로운 가지가 오는 날입니다. 그리고 그날은
이미 도래했습니다.

하나님께로 돌아와
천국의 기쁨을

죄를 해결하는 오직 한길, 십자가

술객이 많아지는 세상

개들과 점술가들과 음행하는 자들과 살인자들과 우상숭배자들과 및 거짓말을
좋아하며 지어내는 자는 다 성 밖에 있으리라 _요한계시록 22:15

성경에는 "술객들"(점술가들)이 나옵니다. 애굽의 바로 왕은 술객
을 종종 불러서 꿈이나 징조를 해석해 미래를 점쳤습니다. 출애굽기
를 보면 술객들도 하나님의 기적을 두세 번 흉내 냈습니다(참조, 출
7:11, 22). 그러나 하나님의 기적을 계속 따라 하지 못해 결국 바로는
항복하게 됩니다. 이때 술객들은 "이는 하나님의 권능이라"고 고백
합니다(참조, 출 8:19). 바벨론제국의 왕들은 박수, 술객, 점쟁이, 술
사에게 나랏일을 자문했습니다(단 2:2). 요한계시록을 보면 술객들은
영원한 유황불에 들어갑니다(계 21:8, 22:15).

출애굽기 7장 22절, 8장 7절, 8절의 술객들은 히브리어로 '벨라티
히임'입니다. 이 단어는 '라트'라는 단어의 복수형에 '~으로'라는 전
치사가 붙은 것입니다. '라트'는 히브리어로 '마법', '요술', '신비', '비
법'입니다. 술객도 초자연적인 일을 행합니다. 이들도 병자를 낫게
합니다. 그러나 그들은 악령의 힘으로 기적을 만들어 냅니다.

앞으로 세상은 술객이 많아질 것입니다. 심지어 교회 안에서도 술
객들이 그리스도의 이름으로 마술을 할 것입니다. 아니, 이미 하고
있습니다. 성경을 가까이하며 더욱 깨어 있어야 할 때입니다.

어디서 힘을 얻어야 하나?

목공은 금장색을 격려하며 망치로 고르게 하는 자는 메질꾼을 격려하며 이르되
땜질이 잘 된다 하니 그가 못을 단단히 박아 우상을 흔들리지 아니하게 하는도
다 _이사야 41:7

하나님을 대항하는 사람들은 두려움 때문에 하나가 되려고 합니다. 영원하고 전능하신 하나님을 친구, 구원자, 주인으로 모시지 못했으니 항상 두려움으로 가득 차 있습니다. 가인은 하나님과 관계가 깨어진 후 놋 땅으로 가서 성을 쌓았습니다(창 4:16~17). 두려움에서 벗어나기 위해서입니다. 또한 누구도 믿을 수 없어 세력을 만들기 위해서입니다. 이때 가인과 함께하던 자들은 "힘을 내라"고 격려하며 하나가 되었습니다. 누군가가 나에게 "힘을 내라"고 말하면 좋아합니다. 그러나 이 말은 하나님으로 인해 힘을 내라는 것이 아닙니다. 그들이 힘을 서로 북돋워 주는 것은 우상으로 나아가자는 것입니다.

우리는 어디서 힘을 얻으려 합니까? 혹시 사람입니까? 하나님을 향하지 않고 우상을 향해, 세상을 향해, 자신의 뭔가를 쌓기 위해 "서로 힘을 내자"고 격려하지는 않습니까? 우리 힘은 오직 여호와께로부터 나와야 합니다. 그리고 그 힘과 위로는 다시 여호와 하나님의 뜻을 이루는 데 사용되어야 합니다. 이사야는 다음과 같이 노래합니다. "오직 여호와를 앙망하는 자는 새 힘을 얻으리니 독수리가 날개치며 올라감 같을 것이요 달음박질하여도 곤비하지 아니하겠고 걸어가도 피곤하지 아니하리로다"(사 40:31). 지칠 때마다, 근심될 때마다, 두려울 때마다 오직 참 능력과 위로와 힘을 주시는 주 여호와 하나님께 나아가시기 바랍니다.

인간은 결코 하나님이 될 수 없다

내가 또 보니 보좌와 네 생물과 장로들 사이에 한 어린양이 서 있는데 일찍이 죽임을 당한 것 같더라 그에게 일곱 뿔과 일곱 눈이 있으니 이 눈들은 온 땅에 보내심을 받은 하나님의 일곱 영이더라 _요한계시록 5:6

영원한 말씀이신 성자 하나님께서는 동정녀 마리아를 통해 이 땅에 오셔서 하나님이자 사람이 되셨습니다. 성자 하나님께서는 그분의 '위격(Person)' 안에 완전한 신성과 인성을 소유하셨습니다. 이때 주께서 입으신 몸은 부활체는 아니었습니다. 부활체는 십자가 구속을 마친 후에 얻으셨습니다. 그리고 부활 승천해 영광을 얻으신 주님은 만유의 주요, 만왕의 왕이신 인자로서 가장 아름다운 이름을 얻으시고 모든 보이지 않는 것들과 보이는 것들로부터 영원히 주로 인정받으셨습니다.

신성과 인성은 분리됩니다. 신학에서 중요한 개념 중 하나가 창조주와 피조물 구분입니다. 즉, 인간은 완전해지고 영원한 존재가 되어도 하나님과 구분되며 구별된다는 것입니다. 인간은 결코 하나님이 될 수 없습니다. 이는 신성과 인성의 영원한 구별을 의미합니다. 그러나 예수 그리스도의 위격 안에서는 이 두 속성이 조화를 이룹니다. 특히 부활하시고 인자로서 영광을 입으신 후에는 신성과 인성은 분리되면서도 통일되었습니다. 이것은 우리로서는 알 수 없는 신비입니다. 에베소서 1장 10절은 영원한 말씀이 이 땅에 오신 궁극적인 목적이 "하늘에 있는 것이나 땅에 있는 것이 다 그리스도 안에서 통일되게 하려 하심이라"고 합니다.

부활체, 즉 피조물의 영원성! 지금 우리 몸과는 다른 부활체는 과연 어떤 몸일까요? 성도가 가져야 할 소망이 부활체입니다.

전가와 전이

우리가 항상 예수의 죽음을 몸에 짊어짐은 예수의 생명이 또한 우리 몸에 나타
나게 하려 함이라 _고린도후서 4:10

신학에서 '전가(Imputation)'는 중요한 개념입니다. 성도는 예수님
을 믿음으로 그분과 연합되어 그분의 의는 믿는 자에게, 성도의 죄
는 그분에게 전가됩니다. 따라서 예수님 안에 있는 성도는 의인입니
다. 이는 예수님의 완전한 의가 법적으로 성도에게 전가되었기 때문
입니다. 또한 예수님께서 우리의 죗값을 십자가에서 대신 치르셨기
때문에 예수 안에 있는 자는 죗값을 치르지 않아도 됩니다.

그런데 교회에서 '전이(Impartation)'를 잘 말하지 않습니다. 신사도
운동은 안수를 통한 전이 현상을 말함으로 전이를 심하게 왜곡했습
니다. 가톨릭은 영세를 받으면 거듭나게 되어 거룩한 생명이 전이된
다고 가르칩니다. 이에 개신교에서는 전이를 위험하게 보고 등한시
했습니다. 그 결과 성도의 삶이 잘 변화되지 않았습니다. 즉, 전가로
인한 즐거움은 누리지만 전이로 나타나는 생명의 성령의 법은 놓치
고 말았습니다.

전이는 예수님의 생명이 성령을 통해 우리에게 임했다는 사실을
나타내는 신학 용어입니다. 거듭난 자는 예수님의 생명, 즉 영생을
소유한 자로서 그리스도의 생명을 우리 믿음을 통해 삶으로 나타내
야 합니다(참조, 갈 2:20).

성도는 거룩한 예수 그리스도의 생명을 전이 받은 하나님의 자녀
입니다. 이 생명이 없다면 성도의 삶은 세상 사람과 다를 바가 없습
니다.

하나님 나라와 십자가

예수께서 대답하시되 진실로 진실로 네게 이르노니 사람이 물과 성령으로 나지
아니하면 하나님 나라에 들어갈 수 없느니라 _요한복음 3:5

　예수님은 하나님 나라를 선포하심으로 공생애를 시작하셨고(마 4:17; 막1:15) 그것을 사명으로 여기셨습니다(눅 4:19, 43). 거듭나야 들어가는 하나님 나라는 어떤 곳입니까? 하나님의 주권이 행사되고 법과 공의가 실현되는 곳입니다.

　성경을 자세히 읽어보면 '땅'을 강조합니다. 이는 왕의 백성이 영원히 머물 피조물의 세계를 나타냅니다. 피조의 세계를 다스릴 왕은 사람입니다. 첫째 사람이며 왕인 아담이 사탄에게 패배하면서 이 땅에서 하나님 나라를 이루지 못했습니다. 그러나 예수 그리스도께서는 새 인류의 왕이 되셔서 하나님 나라를 이 땅에 세우셨습니다. 성령으로 거듭난 자는 새 인류가 되어 하나님 나라의 백성이 됩니다. 그리스도의 보혈과 성령에 의해 우리는 거듭납니다. 그 거듭남으로 우리는 하나님의 통치에 들어갑니다. 따라서 예수 그리스도의 통치에 순복하지 않는 거듭남은 없습니다. 하나님 나라는 하나님을 대적하는 세력을 향해 전쟁하고 심판합니다. 그러나 예수 그리스도를 모신 자들에게는 하나님 나라가 임합니다.

　그리스도께서 재림하실 때 하나님 나라가 완성됩니다. 그때는 하나님을 대적할 세력이 없습니다. 모든 피조물이 그리스도 안에서 하나님 나라를 이룰 것입니다. 에덴에서 시작한 하나님 나라가 결국 우주적인 차원에서 완성될 것입니다.

야망을 버리고 그리스도의 소망을

그 후에 내가 내 영을 만민에게 부어 주리니 너희 자녀들이 장래 일을 말할 것이며 너희 늙은이는 꿈을 꾸며 너희 젊은이는 이상을 볼 것이며 _요엘 2:28

그리스도인은 소명을 잃으면 세상 사람들에게 치여 쓰러집니다. 그러나 복음의 소명을 받고 살아가면, 하나님께서 그와 함께하십니다. 주께서 부르신 소명을 위해 일하면 성령께서 그와 함께하십니다.

믿음은 하나님께서 주신 꿈을 가질 때 성장합니다. 꿈이 있으면 영혼이 소성하고 꿈을 잃으면 목적을 잃고 방황합니다. 주님이 주신 소명이 있는 사람은 어떤 상황에서도 하나님을 위해 일합니다. 요엘은 성령이 임하는 날에 주의 백성이 장래 일을 말하며 꿈을 꾸며 이상을 볼 것이라고 말했습니다. 이런 소명과 소망을 말하는 것은 이 세상에 대적과 고난과 죄악이 가득할 것을 암시하는 것입니다.

당신은 야망으로 살아갑니까, 소명으로 살아갑니까? 야망은 자신을 위해 공동체를 희생시킵니다. 다른 사람을 이기려 악착같이 삽니다. 수단과 방법을 가리지 않고 자신의 힘과 영역을 확장하려 합니다. 끝없는 경쟁 심리가 그들의 마음과 삶을 다스립니다. 그러나 소명이 있는 사람은 자신이 죽고 남을 살립니다. 양보가 있고 덕이 있습니다. 공동체, 마을, 민족과 나라를 살립니다. 야망의 사람과 소망의 사람은 삶의 열매로 구별할 수 있습니다.

혼합주의를 경계하라

대제사장 힐기야가 서기관 사반에게 이르되 내가 여호와의 성전에서 율법책을 발견하였노라 하고 힐기야가 그 책을 사반에게 주니 사반이 읽으니라 _열왕기하 22:8

요시야 왕은 율법책을 읽고 눈물을 흘리며 회개합니다. 그 후 정치력을 동원해 종교개혁을 했습니다. 이때 가장 먼저 우상을 없앴습니다. 혼합주의와 종교 다원화를 거부한 것입니다. 우상을 섬기던 제사장은 자격을 박탈하고 우상으로 인한 부패, 특히 성적인 부패를 척결했습니다. 산당을 제거하고 이방 종교를 흉내 내던 악습을 타파했습니다. 무당과 점쟁이 등, 사탄의 중개자들을 제거했습니다. 그리고 유월절을 지켰습니다(참조, 왕하 23장). 현재 이 땅의 많은 교회가 멸망을 향해 달려가는 이스라엘과 유다 백성과 비슷합니다. 물론 성경은 적그리스도가 오기 전에 배도가 있다고 했으니 놀랄 일은 아닙니다. 우리는 우리 가족, 교회, 나라가 배도하지 않도록 막아야 합니다. 요시야의 종교개혁 정신을 밀고 나가야 합니다. 다른 종교에 대해 호의적인 어리석은 목자들이 있습니다. 하나님을 모독하는 일입니다. 종교 다원화에 빠진 이들은 다른 종교에도 구원이 있다고 말합니다. 이런 주장은 예수님 십자가의 도와 귀신 벨리알의 교훈이 같다고 주장하는 것과 같습니다.

성경은 하나님 외에 이 땅의 종교와 제사와 섬김을 가증하게 여깁니다. 그리스도를 통한 예배 외의 모든 종교의식은 궁극적으로 사탄과 연결되어 있기 때문입니다. 그래서 바울은 우리에게 혼합주의에 빠지지 않도록 간곡하게 당부한 것입니다(참조, 고후 6:14~16).

우리를 감격시키는 하나님

그날 밤에 왕이 잠이 오지 아니하므로 명령하여 역대 일기를 가져다가 자기 앞에서 읽히더니 _에스더 6:1

사탄은 주의 백성을 멸절시키려고 모든 수단을 동원합니다. 사탄은 그의 졸개들을 시켜 쉬지 않고 교회를 공격합니다. 모르드개와 에스더는 구약의 참 교회를 대표하는 인물입니다. 그들은 바사(페르시아)에서 포로로 살면서도 믿음을 잃지 않았습니다. 사탄은 하만을 시켜서 아하수에로의 마음을 사로잡고 하나님의 백성을 멸절하려고 했습니다. 하지만 하나님은 악인이 승리할 것 같은 순간, 역전의 일을 시작하십니다. 위 구절이 바로 그것입니다.

하만은 모르드개를 처형할 사형대를 만들어 놓고는 신나서 잠을 이루지 못합니다. 반면 바사 왕은 하나님의 간섭에 잠이 들지 못합니다. 결국, 그는 오래전 일기를 꺼내 읽게 되고 그 속에서 자신의 생명을 구해준 모르드개를 잊고 있다는 사실을 발견합니다. 하나님의 타이밍입니다. 그 순간 모르드개와 하나님의 백성은 멸망의 낭떠러지에서 평강의 반석으로 옮겨졌습니다. 반면 하만은 멸망으로 떨어지게 되었습니다. 하나님은 살아계십니다. 믿음으로 주를 의지하고 순종하며 주의 편에 서는 자들을 하나님은 절대 포기하지 않으십니다. 반드시 부활의 승리를 예비하시고 그 믿음에 복을 베푸십니다. 세상이 어둡고 비리가 승리하는 것 같고, 거짓 종교와 이단이 활개 쳐도 흔들리지 마십시오. 살아계신 하나님께서 완벽하게 역사를 운영하십니다. 언제나 우리를 감격하게 하는 하나님의 역사를 바라봅시다.

주의 말씀을 듣는 기쁨

복되도다 당신의 사람들이여 복되도다 당신의 이 신하들이여, 항상 당신 앞에
서서 당신의 지혜를 들음이로다 _역대하 9:7

스바 여왕은 지혜를 듣기 위해 솔로몬을 찾아갔습니다. 지혜는 하
나님이 선물로 주신 것입니다. "누구든지 내(지혜)게 들으며 날마다
내 문 곁에서 기다리며 문설주 옆에서 기다리는 자는 복이 있나니
대저 나를 얻는 자는 생명을 얻고 여호와께 은총을 얻을 것임이니
라"(잠 8:34~35).

마르다와 마리아는 예수님을 사랑했습니다. 마리아는 예수님 발
앞에 앉아 주의 음성을 듣는 것을 가장 큰 기쁨으로 삼았습니다. 한
편 일에 바쁜 마르다는 주의 발 앞에 앉아 말씀을 듣는 마리아에게
짜증을 냈습니다. 그러자 예수님은 하나님의 백성이 무엇으로 기쁨
을 얻어야 하는지 알려주셨습니다. "마르다야 마르다야 네가 많은
일로 염려하고 근심하나 몇 가지만 하든지 혹은 한 가지만이라도 족
하니라 마리아는 이 좋은 편을 택하였으니 **빼앗기지 아니하리라**"(눅
10:41~42).

더욱이 예수님께서는 스바 여왕이 솔로몬을 찾아온 사건을 언급
하시며 주의 음성을 듣는 자들이 솔로몬보다 더욱 복되다 하셨습니
다. "심판 때에 남방 여왕이 일어나 이 세대 사람을 정죄하리니 이는
그가 솔로몬의 지혜로운 말을 들으려고 땅 끝에서 왔음이거니와 솔
로몬보다 더 큰 이가 여기 있느니라"(마 12:42).

마리아처럼 주님 발 앞에 앉아 주의 지혜와 생명의 음성을 들을
때, 우리는 기쁨을 누릴 수 있습니다. 만일 이 기쁨을 놓친다면, 복
을 잃는 것입니다.

네 행복을 위해

네 하나님 여호와를 경외하여 그의 모든 도를 행하고 그를 사랑하며 마음을 다하고 뜻을 다하여 네 하나님 여호와를 섬기고 내가 오늘 네 행복을 위하여 네게 명하는 여호와의 명령과 규례를 지킬 것이 아니냐 _신명기 10:12~13

주께서는 "네 하나님 여호와를 경외"하고 "마음을 다하고 뜻을 다하여 주 여호와 하나님을 사랑"하기를 원하십니다. 이렇게 살 때 우리는 그분의 도를 행하게 됩니다. 위 구절에서 특이한 것은 "네 행복을 위하여" 하나님의 명령과 규례를 지키라고 말한 점입니다. 행복해지기를 바란다면, 하나님의 명령을 지키라는 말씀입니다.

신명기 11장 16절은 "너희는 스스로 삼가라 두렵건대 마음이 미혹하여 돌이켜 다른 신들을 섬기며 그것에게 절하므로 여호와께서 너희에게 진노하사…… 너희가 여호와께서 주신 아름다운 땅에서 속히 멸망할까 하노라"라고 경고합니다.

멸망하지 않으려면 주님 한 분만 사랑해야 합니다. 오직 예수 그리스도를 최고로 여기고 그분을 대신하려는 거짓 그리스도를 경계해야 합니다. 그것이 주 하나님을 기쁘게 하는 일입니다.

사랑하는 부부도 투닥거릴 때가 있습니다. 그러나 서로 오직 상대만을 사랑하고 바라보면 문제가 되지 않습니다. 하나님 한 분만을 나의 주로 모시기 바랍니다. 그분이 보내신 그리스도와 연합하여 사랑하며 순종하며 살기 바랍니다. 이렇게 사는 것이 우리의 본분이고 가장 큰 행복입니다.

너를 사랑하기 때문에

> 여호와께서 다만 너희를 사랑하심으로 … 자기의 권능의 손으로 너희를 인도하여 내시되 너희를 그 종 되었던 집에서 애굽 왕 바로의 손에서 속량하셨나니
> _신명기 7:8

신명기 7장부터 9장을 보면 이스라엘 백성은 완고하고 교만하고 여호와를 거역했습니다(신 9:7, 13, 24). 하나님은 그들에게 복을 주면 그들이 하나님을 잊지 않을까 걱정하셨습니다. 그들은 하나님을 잊으면 다른 신을 섬겼습니다. 이는 멸망으로 가는 무서운 죄악입니다. 이에 모세는 하나님을 잊어버리면 "너희가 반드시 멸망할 것이다"(신 8:19~20)라고 강조합니다.

그럼에도 하나님은 이스라엘 백성에게 "마침내 네게 복을 주려 하심"은 아무런 이유가 없고 단지 그들을 속량하셨기 때문이라고 말씀하십니다. 사실 주 하나님께서는 이스라엘을 "다만 너희를 사랑하심"으로 택하셨습니다. 그들은 알지 못하지만, 하나님은 하나님께서 아브라함과 이삭과 야곱과 맺은 언약 때문에 그들을 택하셨습니다.

우리를 택하신 것은 창세 전에 하나님 안에서의 언약 때문입니다. 주께서는 우리를 광야에 두시고 시험하며 낮추십니다. 안타깝게도 우리는 이스라엘 백성처럼 거역하고 교만하고 불순종합니다. 그러나 하나님께서는 때가 되면 광야에 있던 우리를 약속하신 땅으로 이끄십니다. 우리를 복된 곳으로 인도하시는 하나님께 감사합시다.

미움에 속지 말고 사랑 안에 거하라

형제들아 세상이 너희를 미워하여도 이상히 여기지 말라 _요한일서 3:13

우리가 하나님께 속해 있으면, 사탄에게 속한 자가 우리를 미워합니다. 사랑에 속하였을 때는 미움에 속한 자가, 의에 속하였을 때는 불의에 속한 자가, 빛에 거할 때는 어둠에 거하는 자가 우리를 미워합니다. 세상이 우리를 미워할 때 이상하게 여기지 마십시오. 사람들이 우리를 섭섭해 할 때 그 마음을 모두 풀어줄 필요는 없습니다. 모든 사람의 비위를 맞추려는 착한 사람들이 있습니다. 성품이 좋아서기도 하지만 누구에게도 미움을 받지 않으려 하기 때문입니다. 주님은 이런 행동을 원하지 않으십니다. 성경은 모든 사람이 당신을 좋아하면 당신은 위선자 또는 간교한 자일 가능성이 크다고 말씀합니다. "모든 사람이 너희를 칭찬하면 화가 있도다 그들의 조상들이 거짓 선지자들에게 이와 같이 하였느니라"(눅 6:26).

우리가 주님께 충성할 때 누군가 우리를 미워해도 화내지 마십시오. 누군가가 나를 미워할 때 그 미움에 넘어지지 않도록 조심하십시오. 미움이 나를 다스리면 사탄에게 속는 것입니다(참조, 요일 2:9~11).

사탄은 가정, 교회, 사회에 미움의 씨를 뿌립니다. 미움과 증오에 빠지도록 합니다. 이때 깨어 있지 못한 영혼은 사탄의 밥이 되어 미움의 노예가 되고 증오 가운데 행동하게 됩니다. 미움에 빠지는 길은 가인의 길을 걷는 것입니다. 그리스도인은 하나님의 사랑으로 어둠에서 빛으로, 죽음에서 생명에 들어간 이들입니다. 미움에 속지 말고 언제나 사랑 안에 거하십시오.

위험한 길을 막으시는 하나님

아기스가 다윗을 불러 그에게 이르되 여호와께서 살아계심을 두고 맹세하노니
네가 정직하여 내게 온 날부터 오늘까지 네게 악이 있음을 보지 못하였으니 나
와 함께 진중에 출입하는 것이 내 생각에는 좋으나 … _사무엘상 29:6

　다윗은 부하들을 데리고 사울을 피해서 나발이라는 사람의 양 떼
를 돌보았습니다(참조, 삼상 25장). 나발이 추수를 맞아 양털을 깎을
때 부하들이 배고파하자 다윗은 나발에게 부탁을 합니다. 그러자 나
발은 다윗과 하나님을 조롱하고 모독합니다. 이에 격분한 다윗은 무
력으로 나발을 심판하고자 합니다. 이 사실을 알고 나발의 아내 아
비가일이 지혜로 다윗 왕의 범죄를 막아줍니다(참조, 삼상 25:28~31).
범죄를 막으시는 하나님의 섭리를 보며 다윗은 주님을 찬양합니다
(참조, 삼상 25:32~33).

　다윗이 사울을 피해 시글락에 숨었을 때도 하나님은 그의 범죄를
막으셨습니다(참조, 삼상 29장). 다윗을 만난 블레셋 아기스 왕은 다
윗의 충성을 믿고 그를 아낍니다. 그러던 중 이스라엘과 블레셋이
전쟁하게 됩니다. 블레셋 왕은 다윗에게 블레셋을 위해 싸워달라고
했고 다윗은 그 부탁에 응했습니다. 그러나 하나님은 블레셋 장군들
을 통해 다윗이 그 전쟁에 나가는 것을 막으셨습니다. 동족 이스라
엘 사람들과 전쟁하는 것을 허락하지 않으신 것입니다. 만일 다윗이
이스라엘 백성과 전쟁을 치른다면 얼마나 하나님께 불명예가 되는
일이겠습니까? 자녀가 위험한 길로 갈 때 부모가 달려와 아이의 길
을 막듯이 하나님께서는 우리를 보호해 주십니다.

예수님을 메시아로 믿는 자

맹인이 보며 못 걷는 사람이 걸으며 나병환자가 깨끗함을 받으며 못 듣는 자가 들으며 죽은 자가 살아나며 가난한 자에게 복음이 전파된다 하라 _마태복음 11:5

예수님은 자신이 메시아라고 분명하게 천명하셨습니다. 그분은 이사야 선지자가 메시아가 어떤 일을 하실 것인지에 예언한 것을 친히 이루셨습니다(참조. 사 29:18~19; 35:5~6; 61:1~3). "그때에 맹인의 눈이 밝을 것이며 못 듣는 사람의 귀가 열릴 것이며 그때에 저는 자는 사슴같이 뛸 것이며 말 못하는 자의 혀는 노래하리니 이는 광야에서 물이 솟겠고 사막에서 시내가 흐를 것임이라"(사 35:5~6).

세례 요한과 사람들이 예수님이 메시아인지 의심하자 예수님은 자신이 하는 행적을 보고 그리스도로 믿으라고 당부하셨습니다. 예수님은 표적으로서 하나님 나라가 임했음을 나타내셨습니다. 그리고 그 절정은 가난한 자에게 복음이 전파되는 것입니다. 심령이 가난한 자에게 복음이 전파되는 것은 예수님이 메시아임을 입증하는 표적이었습니다.

예수님과 그분의 사역, 특히 십자가의 대속을 보며 "이분이 바로 하나님이 보내신 메시아"라고 고백하며 그 믿음을 붙드는 자는 하나님 나라에 속하는 복 있는 자입니다. 그들은 영생과 하나님 나라를 얻습니다. 이것이 하나님의 새 언약이며 복음입니다.

시험 가운데 믿음을 지켜라

너희 믿음의 확실함은 불로 연단하여도 없어질 금보다 더 귀하여 예수 그리스도께서 나타나실 때에 칭찬과 영광과 존귀를 얻게 할 것이니라 _베드로전서 1:7

사람은 상황 가운데 하나님 앞에서 순종하거나 불순종합니다. 순종이냐 불순종이냐에 따라 전 우주적인 상황은 계속 바뀝니다. 하나님이 없는 자들은 언제나 순종하지 않고 주의 백성은 순종하기도 하고 안 하기도 합니다. 인간의 순종과 불순종 때문에 여러 상황이 만들어집니다. 그런데 이를 다스리고 인도하시는 분은 하나님입니다. 모든 상황은 하나님의 주권 아래 있습니다.

우리는 상황을 허락하시는 하나님의 뜻과 그 상황 속에서 믿음으로 서 있는지 확인해야 합니다. 믿음은 고난을 통해 진짜인지 가짜인지 드러납니다. 진짜 믿음으로 판명되면 주님께서 영광 받으시며 인정하십니다. 이때 참 믿음은 내 의지력의 산물이 아닙니다. 자기 도취나 자기 확신, 세뇌, 긍정적인 사고도 아닙니다. 참된 믿음은 십자가의 구속에 대한 믿음이요, 인격적으로는 예수 그리스도를 믿는 믿음입니다. 즉, 성령이 함께하시는 믿음이 진짜 믿음입니다. 이 믿음은 어떤 고난에서도 하나님의 사랑을 믿습니다. 참된 믿음은 어떤 환난과 소요 속에서도 흔들림이 없이 주를 향해 순종하며 나아갑니다.

세상이 혼잡합니다. 앞으로 이 세상은 소요에 빠질 수도 있습니다. 그러나 우리는 두렵지 않습니다. "그러나 이 모든 일에 우리를 사랑하시는 이로 말미암아 우리가 넉넉히 이기느니라"(롬 8:37) "무릇 하나님께로부터 난 자마다 세상을 이기느니라 세상을 이기는 승리는 이것이니 우리의 믿음이니라"(요일 5:4).

원수를 만나거든 주님께 기도하라

나는 가난하고 궁핍하오니 하나님이여 속히 내게 임하소서 주는 나의 도움이시
요 나를 건지시는 이시오니 여호와여 지체하지 마소서 _시편 70:5

다윗 주변에는 원수가 많았습니다. 사울 왕은 평생 다윗의 목숨을 노렸고 주변 나라 이방인들은 다윗을 깎아내리며 그를 위협했습니다. 다윗은 자기 주변에는 "나의 영혼을 찾는 자", "나의 상함을 기뻐하는 자"가 있으며, "아하, 아하 하는 자들"이 있다고 고백합니다.

믿음의 사람들 주변에도 그들의 생명과 재산을 해하려는 사람, 비방하고 위협하고 삶의 의욕을 꺾는 사람, 믿음의 사람들이 겪는 고통과 재난과 슬픔을 즐거워하는 사람들이 있습니다. 특히 복음을 위해 살려고 할 때 사탄의 세력은 더욱 믿는 자들을 공격하고 비방 거리를 찾습니다. 과거까지 들추고 작은 실수까지 과장해 비방합니다. 그러나 주님께서는 십자가를 통한 '도움과 구원'을 약속하셨습니다. 그래서 다윗은 "주는 나의 도움이시며 나의 반석이시요 나를 건지시는 자"라고 고백합니다. 다윗은 하나님의 성품을 의지하며 기도했습니다. 자신의 죄악을 용서하시는 하나님의 자비와 오실 메시아의 대속을 의지하며 기도했습니다. 주의 영광을 위해 주께서 친히 원수들을 심판하시고 주의 종들을 신원해 달라고 간곡히 기도드렸습니다.

원수를 만나거든 주님께 기도합시다. 주의 자녀를 도우시며 구원해 달라고 기도하며 원수가 회개하고 그리스도 안에서 하나가 되게 해 달라고 기도해야 합니다. 이런 기도를 드릴 때 주님이 응답하십니다. 주께서 친히 주의 영광을 나타내십니다.

거룩한 손으로 기도하라

그러므로 각처에서 남자들이 분노와 다툼이 없이 거룩한 손을 들어 기도하기를
원하노라 _디모데전서 2:8

바울은 어떤 기도가 응답받지 못하는지 알려주었습니다.

첫째, 기도하는 손이 거룩하지 않으면 응답되지 않습니다. 죄를
품고 기도를 드리면 응답하지 않습니다. 죄를 조장하거나 부추기는
기도도 마찬가지입니다. 하나님은 거룩한 손으로 기도할 때 응답하
십시오. 우리 손이 더럽다면, 먼저 회개하고 손을 거룩하게 씻으십
시오.

둘째, 분노 가운데 기도하면 응답하지 않습니다. 헬라어 원어로
분노의 뜻은 '미움과 증오'입니다. 저주하고 미워하는 마음으로 기도
하면 응답되지 않습니다.

셋째, 다툼으로 기도하면 응답하지 않습니다. 다툼의 원어 의미는
'마음속의 의심 때문에 갈등하는 상태'를 말합니다. 두 마음을 품고
의심하는 기도는 응답하지 않습니다. 물론 우리는 하나님의 뜻을 다
알 수는 없습니다. 하나님의 높으신 뜻을 헤아리지 못할 때가 훨씬
많습니다. 하나님을 의심하지 않는다는 뜻은 하나님께서 가장 좋은
것으로 내 기도를 이루신다는 믿음과 확신입니다. 열심이나 간절함
때문에 기도에 응답하는 것이 아닙니다. 예수님의 보혈과 그분의 당
하신 고통 때문에 응답하는 것입니다.

기도의 응답을 위해서 먼저 회개와 함께 성령의 충만을 구하십시
오. "구하는 자에게 성령을 주시지 않겠느냐." 오직 성령 충만한 가
운데 죄와 분노와 의심을 버리고 주의 뜻에 따라 기도할 때, 하나님
께서 응답해 주실 것입니다.

하나님께로 돌아와 천국의 기쁨을   265

예배의 주인공은 누구인가?

또 안식일에 쓰기 위하여 성전에 건축한 낭실과 왕이 밖에서 들어가는 낭실을
앗수르 왕을 두려워하여 여호와의 성전에 옮겨 세웠더라 _열왕기하 16:18

예배의 주인공은 하나님이십니다. 구원받은 자들이 하나님의 은
혜와 사랑과 희생을 감사하며 자신이 가진 최상의 것을 드리는 것
이 예배입니다. 아하스 왕은 여호와 앞에서 악을 행했습니다(왕하
16:2). 그는 다른 종교의 행위를 따랐습니다. 자기 아들까지 불태워
죽이면서 몰렉 종교를 따랐습니다(왕하 16:3). 그는 하나님이 아닌
군사력이 강한 앗시리아의 왕 디글랏빌레셀을 의지했습니다. 어느
날 아하스 왕이 디글랏빌레셀을 만나기 위해 다메섹으로 갔다가 이
방 제단을 보게 됩니다. 그는 이방 신전과 제단이 부러워 이를 본떠
서 여호와의 성전 및 예배 형식을 바꿨습니다. 우리야는 아하스 왕
의 명령에 따라 성전과 예배 형식을 모두 바꾸었습니다. 우리야의
행동은 하나님이 아닌 앗시리아 왕에게 잘 보이기 위한 것이었습니
다. 힘 있는 자, 돈 있는 자, 인기 있는 자를 즐겁게 하려고 예배를
바꾼 것입니다.

사탄은 거짓 예배를 만들기 위해 형식을 비성경적으로 조작합니
다. 우리는 예배 형식의 동기와 정신을 확인해야 합니다. 그렇지
않으면 사람만 즐겁게 하는 예배를 드리게 됩니다. 예배는 존귀하
고 위대하고 전능하며 거룩하신 주님을 만나는 시간입니다. 오늘
본문을 묵상하며 어떤 마음으로 예배를 드려야 하는지 돌아보기 바
랍니다.

새 생명을 의식하며 사는 삶

만일 너희 속에 하나님의 영이 거하시면 너희가 육신에 있지 아니하고 영에 있
나니 누구든지 그리스도의 영이 없으면 그리스도의 사람이 아니라 _로마서 8:9

예수님께서는 잃어버린 자를 찾아 구원하기 위해 이 땅에 오셨습니다(눅 19:10). 그분은 멸망에 처한 자들을 위해 십자가에서 돌아가셨습니다. 우리는 십자가와 부활의 메시지인 복음과 함께 우리를 부르시는 하나님의 음성을 듣고 예수님을 영접하게 됩니다. 반면, 육에 속한 자는 복음을 들어도 받아들이지 않습니다. 혈과 육으로 난 자들은 하나님 나라를 유업으로 받을 수 없습니다. 그러나 물과 성령으로 난 자들은 그리스도의 생명을 소유하고 하나님 나라를 유업으로 받습니다.

하나님께서는 아브라함에게 맹세로 보증하시기를 "또 네 씨로 말미암아 천하 만민이 복을 받으리니 이는 네가 나의 말을 준행하였음이니라"(창 22:18)고 하셨습니다. 그 씨는 예수 그리스도이십니다. 누구든지 예수 그리스도를 영접하는 자, 그 이름을 믿는 자들은 하나님의 자녀가 되는 권세를 얻게 됩니다. 예수님을 구주와 메시아와 왕으로 모신 이들이 하나님의 자녀입니다. 이는 그리스도 안에 하나님의 생명이 숨겨져 있기 때문입니다. 이 모든 일은 오직 성령으로 분별할 수 있습니다.

하나님의 자녀는 육이 아닌 성령에 속해 삽니다. 자기 생각이 아닌 성경과 성령을 따라 삽니다(롬 8:4~9). 그리고 하나님의 자녀임을 확신하게 됩니다. 그들은 자신 안에 존재하는 그리스도의 생명인 새 생명을 의식하며 자아를 부인하고 성령에 이끌려 살아갑니다.

고난이 주는 선물

당신들은 나를 해하려 하였으나 하나님은 그것을 선으로 바꾸사 오늘과 같이 많은 백성의 생명을 구원하게 하시려 하셨나니 _창세기 50:20

믿음이 없이는 하나님을 기쁘게 할 수 없습니다. 우리는 하나님의 살아계심과 그분을 찾는 자에게 상주시는 분이심을 믿어야 합니다. 우리는 종종 짧은 안목에서 기도하고 응답을 받았다고 기뻐하기도 합니다. 그러다가 주께서 우리 기도에 응답하시지 않으면 시험에 들기도 합니다. 특히 복음의 원수들이 사라지길 기도했는데 그 기도가 응답되지 않으면 더욱 낙심합니다. 요셉은 그러지 않았습니다. 그는 자기에게 일어나는 모든 어려움이 복과 선을 이루시는 위대한 하나님의 섭리라고 고백합니다.

인생 속에서 고난의 문제는 다루기 어려운 부분입니다. 그러나 고난은 신앙생활에서 신비한 부분이기도 합니다. 고난을 받을 때 믿음이 성장합니다. 더 놀라운 것은 주께서 사랑하고 사용하려는 사람은 언제나 고난의 과정을 거친다는 것입니다.

인생의 고난은 우리 마음에 있는 불순물과 의심과 어리석음을 표면에 드러나게 하고 그것을 걷어내는 과정이기도 합니다. 죄성이 빚은 잘못된 삶을 고치려면 고난이 필요합니다. 인생의 폭풍우를 지나야 주님의 품성을 닮아갑니다. 감당하기 어려운 시련을 믿음과 인내로 이기면 성품이 진주처럼 변합니다. 우리는 연단을 통해 하나님 나라와 주님을 의지하게 됩니다. 고난과 시련을 믿음으로 이기고 나온 자들은 강한 믿음의 능력을 얻습니다.

'지금'이라는 순간을 주님 안에서 누리라

또 다윗이 이르되 여호와께서 나를 사자의 발톱과 곰의 발톱에서 건져내셨은즉 나를 이 블레셋 사람의 손에서도 건져내시리이다 사울이 다윗에게 이르되 가라 여호와께서 너와 함께 계시기를 원하노라 _사무엘상 17:37

사탄은 하나님께서 우리를 쓰지 못하도록 끊임없이 유혹합니다. 사탄의 유혹으로 낙망과 좌절에 빠졌을 때, 포기하고 주저앉으면 쓰임받지 못합니다. 골리앗이라는 큰 벽을 만난 이스라엘이 좌절하고 있을 때 다윗이 나서 골리앗을 물리칩니다. 그가 승리한 비결은 지금껏 함께하신 하나님을 기억했기 때문입니다. 그는 골리앗의 등장을 하나님을 경험할 기회로 보았습니다. 어려울 때 주를 바라보며 주께서 과거에 어떻게 일으켜 세우고 도우셨는가를 기억하면 우리는 좌절을 이길 수 있습니다. 그리고 그 시간을 하나님의 사랑을 체험하는 기회로 만듭니다.

골리앗에 맞서 싸우겠다는 다윗의 도전은 결코 충동이나 만용이 아니었습니다. 골리앗과의 결투는 이스라엘의 운명을 결정하는 싸움이었습니다. 인간적으로 생각한다면, 골리앗과 맞서 싸우는 것은 무모한 것입니다. 그러나 다윗은 살아계신 하나님의 군대를 모욕하고 능멸하는 골리앗을 그냥 두고 볼 수 없었습니다. 그는 지금까지 역사해 오신 신실하신 하나님께서 반드시 자신과 함께하실 것을 믿고 용감하게 골리앗 앞에 섰습니다. 그 결과 물맷돌로 골리앗을 제압하고 이스라엘에 승리를 안겨주었습니다.

'지금'이라는 순간을 주님 안에서 누리십시오. 주안에 거하는 자는 언제나 평강을 누립니다.

그리스도 안에서 친구가 되라

우리가 보고 들은 바를 너희에게도 전함은 너희로 우리와 사귐이 있게 하려 함이니 우리의 사귐은 아버지와 그의 아들 예수 그리스도와 더불어 누림이라 _요한일서 1:3

사도 요한은 사귐을 중요하게 생각했습니다. 예수께서도 우리를 구원하시는 목적이 '사귐'임을 그분의 기도에서 보여주셨습니다(참조, 요 17장). 복음을 받아들인 성도는 사귐에 목표를 둡니다. 형제와의 사귐이 있기 전에 아버지 하나님과 그 아들 예수님과의 사귐이 있어야 합니다. 이 사귐이 모든 사귐의 뿌리가 됩니다. 그 이후 우리는 다른 지체와 사귐을 갖습니다.

성경은 그리스도 안에서 친구를 만드는 것을 중요하게 여깁니다. 사도 요한은 영원하고 참된 사귐은 오직 그리스도 안에서 친구가 되는 것이라고 말합니다. 교회 안에서 다른 이유로 친구를 만드는 이들이 있습니다. 성경은 이를 당 짓는 것이라 표현했습니다. 그리스도 때문이 아니라 다른 목표 때문에 신앙생활을 하는 것입니다. 이들은 자신의 영광을 구하기 위해, 이기심을 채우기 위해, 교회 안에서 권력을 잡기 위해 친구를 만들려고 합니다. 예수님께서는 이런 사귐을 매우 싫어하십니다. 우리는 하나님 나라와 그 나라가 확장되기를 바라는 마음으로 그리스도 안에서 친구가 되어야 합니다. 이것이 성도의 참된 교제입니다.

위기 때 드러나는 믿음

사울이 가로되 번제와 화목제물을 이리로 가져오라 하여 번제를 드렸더니 _사무
엘상 13:9

사울의 아들 요나단이 블레셋의 진을 공격하자 블레셋은 군사를 모아 이스라엘을 공격하려고 믹마스에 진을 쳤습니다. 전차 3만 대, 기마병 6,000명의 블레셋에 이스라엘 군대는 무서워 뿔뿔이 도망칩니다. 동굴, 나무숲, 바위틈, 웅덩이와 우물에 숨어 결국 600명의 군사만 남았습니다.

사울은 사무엘을 기다렸지만 7일이 지나도 오지 않았습니다. 상황은 급박했고 소망이 없었습니다. 그때 사울 왕은 번제와 화목제물을 드리면 하나님께서 도울 거로 생각했습니다. 결국 제물을 준비해 제사를 드렸습니다. 상황이 급하다는 것을 핑계 삼아 자신이 제사장이 되고 선지자가 된 것입니다. 후에 사무엘이 오자 사울은 "내가 …… 부득이하여 번제를 드렸나이다"(삼상 13:12)라고 말합니다.

사무엘은 하나님의 마음을 느끼며 주의 음성을 사울에게 전했습니다. "왕이 망령되이 행하였도다 왕이 왕의 하나님 여호와께서 왕에게 내리신 명령을 지키지 아니하였도다 …… 지금은 왕의 나라가 길지 못할 것이라"(삼상 13:13~14).

믿음은 평상시에는 드러나지 않다가 위기 때 드러납니다. 하나님을 믿는 자는 위기 속에서도 흔들리지 않고 주님의 뜻을 기다립니다. 그러나 믿음이 없는 자는 하나님의 때를 기다리지 못하고 인간적인 방법과 수단을 동원합니다. 나는 위기 앞에 어떤 사람입니까?

오직 여호와만이 나의 기업

내 심령에 이르기를 여호와는 나의 기업이시니 그러므로 내가 그를 바라리라
하도다 _예레미야애가 3:24

하나님께서는 선택하지 않는 자들은 가만두셨다가 때가 되면 심판으로 쓸어버리십니다. 하나님께서는 자기 백성을 세상 사람들과 다르게 대하십니다. 그분의 자녀가 주를 향한 경외함을 잃을 때 그들의 방자함과 완고함을 꾸짖으십니다. 그 꾸짖음은 고난, 부끄러움, 궁핍으로 나타납니다. 그러나 그 고난으로 우리는 하나님이 실체이고 그분 말고는 허상임을 깨닫게 됩니다. 이것을 깨달을 때 그는 회개하고 돌아와 더는 죄를 저지르지 않게 됩니다. 하나님의 사랑을 알면 고난은 문제가 되지 않습니다. 주의 사랑만으로 모든 것이 충족되기 때문입니다. 주님 한 분이면 충분합니다.

바울은 복음을 전하다가 로마 감옥에 갇혔습니다. 그 안에서 바울은 결핍과 배고픔, 조롱과 외로움을 겪습니다. 바울은 외적으로 볼 때, 죄를 짓고 감옥에 갇힌 자와 다를 바가 없습니다. 그러나 내적으로 풍요를 누리는 비결을 알고 있습니다. 즉, 예수 그리스도 안에서 자족의 비결입니다. 주님은 죄로 인해 징계를 받는 자들도 그리스도 안에서 자족하는 비결을 깨닫게 되기를 바라십니다. 그 비결을 깨닫게 되면 하나님의 매가 축복이라는 것을 알게 됩니다. 오늘 예레미야는 말로 표현할 수 없는 고통을 이기는 승리의 비결, 축복의 비결을 선포합니다. 그 비결은 욥의 고백처럼 "오직 여호와만이 나의 기업입니다"라고 고백하는 것입니다.

하나님께서 평강을 허락하시는 자

··· 여호와께서 어찌하여 우리에게 오늘 블레셋 사람들 앞에 패하게 하셨는고
여호와의 언약궤를 실로에서 우리에게로 가져다가 우리 중에 있게 하여 그것으
로 우리를 우리 원수들의 손에서 구원하게 하자 하니 _사무엘상 4:3

하나님은 이스라엘 백성이 주께로 온전히 돌아오길 원하셨지만
그들은 주님을 멀리하고 우상에 빠졌습니다. 그 결과 블레셋과의 전
쟁에서 4,000명이 죽습니다. 이때 이스라엘 백성은 "어찌하여" 하
며 탄식합니다. 그러나 이런 상황에서도 그들은 하나님의 마음을 읽
지 못하고 하나님께 악한 일을 합니다. 하나님과의 관계를 회복하기
보다 하나님의 능력만 이용하려 합니다. 그들은 언약궤를 들고 전쟁
에 나가면 승리하리라 생각합니다. 그리고는 언약궤를 들고 자신만
만해 신이 나서 나갔습니다. 그러나 결과는 참혹했습니다. 무려 3만
명이 죽게 됩니다.

이스라엘 백성이 주께 돌아온 때는 하나님이 간섭해 블레셋에게
빼앗겼던 언약궤가 기럇여아림 마을로 돌아왔을 때입니다. 그곳에서
하나님께서는 비참하고 부끄럽게 죽은 엘리 대제사장 대신에 아비나
답의 아들 엘리아살을 대제사장으로 세우고 언약궤를 지키게 하십니
다. 사무엘은 모든 이스라엘 지파에게 선포합니다. "이방 신들과 아
스다롯을 너희 중에서 제하고 너희 마음을 여호와께로 향하여 그만
섬기라 너희를 블레셋 사람의 손에서 건져내시리라"(삼상 7:3).

이 사건 직후 이스라엘은 미스바에서 블레셋과 싸워 큰 승리를 거
둡니다. 그제야 이스라엘 땅에는 평강이 임합니다. 이스라엘 장로들
이 물었던 "어찌하여?"에 대한 하나님의 답변은 명확합니다. 하나님
을 향해 마음을 모으고 그분만 사랑하는 것입니다.

눈을 지켜 거룩함을 보존하라

그리하면 이것이 너를 지켜서 음녀에게, 말로 호리는 이방 여인에게 빠지지 않게 하리라 _잠언 7:5

음녀는 '아첨하는 말로 유혹하는 이방 여인'입니다. 이방이라는 뜻은 거짓 종교를 나타내는 용어로서 그 당시 바알이나 아스다롯 신을 말합니다. 즉, 음녀는 우상 신전에서 음행하던 창기들입니다. 음녀는 하나님의 백성을 거짓 신에게 인도하여 믿음을 파괴하였습니다. 잠언은 눈을 지키는 것과 음녀를 멀리하는 것은 연결되어 있다고 말합니다. 성도가 눈을 지키지 못하면 문제가 생깁니다.

7장의 결론은 마음을 우상 신에게 빼앗기지 않도록 지혜를 의지하여 눈을 보호하라는 것입니다. 예수님은 말씀하셨습니다. "만일 네 오른 눈이 너로 실족하게 하거든 빼어 내버리라 네 백체 중 하나가 없어지고 온몸이 지옥에 던져지지 않는 것이 유익하다"(마 5:29). 또한 "눈은 몸의 등불이니 그러므로 네 눈이 성하면 온몸이 밝을 것이요 눈이 나쁘면 온몸이 어두울 것이니 그러므로 네게 있는 빛이 어두우면 그 어둠이 얼마나 더하겠느냐"(마 6:22~23). 사도 요한도 안목의 정욕이 죄를 부른다고 했습니다.

눈을 조심하십시오. 세상의 화려함에서 눈을 떼십시오. 우리 마음을 세상과 음녀에게로 향하게 하는 오락 프로그램, 책, 인터넷, 동영상, 음담패설 등을 피하십시오. 그렇지 않으면 우리 인생은 망가집니다. 나아가 예수 그리스도의 은혜를 부끄럽게 만드는 자가 될 것입니다. 눈이 더럽히지 않도록 눈을 지켜 우리 마음을 거룩하게 보존하십시오.

음행의 길에서 나오라

> 대저 사람의 길은 여호와의 눈앞에 있나니 그가 그 사람의 모든 길을 평탄하게
> 하시느니라 _잠언 5:21

성경에서 크게 잘못 번역한 곳이 있다면 위 구절입니다. '평탄'이라고 번역함으로써 독자들은 악한 길을 걷는 자가 평탄하게 된다고 오해합니다. 오역의 이유는 원어 '팔레스'의 의미가 '저울', '균형'이기 때문입니다. '평평하게 하였다', '평탄하게 하였다'라는 뜻으로 앞뒤 문맥을 고려하지 않고 제멋대로 해석한 것입니다. 그러나 21절의 내용은 문맥으로 볼 때 남자가 무엇을 하는지 하나님이 아시고 그가 가는 길에 대해 저울로 재어보고 심판하신다는 뜻입니다. 즉, 음녀에게 몰래 가도 하나님이 아시고 반드시 징계한다는 뜻입니다.

잠언 5장은 음행하는 자들에게 경고합니다. 음행은 비밀스럽지만, 하나님은 아십니다. 그리고 그 죄악에 대해 반드시 쓴 열매를 거두십니다. 쓴 열매는 명예를 잃는 것(5절), 무자비한 자의 손에 넘어가는 것(9절), 수고한 것들을 다 빼앗길 것(10절), 안정된 재물과 가정과 삶을 다 잃게 될 것(10절), 이를 가는 비참 가운데 떨어질 것(11절), 모든 자의 손가락질을 받으며 얼굴을 들 수 없을 것(11절), 평생 망신을 당할 것(14절), 죄에 사로잡혀서 음행의 죄성이 평생을 따라다닐 것(22절), 언제나 음행의 밧줄로 자유롭지 못할 것(22절), 영원히 멸망하게 될 것(23절)입니다. 이에 지혜자는 음녀를 멀리하라고 권합니다. 그녀의 달콤한 말과 친절에 속지 말라고 경고합니다. 더 늦기 전에 음행에서 나오십시오. 정결하고 순결한 삶을 사십시오. 온 마음과 삶을 예수 그리스도께 드리고 정결한 마음과 몸으로 사십시오.

끊어야 할 자들과 결연히 헤어지라

하나니의 아들 선견자 예후가 나가서 여호사밧 왕을 맞아 이르되 왕이 악한 자를 돕고 여호와를 미워하는 자들을 사랑하는 것이 옳으니이까 그러므로 여호와께로부터 진노하심이 왕에게 임하리이다 _역대하 19:2

유다 왕 여호사밧은 믿음의 사람입니다. 그는 백성의 삶을 돌아보며 백성이 여호와 하나님께 돌아오도록 했습니다. 하지만 그에게는 사람의 비위를 맞추는 단점이 있었습니다. 그는 북이스라엘의 왕 아합과 동맹을 맺었습니다. 아합이 죽은 후에는 아하시야 왕과 교제했습니다. 아하시야도 아합 왕만큼 하나님 앞에서 악한 자였습니다. 그럼에도 여호사밧은 그와 함께 일을 도모하여 다시스로 가는 큰 배를 만들었습니다. 그러나 하나님께서는 그 배를 파선시켜 수고를 헛되게 하셨습니다(참조, 대하 20:35~38).

여호사밧이 아합과 함께 아람 나라와 길르앗 라못에서 전쟁을 치를 때 아합은 죽고 여호사밧은 간신히 목숨을 건집니다. 이때 하나님께서는 예후를 보내어 여호사밧을 꾸짖으셨습니다. "왕이 악한 자를 돕고 여호와를 미워하는 자들을 사랑하는 것이 옳으니이까" 이때 여호사밧은 회개하고 돌아서야 했지만 그러지 않았습니다.

혹시 나도 여호사밧과 같지 않습니까? 세상에서 살아가기 위해 하나님께서 싫어하는 자들과 가깝게 지내지 않습니까? 죄에 빠지게 하는 사람과 여러 형편 때문에 교류하지 않습니까? 신앙의 정절을 지키십시오. 하나님이 보시기에 악한 자들과 멀리하십시오. 그래야 하나님의 축복과 영광이 우리에게 있습니다. 여호사밧을 향한 주 여호와 하나님의 경고를 종교 다원화로 나아가는 이 시대의 교회가 들어야 합니다. 그렇지 않으면 하나님의 심판이 한국교회와 나라에 반드시 임할 것입니다.

탐욕을 부리는 자를 멀리하라

이제 내가 너희에게 쓴 것은 만일 어떤 형제라 일컫는 자가 음행하거나 탐욕을 부리거나 우상숭배를 하거나 모욕하거나 술 취하거나 속여 빼앗거든 사귀지도 말고 그런 자와는 함께 먹지도 말라 함이라 _고린도전서 5:11

고린도 교회는 용서와 관용이라는 이름으로 교회에 죄악이 자라나는 것을 방치했습니다. 이를 바울은 '누룩'이라고 표현하며 이 누룩을 제거해야 순전하고 진실한 교회가 될 수 있다고 부르짖습니다. 교회 안에서 죄악된 사람들을 멀리하고 피해야 합니다. 바울은 음행하는 자, 탐욕을 부리는 자, 속여 빼앗는 자, 우상숭배자, 모욕하는 자, 술 취하는 자들과 거리를 두라고 합니다.

'탐욕을 부리는 자'를 멀리하라는 바울의 당부를 통해 그가 얼마나 교회를 거룩하고 순결하게 하려 했는지 알 수 있습니다. 탐욕을 부린다는 것은 주로 물질에 대한 욕심입니다. 넓게는 육신의 정욕과 안목의 정욕과 이생의 자랑을 탐하는 것입니다. 세상과 교회 안에서 권력을 탐하는 자, 유명해지기를 탐하는 자, 인기를 탐하는 자, 돈을 탐하는 자, 개인적인 유익을 탐하는 자를 멀리해야 합니다.

하나님은 교회에 악이 없기를 바라십니다. 교회와 성도는 작은 죄라도 마음속에 품은 자들을 향해 그 죄가 싫다고 분명히 표시해야 합니다. 성도와 교회는 세상과 구별되어 거룩함을 향해 나아가야 합니다.

하나님께서 얼굴을 돌리시면

그들은 하나님께 제사하지 아니하고 귀신들에게 하였으니 곧 그들이 알지 못하던 신들, 근래에 들어온 새로운 신들 너희의 조상들이 두려워하지 아니하던 것들이로다 _신명기 32:17

하나님께서는 모세에게 이스라엘의 미래를 말씀해 주셨습니다. "내가 그들의 조상들에게 맹세한바 젖과 꿀이 흐르는 땅으로 그들을 인도하여 들인 후에 그들이 먹어 배부르고 살찌면 돌이켜 다른 신들을 섬기며 나를 멸시하여 내 언약을 어기리니"(신 31:20). 이스라엘이 형통의 길을 걷다가 다른 신을 섬길 것에 대해 모세도 죽기 전에 경고했습니다.

한국교회는 형통의 세월을 지나다가 지금은 다른 종교의 신들을 인정하는 혼합주의로 나가고 있습니다. 종교 다원화운동은 그리스도의 복음을 막고 멸망하는 운동입니다. 영생의 문을 막는 운동입니다. 하나님은 말씀하셨습니다. "내가 내 얼굴을 그들에게서 숨겨 그들의 종말이 어떠함을 보리니 그들은 심히 패역한 세대요 진실이 없는 자녀임이로다"(신 32:20).

하나님을 망각하는 것은 저주입니다. 하나님께서 얼굴을 돌리시면 우리는 하나님을 만날 수 없습니다. 세상의 부귀와 인정과 명예를 다 얻어도 하나님의 얼굴을 뵙지 못하면 그것은 저주입니다. 하나님께서는 "나 외에 다른 신을 섬기지 말라"고 경고하셨습니다. 즉, 거짓 신과 타협하거나 우상을 섬겨서는 안 됩니다. 예수 그리스도와 그분의 십자가만 붙들고 감사하며 주 하나님만 예배해야 합니다. 이것이 율법의 대강령입니다.

하나님께로 돌아와 천국의 기쁨을

네 마음의 두려움과 눈이 보는 것으로 말미암아 아침에는 이르기를 아하 저녁이 되었으면 좋겠다 할 것이요 저녁에는 이르기를 아하 아침이 되었으면 좋겠다 하리라 _신명기 28:67

하나님을 두려워하지 않는 자들은 어느 날 하나님의 심판을 겪게 될 것입니다. 그날이 되면 생명이 있다는 것이 그들에게는 큰 고통이 될 것입니다. 특히 영원한 불못에서 살아야 하는 것이 무한한 고통이 될 것입니다.

하나님과 함께한다는 확신이 없으면 평강이 사라집니다. 하나님과 함께하는 즐거움을 잃는 이유는 불순종과 죄 때문입니다. 죄로 인해 잠시 돈과 권력과 명예와 인기를 쌓을 수는 있습니다. 그러나 하나님과의 관계는 깨어집니다. 그러면 무엇을 하든 만족이 없고 불편할 것입니다. 지옥을 간접적으로 맛볼 것입니다. 회개하고 돌아오지 않고는 불편해서 살 수 없을 것입니다.

하지만 죄악을 지으면서도 평강을 누리는 자들이 있습니다. 그들은 분명 버림받은 자들입니다. 그들은 하나님과 상관없는 자들입니다. 삶이 너무 고통스러워 아침이 되면 저녁을 기다리고, 저녁이 되면 아침을 기다릴 날이 그들에게 올 것입니다.

하나님께로 돌아와 천국의 기쁨을 맛보십시오. 다시는 죄로 인한 비참과 초조함과 저주와 궁핍으로 떨어지지 마십시오. 그러면 하나님께서 든든한 아버지가 되어 주셔서 참 평안을 주실 것입니다.

'오직 예수'
'오직 성경'으로

영적 전쟁에서 승리하는 법

점치는 자를 멀리하라

네가 쫓아낼 이 민족들은 길흉을 말하는 자나 점쟁이의 말을 듣거니와 네게는
네 하나님 여호와께서 이런 일을 용납하지 아니하시느니라 _신명기 18:14

악령을 접하여 예언하는 거짓 선지자들은 가증한 자들입니다. 성
경은 "점쟁이나 길흉을 말하는 자나 요술하는 자나 무당이나 진언자
나 신접자나 박수나 초혼자를 너희 가운데 용납하지 말라"(10~11절)
고 여러 번 명합니다. "네가 쫓아낼 이 민족들은 길흉을 말하는 자나
점쟁이의 말을 듣거니와 네게는 네 하나님 여호와께서 이런 일을 용
납하지 아니하시느니라"(14절). 점쟁이를 찾는 것은 그리스도인에게
는 있어서는 안 될 일입니다.

주의 백성은 하나님이 세우신 선지자의 말을 들어야 합니다. 이
스라엘이 멸망한 이유는 하나님께서 세우신 선지자를 멸시하고 거
짓 선지자의 말을 들었기 때문입니다. 거짓 선지자는 "하나님이 전
하라고 명령하지 아니한 말을 제 마음대로 내(하나님의) 이름으로 전
하는"(20절) 자들입니다. 모세는 그리스도를 증거했습니다(요 5:46).
모세가 말한 '하나님이 세우시는 선지자'는 예수님을 의미합니다(행
3:23; 히 1:1~2).

거짓 선지자가 하는 말은 근거가 없습니다. 우리에게 유일한 근거
는 성경입니다. 그러므로 성경에 없는 내용을 하나님의 이름으로 거
짓 예언을 하는 자의 말을 듣지 마십시오. 이들은 악한 자들입니다.
성령의 이름으로 예언기도를 하는 자들이 있습니다. 거짓 선지자일
수 있으니 경계하십시오. 진정한 그리스도인은 미래를 점쳐주는 거
짓 예언자의 입에서 나오는 말에 따라 살지 않습니다. 어디로 가야
할지 몰라도 오직 주 예수님을 믿고 의지하며 삽시다.

9월 2일

거짓 선지자를 분별하라

너는 용서 없이 그를 죽이되 죽일 때에 네게 먼저 그에게 손을 대고 후에 뭇 백
성이 손을 대라 _신명기 13:9

성경은 거짓 선지자를 증오합니다. 거짓 선지자는 좁은 길, 즉 예
수 그리스도와 그분을 보내신 하나님만을 드러내지 않고 인간을 높
이거나 다른 종교와 신들을 받아들이게 합니다. 이들은 하나님의 백
성이 하나님께 마음을 쏟지 못하도록 미혹하고 그분과의 언약을 저
버리게 합니다. 사탄과 마귀의 역사는 인간의 이성을 초월합니다.
그들은 거짓 선지자에게 초자연적인 능력을 주었습니다. 그들의 초
자연적인 기적과 놀라운 현상에 현혹되지 마십시오.

거짓 선지자를 쉽게 분별할 수 있습니다. 성경 말씀을 벗어나면
거짓 선지자입니다. 예수 그리스도와 그분의 십자가 외에 다른 길이
있다고 말하면 거짓 선지자입니다. 옳고 그름의 판단 기준을 성경과
복음이 아닌 신비 체험, 성공, 숫자, 논리, 권력 등에 두면 거짓 선
지자입니다. 거짓 선지자는 혼합주의에서 시작해 하나님을 배신하
고 바알과 아스다롯 등 이방 신을 믿게 합니다. 하나님만 온 맘으로
사랑할 때 거짓 선지자를 분별할 수 있습니다. 즉, 복음을 깨닫고 예
수 그리스도와 연합할수록 거짓 선지자들의 정체를 뚜렷하게 볼 수
있습니다. "네가 만일 네 하나님 여호와의 말씀을 듣고 오늘 내가 네
게 명하는 그 모든 명령을 지켜 네 하나님 여호와의 목적에서 정직
하게 행하면 이같이 되리라"(신 13:18). 주의 말씀과 명령은 오직 주
하나님 여호와를 온 맘과 뜻을 다해 사랑하고 섬기라는 것임을 잊지
마십시오.

예배를 타락시키지 말라

이 소년들의 죄가 여호와 앞에 심히 큼은 그들이 여호와의 제사를 멸시함이었
더라 _사무엘상 2:17

하나님께 드리는 제사를 멸시하는 것은 예배의 타락입니다. 엘리
대제사장이 타락한 제사장인 두 아들에게 호통을 치는 말 속에 예배
의 타락이 무엇인지 나와 있습니다. "만일 사람이 여호와께 범죄하
면 누가 그를 위해 간구하겠느냐?" 사무엘상 3장 13절과 14절은 이
를 부연 설명합니다. "내가 그의 집을 영원토록 심판하겠다고 그에
게 말한 것은 그가 아는 죄악 때문이니 이는 그가 자기의 아들들이
저주를 자청하되 금하지 아니하였음이니라 그러므로 내가 엘리의
집에 대하여 맹세하기를 엘리 집의 죄악은 제물로나 예물로나 영원
히 속죄함을 받지 못하리라 하였노라 하셨더라"

구약의 모든 제도와 메시지는 예수 그리스도의 보혈과 그분의 생
명을 예표합니다. 자신의 생명을 하나님 앞에 제물로 드린 예수님은
대제사장이십니다. 따라서 복음을 거부하는 자는 "제물로나 예물로
나 영원히 속죄함을 받지 못하게" 됩니다(참조, 히 6:6).

이에 성경은 "모세의 법을 폐한 자도 두세 증인으로 말미암아 불
쌍히 여김을 받지 못하고 죽었거든 하물며 하나님의 아들을 짓밟고
자기를 거룩하게 한 언약의 피를 부정한 것으로 여기고 은혜의 성령
을 욕되게 하는 자가 당연히 받을 형벌은 얼마나 더 무겁겠느냐 너
희는 생각하라"(히 10:28~29)고 경고합니다. 홉니와 비느하스는 제물
을 업신여김으로 예배를 타락시켰습니다. 복음 되시는 예수 그리스
도를 우습게 안 것입니다. 우리는 우리 죄악을 위해 흘리신 그분의
보혈을 존귀하게 여겨야 합니다.

땅에 있는 지체를 죽이라

그러므로 땅에 있는 지체를 죽이라 _골로새서 3:5

죄는 마치 병균과 같습니다. 아무리 작은 죄라도 우리 안에 들어오면 병균처럼 쉽게 떠나지 않습니다. 죄가 들어오면 우리 영혼은 병듭니다. 우리 마음속에는 영적 반란군이 숨어 있습니다. 성경은 이 반란군을 '육체' 또는 '죄성'이라고 부릅니다. 한편 우리 외부에는 우리를 파괴하려는 사탄이 있습니다.

사탄은 육체와 내통합니다. 그 사람의 영혼을 어떻게 파괴할지 공모합니다. 사탄은 유혹으로 병균을 뿌려 놓고 우리가 그것을 만지기를 기다리고 육체는 우리가 유혹에 넘어가 죄라는 병균에 손대도록 합니다. 유혹에 넘어가면 그 병균은 우리에게 들어와 영혼을 파괴하기 시작합니다.

사탄의 목적은 단순히 우리를 범죄자로 만드는 것이 아닙니다. 그의 궁극적인 목적은 우리 영혼을 죄로 오염시켜 영원히 멸망하게 하는 것입니다. "할 수만 있으면 택하신 자들도 미혹하리라"(마 24:24).

사탄은 자신이 영원히 멸망한다는 것을 알고 함께 멸망할 자를 찾고 있습니다. 멸망하지 않으려면 외적으로는 유혹을 피하고 내적으로는 육체를 십자가에 죽여야 합니다. 이는 내 자아를 죽이는 십자가를 통해 그리스도와 하나가 될 때 가능합니다. 회개하고 우리 예수 그리스도를 믿고 성령 안에서 그분과 연합하십시오.

기적에 미혹당하지 말라

그날에 많은 사람이 나더러 이르되 주여 주여 우리가 주의 이름으로 선지자 노릇 하며 주의 이름으로 귀신을 쫓아내며 주의 이름으로 많은 권능을 행하지 아니하였나이까 하리니 _마태복음 7:22

예수님께서는 거짓 예언자의 특징을 분명하게 알려주셨습니다. 그들은 악한 일을 하는 자들입니다. 그 악한 일은 주의 이름으로 '예언'하고, '귀신을 쫓아내고', '많은 기적을 행하는 것'과 연결됩니다. 물론 성령의 역사로 이런 일을 하는 참된 종들이 있습니다. 그러나 이런 종교 행위가 악해지는 이유는 거짓 선지자들이 그리스도와 그분의 십자가를 전하지 않고 자신의 영광을 채우기 때문입니다. 거짓 선지자들은 여러 이적을 행하지만 거룩하게 살지 못합니다.

주 예수님은 거짓 선지자에 대해 이렇게 말씀하셨습니다. "나더러 주여 주여 하는 자마다 다 천국에 들어갈 것이 아니요 다만 하늘에 계신 내 아버지의 뜻대로 행하는 자라야 들어가리라"(21절). 거짓 선지자는 믿음과 순종을 가르치지 않습니다. 주께서 주지 않은 예언, 주님께서 허락하지 않은 귀신 내어쫓음, 주의 능력으로 행함이 아닌 거짓 기적으로 사람들을 미혹합니다. 그러므로 예언하는 자들, 귀신을 내어쫓는 자들, 신유와 기적을 베푸는 자들을 일단 경계하는 것이 지혜입니다. 주의 백성이 바른 신앙생활을 하는 데 예언이나 신유, 귀신을 내어쫓는 행위가 그리 중요하지 않기 때문입니다.

어떤 상황에서도 그리스도의 십자가와 하나님의 완전한 섭리를 믿으십시오. 그리고 성령의 능력으로 주의 말씀에 순종하여 거룩해지는 일에 힘쓰십시오. 그것이 성도의 본분입니다.

이단을 경계하라

그러나 백성 가운데 또한 거짓 선지자들이 일어났었나니 이와 같이 너희 중에도
거짓 선생들이 있으리라 그들은 멸망하게 할 이단을 가만히 끌어들여 자기들을
사신 주를 부인하고 임박한 멸망을 스스로 취하는 자들이라 _베드로후서 2:1

거짓 선지자도 예수, 성령, 하나님, 성경 등을 말합니다. 하지만
그들은 멸망하게 할 이단을 끌어들입니다. 그들은 주를 부인하게 하
고 멸망하게 합니다. 이단은 다른 가르침으로 분열을 일으킵니다.
로마서 16장 17~18절은 이단에 관해 언급합니다. "형제들아 내가
너희를 권하노니 너희가 배운 교훈을 거슬러 분쟁을 일으키거나 거
치게 하는 자들을 살피고 그들에게서 떠나라 이같은 자들은 우리 주
그리스도를 섬기지 아니하고 다만 자기들의 배만 섬기나니 교활한
말과 아첨하는 말로 순진한 자들의 마음을 미혹하느니라"

바울은 이단을 경계하라고 당부합니다. 그들은 "의의 일꾼"으로
위장하는데 전문가(고후 11:4)이고 많은 "능력을 행하는데" 뛰어납니
다(마 7:16~23). 하지만 복음의 열매인 거룩함과 사랑은 맺지 못합니
다. 마태복음 7장은 거짓 선지자를 구분하기 위해 '좁은 길'을 말합
니다. 참된 선지자는 좁은 길이며 생명의 길인 그리스도께로 인도합
니다. 좁은 문으로 인도하지 않으면 거짓 선지자입니다. 성경이 계
시하는 예수 그리스도를 알리는 자가 진짜 선지자입니다. 그렇지 않
으면 가짜임을 명심하십시오.

하나님의 질투를 대신하라

그 이스라엘 남자를 따라 그의 막사에 들어가 이스라엘 남자와 그 여인의 배를 꿰뚫어서 두 사람을 죽이니 염병이 이스라엘 자손에게서 그쳤더라 _민수기 25:8

이스라엘 백성은 모압 여인과 음행을 저질렀습니다. "그 여자들이 자기 신들에게 제사할 때에 이스라엘 백성을 청하매 백성이 먹고 그들의 신들에게 절하므로"(민 25:2). 이에 하나님께서 이스라엘에 염병을 보내 2만 4,000명을 죽였습니다. 이 와중에 시므온 지파의 시므리는 여러 사람 앞에서 모압 여인을 데리고 자기 장막에 들어갔습니다. 이를 본 비느하스는 막사로 들어가 음행하는 이 둘을 칼로 죽입니다. 이 사건으로 하나님께서는 비느하스를 제사장 삼으시고 이스라엘 자손의 죄를 사해 주셨습니다(민 25:13).

이 세대는 모압 여인과 음행하는 일이 난무합니다. 이는 영적 음행으로 우상숭배를 말합니다. 세상 신을 인정하고 혼합해 섬기는 것입니다. 미 장로교(PCUSA)의 동성애 합법, 신사도운동, 뉴에이지에 물든 구상기도, 긍정신학, 형통신학, 율법주의, 세속화, 가톨릭, 종교통합, 종교 다원화 등 복음을 잃은 수많은 교회가 바로 모압 여인과 음행하는 시므리의 모습입니다.

성도는 이런 시대를 보고 하나님의 질투를 느껴야 합니다. 예수 그리스도의 십자가와 좁은 길을 외치며 붙들어야 합니다. 마지막 시대에 우리는 주 하나님의 질투로 살아가야 합니다. 이 시대의 교회를 향해 부르짖어야 합니다. 그때 여호와 하나님의 위로와 능력이 임할 것입니다. 주눅 들지 말고 하나님의 질투를 붙들고 주의 복음을 힘차게 전하십시오.

세상의 초등학문을 버리라

너희가 세상의 초등학문에서 그리스도와 함께 죽었거든 어찌하여 세상에 사는 것과 같이 규례에 순종하느냐 _골로새서 2:20

그리스도인은 예수님과 함께 죽은 자들입니다(11,12절). 그들은 옛 사람을 벗어버리고 세상의 초등학문과 세상을 지배하는 악한 영들의 구속에서 해방되었습니다(8절; 갈 4:3). 그러나 거짓 교사들은 세상의 초등학문으로 사람들을 미혹합니다. 인본주의 신앙이나 율법주의도 초등학문입니다. 중보자 없이 하나님을 직접 만나려는 사람들은 영적인 위험에 빠집니다. 신비주의는 인간 스스로 하나님을 만나려는 교만한 시도입니다. 그들은 결국 악령을 만나게 됩니다. 하나님을 만나려면 반드시 중보자이신 예수님을 통해야 합니다.

그러나 많은 사람이 자신을 비우는 행위나 금욕생활로 하나님을 만날 수 있다고 오해합니다. 그러다가 결국 엉뚱한 영적 존재들을 만나게 됩니다. 사도 바울은 그리스도를 통하지 않고 하나님을 만나려는 시도에 대해 "자의적 숭배와 겸손과 몸을 괴롭게 하는 데는 지혜 있는 모양이나 오직 육체 따르는 것을 금하는 데는 조금도 유익이 없느니라"(골 2:23)고 증거합니다. 사람의 눈에는 신비주의에 빠진 종교인이 거룩하고 진실해 보이기도 합니다. 그러나 그들은 교만하여 미혹에 빠진 자들일 뿐입니다. 예수 그리스도만이 하나님을 만나는 길입니다. 하나님은 아들을 통해 우리에게 말씀하십니다. 하나님께서는 우리에게 규칙이나 금지사항을 주신 것이 아니라 하나님 자신을 주셨습니다. 우리는 세상의 초등학문을 통해서가 아니라 오직 그리스도를 통해 하나님과 인격적으로 만날 수 있습니다.

하나님의 말씀에 대항하지 말라

여호와께서 그들에게 말씀하시되 경계에 경계를 더하며 경계에 경계를 더하며 교훈에 교훈을 더하며 교훈에 교훈을 더하고 … 그들이 가다가 뒤로 넘어져 부러지며 걸리며 붙잡히게 하시리라 _이사야 28:13

하나님께서 단순하고 똑같은 말로 계속 경계하고 교훈해도 북이스라엘은 듣지 않았습니다. 이에 하나님은 북이스라엘을 심판하셨습니다. 하나님께서는 "더듬는 입술과 다른 방언으로 이 백성에게 말씀"(사 28:11)하셨습니다. 이것은 이스라엘의 언어를 사용하지 않는 다른 민족, 즉 앗수르제국이 와서 북이스라엘을 포로로 잡아갈 것을 뜻합니다. 하나님은 하나님의 말씀을 대항하거나 무시하거나 비웃는 "오만한 자가 되지 말라"고 경고하셨습니다. 주의 말씀과 경고를 무시하면 "너희 결박이 단단해"지며 "온 땅을 멸망시키기로 작정하시게" 된다고 하셨습니다(22절). 이에 북이스라엘을 사랑하는 하나님께서는 그들에게 간절히 호소하셨습니다. "너희는 귀를 기울여 내 목소리를 들으라 자세히 내 말을 들으라"(23절).

배도하는 교회가 생기고 있습니다. 동성애와 동성 결혼을 허용하고 있습니다. 여러 종교가 연합하고 있습니다. 나아가 정치, 문화, 스포츠, 철학 분야에서도 인간의 힘으로 거짓 평화를 추구합니다. 그 배후에는 어둠의 세력이 있습니다. 이런 때에 그리스도인은 어떻게 해야 합니까? 이사야 28장이 그 답을 줍니다. "그러므로 주 여호와께서 이같이 이르시되 보라 내가 한 돌을 시온에 두어 기초를 삼았노니 곧 시험한 돌이요 귀하고 견고한 기촛돌이라 그것을 믿는 이는 다급하게 되지 아니하리로다"(16절). 즉, 예수 그리스도의 복음으로 돌아가야 합니다.

혼합주의가 아닌 순결을 택하라

이제 온 회중을 위하여 우리의 방백들을 세우고 우리 모든 성읍에 이방 여자에게 장가든 자는 다 기한에 각 고을의 장로들과 재판장과 함께 오게 하여 이 일로 인한 우리 하나님의 진노가 우리에게서 떠나게 하소서 _에스라 10:14

에스라서를 묵상하면 혼합주의에 빠진 자들과는 형제로 여기지 말라는 하나님의 뜻을 분명하게 확인할 수 있습니다. 하나님은 혼합주의에 빠진 사람을 재판에 세워 혼합주의를 거부하게 하고 그 공동체에 두든지 그렇지 않으면 내어쫓으라고 합니다. 혼합주의 교회는 하나님의 공동체가 아닙니다.

에스라서는 마지막 10장에서 부끄러운 이름을 나열합니다. 그들은 이방인과의 결혼을 고집한 자들입니다. 그들은 거룩한 주님의 공동체에서 재판을 받고 그들의 이름은 영원토록 부끄럽게 되었습니다.

에스라는 이스라엘 백성의 혼합주의 때문에 심적으로 고통을 당하며 슬퍼했습니다(스 10:6). 그러나 주님의 인도하심 가운데 그는 성경적인 주님의 공동체를 순수하게 유지해야 한다는 결론을 내렸습니다. 숫자는 중요하지 않았습니다. 사실 에스라 당시에 포로에서 돌아온 사람은 얼마 되지 않았습니다. 그럼에도 에스라는 그들 중에서 혼합주의에 빠진 자들을 또 제거했습니다. 에스라는 공동체에 있는 사람들의 숫자보다 이들의 순결을 선택한 것입니다. 하나님은 사람들의 중심을 보십니다. 그 중심이 하나님께 순전한지를 보십니다. 영적으로 순결한 한 사람이 혼합주의에 속한 수백만 명보다 귀합니다.

죄성의 그림자가 사라지다

오직 각 사람이 시험을 받는 것은 자기 욕심에 끌려 미혹됨이니 _야고보서 1:14

사람은 죄성이 있습니다. 그리스도인이라고 해서 다르지 않습니다. 세상 사람들과 다른 점이 있다면 그들은 자신의 양심으로 죄성을 이기려 하고 그리스도인은 성령의 능력으로 다스린다는 것입니다. 죄성은 죄를 저지르게 하고 유혹 거리를 찾아 헤매게 합니다. 죄성은 인간의 본성이기에 계속 나옵니다.

사도 바울은 죄성이 어떤 열매를 맺는지 알려줍니다. "육체의 일은 분명하니 곧 음행과 더러운 것과 호색과 우상숭배와 주술과 원수 맺는 것과 분쟁과 시기와 분냄과 당 짓는 것과 분열함과 이단과 투기와 술 취함과 방탕함과 또 그와 같은 것들이라"(갈 5:19~21). 성도가 이런 죄악의 열매를 맺으면 하나님의 영광은 바닥에 떨어집니다.

죄성은 유전자처럼 그 사람의 내면에 자리 잡고 있기 때문에 인간의 힘으로 제거할 수 없습니다. 뿌리 깊은 죄성의 기질(성격, 성품)이 영혼 속에 있습니다. 문제는 이런 기질이 성도를 평생 따라다닐 수 있다는 것입니다.

성경은 죄성의 기질과 싸우라고 말합니다. 어떻게 싸웁니까? 예수 그리스도께 전인격을 드려 순복하는 것입니다. 그러면 성령께서 우리 마음을 사로잡으십니다. 그러면 내가 죽고 그리스도께서 사시게 됩니다. 이런 시간이 늘어나면 성령의 성품을 닮아가면서 죄성의 그림자가 사라지게 됩니다.

'오직 예수' '오직 성경'의 신앙을 회복하라

이와 같이 그들이 여호와도 경외하고 또한 어디서부터 옮겨왔든지 그 민족의
풍속대로 자기의 신들도 섬겼더라 _열왕기하 17:33

앗시리아제국은 북이스라엘을 함락하고 이스라엘 백성을 앗시리아로 끌고 갑니다. 그리고 그 땅에 바벨론, 구다, 아와, 하맛, 스발와임에서 사람을 데려다 사마리아 여러 성에서 살게 합니다. 하나님을 알지 못한 그들은 새로운 정착지에서 자신이 섬기던 신들을 가져와 예배했습니다. 이를 하나님께서 진노하시니 그들은 하나님께도 제단을 쌓습니다. 이들이 바로 사마리아 사람들입니다.

사마리아 사람들은 영적으로 잡종이었습니다. 이를 신학적 용어로 '혼합주의(syncretism)'라고 합니다. 열왕기하 17장 31~32절을 보면 이들은 자기 자녀를 불에 태워 신에게 바쳤고 하나님을 두려워하여 제사장을 뽑아서 우상을 섬기던 방식으로 산당에서 제사를 드렸습니다. 열왕기하 17장 33절은 사마리아인의 혼합주의적인 삶을 요약하고 있습니다. 하나님께서는 이런 사마리아인을 혐오하셨습니다 (참조. 왕하 17:35~41).

이 시대는 포스트모던 사회로서 상대주의가 팽배하고 있습니다. 이런 흐름 속에서 '오직'을 외치면 따돌림과 핍박을 받기에 십상입니다. 그러나 사람에게 맞추기 위해 '오직'을 버린다면 그 사람은 하나님께 버림을 받습니다. '오직 예수' '오직 성경'의 신앙을 회복해야 합니다. '오직 은혜'로 '오직 하나님'께 영광을 돌리고 그분께만 인정받겠다는 신앙의식이 있어야 합니다.

마지막 때 속지 않고 사는 비결

하나님 아는 것을 대적하여 높아진 것을 다 무너뜨리고 모든 생각을 사로잡아
그리스도에게 복종하게 하니 _고린도후서 10:5

사탄은 견고한 이론을 통해 사람들의 생각을 무너뜨립니다. 진화
론은 지금까지 이 세상을 가장 많이 속인 이론입니다. 그리스도인
중에도 진화론을 믿는 사람이 있습니다. 교황은 진화론은 자연 세계
를, 믿음은 영적인 세계를 반영하기에 진화론에 문제가 없다고 했습
니다. 그러나 진화론의 뿌리에는 사탄의 궤계가 있습니다. 그런 이
론은 하나님을 대적하여 높아진 견고한 진입니다. 교회는 사탄의 이
런 궤계를 꿰뚫고 있어야 합니다.

갈라디아서는 하나님을 대적하여 높아진 견고한 진으로 거짓 복
음을 듭니다. 사도 요한 당시에는 영지주의가 하나님께 대항하는 대
표적 사상이었습니다. 이 시대는 종교 다원주의가 복음에 대항하고
있습니다. 상대주의에 빠진 사람들은 종교의 화합과 연합을 꾀하고
있습니다.

사탄의 이론은 하루아침에 세워지지 않았습니다. 수천 년을 걸쳐
쌓아올린 견고한 이론입니다. 그러나 예수님을 인격적으로 알고 사
랑하는 자들은 절대 거짓 이론에 속지 않습니다. 성령님은 확신으
로, 평강으로, 기쁨으로 참된 진리를 인치시기 때문입니다.

마지막 때 속지 않고 사는 비결은 예수 그리스도를 사랑하는 것입
니다. 그분을 알기 위해 온 마음을 쏟고 성경을 붙드는 것입니다. 십
자가의 복음을 깨닫는 자는 사탄의 거짓된 이론과 싸워야 합니다.
하나님이 주시는 분별의 은혜가 우리에게 임하기를 기도합니다.

복음을 지키는 수고

내가 너희를 섬기기 위하여 다른 여러 교회에서 비용을 받은 것은 탈취한 것이라 _고린도후서 11:8

사도 바울이 사역하는 데 가장 큰 방해꾼은 큰 사도라고 자칭하는 자들이었습니다. 바울이 고린도 교회를 그리스도의 정결한 신부로 만들었는데 큰 사도들이 나타나 다른 복음, 다른 영, 다른 예수를 전하면서 문제가 생겼습니다. 바울은 그들을 거짓 선지자라고 하며 그들 뒤에 광명한 빛의 탈을 쓴 사탄이 있다고 말합니다. 바울은 가난한 마케도니아의 성도들의 도움을 받아 고린도 교회를 위해 수고했습니다. 복음을 교란하는 거짓 복음을 교회에서 몰아내고 거짓 선지자들의 정체를 알려주었습니다.

바울은 왜 그토록 고린도 교회를 위해 다른 곳에서 지원까지 받아 수고하며 싸우는 것일까요? 많은 교회가 선교를 위해 큰 비용을 지출하고 있습니다. 하지만 복음의 진리를 지키기 위해 재정을 사용하며 수고하는 교회는 드뭅니다. 그런데 바울은 이를 위해 지원까지 받아 고린도 교회를 보호했습니다. 복음을 전파하는 것만큼 지키는 것도 중요합니다. 거짓 복음을 분별하여 그 정체를 폭로하는 일은 선교만큼 중요합니다. 복음을 지키려는 바울의 노력이 없었다면 고린도 교회는 거짓 교회가 되었을 것입니다.

앞으로 복음을 분별하는 일은 사역에서 중요한 싸움이 될 것입니다. 바른 예수, 바른 영(성령), 바른 복음을 알아야 합니다. 그렇지 않으면 고린도 교회처럼 다른 교회의 빚이나 지는 부끄러운 교회가 될 것입니다.

교만과 완고함이 복음을 가린다

하나님의 지혜에 있어서는 이 세상이 자기 지혜로 하나님을 알지 못하므로 하나님께서 전도의 미련한 것으로 믿는 자들을 구원하시기를 기뻐하셨도다 _고린도전서 1:21

복음은 사람의 지혜로 알 수 없습니다. 그러나 주님의 영이 임하면 복음은 참 쉬운 진리입니다. 성경은 인간의 가장 큰 죄성이 완고함과 교만이라고 합니다. 완고하고 교만한 자는 믿음이 없기에 복음을 알지 못하여 멸망합니다. 믿음은 자신의 죄성을 알고 자기를 신뢰하는 것을 포기하고 온 인격을 다해 예수님을 의지하는 것입니다. 그러나 인간은 계속하여 하나님이 없이 자기 의를 세우려 합니다. 자기 지식으로 하나님을 분석하려 합니다. 이런 교만으로는 복음을 절대 깨닫지 못합니다.

그리스도의 십자가는 복음의 핵심입니다. 하나님께서는 하나님의 아들 예수 그리스도를 세상에 보내시고 십자가에 못 박혀 죽게 하심으로써 믿는 자를 구원하기로 하셨습니다. 십자가의 도는 오직 하나님의 섭리와 성령의 역사 가운데 깨닫는 것입니다. 인간은 어둠 가운데 있기에 빛을 받을 수 없고 하나님을 두기를 싫어합니다. 그러므로 세상이 자기 지혜로 하나님의 지혜를 알지 못하게 하신 것은 하나님의 뜻입니다. 오직 성령의 역사로 가난한 심령이 되어야 그리스도의 십자가를 믿게 됩니다.

하나님이 우리 영안을 열어주셔야 복음의 비밀을 깨달을 수 있습니다. 이를 알고 더욱 겸손한 마음으로 주께 기도하며 성령의 도움을 구하십시오.

오직 은혜의 선물인 구원

허물로 죽은 우리를 그리스도와 함께 살리셨고 (너희는 은혜로 구원을 받은 것이라) _에베소서 2:5

구원을 주시는 '인격체'에 대해 의식하지 못하면 오해가 생깁니다. 뉴에이지나 다른 종교는 주 하나님을 인격적으로 체험하지 못합니다. 오직 믿음으로 그리스도 안에 있는 자만이 하나님을 인격적으로 의식할 수 있습니다. 하나님과 인격적인 관계를 맺으면 죄가 보이기 시작합니다. 하나님의 인격을 의식하면 하나님 없이 지내는 것이 얼마나 큰 죄인지 깨닫게 됩니다.

구원은 하나님의 선물입니다. 구원을 받는 자는 감사하게 되고 부족한 것이 없어집니다. 하나님의 선물은 하나님의 아들 예수 그리스도와 십자가의 구속입니다. 죄 많은 인간은 생명이 다할 때까지 죄를 되풀이할 수밖에 없습니다. 이 사실을 감출 때 우리는 위선자가 됩니다. 구원받은 성도에게도 죄성은 남아 있어서 믿음에서 잠깐이라도 벗어나면 죄가 머물게 됩니다. 이런 상태가 지속되면 구원받음을 의심하게 됩니다. 그러나 하나님이 주신 용서와 구원의 선물에 감사하면 구원을 의심하지 않습니다. 진심으로 주의 구원을 감사할 때 주님을 사랑하게 되며 그분께 더욱 가까이 가게 됩니다. 복음의 능력은 바로 이때 나타납니다. 죄성은 힘을 잃고 나를 다스리지 못합니다. 구원받은 이후에도 계속 승리하려면 주의 구속과 십자가를 감사합시다. 오직 은혜라는 선물의 힘 때문에 구원 이후에도 거룩하게 살 수 있습니다. 구원과 그 이후의 삶, 모두 승리하려면 오직 은혜가 있어야 합니다.

귀하고 아름다운 성만찬의 시간

이것은 죄 사함을 얻게 하려고 많은 사람을 위하여 흘리는바 나의 피 곧 언약의 피니라 _마태복음 26:28

우리는 성만찬을 통해 십자가를 봅니다. 성만찬을 통해 주님의 피를 마시고 그분의 살을 먹으며, 십자가에서 나를 위해 흘리신 생명수와 하늘의 떡을 체험합니다. 우리 죄가 얼마나 큰지 돌아보고 죄를 사해 주신 하나님의 은혜와 사랑을 봅니다. 그리고 성령으로 천국을 체험합니다.

천국은 어떤 곳입니까? 성만찬을 통해 알 수 있습니다. 차별이 없는 곳, 누구나 동등하게 나누는 곳, 그리스도의 살과 피로 하나가 되는 곳입니다. 하나님 나라는 성만찬에서 시작하였고 예수 그리스도의 최대 만찬인 공중의 혼인잔치로 완성될 것입니다. 그리스도의 공중 혼인잔치 이후에는 어떤 일이 있을까요? 하나님과 어린양의 보좌로부터 내려오는 생명수와 생명나무가 있는 곳에서 우리는 영원한 부활체를 입고 먹고 마시며 영생할 것입니다. 성만찬은 예수 그리스도의 언약의 피를 통한 회개와 죄 사함을 상징합니다. 성만찬으로 나아갈 때 우리는 성령의 임재를 느끼며 하늘나라의 능력과 기쁨을 재충전하게 됩니다. 성만찬은 구약의 유월절에 상당하는 예식입니다. 유월절은 애굽에서 해방된 날, 구원의 날, 구별되는 날입니다. 따라서 성만찬은 그리스도의 보혈로 값주고 사셔서 천국 백성이 죄에서 구원받은 것을 기념하는 날입니다. 세상 사람과 우리를 구별시키는 예식이며, 성령 안에서 천국의 실체를 이 땅에서 맛보는 시간입니다. 나아가 주의 재림과 함께 완성될 새 하늘과 새 땅을 위해 준비하고 훈련하고 소망하는 시간입니다.

멸망을 향해 끝까지 달려가는 어리석음

우리는 다 양 같아서 그릇 행하여 각기 제 길로 갔거늘 여호와께서는 우리 모두의 죄악을 그에게 담당시키셨도다 _이사야 53:6

인간은 얼마나 어리석은지 망하는 길을 향해 끝까지 달려갑니다. 그들은 불의의 길을 고집하다가 낭떠러지로 떨어집니다. 사랑의 참된 풍성함을 누리기보다 짧은 정욕을 선택해 지옥의 증오와 실패로 마칩니다. 죄성은 계속 죄악을 되풀이합니다. 코앞에 지옥이 있어도 죄를 택하고 지옥으로 향하는 것이 인간의 어리석음입니다. 성경은 이런 자를 "마음이 강퍅한 자", "완고한 자", "육신을 따라 행하는 자"라고 말합니다. 본문은 망할 것을 뻔히 알면서도 죄와 타락의 길을 선택하는 어리석음을 "우리는 다 양 같아서 그릇 행하여 각기 제 길로 갔거늘"이라고 표현하고 있습니다. 믿지 않는 자들은 자신들의 본성에 따라 죄를 짓지만, 그리스도인은 의도적으로 선택해 죄를 범합니다(롬 6장).

그리스도의 보혈과 성령의 능력을 생각해 봅니다. 이 우주에서 가장 위대한 사건은 십자가와 오순절 사건입니다. 주 하나님께서 그렇게 위대한 일을 이루셔서 우주의 가장 큰 사건이 될 만큼 우리 죄는 끈질기며 지독하며 깊습니다. "여호와께서는 우리 모두의 죄악을 그에게 담당시키셨도다" 뿌리 깊은 죄성에서 자유로워지고 싶다면 우리 죄악을 담당하신 주 앞에 나아갑시다. 내 멋대로 사는 인생을 내려놓고 그리스도께서 내 안에 사시도록 합시다. 주를 영접하고 그분을 따를 때 어느새 죄 문제가 해결되고 하늘의 영광으로 나가게 될 것입니다.

벧세메스 암소 사건에서 배우라

암소가 벧세메스 길로 바로 행하여 대로로 가며 갈 때에 울고 좌우로 치우치지
아니하였고 블레셋 방백들은 벧세메스 경계선까지 따라 가니라 _사무엘상 6:12

블레셋은 이스라엘과의 싸움에서 승리한 후 언약궤를 빼앗고 자신들의 신 다곤이 하나님을 이겼다고 기뻐했습니다. 그러나 언약궤가 들어오자 블레셋에 재앙이 임합니다. 다곤 신상이 넘어져 팔이 부러지고 목이 부러집니다. 그들은 어쩔 수 없이 언약궤를 이스라엘에 돌려보냅니다. 하지만 그 전에 하나님이 참 신인지 확인하려고 새끼를 낳은 두 암소에게 언약궤를 실은 수레를 끌게 했습니다. 만일 두 암소가 이스라엘을 향하면 하나님이 살아계신 것이고 그렇지 않으면 다곤 신상이 넘어진 것은 우연이라고 결정하기로 했습니다.

이스라엘 백성은 언약궤에 능력이 있다고 믿었습니다. 이는 미신입니다. 자동차에 성경책이나 십자가를 둔다고 해서 사고를 피할 수 있는 것이 아닙니다. 십자가 목걸이를 해서 하나님께서 보호하시는 것이 아닙니다. 이런 미신을 의지한다면 언약궤에 능력이 있다고 믿고 언약궤를 전쟁터에 들고 나갔던 어리석은 이스라엘과 같습니다.

두 마리 암소는 모두 새끼가 있었습니다. 암소는 새끼에게로 향합니다. 그런데 하나님은 암소를 이끌어 벧세메스로 가게 하셨습니다. 왜 그렇게 하셨을까요? 하나님의 마음을 이스라엘 백성이 알아주길 바라셨던 것입니다. 하나님의 마음은 그분과 대치하지 않고 인격적인 교제를 나누는 것입니다. 그리스도 안에서 주 하나님과 깊은 교제를 하기 바랍니다.

언약궤를 함부로 만지지 말라

웃사가 손을 펴서 궤를 붙듦으로 말미암아 여호와께서 진노하사 치시매 그가
거기 하나님 앞에서 죽으니라 _역대상 13:10

　　다윗이 통일 이스라엘의 왕이 되자, 그는 70년 동안 방치된 언약
궤가 떠올랐습니다. 하나님의 임재와 통치를 사모한 다윗은 언약궤
를 예루살렘으로 가져오기로 합니다. 하나님의 언약궤를 수레에 싣
고 웃사와 아히오가 수레를 몰았습니다. 그런데 소가 날뛰면서 언약
궤가 수레에서 떨어지자 웃사가 손을 내밀어 언약궤를 잡았습니다.
이것이 하나님의 진노를 불러 웃사는 그 자리에서 죽게 됩니다.

　　민수기 4장 15절은 언약궤를 다루는 방법을 자세하게 설명합니
다. 오직 레위 사람 중 고핫 자손만이 언약궤를 멜 수 있었습니다.
또한 함부로 만지면 죽는다고 경고했습니다. 그러나 다윗은 이런 규
정을 확인하지 못하고 이방 사람, 블레셋의 방식대로 언약궤를 수레
에 실었습니다. 시내 산에서 이스라엘 백성은 하나님께 직접 나가기
가 두려워 중보자를 부탁했습니다. 이때 하나님께서는 모세를 선택
하셨습니다. 모세를 통하지 않으면 누구든지 하나님의 거룩한 불에
타서 죽었습니다. 죄로 더럽혀진 인간이 하나님의 방법에 따라 그분
께 나아가지 않으면 하나님이 진노하신다는 뜻입니다. 하나님께서
정해 주신 방법을 따르지 않으면 웃사처럼 죽거나 하나님의 영원한
불에 타게 됩니다. 이 사건은 거룩하고 흠 없는 예수님을 중보로 하
여 하나님 앞에 나가야 하나님과 교제할 수 있음을 예표합니다. 또
한 이방 신을 섬기는 방식으로 하나님께 접근해서는 안 된다는 메시
지이기도 합니다. 하나님께서 정하신 그리스도의 길 외에 다른 길로
가는 자는 멸망합니다.

사랑이 왜 그렇게 힘든가?

예수께서 이르시되 네 마음을 다하고 목숨을 다하고 뜻을 다하여 주 너의 하나
님을 사랑하라 하셨으니 이것이 크고 첫째 되는 계명이요 _마태복음 22:37

예수님께서는 제자들에게 '새 계명'을 주셨습니다. "새 계명을 너
희에게 주노니 서로 사랑하라 내가 너희를 사랑한 것 같이 너희도
서로 사랑하라"(요 13:34). 주께서 우리를 사랑하시듯 서로 사랑하
라는 것이 새 계명입니다. 계명은 '순종'을 요구합니다. 사랑의 가
장 큰 요소는 감정입니다. 어떻게 감정을 순종으로 연결할 수 있을
까요? 먼저, 거듭나지 못한 사람은 그리스도의 사랑을 할 수 없습니
다. 그러나 거듭났어도 주의 말씀에 '순종하지 않으면' 사랑할 수 없
습니다(참조, 요일 4:10~11). 바로 이 부분에서 사랑은 계명이 됩니
다. 내가 죽고 내 안의 새 생명을 살게 하는 것은 우리의 의지적인
순종 외에는 불가능합니다. 그러므로 의지적 순종을 통해 자신을 내
려놓고 내 속의 새 생명이 살 때 참된 사랑을 할 수 있습니다.

사랑은 하나님으로부터 시작해 그의 아들 예수 그리스도의 영을
통해 우리에게 임합니다. 그 사랑은 자신을 부인하고 오직 하나님께
자신을 전인격적으로 내어드릴 때 밖으로 흘러넘칩니다. 그 사랑은
예수 그리스도께서 우리를 사랑하신 사랑과 같습니다. 창세부터 우
리를 사랑하신 여호와 하나님의 사랑과 같습니다. 우리가 참사랑을
하지 못하는 이유는 무엇입니까? 주의 사랑이 흐르지 못하도록 막는
우리 자아 때문입니다. 자기 사랑, 자기주장, 자기 유익을 추구해서
입니다. 나를 죽이고 주님께 순종하는 삶에서 참사랑이 나타납니다.

향유 옥합을 부은 여인

너는 내 머리에 감람유도 붓지 아니하였으되 그는 향유를 내 발에 부었느니라
_누가복음 7:46

본문에는 바리새인 시몬과 창녀로 보이는 여인이 나옵니다. 시몬은 자신을 의롭게 여기며 양심에 걸리는 것이 없다고 여긴 사람입니다. 사회적으로 안정되었고 떳떳하게 살며 사람을 초청해 음식을 대접했습니다. 시몬을 죄인으로 보는 사람은 없었습니다. 하지만 그는 예수님과 상관이 없는 사람입니다. 그러나 창녀는 다릅니다. 창녀는 예수님께 죄 사함을 받았습니다.

많은 교회가 시몬을 두둔합니다. 시몬이 되자고 외칩니다. 흠 없는 삶을 살며 착한 일을 하자고 합니다. 그런데 예수님께는 관심이 없습니다. 오히려 교회에 창녀가 오면 싫어합니다. 죄인이 오는 곳이 교회인데, 교회는 죄인이 갈 수 없는 곳이 되었습니다. 권력을 가진 자, 돈이 많은 자, 세상에서 인기가 있는 자, 세상이 의롭게 여기는 자들을 환영합니다. 죄인 취급을 당하는 자들은 교회에 발을 들여놓기 어렵게 되었습니다.

예수님을 의식하는 창녀와 같은 모습으로 살아야 합니다. 주님만 생각해 창피함과 부끄러움을 뒤로하고 향유를 가져와 그분 발에 부을 수 있어야 합니다. 예수님이 너무 좋아서 그 발 앞에 엎드려 눈물로 그분의 발을 닦는 자가 성도입니다. 떳떳한 시몬이 아니라 오직 주를 통해 죄 사함을 얻은 창녀의 심정으로 살아갑시다.

새 하늘과 새 땅이 어서 오기를!

또 그가 수정 같이 맑은 생명수의 강을 내게 보이니 하나님과 및 어린양의 보좌
로부터 나와서 길 가운데로 흐르더라 _요한계시록 22:1~2

구원받은 백성은 새 하늘과 새 땅에서 생명수 강의 생수를 마시며
영원히 삽니다. 이 생명수의 강은 성령의 강이기도 합니다. 성령의
강은 영혼을 소생케 하며 하늘나라의 의와 기쁨과 평강으로 가득 차
게 합니다. 그 생수를 마시는 모든 이는 마음속에 생명의 강이 흐릅
니다(참조, 요 7:37~39). 생명수의 강은 예수님이 부활 승천하신 이후
에 흐릅니다. 주님이 재림하시고 새 하늘과 새 땅이 오기까지 성령
안에서만 누릴 수 있습니다.

그날이 오면 죄와 사망과 저주는 사라지고 모든 물리적인 세계와
영적인 세계가 하나가 되어 생명수의 강이 영원토록 흐를 것입니다.
또한 강 양편에 생명나무가 있습니다. 에덴동산에 있던 나무로 그
열매를 먹으면 영원히 삽니다. 그 맛과 향기, 모양, 아름다움이 우리
가 지금까지 먹은 것과는 전혀 다릅니다. 그 열매는 얼마나 맛있을
까요? 그것을 먹는 기쁨은 얼마나 클까요? 달마다 열매를 맺는 이
생명나무는 그리스도의 몸과 피와 직접 관련됩니다. 누구든지 그리
스도를 먹고 마시는 자는 영원히 삽니다. 우리는 장차 부활한 몸으
로 새 하늘과 새 땅에 들어가 신령한 생명체로서 생명수의 강을 마
시고 달마다 맺는 생명나무의 열매를 따 먹으며 생생한 목소리와 여
러 악기로 감사의 찬송과 찬미를 부를 것입니다.

나의 사랑의 주 예수님, 어서 오시옵소서. 마라나타!

성경을 우리에게 주신 이유

> 그러나 그들의 마음이 완고하여 오늘까지도 구약을 읽을 때에 그 수건이 벗겨지지 아니하고 있으니 그 수건은 그리스도 안에서 없어질 것이라 _고린도후서 3:14

많은 설교가 부유하게 사는 법, 대인관계를 잘하는 법, 복 받는 비결에 대해 말합니다. 이런 설교에는 고난을 전제로 하는 복음과 상충하는 내용이 가득합니다. 바울은 이런 설교를 경고했습니다. "때가 이르리니 사람이 바른 교훈을 받지 아니하며 귀가 가려워서 자기의 사욕을 따를 스승을 많이 두고 또 그 귀를 진리에서 돌이켜 허탄한 이야기를 따르리라"(딤후 4:3~4).

뛰어난 신학자라도 예수님과의 깊은 연합이 없다면, 결국 자기가 잘났다는 것만 드러냅니다. 어려운 용어를 사용해 자신의 독특한 깨달음을 알려주지만 예수님께로 인도하지는 못합니다. 예수 그리스도를 전하기 위해 주신 성경을 도리어 예수님을 제거하는 데 쓰는 교만한 신학자도 있습니다.

성령은 예수 그리스도를 증거합니다. 바울은 예수님을 만나기 전에 가장 권위 있는 유대교의 실력자였습니다. 그러나 예수님을 만난 후, 그는 자신의 모든 지식을 배설물처럼 여겼습니다. 도리어 그 지식이 자신에게 해가 되었다고 고백했습니다. 그는 예수님을 만난 후, 예수님을 열쇠로 삼아 성경에서 보석을 캐낼 수 있었습니다.

성경에서 예수님을 볼 때 성경이 열립니다. 성경을 주신 이유는 메시아 예수님을 보게 하기 위해서입니다.

이방 제사 및 종교와 섞이지 말라

무릇 이방인이 제사하는 것은 귀신에게 하는 것이요 하나님께 제사하는 것이
아니니 나는 너희가 귀신과 교제하는 자가 되기를 원하지 아니하노라 _고린도전
서 10:20

바울은 우상숭배는 사탄 숭배와 연결된다고 알려줍니다. "그리스
도와 벨리알이 어찌 조화되며 …… 하나님의 성전과 우상이 어찌 일
치가 되리요"(고후 6:15~16).

거룩한 성만찬을 나누는 성도는 우상을 섬겨서는 안 됩니다. 성만
찬은 그리스도의 몸과 피에 참여하는 것입니다. 만일 우상을 숭배하
면 이는 그리스도와 사탄을 하나로 만드는 것이 됩니다. 우상숭배가
악하고 무서운 죄악이 되는 것은 이 때문입니다. 성경을 보면 하나님
께서 가장 싫어하시고 가장 많이 언급하는 죄가 우상숭배입니다.

바울은 이방인의 모든 제사와 예배는 귀신에게 하는 것이라고 말
합니다. 이런 의미에서 하나님과 예수님께 예배하지 않는 모든 종교
의식은 우상숭배입니다. 이방 종교의 예배와 제사는 사탄을 높이는
것입니다. 그러므로 성도는 세상 종교와 합하면 안 됩니다. 종교 다
원화라는 사탄의 간계에 속아 다른 종교를 신성하게 보는 어리석은
자들이 있습니다. 이는 멸망으로 나가는 지름길입니다.

명절에 있는 제사는 귀신들의 놀이터를 만들어 주는 것입니다. 성
도라면 참여하지 않습니다. 가톨릭을 중심으로 종교 화합을 시도하
고 있습니다. 이는 우상숭배와 같습니다. 물론 그 뒤에는 사탄이 있
습니다. 귀신과 교제하지 마십시오. 우상숭배를 피하십시오.

우리에게 맡겨진 일을 기쁨으로

여호와 하나님이 그 사람을 이끌어 에덴동산에 두어 그것을 경작하며 지키게
하시고 _창세기 2:15

에덴은 하나님이 보시기에 좋았습니다. 그러나 완성 또는 최선은
아니었습니다. 그럼에도 죄와 저주가 없었습니다. 노동을 죄의 결과
로 보는 이들이 있는데 그렇지 않습니다. 죄의 결과는 일의 고통과
무의미함, 헛수고입니다. 일 자체는 오히려 사람의 존재 '가치'입니
다. 오늘 본문이 이를 증거합니다. 위 내용은 죄가 들어오기 전, 사
람의 가치와 사명이 무엇인지 알려줍니다. 일하는 것은 하나님께 자
신의 가치를 드리는 예배와 관련됩니다.

주님이 재림하시면 주님의 백성은 부활체를 입습니다. 완성된 사
람이 되는 것입니다. 완성된 사람들은 새 하늘과 새 땅을 유업으로
받습니다. 그런데 그곳에서 우리는 과연 무엇을 하게 될까요? 그곳
에서도 계속 일할 것입니다. 일은 보람과 행복과 예배와 연결되어
있습니다. 그리고 일은 죄가 들어오기 전, 인류를 향한 하나님의 뜻
입니다. 그러므로 우리는 주를 위해 주님이 우리에게 주신 재능과
은사를 맘껏 발휘해 일해야 합니다. 선한 일을 하면 풍성한 열매를
거둡니다. 주의 백성은 일을 통해 감사하며 즐길 것이고, 하나님께
서는 그 일을 칭찬하시고 흐뭇해하실 것입니다.

새 하늘과 새 땅에 소망을 둡시다. 그곳에서 우리는 부활체를 입
고 가장 존귀하고 완전하신 사랑의 왕 예수 그리스도와 함께 각자에
게 맡겨진 일을 하며 영원히 살 것입니다.

선한 청지기가 되라

내가 진실로 진실로 너희에게 이르노니 한 알의 밀이 땅에 떨어져 죽지 아니하면 한 알 그대로 있고 죽으면 많은 열매를 맺느니라 _요한복음 12:24

십계명은 우리가 하지 말아야 할 것과 해야 할 것을 알려줍니다. 특히 하나님 사랑과 이웃 사랑을 강조합니다. 사도 요한은 보이는 이웃을 사랑하지 않는 자가 어떻게 보이지 않는 하나님을 사랑할 수 있겠냐고 반문합니다.

많은 사람이 죄와의 싸움에서 이기기 위해 온 힘을 기울이고 성령을 구합니다. 죄책감을 제거하고 새롭게 일어나기 위해 보혈을 외칩니다. 그러나 성경은 여기서 멈추지 말라고 합니다. 성도의 삶은 죄와의 싸움이 전부가 아니기 때문입니다. 죄와의 싸움에만 몰두한다면 '적극적인 삶'은 살 수 없습니다. 성경이 말하는 적극적인 삶은 무엇일까요? 그것은 일반은총과 관련이 있습니다. 적극적인 삶은 주께서 주신 시간, 직업, 만남, 돈, 재능, 은사, 기회 등을 어떻게 사용할 것인지의 문제입니다. 예수님께서는 '청지기의 삶'을 강조하셨습니다. 주님과 동행하면서 주님을 위해 '적극적인 삶'을 사는 성도는 죄와 싸우려 애쓰지 않아도 자연스럽게 죄를 이기며 살게 됩니다.

하나님 나라와 그리스도의 십자가는 함께합니다. 죄 사함을 받은 것에서 멈추지 마십시오. 보혈의 사랑과 위대한 능력을 알았으면 선한 청지기가 되십시오. 내게 베푸신 하나님의 은혜를 이 세상과 나누십시오. 나와 가까운 가족, 친척, 친구, 이웃에게 하나님께로부터 받은 선한 것을 베푸는 선한 청지기가 되시기 바랍니다.

창조 전 우리를 선택하신 하나님

곧 창세 전에 그리스도 안에서 우리를 택하사 우리로 사랑 안에서 그 앞에 거룩
하고 흠이 없게 하시려고 _에베소서 1:4

그리스도의 구속이 세상을 창조하기 전의 계획이라면 구원 역시 창세 전의 계획일 수밖에 없습니다. 하나님은 그리스도의 구속을 계획하실 때 구원받을 자들을 이미 선택하셨습니다. 이를 부정한다면 오늘 본문은 성경에서 삭제되어야 합니다. 성경은 예수 그리스도를 믿게 된 자들은 창세 전에 하나님께 택함을 받았다며 복 있는 자라고 말합니다. 당신이 예수님을 믿고 그분과 함께 살고 있다면 이는 전적으로 하나님의 은혜입니다.

예수 그리스도를 알지 못해도 구원을 받을 수 있는지 궁금해하는 이들이 있습니다. 절대 그럴 수 없습니다. 그리스도 안에서의 구원은 새 생명을 얻는 것입니다. 그리스도를 통한 거듭남의 역사가 없으면 구원은 없습니다. 거듭난 자들은 태초에 그리스도 안에서 택함을 받은 자들입니다. 따라서 성도는 세상 사람들에게는 어리석어 보이는 '십자가의 도'를 전해 하나님이 택하신 자녀를 찾아야 합니다. 이는 성도가 마땅히 해야 할 순종입니다. 십자가의 도를 전할 때, 택함을 받은 자들은 예수 그리스도의 십자가의 도를 깨닫고 자신이 하나님 앞에서 죄인이라는 것과 그리스도를 통한 하나님의 무한한 자비와 공의를 발견하게 됩니다. 따라서 복음 안에서 하나님의 선택을 발견하는 자들은 하나님과 그분의 어린양께 찬양을 돌릴 수밖에 없습니다.

참된 삶, 승리의 삶을 사는 비결

그들이 그들의 조상들의 하나님께 범죄하여 하나님이 그들 앞에서 멸하신 그 땅 백성의 신들을 간음하듯 섬긴지라 _역대상 5:25~26

하나님은 그의 백성이 하나님을 저버릴 때 그들을 징계하십니다. 믿음이 좋아서 하나님께 많은 축복과 재능을 얻었던 르우벳, 갓, 므낫세 반 지파는 하나님을 망각하고 우상을 섬기다가 결국 하나님께 버림을 받았습니다. 이 땅에서 하나님의 복을 받았어도 우상에게 빠지면 결국 하나님은 그들을 버리십니다. 그 당시 우상 신은 이방의 여러 잡신을 말합니다. 지금 사람들에게는 육신의 정욕, 안목의 정욕, 이생의 자랑을 뜻합니다. 성경은 세상을 향한 탐욕은 우상숭배의 뿌리라고 지적합니다(골 3:5).

탐심을 갖게 될 때 우리는 하나님을 망각하고 르우벤, 갓, 므낫세 반 지파가 걸었던 길을 가게 될 것입니다. 세상으로 마음이 향하면 하나님께 관심이 줄면서 그분과 서서히 멀어집니다. 예배, 기도, 성경 묵상을 형식적으로 하고 횟수도 줄어듭니다. 이때 하나님께서 우리가 회개하도록 불신자를 통해 우리에게 고난을 주십니다. 그러나 회개하고 하나님께 돌아온다면 그분은 우리를 회복시켜 주십니다.

그리스도인의 삶의 성패는 세상이 말하는 실력에 있지 않습니다. 하나님이 베푸신 이 땅의 복에 있지도 않습니다. 그리스도인의 승리는 하나님이 함께하는 데 있습니다. 하지만 하나님을 향한 영적인 정절을 잃을 때 하나님은 그들을 원수처럼 대하십니다. 당신이 성도라면 죄를 멀리하고 온 맘으로 주님과 동행하는 데 집중하십시오. 그것이 참된 삶, 승리의 삶을 사는 비결입니다.

말씀을 깊이 묵상하며 하나님을 만나자

여호와의 율법은 완전하여 영혼을 소성시키며 여호와의 증거는 확실하여 우둔
한 자를 지혜롭게 하며 _시편 19:7

성경을 읽기보다 신학 서적이나 신앙 서적을 읽는 사람들이 많습
니다. 인터넷 정보만 보는 사람도 있습니다. 이들은 성경 지식이 많
아 보이지만 실제로는 알맹이가 없습니다. 또한 유명 신학자들이 말
한 이론을 논하면서 자신의 지식을 자랑하기도 합니다. 그런데 이들
중에는 성경을 창세기부터 요한계시록까지 체계적으로 읽은 사람이
드뭅니다.

직접 성경을 읽을 때, 우리 영혼은 소성하고 지혜롭게 되고 마음
이 기쁘고 순결하고, 눈이 밝아집니다. 성경을 통해 하나님을 만나
면서 마음과 삶이 아름다워지는 것입니다.

당신은 성경을 직접 읽습니까? 아니면 신앙 서적과 인터넷을 통
해 성경과 신학 지식을 쌓고 있습니까? 성경 지식이 늘어나는 만큼
기쁨과 평강이 충만합니까? 성경을 읽으면서 예수 그리스도를 만나
고 그 영광의 빛을 삶과 말과 마음과 얼굴에 반영하고 있습니까?

이 시대를 본받지 말고 성경으로 돌아갑시다. 말씀을 깊이 묵상하
며 하나님을 만납시다. 그 시간이 가장 복되고 귀하고 아름다운 시
간입니다. 그 시간은 결코 어떤 것에도 간섭받아서는 안 됩니다. 하
나님을 만나는 데 가장 중요한 것은 마음의 집중입니다. 모든 것을
뒤로하고 주님을 만나는 데 집중하십시오. 성경을 통해 하나님을 만
나는 기쁨을 누리십시오. 그렇지 않다면 우리는 지적 욕심을 채우기
위해 공부만 하는 어리석은 자가 될 뿐입니다.

깨끗한 그릇이
되게 하소서

하나님께 쓰임받는 길

세상 법정으로 가지 말라

형제가 형제와 더불어 고발할뿐더러 믿지 아니하는 자들 앞에서 하느냐 _고린도
전서 6:6

고린도 교회는 은사가 넘치고 부흥했지만, 바울의 눈에는 부패와 분쟁과 죄악에 물들어가고 있었습니다. 썩은 누룩이 교회를 가득 채우고 있었습니다. 6장에서 바울은 고린도 교회가 저지르는 죄악 중에 가장 전형적인 것을 지적합니다. 세상 법정에서 교회가 판단을 받는 것입니다. 바울은 그리스도인이 세상 사람은 물론 마귀까지 심판한다고 알려줍니다. 그런데 성도가 성도를 세상 법정에 고소한다면 이는 성도의 영광을 스스로 더럽히는 것입니다. 세상 법정에 고발하는 성도는 불의를 행하는 것이 됩니다(7~9절). 성도의 영광과 인내를 버렸기 때문입니다. 원어 의미를 살려 의역해 보면 "그렇다면 너희는 성도를 향해 세상 법정에서 고소한 것으로 이미 패배한 것이다. 억울한 일을 당해도 하나님의 영광을 생각하며 참아야 한다. 서로 고소할 때, 세상이 교회를 얼마나 조롱하겠는가. 그러나 너희 중에는 속이는 자가 있고 세상에 고소하여 불의를 행하는 자가 있다. 그러나 너희는 주안에서 서로 형제다"라는 뜻입니다. 바울은 세상 법정으로 나가는 교회는 불의가 가득한 교회로 하나님 나라의 유업을 약속받지 못한다(참조, 9절)고 말합니다.

많은 교회가 재산 문제로 세상 법정에 서고 있습니다. 성도도 억울한 일을 당하면 세상 법정에 고소합니다. 교회 안에 공평하게 판단해 줄 권위와 제도가 사라졌다는 뜻입니다. 또한 불의를 행하는 교회가 많아지고 있다는 뜻입니다. 바울은 이런 교회와 성도들에게 하나님 나라의 유업을 약속하지 않았습니다. 이것을 기억하십시오.

당신의 절대 기준은?

어떤 사람이 너희에게 말하기를 주절거리며 속살거리는 신접한 자와 마술사에게 물으라 하거든 백성이 자기 하나님께 구할 것이 아니냐 산 자를 위하여 죽은 자에게 구하겠느냐 하라 _이사야 8:19

성도는 신접한 자와 마술사를 가까이해서는 안 됩니다. 그들에게 어떤 이야기도 들어서는 안 됩니다. 우리가 참조할 것은 오직 율법과 증거의 말씀입니다. 그리고 율법과 말씀으로 사람이 하는 말을 분별해야 합니다. "그들이 말하는 바가 이 말씀에 맞지 아니하면" 저주가 임할 것입니다. 율법과 증거의 말씀으로 말하지 않는 자들에게는 들을 것이 없습니다. 말씀을 멸시하고 말씀이 절대 기준이 아닌 자는 환난과 고통의 흑암밖에 없습니다. 이사야는 율법과 증거의 말씀을 잃은 이스라엘 백성에게 큰 빛을 소개합니다. 바로 예수 그리스도십니다. 그분은 기묘자, 모사, 전능하신 하나님, 영존하시는 아버지, 평강의 왕이십니다. 그분만이 모든 것의 기준이며 우리를 흑암에서 건져내는 영원한 빛이십니다(이사야 9장).

절대 진리인 성경을 잃어가는 성도들이 있습니다. 성경을 잃어버린 교회가 허다합니다. 그들은 성경 대신 체험과 환상, 부흥을 말합니다. 그러나 그들은 시간이 흐르면서 더욱 혼동과 좌절과 회의에 빠져듭니다. 그들에게 남아 있는 것은 어둠과 멸망입니다.

그리스도가 절대 기준이 아닌 신앙은 표류하며 극한 어둠에 빠지게 됩니다. 그러나 성경을 절대 진리로 믿고 예수 그리스도를 바라고 나아가면 그 신앙은 안전합니다. "너는 증거의 말씀을 싸매며 율법을 내 제자들 가운데에서 봉함하라 이제 야곱의 집에 대하여 얼굴을 가리시는 여호와를 나는 기다리며 그를 바라보리라"(사 8:16~17).

자제력을 잃고 화내지 말라

사람의 성내는 것이 하나님의 의를 이루지 못함이니라 _야고보서 1:20

사람이 감정을 폭발시키거나 혈기를 부리면 좋지 않은 일이 뒤 따릅니다. 우리는 자신에게 혈기를 부린 사람이나 사건을 잘 잊지 못합니다. 성경은 혈기로 인해 생긴 많은 죄악을 알려줍니다. 심히 분하여 동생 아벨을 죽인 가인이 있고, 예수가 나셨다는 소식을 듣고 심히 노하여 베들레헴과 인근 지역에 있는 남자 아기를 전부 살해한 헤롯 왕이 있습니다(창 4:5~8; 마 2:16~18). 성경은 '혈기' 또는 '분냄'을 육신의 일로 간주하고 이것을 극복하라고 말합니다(참조, 갈 5:19).

사람이 얼마나 성숙한 지는 자신의 감정을 억제하고 성경의 가르침에 따라 바르게 행동하는 것을 보면 알 수 있습니다. 교회 지도자는 혈기와 거리가 있어야 합니다. "감독은 하나님의 청지기로서 책망할 것이 없고 제 고집대로 하지 아니하며 급히 분내지 아니하며"(딛 1:7).

성경은 화내는 것을 용납하지만, 자제를 잃고 화내는 것은 용납하지 않습니다. 자제력을 잃고 화를 내면 후회하게 됩니다. 그리고 하나님의 영광을 가립니다.

하나님의 도움으로 혈기를 다스릴 수 있습니다. 남을 비판하지 말고 불만을 바꾸어 감사하며 고맙다는 말을 하십시오. "분을 그치고 노를 버리라 불평하여 말라 행악에 치우칠 뿐이라 대저 행악하는 자는 끊어질 것이나 여호와를 기대하는 자는 땅을 차지하리로다"(시 37:8, 9).

십자가의 도에 합당한 삶을 살라

시온은 정의로 구속함을 받고 그 돌아온 자들은 공의로 구속함을 받으리라 _이사야 1:27

이사야는 참된 믿음에 서 있다가 심판의 대상이 된 공동체의 특징에 대해 나열합니다.

1) 신실하던 성읍이 창기가 되었습니다. 주 하나님만을 사랑하며 따르던 무리가 세상 우상과 잡신을 따릅니다. 2) 정의와 공의가 나타났지만, 이제는 착취와 살인뿐입니다. 사회는 약자인 고아와 과부의 것을 탈취하고 권력자 편에 섭니다. 3) 순결한 은과 같았지만 더럽고 가치 없는 쓰레기가 되었습니다. 4) 순수하고 진한 포도주 같았지만 물을 타서 맛을 잃었습니다. 이는 세상 사상과 세속에 물든 교회 공동체를 의미합니다. 5) 정직하고 순결했던 지도자가 하나님께 반역하고 뇌물을 좋아하며 세상의 보상을 바라며 종교생활을 합니다.

신앙생활은 매사에 하나님을 인정하면서 그분 뜻대로 사는 것입니다. 하나님의 뜻이 무엇인지 분별하며 주의 섭리를 인정하고 공의와 정의를 이 땅에 실현하는 것입니다. 가장 큰 공의와 정의 실현은 복음을 전하는 일입니다. 복음을 전하는 자들은 삶 속에서 공의와 정의를 이루면서 십자가의 도를 전해야 합니다. 만일 십자가의 도를 전하면서 진실함과 정직함, 거룩함과 공의, 정의가 나타나지 않는다면, 복음 전파는 무효가 되고 십자가의 도를 부끄럽게 할 것입니다. 십자가의 도에 합당한 삶을 살아갈 때, 하나님은 우리를 인정하시고 성령을 통해 역사하십니다.

성령 강림과 십자가의 구속

홀연히 하늘로부터 급하고 강한 바람 같은 소리가 있어 그들이 앉은 온 집에 가
득하며 _사도행전 2:2

하나의 베들레헴이 있고 하나의 갈보리가 있듯이, 오직 하나의 오
순절이 있습니다. 오순절 사건은 획기적인 우주적 사건으로 만물과
모든 사람을 심판하는 기준이 됩니다. 오순절 성령 강림은 개인적으
로는 체험할 수 없는 사건입니다. 우리는 이 세상에 오신 성령을 그
리스도의 구속 안에서 누릴 때 성령을 체험합니다. 오순절 사건을
개인적 차원에서 다루려는 자들은 이 사건이 주는 구속사적인 계시
를 놓칠 수 있습니다. 그러나 우리는 계시적인 차원의 성령 강림이
각 개인에게 구속의 효력이 있다는 것을 잊어서는 안 됩니다. 성도
는 성령의 생명력에 의해 차고 넘치는 기쁨과 의와 평강을 누릴 수
있습니다. 이에 신약성경은 십자가의 구속과 성령 강림을 하나로 연
결합니다. 즉, 체험은 계시에 근거하고 계시는 구속사적인 차원에서
의 성령의 역사와 연결됩니다.

성령의 역사를 개인적인 차원에서 다루면 사람의 내면을 변화시
키는 성령의 능력에만 집중하게 됩니다. 그러나 성경 전반에서 볼
때 이 부분은 성령의 위대한 역사 중 작은 부분입니다. 우리는 계시
적 차원에서 성령의 강림을 보아야 합니다. 즉, 그리스도가 하나님
께서 맡기신 모든 일을 이루심으로 아버지에게 약속을 받아 그 약속
을 주의 자녀들에게 보내신 것이 성령 강림입니다. 성령 강림은 주
의 백성을 위한 구속을 완성했다는 선포입니다. 또한 예수 그리스도
께서 만유의 주이심을 선포하는 사건입니다. 그러므로 믿는 자들은
새 언약에 따라 성령 안에서 의와 평강과 희락을 경험하게 됩니다.

마음속 두 가지 욕망

육체의 소욕은 성령을 거스르고 성령은 육체를 거스르나니 이 둘이 서로 대적함으로 너희가 원하는 것을 하지 못하게 하려 함이니라 _갈라디아서 5:17

그리스도인의 마음에는 두 세력이 있습니다. 죄와 생명력입니다. 두 세력은 마음의 중심을 차지하려고 싸웁니다. 이때 그리스도인은 옛사람을 십자가에 죽이고 새사람으로 살아갑니다. 옛사람인 죄의 세력은 하나님이 없이 스스로 서기를 원하며 말씀을 멀리합니다. 그리고 육신의 정욕, 안목의 정욕, 이생의 자랑을 탐합니다. 옛사람으로 살 때, 우리는 하나님을 영화롭게도 못하고 감사하지도 못하게 됩니다. 반면, 새사람은 하나님의 말씀으로 회개와 깨달음을 통해 마음의 중심을 잡습니다. 예수님께서 시험에 들지 말라고 말씀하신 것은 옛사람이 우리 마음을 차지하지 않도록 주의하라는 뜻입니다. 우리 마음을 옛사람이 장악할 때 우리는 하나님과 원수가 되어 교회에 피해를 주고 마귀의 도구로 전락하게 됩니다.

하나님께서는 우리가 옛사람과 새사람 사이에서 갈등하도록 그냥 두지 않으십니다. 성령을 우리에게 보내셔서 승리하게 하십니다. 바울은 "너희는 성령을 따라 행하라 그리하면 육체의 욕심을 이루지 아니하리라"고 말했습니다. 우리는 기도로 깨어 옛사람이 살 기회를 주지 말아야 합니다. 새사람이 우리 삶과 마음을 주관하도록 해야 합니다.

겁과 두려움을 이기는 비결

산헤립의 신하가 유다 방언으로 크게 소리 질러 예루살렘 성 위에 있는 백성을 놀라게 하고 괴롭게 하여 그 성을 점령하려 하였는데 _역대하 32:18

사탄은 겁을 주려는 공갈과 위협으로 일하게 하고 하나님은 사랑의 경고로 일하게 합니다. 사탄은 거짓과 과장으로 자신의 요구를 강요하고 하나님께서는 미리 경고하여 피하게 하십니다. 누군가 사탄의 방법으로 우리에게 접근할 때 속지 마십시오. 만일 겁을 먹고 그들의 요구를 들어준다면 사탄에게 넘어간 것입니다. 먹고사는 문제를 이용해 위협하고 공갈할 때, 거짓과 불의를 요구할 때, 사회생활에서 상사가 불의한 일을 시킬 때, 자신이 원하는 대로 하지 않으면 불이익을 당할 것이라고 엄포를 놓을 때, 믿음을 저버리면 안 됩니다.

거짓 선지자들은 공갈과 위협으로 설교합니다. 이런 설교는 사탄이 이용하는 공갈입니다. 하나님은 사랑을 담은 간절함으로 경고합니다. 하나님의 말씀에 근거해 회개하도록 합니다. 겁내지 마십시오. 우리 대장 예수께서 우리와 함께하십니다. 그분은 죽음을 이기셨고 이 세상 악을 이긴 승리자이십니다. 그분에게 사탄과 그의 졸개는 콧김 한 방에 날아가는 먼지와 같습니다. 하나님만 의지하고 어떤 상황에서도 믿음으로 서십시오. 십자가를 붙드십시오. 어떤 두려움도 물리칠 수 있는 평강이 하늘로부터 임할 것입니다. 모든 결과는 하나님의 손에 맡기십시오. 주께서 영원한 승리를 주실 것입니다.

유혹을 이기는 비결

또한 너는 청년의 정욕을 피하고 주를 깨끗한 마음으로 부르는 자들과 함께 의와 믿음과 사랑과 화평을 따르라 _디모데후서 2:22

마귀의 유혹을 이길 수 있는 효과적인 방법 네 가지를 소개합니다.

첫째, 유혹이 오면 다른 것에 마음을 쓰십시오. 사람은 어떤 생각을 하지 못하게 하면 더욱 그것을 하고 싶어집니다. 특히 유혹이 그렇습니다. 유혹에서 벗어나려면 관심을 다른 곳에 두어야 합니다. 다윗은 "내 눈을 돌이켜 허탄한 것을 보지 말게 하시고 주의 길에서 나를 살아나게 하소서"(시 119:37)라고 고백합니다. 둘째, 마음속에 들어오는 것을 가려서 받으십시오. 마음에 쓰레기가 들어오면 더러운 생각을 하게 됩니다. 보는 것, 듣는 것, 읽는 것을 통제해야 합니다. 셋째, 영적으로 충만할 때 자신의 약점을 기억하고 유혹의 가능성을 철저하게 제거하십시오. 넷째, 자신은 유혹에 절대로 넘어가지 않을 것이라고 믿지 마십시오. "그런즉 선 줄로 생각하는 자는 넘어질까 조심하라"(고전 10:12). 마지막으로, 내 옛자아가 십자가에 죽었음을 인정하고 나 대신 그리스도가 살도록 하십시오. 그리스도를 인격적으로 의식하고 그리스도 안에 있다면 우리는 유혹에 패배하지 않습니다. 이미 내 안에 계신 그리스도께서 모든 유혹을 이기셨기 때문입니다.

권위 질서에 순복하는 겸손

사람의 모양으로 나타나사 자기를 낮추시고 죽기까지 복종하셨으니 곧 십자가에 죽으심이라 _빌립보서 2:8

예수님은 공동체의 질서에 순복하셨습니다. 이런 의미에서 예수님의 겸손은 금욕주의의 겸손과 다릅니다. 골로새서를 보면 금욕주의의 겸손은 기독교와 원수(참조, 골 2:23)이며 교만입니다. 금욕적인 겸손은 목소리나 행동을 온순하게 합니다. 그러나 이해타산적이고 자기주장을 관철해야 할 때 교만을 드러냅니다. 예수님은 "욕을 당하시되 맞대어 욕하지 아니하시고 고난을 당하시되 위협하지 아니하시고 오직 공의로 심판하시는 이에게 부탁하시"는(벧전 2:23) 겸손의 모습을 보이셨습니다.

베드로는 권위 질서에 순복하라고 말합니다. 아내는 남편에게(벧전 3:1), 사환은 주인에게(벧전 2:18), 백성은 왕에게(벧전 2:13), 교회의 젊은이는 장로에게(벧전 5:5) 순복할 것을 요청합니다. 그러면서 겸손을 하나님의 권위 질서에 대한 순복이라고 말합니다. 이때 베드로는 "이와 같이"를 계속 되풀이하는데 이는 "예수님처럼"이라는 뜻입니다. 요약하면 성경은 공동체의 권위 질서를 따르는 마음 자세를 겸손으로 보고 있습니다.

예수님께서는 악한 사회와 나라에서 사셨지만, 하나님이 그 권세를 세우셨음을 믿고 따르셨습니다. 그 순종으로 십자가에서 죽기까지 하셨습니다. 예수님은 그 당시 악한 권세에도 순종하셨습니다. 우리의 겸손은 스스로 겸손한 척하는 신비적이고 관념적이며 피상적인 겸손이 되어서는 안 됩니다. 가정, 교회, 직장, 사회에서 권위 질서에 순복하는 겸손이어야 합니다.

복음이 사람을 사람답게 한다

모든 선한 일에 너희를 온전하게 하사 자기 뜻을 행하게 하시고 그 앞에 즐거운 것을 예수 그리스도로 말미암아 우리 가운데서 이루시기를 원하노라 _히브리서 13:21

복음은 사람을 사람답게 만듭니다. 예수님은 우리를 만나주셔서 가장 사람답게 만드십니다. 복음은 사람을 종교인으로 만들지 않습니다. 복음은 사람을 가장 사람답게 만들기 때문에 따뜻하고 진실합니다. 그러나 종교인은 거룩한 껍질을 씌운 간교한 위선자로 냄새가 납니다. 많은 그리스도인이 삶의 현실을 뛰어넘는 신비한 체험이 신앙이라고 오해합니다. 금기사항을 만들어 놓고 그것을 지키는 금욕주의를 신앙이라고 생각합니다. 그러나 그것은 삶과 신앙을 분리하는 종교를 가장한 위선입니다. 복음은 사람을 모든 면에서 더욱 사람답게 만듭니다.

신앙은 마음을 비우는 것이 아닙니다. 비워 놓으면 오히려 그 마음에 악령이 들어갑니다. 신앙은 성령으로 채워져 하늘의 것을 담는 것입니다. 좋은 것이 많이 들어오면 더러운 것이 저절로 흘러나갑니다. 신앙은 삶을 부정하거나 희생시키거나 억누르지 않습니다. 오히려 주안에서 삶을 즐기고 누리게 합니다. 하나님께서는 우리에게 참된 자유와 천국의 삶을 주기 원하십니다. 하나님은 자유를 빼앗고 삶을 따분하게 만드시는 분이 아닙니다.

주안에서 삶을 즐기되 죄는 멀리하십시오. 주께서 알려주신 착한 행실에 힘쓰십시오. 천국의 풍성함이 임할 것입니다.

성경적인 죄의식

아들이 이르되 아버지 내가 하늘과 아버지께 죄를 지었사오니 지금부터는 아버
지의 아들이라 일컬음을 감당하지 못하겠나이다 하나 _누가복음 15:21

성경에 보면 잘못을 시인하는 사람이 나옵니다. 가룟 유다도 예수
님을 배반한 이후에 잘못을 뉘우쳤습니다(참조, 마 27:4). 애굽 왕 바
로도 모세 앞에서 범죄를 시인했습니다(참조, 출 9:27). 사울 왕도 발
람 선지자도 잘못을 시인하고 뉘우쳤습니다. 그럼에도 하나님께서
이들의 죄를 사해주셨다는 근거를 찾을 수 없습니다.

그러나 하나님은 "하나님께 내가 범죄하였다"라고 고백하는 자는
다 용서해 주시고 구원해 주셨습니다. 타락한 탕자도 다윗도 용서를
받았습니다. "내가 주께만 범죄하여 주의 목전에 악을 행하였사오
니 주께서 말씀하실 때에 의로우시다 하고 주께서 심판하실 때에 순
전하시다 하리이다"(시 51:4).

현대인의 죄의식은 상대적입니다. 또한 사회의 도덕적인 관점에
서 죄의식을 갖습니다. 그러나 성령으로 거듭난 자들은 하나님 앞에
서 죄의식을 갖습니다. 즉, 죄는 거룩한 율법을 제정하신 하나님께
반역하는 것이고 그분의 음성을 불순종하는 것입니다. 또한 그분을
업신여긴 죄의식을 갖습니다. 죄를 범하면 "제가 아버지 앞에 죄를
지었습니다. 용서하여 주옵소서"라고 고백해야 합니다. 이에 하나
님께서는 새 언약에 따라 그들의 죄를 흰 눈처럼 씻겨 주십니다.

당신의 죄의식의 기준은 무엇입니까? 양심입니까? 하나님을 향한
인격적인 차원에서의 죄의식입니까? 나 자신의 죄악뿐 아니라 이
사회의 죄악에 대해서도 성경적인 관점에서 죄의식을 느낍니까?

경건의 능력

항상 배우나 끝내 진리의 지식에 이를 수 없느니라 _디모데후서 3:7

성경은 말세가 가까울수록 배교가 심할 것이라고 말씀합니다(참조, 살후 2:3). 그리고 적그리스도가 등장할 것입니다. 그 후 우리 예수께서 재림하셔서 적그리스도를 죽이심으로 세상 역사는 끝나게 됩니다. 배교는 복음을 잃은 것입니다. 바울은 배교하는 교회는 "경건의 모양은 있으나 경건의 능력은 부인"(딤후 3:5)한다고 알려줍니다. 경건의 모양은 외형적이며 가식적인 것을, 경건의 능력은 내적인 생명력을 말합니다. 경건의 모양은 있으나 능력이 없다는 것은 성령의 역사가 없고 십자가의 생명 역사를 체험하지 못한다는 뜻입니다. 따라서 십자가의 도를 알 수가 없고 회개의 역사와 거듭남의 역사가 없습니다.

서기 500~1500년을 중세 종교암흑기라고 합니다. 경건의 모양은 있으나 능력이 없던 시대였습니다. 그 시대는 의식 절차, 복장, 웅장한 교회 건물, 모자이크 같은 화려한 장식 등 종교적인 외양은 화려했습니다. 신비주의가 심했습니다. 그러나 경건의 능력은 없었습니다. 예수 그리스도를 높이며 하나님의 복음을 선포하지 못했습니다. 교회가 복음을 잃고 경건의 모양에만 치중해 복음과 천국 문을 막고 있었습니다. 그러나 마르틴 루터와 여러 종교개혁자들이 복음의 능력, 곧 경건의 능력을 다시 발견했습니다. 이후 성령께서는 복음과 함께 전 세계를 향해 생명의 역사를 일으키셨습니다. 바울은 선포합니다. "하나님 나라는 말에 있지 아니하고 오직 능력에 있음이라"(고전 4:20).

은혜가 넘쳐흘러 세상까지

그런즉 사망은 우리 안에서 역사하고 생명은 너희 안에서 역사하느니라 _고린도
후서 4:12

바울은 복음을 위해 받는 고난을 예수님의 대속적 고난과 연결합니다. 우리가 복음을 위해 고난을 겪고 수고함으로 다른 사람이 영생을 얻고 거듭난다는 것입니다. 성도가 믿음으로 고난을 감당할 때 죽었던 사람이 살아나는 역사가 나타납니다. 예수님의 죽음을 내가 짊어질 때 예수님의 생명이 나를 통해 다른 사람에게 전달됩니다.

우리는 하나님의 은혜를 거저 받았지만, 하나님은 아들을 희생하셨습니다. 은혜가 있으려면 누군가가 그 대가를 지급해야 합니다. 가정에 은혜가 넘치려면 가정에서 누군가가 그리스도의 고난을 감당해야 합니다. 이 세상에 은혜가 넘치려면 그리스도 안에 있는 신실한 지체들이 그리스도의 고난에 동참해야 합니다.

공동체에 은혜가 있으려면 나부터 희생해야 함을 잊지 마십시오. 그러나 우리 희생은 제한적이고 고갈됩니다. 예수 그리스도와 연합한 자만이 하나님의 보좌로부터 흘러넘치는 은혜를 받아 계속 다른 사람들에게 흘러가도록 할 수 있습니다. 십자가의 희생을 믿고 성령의 은혜를 받으면 은혜가 계속 흐릅니다. 하나님께서는 받은 은혜를 세상에 나누는 자들과 동행하시고 그들을 위로하시며 영원한 상급을 주실 것입니다.

왜 복음을 깨닫지 못하는가?

하나님의 지혜에 있어서는 이 세상이 자기 지혜로 하나님을 알지 못하므로 하나님께서 전도의 미련한 것으로 믿는 자들을 구원하시기를 기뻐하셨도다 _고린도전서 1:21

많은 교회가 중세 교회처럼 복음을 잃어가고 있습니다. 십자가와 보혈의 메시지도 예수 그리스도의 이름도 잘 들을 수 없습니다. 교회에서마저 십자가와 고난의 의미, 영원한 하나님의 경륜을 듣기가 어려워졌습니다.

사람들은 왜 복음을 깨닫지 못할까요? 복음은 사람의 지혜로는 알 수 없는 진리이기 때문입니다. 주님의 영이 임하면 복음은 쉽게 이해되지만, 주의 영이 없으면 복음을 알 수 없습니다. 그리스도의 생명이 충만하면 복음이 쉽지만 그렇지 않은 자들은 복음을 알 수 없습니다.

믿음은 자신의 죄성을 알고 자신에 대한 신뢰를 완전히 포기하고 예수 그리스도만 의지하는 것입니다. 그러나 인간은 끊임없이 하나님 없이 자기 힘으로 서려고 합니다. 하나님 없이 자신을 높이는 의를 세우려 하고 자신의 지식으로 하나님을 분석하려 합니다. 이런 교만으로는 복음을 깨닫지 못합니다. 하나님께서 성령을 통해 영안을 열어주실 때, 복음을 알 수 있습니다. 이 사실을 알고 더욱 겸손한 마음으로 주께 아뢰십시오. 성경을 대할 때 성령의 도우심을 간절히 구하십시오. 그러면 참된 복음의 능력을 알아 거룩해지고 예수님을 닮게 될 것입니다.

함부로 약속하거나 보증 서지 말라

네 입의 말로 네가 얽혔으며 네 입의 말로 인하여 잡히게 되었느니라 _잠언 6:2

인생을 살아가면서 결혼 언약, 사업 계약이나 보증을 주의하십시오. 경솔하고 성급한 담보와 보증은 우리 삶을 어렵게 합니다. 보증의 배후에는 인간의 의지대로 일을 계획하고 진행할 수 있다는 교만과 불신앙이 있습니다. 그러나 생각하지도 예측하지도 못한 사건이 일어나게 되고 보증으로 어려움을 겪게 됩니다. 오늘 말씀은 내 힘의 한계를 벗어나는 언약이 내 삶을 옭아맬 수 있다는 것을 말해줍니다. 그러므로 그리스도인은 다른 사람을 도울 때 내가 도울 수 있는 데까지만 도와야 합니다. 또한 지킬 수 없는 약속을 해서는 안 됩니다. 약속을 어기는 것은 그리스도인으로서 증인 된 삶이 아닙니다.

결혼 언약을 소중하게 여기십시오. 만일 사업이나 다른 이유로 계약했다면, 반드시 지키십시오. 힘없는 자와 한 약속은 더더욱 지키십시오. 만일 그리스도인이 언약과 약속과 계약을 지키지 못한다면 그는 새 언약인 보혈의 권능을 잃게 될 것입니다. 또한 복음을 전할 수 없게 됩니다. 이는 복음이 새 언약이기 때문입니다. 내가 한 약속이나 서약한 계약이나 언약을 생명을 걸고 지켜야 합니다.

잠언의 지혜자는 "자신의 능력을 벗어나는 맹세나 계약에 대해 결코 보증하지 말라"고 합니다. 우리는 그리스도 안에서 자유로운 자입니다. 복음 이외의 것에 맹세해 스스로 노예가 되지 마십시오.

악의 유혹에 넘어가지 말라

이익을 탐하는 모든 자의 길은 다 이러하여 자기의 생명을 잃게 하느니라 _잠언 1:19

재물에 대한 탐욕 때문에 악이나 거짓의 손을 잡는 이들이 있습니다. 이것은 하나님을 경외하지 않고 그분의 지혜와 훈계를 멸시하는 태도입니다. 그리스도인에게 죄악은 갑자기 찾아오지 않습니다. 갑작스러운 유혹에 넘어간 것은 이미 그 유혹에 넘어갈 만큼 방심하며 느슨해져 있는 것입니다. 즉, 깨어 있지 않은 것입니다. 내가 내 삶의 주인이 되어 앉아 있는 것입니다. 이런 상태에서 유혹이 오면 우리는 악과 손잡기 쉽습니다.

특히 물질의 유혹에 약합니다. 악인들은 말합니다. "우리가 온갖 보화를 얻으며 빼앗은 것으로 우리 집을 채우자. 너는 우리와 함께 해 이득을 나누어 갖자." 그러나 그 길은 누군가를 다치게 하고 손해를 입힙니다. 그 길에는 반드시 속임과 악한 계획이 있습니다. 그 길에서 회개하고 나와야 합니다. 그렇지 않으면 파멸하고 생명을 잃습니다. 악의 꾐은 먼 곳에서 오지 않습니다. 날마다 함께하는 자들이 꾑니다. 그래서 그들의 은근한 제안을 거절하기가 어려워집니다. 그러나 처음부터 단호하게 잘라야 합니다. 그들에게 끌려가면 생명을 잃는 길로 가게 됩니다. 더러운 돈을 만져보는 쾌감을 얻을지는 모르나 그 삶은 멸망하게 됩니다. 죄가 슬며시 들어와 타협하자고 할 때 거절하십시오. 많은 것을 손해 보고 다른 사람과의 관계가 어색해져도 하나님을 경외하며 정직하고 거룩하게 살아가십시오. 그것이 생명을 잃지 않는 지혜입니다.

마음을 지키는 비결

모든 지킬 만한 것 중에 더욱 네 마음을 지키라 생명의 근원이 이에서 남이니라
_잠언 4:23

　성경은 마음이 죄에 물들면 그 결과는 사망이라고 증언합니다. 마음이 욕심에 정복되면 죄를 범하고 죄가 장성하면 사망을 낳습니다. 성경은 가장 부패한 것이 사람의 마음이라고 했습니다. 그러므로 마음을 지키는 문제를 논하기 전에 그 마음이 하나님과 언약 관계를 맺은 거룩함이 있어야 합니다. 하나님을 경외하는 지혜로운 마음이 있을 때 마음을 지킬 수 있습니다.

　잠언 4장을 보면 마음을 지키는 것이 인생의 바른길을 지키는 것입니다(참조, 잠 4:18~19). 즉, 곁길로 가지 않고 바른길로 가는 것이 마음을 지키는 비결입니다(참조, 잠 4:26~27). 옳은 길에서 떠나지 않으려면 목표가 옳아야 합니다. 정확한 목표가 있어야 바른길을 걸을 수 있습니다(참조, 잠 4:25). 그 목표는 예수 그리스도와 깊은 사랑의 관계, 믿음의 관계, 순종의 관계, 연합의 관계를 유지하는 것입니다. 물론, 마음을 지키려면 예수님과 연합해야 합니다. 그리고 인생의 목표를 뚜렷하게 정해 길을 걸어야 합니다. 길을 가다가 다른 길로 마음을 빼앗기지 않도록 조심합시다. 눈과 귀, 사람과의 교제를 주의합시다. 텔레비전, 책, 대화, 만남, 거짓, 욕심을 주의해야 합니다. 이것은 모두 육체의 정욕과 안목의 정욕과 이생의 자랑에서 옵니다. 요약하면 우상숭배입니다. 마음속에 우상이 있을 때 바른길을 벗어나 마음이 부패해집니다. 잠언은 바른길을 걷는 자들에게 미래를, 악인에게는 멸망을 예고합니다.

우리를 강권하시는 그리스도의 사랑

그리스도의 사랑이 우리를 강권하시는도다 우리가 생각하건대 한 사람이 모든 사람을 대신하여 죽었은즉 모든 사람이 죽은 것이라 _고린도후서 5:14

그리스도의 사랑이 바울을 강권하여 다스려 사역하게 했습니다. 성령께서 귀하게 사용하시는 사람은 바울처럼 그리스도의 사랑에 붙잡혔습니다. 우리는 그리스도의 사랑에 강권 되기를 소망해야 합니다. 그래야 주의 사랑에 사로잡혀 그분의 일을 할 수 있습니다.

성령으로 거듭났다는 것을 어떻게 알 수 있습니까? 거듭난 사람은 그리스도의 큰 사랑을 느끼며 날마다 그 사랑에 겨워 감동하며 살아갑니다. 그 사랑을 이기지 못해 그 사랑에 강권 되어 살아갑니다. 그리스도를 통한 사랑의 역사가 그 사랑에 강권된 사람을 통해 또 다른 사랑의 역사를 이루어 냅니다.

십자가를 바라보는 자들은 기쁠 때나 슬플 때, 좋은 일이 있을 때나 험한 고난 속에서나 늘 그리스도의 강권하시는 사랑을 느낍니다. 물론 이 세상은 의아해하며 이해하지 못할 것입니다. 그러나 우리는 아랑곳하지 않고 그리스도의 사랑을 나타내며 살아가야 합니다. 그때 우리는 성령의 열매를 맺고 복음의 능력을 나타냅니다. 즉, 거룩과 사랑의 삶입니다.

오늘도 주변 사람들에게 그리스도의 강권하시는 사랑을 나타내기를 소원합니다. 믿음 없는 자들을 안타까워하고 이들을 근심하면서 그들에게 사랑을 나타내기를 바랍니다. 나의 죗값을 치르기 위해 나 대신 돌아가신 그 사랑의 깊이를 알수록 우리는 더욱 주의 사랑에 갇혀 그분의 사랑에 강권 당하여 살게 됩니다.

방탕함과 술 취함과 생활의 염려를 버리라 10월 19일

너희는 스스로 조심하라 그렇지 않으면 방탕함과 술취함과 생활의 염려로 마음
이 둔하여지고 뜻밖에 그날이 덫과 같이 너희에게 임하리라 _누가복음 21:34

　방탕, 술 취함, 생활의 염려는 우리를 주님에게서 멀어지게 합니다. 이것들로 마음이 둔해져 멸망의 위험도 느끼지 못하고 거룩함을 사모함도 잃게 됩니다. 나중에는 신앙의 양심이 화인을 맞아 노골적으로 하나님을 대항하는 자가 됩니다.

　방탕이란 안목의 정욕과 육신의 정욕, 그리고 이생의 자랑을 채우기 위해 나의 시간과 에너지를 소비하는 것입니다. 인터넷이나 스마트폰에 빠져 안목의 정욕을 채우면서 시간을 낭비하는 것, 육신의 정욕을 채우기 위해 이성을 찾아 음침한 눈으로 돌아다니는 것이 방탕입니다. 술, 담배, 도박, 환각 등에 중독되어 빠져나오지 못하는 것도 방탕입니다. 마음이 세상의 영광을 끝없이 구한다면, 방탕에 빠진 것입니다. 생활의 염려에 빠진 자들은 거룩하게 살지 못합니다. 내 힘으로 먹고사는 일을 책임지려다가 염려에 빠지게 됩니다. 그들은 하나님을 믿지 않기 때문에 거룩한 삶에 관심이 없습니다.

　하나님 나라를 사모하며 주님과 친밀한 교제를 나누십시오. 기도하지 않고 성경을 보지 않고 거룩한 성도와 교제하지 않는다면 쉽게 세속에 빠지게 됩니다. 그리스도인은 온 맘을 다해 하나님께 자신을 맡기고, 온 힘을 다해 주의 말씀과 기도에 힘쓰고, 거룩한 성도들과 함께 마음을 모아야 합니다. 오늘도 말씀과 주안에서 기뻐하십시오. 그리고 주를 사랑하는 자들과 함께 교제하며 거룩한 소망을 품고 살아갑시다.

세상을 기웃거리지 말라

그러나 내게는 우리 예수 그리스도의 십자가 외에 결코 자랑할 것이 없으니 그리스도로 말미암아 세상이 나를 대하여 십자가에 못 박히고 내가 또한 세상을 대하여 그러하니라 _갈라디아서 6:14

예수 그리스도의 사랑을 깨달은 사람은 십자가에만 관심이 있습니다. 그들은 세상에 관심이 없습니다. 한편 세상은 복음과 예수 그리스도와 하나님 나라에 관심이 없습니다. 그러므로 세상이 당신을 알아주지 않는다고 서운해하지 마십시오.

오늘 본문은 하나님의 종이 되는 필수조건을 말합니다. 세상에 대한 미련과 욕심이 남아 있는 사람이 어떻게 복음을 전할 수 있습니까? 세상의 관심을 구하는 자가 어떻게 그리스도의 십자가를 전할 수 있습니까? "간음한 여인들아 세상과 벗된 것이 하나님과 원수 됨을 알지 못하느냐 그런즉 누구든지 세상과 벗이 되고자 하는 자는 스스로 하나님과 원수 되는 것이니라"(약 4:4).

세상에서 성공하려 하지 마십시오. 세상이 나를 알아주기를 기대하지 마십시오. 또한 지위나 명예, 권력이나 외모에 치중하지 마십시오. 하나님을 사랑하는 자는 오직 그 관심이 그리스도의 십자가에 있습니다. 따라서 세상과 그는 관계가 없습니다. 롯의 아내는 세상에 미련을 버리지 못해 소돔과 고모라를 향해 뒤돌아보다 소금기둥이 되었습니다.

새 하늘과 새 땅을 생각하십시오. 내 눈에 보이지 않지만, 하나님의 보좌를 바라봅시다. 세상 눈치를 보지 맙시다. 세상과 눈이 맞는 것은 예수 그리스도를 저버리는 것입니다. 세상이 우리에게 관심을 보이면 처신을 잘못한 것이 없는지 돌아봅시다.

음행을 피하라

음행을 피하기 위하여 남자마다 자기 아내를 두고 여자마다 자기 남편을 두라. 남편은 그 아내에 대한 의무를 다하고 아내도 그 남편에게 그렇게 할지라 _고린 도전서 7:2

바울은 음행의 문제를 해결하는 방안으로 결혼을 이야기합니다. 결혼이라는 언약 안에서 성욕을 해결하는 것이 음행을 피하는 가장 좋은 비결입니다. 바울은 음행의 문제를 해결하는 방안에 대해 다시 한 번 못 박았습니다. "서로 분방하지 말라 다만 기도할 틈을 얻기 위해 합의상 얼마 동안은 하되 다시 합하라 이는 너희가 절제 못함으로 말미암아 사탄이 너희를 시험하지 못하게 하려 함이라"(5절).

남편과 아내는 위 말씀을 마음에 두고 상대의 욕구를 채워주어야 합니다. 내 몸은 상대의 것이라고 믿고 상대가 원할 때 기꺼이 내어주어야 합니다. 그래야 남편은 아내를 자기 몸처럼 여기며 아끼고 사랑하고, 아내는 남편의 희생과 사랑에 더욱 자신을 내어줍니다. 그리고 부부간의 사랑은 더욱 깊어집니다.

결혼하지 않은 이들은 음행을 피하고자 거룩하고 신앙심 깊은 동료와 많은 시간을 함께하십시오. 특히 영적으로 무장하기 위해 청년의 때에 훈련하십시오. 그런 이들은 결혼 후에 하나님 나라를 위해 온전하게 쓰임받는 일꾼이 됩니다. "자기를 깨끗하게 하면 귀히 쓰는 그릇이 되어 거룩하고 주인의 쓰심에 합당하며 모든 선한 일에 준비함이 되리라 또한 너는 청년의 정욕을 피하고 주를 깨끗한 마음으로 부르는 자들과 함께 의와 믿음과 사랑과 화평을 따르라"(딤후 2:21~22).

거룩한 분노

사울이 이 말을 들을 때에 하나님의 영에게 크게 감동되매 그의 노가 크게 일어나 _사무엘상 11:6

어떤 사람이 분노할 때, 그 이유를 보면 그 사람이 무엇을 중요하게 여기는지 알 수 있습니다. 자신의 입지나 유익, 자존심이 상하면 분노하는 이들이 있습니다. 돈에 관련해 손해를 본다고, 자기주장과 의견이 다르다고, 자기 뜻이 이루어지지 않는다고 분노합니다. 그러나 손실이나 손해를 보지 않으면 하나님의 교회와 영광이 가려져도 분노하지 않습니다.

사울 왕은 배교로 인생을 마쳤습니다. 그러나 그가 왕이 되었을 때 그는 '거룩한 분노'가 있었습니다. 백성을 사랑했습니다. 하나님의 영에 크게 감동된 때였습니다. 하나님의 영으로 충만한 자들은 거룩한 분노를 합니다. 당신은 어떠합니까? 교회의 부패를 보면, 이단 신천지가 활개를 치는 것을 보면 어떤 마음이 듭니까? 교회 지도자들이 그들의 유익에 따라 사는 것을 보면 마음이 어떻습니까? 이때 거룩한 분노가 생깁니까? 아니면 세상에 속한 것이나 자존심으로 분노합니까? 우리 마음 중심에 무엇이 있는지 살펴봅시다. 인기와 명예, 또한 사람들에게 욕먹지 않기 위해 "좋은 게 좋은 거다"라고 생각해서는 안 됩니다. 그렇다면 우리 역시 사울 왕과 다를 바 없습니다.

예수 그리스도만이 우리의 왕이십니다. 그분의 진리와 영광이 가려질 때 분노하는 것이 마땅합니다. 또한 주의 피로 값주고 사신 주님의 양들이 그릇된 길로 갈 때, 미혹되는 것을 볼 때 분노할 줄 알아야 합니다. 이것이 거룩한 분노입니다.

공적인 재판에 대해

재판은 하나님께 속한 것인즉 너희는 재판할 때에 외모를 보지 말고 귀천을 차별 없이 듣고 사람의 낯을 두려워하지 말 것이며 스스로 결단하기 어려운 일이 있거든 내게로 돌리라 내가 들으리라 하였고 _신명기 1:17

성경은 공의에 대해 말합니다. 구약을 읽어보면, 하나님께서는 선지자들에게 바른 재판에 대해 끊임없이 말씀하십니다. 그만큼 하나님은 참된 재판을 통해 공의를 펼치시기를 원하십니다. 마지막 심판에 하나님께서는 모든 사람을 공의롭게 재판하실 것입니다. 그리스도 안에 있는 자들에게는 영원한 생명과 기업을, 그리스도 밖에 있는 자들에게는 영원한 멸망과 고통을 주실 것입니다.

그리스도인은 이 땅에 하나님 나라를 세워야 합니다. 즉, 하나님의 공의를 나타내야 합니다. 그리스도인은 법과 관련한 분야에 들어가 불의를 막아야 합니다. 사회의 불의는 재판의 역할과 직접 관련되어 있습니다. 그리스도인은 하나님을 경외하며 공의로운 법을 세우고 그 법을 잘 적용해 하나님의 공의를 이 세상에 드러내야 합니다.

그리스도인이 제 역할을 하지 않으면 이 세상은 하나님께서 죄라고 정하신 것을 죄가 아니라고 할 것입니다. 부정한 법을 만들어 그리스도인을 핍박할 것입니다. 이 세상의 법이 불의를 부추길 수도 있습니다. 하나님의 뜻과 반대되는 법을 제정할 수도 있습니다. 주께서 재림하실 때까지는 불의가 공의를 이기는 것처럼 보일 때도 잦을 것입니다. 그럼에도 그리스도인은 영원한 공의이신 예수 그리스도를 선포하며, 이 땅에 하나님의 공의를 이 세상 법을 통해 나타내야 합니다. 또한 우리는 이 세상의 재판이 하나님의 완전한 공의를 따를 수 있도록 기도해야 합니다.

순수한 동기로 일하라

무릇 멍에 아래에 있는 종들은 자기 상전들을 범사에 마땅히 공경할 자로 알지니 이는 하나님의 이름과 교훈으로 비방을 받지 않게 하려 함이라 _디모데전서 6:1

"멍에 아래에 있는 종들"은 노예를 말합니다. 당시 로마에는 인구의 삼 분의 일 또는 절반 이상이 노예였을 정도로 노예가 많았습니다. 그중에는 요리사, 이발사, 주치의 등 전문적인 일을 하는 노예도 있었습니다. 오늘 본문에서 '상전'은 주인을 의미합니다. 바울은 노예 성도들에게 상전을 공경하라고 권면합니다. 하나님의 영광과 복음의 교훈에 해를 끼치지 않기 위해서입니다. 디모데전서 6장을 지금 시대에 적용하면 직장생활에 해당합니다. 그리스도인은 직장생활을 하면서 "하나님의 이름과 교훈이 비방받지 않도록" 해야 합니다. 이를 위해 부지런하고 성실하며 정직해야 합니다. 특히 상사에게 순종해야 합니다.

바울은 디모데에게 "경건을 이익의 방도로 생각하는 자들"을 경계하라고 권합니다. 그들은 교회 안에서 다툼을 일으키고 허망함과 파멸과 멸망의 요인이 됩니다. 그들은 믿음에서 떠나 근심함으로 스스로 고통스러운 삶을 살게 될 것입니다. 그러면서 바울은 사역자와 성도들에게 "선을 행하고 선한 사업을 많이 하고 나누어 주기를 좋아하며 너그러운 자가 되라"고 당부합니다.

과연 나는 순수한 동기로, 오직 예수 그리스도의 명분을 위해 내 모든 것을 내려놓았는지 점검하십시오. 순수한 동기로 하나님의 일을 할 때 하나님께서 우리의 모든 것, 즉 사회적 위치, 경제적 도움, 인간관계 등을 주관하셔서 하나님 나라의 뜻을 이루게 하실 것입니다.

라오디게아 교회의 착각

네가 말하기를 나는 부자라 부요하여 부족한 것이 없다 하나 네 곤고한 것과 가련한 것과 가난한 것과 눈 먼 것과 벌거벗은 것을 알지 못하는도다 _요한계시록 3:17

라오디게아 교회는 교인 수가 많고 재정도 탄탄했던 것 같습니다. 지금의 중대형교회와 같았을까요? 큰 교회에 다니는 것을 자랑하는 이들이 있습니다. 음악성이 뛰어난 성가대, 화려한 장식, 웅장한 건물, 조직적인 운영 체제, 활기찬 행사 들을 보며 우쭐해 합니다.

교인들도 만족함이 있습니다. 직장도 좋고 자녀들은 명문대에 들어가고 사업도 잘 풀립니다. 어려움이 없고 건강하며 성도 간에 격려하고 붙들어줍니다. 어려움이 생기면 힘닿는 대로 돕습니다. 그러나 그들에게는 복음과 예수님을 사랑함이 없습니다. 공동체 그 자체가 예수님보다 앞서 있습니다. 성령의 열매가 없습니다. 회개의 아픔도 마음의 가난함도 없습니다. 영적 전쟁이 없습니다. 예수 그리스도를 유일한 구원의 길로 외치지 않습니다. 십자가의 깊은 의미를 깨닫지 못합니다. 영원한 부활과 기업에 대한 참된 준비와 주의 재림에 대한 예비함이 없습니다. 현실에 안주하는 자들에게 주님을 말씀하십니다. "네 곤고한 것과 가련한 것과 가난한 것과 눈 먼 것과 벌거벗은 것을 알지 못하는도다"

라오디게아 교인들은 그리스도를 제대로 섬기지도 못하고 영적 분별력도 없었습니다. 그런데 부유하다고 착각하며 안일에 젖어 있었습니다. 이 시대의 교회를 보며 라오디게아 교회를 닮았다는 생각이 듭니다. 우리가 몸담은 교회가 라오디게아 교회의 모습은 아닌지, 나는 라오디게아 교인의 모습은 아닌지 돌아봐야 할 때입니다.

억울할 때 하나님을 기다리라

너는 악을 갚겠다 말하지 말고 여호와를 기다리라 그가 너를 구원하시리라 _잠언 20:22

억울한 마음이 들 때 죄와 사탄에게 패배하기 쉽습니다. 억울한 마음이 들면 보복하고 싶어집니다. 그때 충동을 따르면 악에 빠지면서 영적 전쟁에서 패하게 됩니다. 성경에는 억울한 일을 당해 보복했던 경우가 여럿 있습니다. 시므온과 레위는 세겜 족장 아들이 누이동생 디나를 강간하자 세겜 사람들에게 보복했습니다(창 34장). 요압 장군은 동생 아사헬을 죽인 아브넬을 살해했습니다. 이 일로 다윗은 요압이 어떤 사람인지 알게 되었고 나아가 하나님의 공동체가 큰 어려움을 겪었습니다.

성경은 개인적인 원한은 주께 맡기라고 말씀합니다. 원한 갚는 일은 주님의 손에 있다고 합니다. 하나님만이 온전히 악을 제거하실 수 있습니다. 하나님께서는 공의를 위해 공적인 기관을 세우셨습니다. 교회와 나라의 재판 기관이 공의를 위해 일할 수 있습니다. 신기하게도 하나님의 은혜는 억울한 일을 당했을 때 나타납니다. 억울한 일을 당할 때 우리 힘으로 싸우려 하면 우리 인생은 원수를 갚다가 끝날 것입니다. "누구든지 악으로 선을 갚으면 악이 그 집을 떠나지 아니하리라"(잠 17:13).

억울한 일을 당했을 때 참으십시오. 그것이 아름다운 일이고 하나님께 칭찬받는 일입니다. 하나님께서 갚아주심을 믿으며 삽시다. 공의를 완전하게 이루는 분은 하나님밖에 없습니다. 우리가 할 일은 복음에 속한 삶을 사는 것입니다. 선으로 악을 이기며 원수를 위해 기도하는 것입니다. 이것이 복음을 아는 자의 삶입니다.

좁은 문으로 걷는 삶

생명으로 인도하는 문은 좁고 길이 협착하여 찾는 자가 적음이라 _마태복음 7:14

구원의 문은 좁습니다. 그 좁은 문은 예수 그리스도입니다. 좁은 문을 걷는 사람은 예수님과 같은 생각을 하며 살아갑니다. 성경에서 벗어나지 않으며 성경 밖의 계시를 받지 않습니다. 성경보다 더 높은 권위가 없음을 인정합니다. 예수 그리스도 외에는 구원이 없다는 것을 압니다.

예수님께서 십자가에 달리실 때 주의 편에 서는 사람이 없었습니다. 몇몇 여인만 멀리서 주의 십자가를 힘없이 바라보았습니다. 제자들마저 주를 버리고 도망갔습니다. 그러나 부활하신 주님은 그들을 찾아가셨습니다. 이때 그들은 자신의 행동이 얼마나 부끄러웠을까요? 그러나 그들은 그 후 좁은 문으로 갔습니다.

그리스도인은 내 중심이 아닌 십자가 중심으로 세상을 보아야 합니다. 그리스도인은 예수 그리스도 외에 다른 명분으로 하나가 되려고 해서는 안 됩니다. 사회 정의를 위해 애쓰고 어려운 자를 구제해야 하지만 그것을 명분으로 다른 종교와 하나가 되어서는 안 됩니다. 기독교는 정부의 양심이 되어 권력의 횡포를 막아야 하지만 정치적으로 하나가 되어서도 안 됩니다. 그리스도인은 하나님 나라와 주님의 의인 십자가를 중심으로 생각하며 오직 예수 그리스도로 하나가 되어야 합니다. 그렇지 않으면 의로 가장한 마귀에게 속게 됩니다. 우리는 바벨탑에 분노하셨던 하나님의 마음을 알려야 합니다. 또한 세상을 사랑하셔서 예수님을 보내주신 하나님의 사랑을 선포해야 합니다.

급한 일과 중요한 일

그런즉 너희는 먼저 그의 나라와 그의 의를 구하라 그리하면 이 모든 것을 너희
에게 더하시리라 _마태복음 6:33

급한 일만 처리하면서 보내는 사람들이 있습니다. 발등에 떨어진
불만 끄고 사는 어리석은 사람들입니다. 성경은 삶의 우선순위가 잘
못되어 이렇게 산다고 알려줍니다. 먼저 주님의 나라와 의를 구하지
않는다는 것입니다.

우리에게는 중요하고 가치 있는 일들이 있습니다. 건강, 가정, 신
앙, 우정 등입니다. 그런데 급한 일이 생기면서 중요한 일은 뒤로 밀
리고 인생은 계속해서 어려움을 겪습니다. 하나님을 믿지 않는 사
람들은 중요한 일을 멀리하고 언제나 세상이 원하는 것을 얻기 위해
조급하게 살아갑니다. 시간, 돈, 정신 등에 여유가 없고 항상 궁핍합
니다.

먼저 하나님 나라를 구하며 그의 의를 구하십시오. 중요한 것을
우선으로 삼고 그것의 순위를 내주지 마십시오. 그러면 우리 삶은
여유가 넘치고 평강을 누릴 것입니다. 하나님 나라와 의를 구하는
삶은 성령 안에서 예수 그리스도와 연합하는 삶을 의미합니다. 즉,
복음의 삶을 말합니다. 내가 사는 것이 아니라 예수 그리스도께서
내 안에서 나를 주관하시며 인도하는 삶을 의미합니다. 내 포부가
아닌 하나님의 계획을 이루어 드리며 내 영광이 아닌 주 하나님의
영광을 위해 사는 삶입니다. "그러므로 내일 일을 위하여 염려하지
말고" 오늘 해야 할 중요한 일을 신실하게 하십시오. 그렇게 살 때
하나님께서 의와 평강과 희락과 여유와 풍성함을 넘치게 주실 것입
니다.

깨끗한 그릇을 쓰시는 하나님

그러므로 누구든지 이런 것에서 자기를 깨끗하게 하면 귀히 쓰는 그릇이 되어 거룩하고 주인의 쓰심에 합당하며 모든 선한 일에 준비함이 되리라 _디모데후서 2:21

하나님께서는 사람의 외적인 조건을 보지 않으십니다. 만일 그러셨다면 모세가 궁중에 있을 때 그를 쓰셨을 것입니다. 다윗이 왕이었을 때 골리앗을 이기게 하셨을 것입니다. 바울이 공의원으로 있을 때 그를 사용하셨을 것입니다.

본문에서 "이런 것"은 거짓 교사들의 행위와 교훈을 의미합니다. 또한 악한 생각과 행위 등을 복음의 능력으로 제압하는 훈련을 의미합니다. 주께서는 복음을 정확하게 알고 거룩한 마음을 유지하는 사람을 쓰십니다. 사람을 거룩하게 하신 후에 쓰십니다. 회개하고 깨어지고 겸손하게 하신 후 사용하십니다.

주께 귀하게 쓰이는 그릇은 세 가지 특징이 있습니다. 1) 자신을 구별시켜 하나님께 온전하게 헌신한 마음 2) 주인의 뜻에 철저하게 순종하는 마음 3) 선한 일을 행하여 모든 이들에게 유익을 주는 마음입니다.

하나님의 일은 사람의 눈에 쉽게 띄지 않습니다. 많은 사람이 모였다고 해서 하나님이 일하셨다고 오해하지 마십시오. 하나님은 오히려 한두 사람을 깊게 변화시킨 후에 보이지 않게 일하실 때가 많습니다. 이때 보혈의 권능으로 죄를 이긴 사람, 거룩한 사람을 쓰십니다. 시끄러운 운동과 자랑과 소란은 하나님이 일하시는 방법이 아닙니다. 하나님은 거룩한 자들을 통해 조용히 역사하십니다.

음부의 권세를 이기는 교회

또 내가 네게 이르노니 너는 베드로라 내가 이 반석 위에 내 교회를 세우리니
음부의 권세가 이기지 못하리라 _마태복음 16:18

예수님께서는 음부의 권세가 "내 교회"를 이기지 못한다고 선포하
셨습니다. 개역개정성경이 '권세'라고 번역한 원어 '플라이'는 여러
개의 문을 의미합니다. 즉, 음부의 문들은 예수님의 교회를 이기지
못합니다. 한편 음부는 원어로 '하데이스'입니다. 인간이 죽어서 그
영혼만 들어가는 곳을 말합니다. 사도행전 2장을 보면 예수 그리스
도의 부활과 '하데이스'가 대조되는 것을 발견할 수 있습니다. "그가
음부에 버림이 되지 않고 그의 육신이 썩음을 당하지 아니하시리라"
(행 2:31).

예수님은 사흘 동안 음부에 계셨습니다. 이때 이곳에 계신 것은
예수님의 영혼입니다. 몸은 아리마대 사람 요셉의 무덤에 있었습니
다. 그러나 예수님의 영혼은 음부에 있던 구약의 성도들을 구출하고
음부의 문들을 여시고 부활하셔서 사망 권세를 무너뜨리셨습니다.

구원받은 자들의 공동체인 교회는 죽음의 세력을 이깁니다. 부활
하신 그리스도께서 믿는 자들을 위해 음부의 문들을 부수고 영원히
죽지 않는 생명을 주셨기 때문입니다. 또한 성도들은 이 세상을 떠
나도 영혼은 하나님의 보좌로 들어갈 것입니다. 그리고 주께서 재림
하실 때 그들의 육체가 영광 가운데 일어나 주님과 연합해 영원토록
사망 권세를 이길 것입니다(참조, 고전 15:52~57). 예수 그리스도의
교회는 천국이 보장되어 있으므로 사망 권세가 이길 수 없고 지옥이
이길 수 없습니다. 성도는 천국에 들어가는 열쇠를 이미 얻은 자들
입니다.

시간을 귀하게 쓰라

너는 청년의 때에 너의 창조주를 기억하라 _전도서 12:1

사람에게 주어진 수명은 하나님의 절대주권에 속합니다. 그래서 이 세상에는 오래 사는 사람도 있고 일찍 죽는 사람도 있습니다. 태어나자마자 죽어 영원으로 돌아가는 사람도 있습니다. 그런데도 누구에게나 하루는 24시간입니다. 성경은 시간을 소중히 쓰라고 권면합니다. 가치 없는 것에 시간을 빼앗기지 말라는 것입니다. 가치 없는 대화, 독서, 생각에 시간을 빼앗기지 마십시오. 나날이 거룩해지고 그리스도를 닮아가는 성화는 시간을 어떻게 활용하느냐와 관련이 있습니다. 그래서 바울은 간절하게 권면했습니다. "그런즉 너희가 어떻게 행할지를 자세히 주의하여 지혜 없는 자 같이 하지 말고 오직 지혜 있는 자 같이 하여 세월을 아끼라 때가 악하니라"(엡 5:15~16).

하나님께서는 심판의 때에 시간을 어떻게 사용했는지 물으실 것입니다. 짧은 인생입니다. 가치 있는 인생을 삽시다. 가치 있는 인생은 영원을 위해 사는 것을 알고 시간을 귀하게 씁니다. 하나님만 의식하고 행동하며 결단합니다. 오직 주님을 사랑하며 하나님 나라와 주의 복음인 십자가의 도를 외치며 주께 순종합니다. 가치 있고 보람된 영원한 것을 위해 시간을 쓰시길 바랍니다.

November

11월

거룩한 땅에
들어가게 하소서

그리스도를 주인으로 모신 청지기의 삶

낙심을 이기는 비결

그러므로 우리가 이 직분을 받아 긍휼하심을 입은 대로 낙심하지 아니하고 _고린도후서 4:1

바울은 영원한 세상과 비교되는 이 세상을 볼 수 있었습니다. 그는 이 세상의 잠깐의 고난과 영원한 세상의 영광을 보았습니다. 이 세상에서의 시간은 속사람을 자라게 하고 영원한 영광을 위해 수고하는 기회일 뿐 그 이상의 의미는 없었습니다.

영원한 생명과 나라를 위해 살 때, 이 땅에서 어려움을 겪게 됩니다. 이때 가장 큰 시험이 낙심입니다. 그러나 바울은 낙심을 주는 상황을 속사람을 강하게 만드는 기회로 삼았습니다. 낙심은 포기하게 하고 주께서 주신 사명과 명령을 잊게 합니다. 주님이 주신 사명을 위해 일하다가 포기해서는 안 됩니다. 낙심으로 인해 사명을 포기하면 인생은 목적을 잃고 표류하게 됩니다.

기도와 성경 읽기, 전도, 복음을 위한 모임을 멈췄습니까? 주께서 내게 맡기신 특별한 사명을 포기했습니까? 우상을 철저하게 제거하고 하나님을 향한 믿음을 회복하십시오. 주님이 내 삶의 주인임을 인정하십시오. 영원한 나라를 바라보십시오. 오직 하나님의 인정과 영원한 영광을 바라봅시다. 인생을 마치는 날까지 주께서 맡기신 사명을 감당하겠다고 다짐하십시오. 낙심을 이긴 믿음의 인생은 풍성한 열매를 맺습니다. 그리스도를 바라보며 앞으로 나아갑시다. 때가 차면 풍성한 열매를 거둘 것입니다.

낙심한 자들의 친구가 되라

그러나 낙심한 자들을 위로하시는 하나님이 디도가 옴으로 우리를 위로하셨으니 _고린도후서 7:6

하나님께서는 우리가 어려움과 고통에 빠지게 되면 디도와 같은 사람을 보내주십니다. 디도를 통해 우리는 두 가지를 배우게 됩니다.

첫째, 주님이 보내시는 디도를 통해 위로를 받는 것입니다. 디도가 온 것에 즐거워하고 디도를 보내주신 하나님께 감사해야 합니다. 또한 디도와 주님 안에서 진정한 사귐이 있어야 합니다. 주님은 이것으로 우리의 비통과 슬픔을 해결해 주십니다. 물론 우리는 주님과의 만남으로 참된 위로와 힘을 얻습니다. 그런데도 주님은 우리에게 디도를 보내셨습니다. 우리를 풍성하게 하시고 주의 자녀들이 서로 연합하기를 원하시기 때문입니다.

둘째, 어려움과 슬픔과 외로움을 당하는 그리스도인을 향해 디도가 되는 것입니다. 곤란에 빠진 사람이 생각나면 모른 체하지 마십시오. 그런 생각은 성령께서 주신 것입니다. 거절하면 불순종하는 것입니다. 당신이 주님이 보내시는 디도가 되십시오. 전화 한 통, 방문 한 번, 작은 선물 하나가 그 사람을 바꿉니다. 새롭게 알게 된 사람이 있다면, 그들의 필요를 알아서 힘닿는 대로 그들을 위로하고 도우십시오.

내가 주님의 이름으로 누군가에게 디도가 된다면 아름답고 가치 있는 일이 될 것입니다.

궁핍한 자를 도우라

우리가 바라던 것뿐 아니라 그들이 먼저 자신을 주께 드리고 또 하나님의 뜻을
따라 우리에게 주었도다 _고린도후서 8:5

마음이 있어야 물질을 나눌 수 있습니다. 요한은 "누가 이 세상의
재물을 가지고 형제의 궁핍함을 보고도 도와줄 마음을 닫으면 하나
님의 사랑이 어찌 그 속에 거하겠느냐"(요일 3:17)고 말합니다. 바울
은 형제와 물질을 나누기 위해서 먼저 자신을 주님께 드려야 한다고
말합니다. 만일 그 과정이 없다면, 인본주의에 빠져 자기 의를 드러
낼 뿐입니다. 그러면 그 나눔은 세상 사람들의 구제나 다른 종교의
선행과 다를 게 없습니다. 우리의 나눔이 의미가 있으려면 그 전에
주께 드려야 합니다. 즉, 주님을 사랑하기 때문에 물질을 나눈다는
의식이 있어야 합니다.

고린도전서 8장은 주님의 몸 된 교회에 서로 물질을 나누라고 언
급합니다. 풍성한 자가 궁핍한 자에게 나누어야 합니다. 하나님께
서 어떤 자녀를 궁핍하게 하고 다른 자녀를 부유케 하시는 이유는
사랑에 차등이 있어서가 아닙니다. 하나님은 물질의 불균형을 통
해 그리스도의 사랑을 이루기를 바라십니다. 그래서 서로 하나님으
로 인해 감사하고 사랑하며 기뻐하는 것입니다. 하나님께서 능력이
없으셔서 자녀를 궁핍하게 하시겠습니까? 도울 수 있는 사람은 주
의 이름으로 도우십시오. 도움을 받은 사람 역시 주의 이름으로 도
움을 받으십시오. 돕는 것도 도움을 받는 것도 모두 기쁨입니다. 우
리가 남을 돕는 것은 하나님이 우리를 먼저 도우셨기 때문입니다.
주의 이름으로 궁핍한 자를 돕는 인생을 하나님께서도 평생 도우실
것입니다.

착한 일을 하는 자에게 복을 주시는 하나님

하나님이 능히 모든 은혜를 너희에게 넘치게 하시나니 이는 너희로 모든 일에 항상 모든 것이 넉넉하여 모든 착한 일을 넘치게 하게 하려 하심이라 _고린도후서 9:8

하나님은 우리를 사랑하사 독생자를 주셨습니다. 바울은 이런 하나님께서 다른 모든 좋은 것을 우리에게 주지 않겠냐고 반문합니다. 예수님께서는 양들이 풍성한 삶을 살게 하려고 오셨습니다. 그러나 주님이 말씀하시는 풍성한 삶은 영적인 풍성함입니다. 물질적인 것은 주실 수도 있고 안 주실 수도 있습니다. 하지만 영적으로 풍성하면 물질에 대해서는 자족하기에 문제가 되지 않습니다.

오늘 본문은 주님의 복음과 나라를 위해 착한 일을 하는 자들에게 하나님께서 그들이 맘껏 착한 일을 할 수 있도록 은혜를 부어주시겠다는 약속입니다. 먼저 그의 나라와 의를 구하면 모든 것을 더하여 주시리라는 약속과 같습니다. 성도는 이 말씀을 믿고 나아가야 합니다. 주님이 넘치게 주시면 그때부터 착한 일을 하겠다고 하지 말고 주님의 약속을 믿고 먼저 착한 일을 하십시오. 그러면 하나님께서 풍성한 삶을 주십니다.

주의 복음을 위해 열심히 수고하는 성도가 됩시다. 착한 일을 기뻐하시는 하나님께서 우리에게 필요한 모든 것을 "더욱 풍성하게" 주실 것입니다(참조. 고후 9:6).

마지막 세대에 그리스도인은 물질로 서로 도와야 합니다. 물질을 쌓아 놓지 마십시오. 세월이 지나면 허무함만 찾아올 뿐입니다. 남을 돕기 위해 청빈하게 사십시오. 그것이 여유 있는 삶의 비결입니다.

새 계명, 서로 사랑하라

다시 내가 너희에게 새 계명을 쓰노니 그에게와 너희에게도 참된 것이라 이는
어둠이 지나가고 참빛이 벌써 비침이니라 _요한일서 2:8

주님께서는 사랑의 단서가 붙은 새 계명을 주셨습니다. 그 단서는
바로 "내가 너희를 사랑함같이"입니다. "새 계명을 너희에게 주노니
서로 사랑하라 내가 너희를 사랑한 것 같이 너희도 서로 사랑하라"
(요 13:34). 그리스도께서는 내가 연약하였을 때, 죄인 되었을 때, 원수
로 행하였을 때 나를 사랑하셨습니다. 이것이 사랑의 기준입니다. 이
사랑은 이방인에게는 불가능하고 거듭난 사람만이 할 수 있습니다.

요한은 참 빛이 영혼에 있으면 그리스도의 사랑으로 형제를 사랑
하게 된다고 주장합니다. 진리와 그리스도의 영이 있으면 그리스도
의 사랑으로 사랑할 수 있다는 것입니다. 그러므로 빛 가운데 있다
고 하면서 형제를 미워하는 자는 거짓말을 하는 것입니다. 만일 형
제를 미워하면 그는 빛 가운데 있는 자가 아니라 어둠 가운데 있는
자입니다. 진리와 빛은 '사랑으로' 그 진리와 빛을 드러내기 때문입
니다. 사랑은 빛을 향해, 미움은 어둠을 향해 달립니다. 사랑하면 빛
에 있는 상태요, 미워하면 어둠에 있는 상태입니다. 사랑하면 더 환
한 빛 가운데 거합니다. 인생길에서 넘어지지 않습니다. 그러나 미
움은 더욱 어둠에 거하게 하며 계속 넘어지게 합니다. 인생이 엉망
진창이 되는 이유는 미움 때문입니다.

재능을 주를 위해 쓰라

하나님의 영을 그에게 충만하게 하여 지혜와 총명과 지식으로 여러 가지 일을 하게 하시되 _출애굽기 35:31

재능을 드린다는 것은 삶을 드리는 것입니다. 우리 삶을 주님께 드린다는 것은 마음을 진정으로 드리는 것입니다. 마음과 뜻과 생명을 다해 주님을 사랑하면 자신의 재능을 주님께 드리게 됩니다. 우리는 일상을 영적인 것으로 승화시켜야 합니다. 이 일을 이루기 위해 예수님께서 이 땅에 오셨습니다. 내게 주신 재능과 오늘 하루는 하나님 나라와 주님의 사랑과 관련되어 있습니다. 주님을 사랑하면 내게 있는 재능을 주님을 위해 자연스럽게 드립니다.

더 놀라운 것은 우리가 주님을 위해 재능을 쓰면 성령께서는 우리 재능을 더욱 충만하고 풍성하게 하고 특별하게 해 주십니다. 하나님의 영이 브살렐과 오홀리압을 감동하게 해 특별한 일을 감당하게 하셨던 것처럼, 성령은 생명과 마음과 삶을 바치는 자들의 재능을 거룩하고 특별하게 하십니다. 그가 주신 재능으로 우리는 하나님의 일을 완전하게 합니다.

주님께 진심으로 마음을 드립시다. 어떻게 하면 주를 영화롭게 하며 기쁘게 할 수 있는지 생각합시다. 하나님은 사람에게 만홀히 여김을 받지 않으십니다. 주를 기쁘게 하고 사랑하고자 하는 사람들은 성령을 구합니다. 그러면 성령께서 우리 마음을 충만히 채우시고 재능을 거룩하게 하시고 특이하게 하십니다. 주님께서 우리에게 주신 재능과 은사를 주의 영광을 드러내는 데 쓰기 바랍니다.

당신의 보물은 무엇인가?

네 보물 있는 그곳에는 네 마음도 있느니라 _마태복음 6:21

  예수님께서는 많은 사람이 재물을 보물로 여긴다고 말씀하셨습니다. 재물을 얼마나 귀하게 여기는지 하나님보다 더 귀하게 여긴다는 것입니다. 악한 일은 대부분 보물 때문에 발생합니다. 한때 미국에서 서부 영화가 유행했습니다. 그 영화의 대부분은 보물을 찾아 떠나는 착한 주인공과 악당의 싸움입니다. 영화 속에는 보물을 차지하기 위해 총으로 상대방을 죽이는 장면이 꼭 등장합니다. 영화를 보는 사람들은 악당이 죽는 장면에서 희열을 느낍니다. 아무튼, 영화 속 사건의 계기는 보물입니다. 사람마다 보물은 다릅니다. 자식이기도 하고 명예이기도 하고 지위이기도 하며 재물이기도 합니다. 사람들은 이 보물을 찾아 지키기 위해 안간힘을 씁니다. 보물을 손에 넣었다고 생각하면 교만해지고 우쭐해집니다. 그러다 보물을 빼앗으려는 자가 있으면 그와 원수가 됩니다. 보물을 빼앗기거나 잃으면 절망합니다. 사람들이 무엇으로 기뻐하고 절망하는지를 알면 그 사람의 보물이 무엇인지 알 수 있습니다.

  우리의 보물은 예수님입니다. 보물이 예수 그리스도라면 삶의 태도는 당당하고 의연합니다. 돈을 빼앗겨도, 인기를 잃어도, 명성에 손상을 입어도 대수롭지 않게 여깁니다. 보물이 아니기 때문입니다. 그리스도가 보물인 자는 그 보물을 빼앗아 갈 자가 없습니다. 얼마나 감사한 일입니까? 당신의 보물은 무엇입니까?

말씀의 기갈을 경계하라

주 여호와의 말씀이니라 보라 날이 이를지라 내가 기근을 땅에 보내리니 양식
이 없어 주림이 아니며 물이 없어 갈함이 아니요 여호와의 말씀을 듣지 못한 기
갈이라 _아모스 8:11

'하나님과의 교통'은 우리에게 보배입니다. 죄 많은 피조물인 인간
이, 창조주이시며 거룩하신 하나님과 교통할 수 있다는 것은 최고
의 영광입니다. 멸망받아 마땅한 죄인이 자기 생명을 주면서까지 구
원하신 하나님과 교통한다면 얼마나 감사하고 기쁜 일입니까? 예수
그리스도와 그분을 보내신 하나님과의 교통함은 성도에게 가장 큰
보배이자 영광입니다.

하나님 말씀의 기갈은 가장 큰 기근입니다. 말씀이 없다면 하나님
과의 교통은 불가능하기 때문입니다. 하나님의 말씀은 보배이며 은
혜입니다. 여호와의 말씀 안에는 하나님과의 교통의 비밀인 복음이
담겨 있습니다.

주의 말씀이 없는 영적 기갈을 경계합시다. 혹시 말씀의 기갈 상
태가 아닙니까? 우리가 속한 교회는 복음의 기갈이 없습니까? 세상
재물 때문에 영적 기갈이 심해지고 있습니다. 영적인 샘이 되어야
할 교회까지 세상 형통과 풍요를 추구하느라 말씀의 기갈을 겪고
있습니다. 물질이라는 우상을 버리고 여호와의 말씀으로 돌아갑시
다. 그것이 풍성한 삶을 사는 길입니다. 여호와의 말씀으로 돌아가
지 않으면 우리 삶은 멸망과 허무의 자리에 있게 됩니다. 하나님의
말씀이 기갈된 공동체는 소망이 없습니다. 말씀의 기갈은 이미 저
주입니다.

목자는 돈과 이성 문제를 경계하라

이 소년들의 죄가 여호와 앞에 심히 큼은 그들이 여호와의 제사를 멸시함이었더라 _사무엘상 2:17

위 구절은 거짓 목자와 관련한 사건입니다. 지금 시대로 말하면 목사가 타락한 사건입니다. 사무엘상 2장에 의하면 거짓 목자의 첫째 특징은 이런저런 방법으로 성도에게 헌금을 강요해 자기 것으로 만듭니다. 여러 명목을 만들어 헌금을 내게 하고 그 돈을 사용하여 생색을 냅니다. 이런 행위가 습관이 되면 그는 홉니와 비느하스처럼 되고 맙니다.

둘째는 양들을 향해 이성적인 감정을 갖습니다. 자기 양들을 데이트 대상으로 삼거나 감정을 속삭인다면 그는 이미 홉니와 비느하스의 길에 들어선 것입니다. 그런 목자는 결국 음행으로 치닫게 됩니다. 교회에서 벌어지는 대형 사건들은 대부분 돈과 이성 문제입니다. 돈에 대한 끝없는 욕심과 착취, 여성도를 향해 갖는 부적절한 마음 및 관계입니다.

이런 문제를 일으키는 목사를 두둔하거나 심각성을 느끼지 못하는 성도와 교회는 멸망을 향해 나아갑니다. 하나님은 이런 목사를 참 목자로 인정하지 않으십니다. 이 시대의 교회는 홉니와 비느하스가 저지른 죄를 늘 기억해야 합니다. 그런 문제가 있는 목자들을 멀리하고 경계하십시오. 그렇지 않으면 나도 죽고 교회도 죽고, 더 나아가 복음의 길이 막히게 됩니다.

진실하고 충성된 청지기

충성 되고 지혜 있는 종이 되어 주인에게 그 집 사람들을 맡아 때를 따라 양식을 나눠 줄 자가 누구냐 _마태복음 24:45

예수님 당시에 관원이 여행을 떠나면 자기가 없는 동안 청지기에게 집과 재물을 관리할 수 있는 권한을 주었습니다. 청지기는 그 집과 재물을 관리하다가 주인이 돌아오면 그동안 재물을 어디에 어떻게 사용하고 얼마 남았는지 보고해야 했습니다. 주인은 청지기가 한 일을 보고 상이나 벌을 내렸습니다.

당신이 관원이라면 당신은 어떤 사람을 청지기로 선택하겠습니까? 진실하고 성실한 사람, 신뢰할 수 있는 사람, 충성스러운 사람일 것입니다. 특히 나의 마음을 잘 헤아리는 사람일 것입니다. 우리 주님은 언제라도 오십니다. 내일이라도 주님이 계신 곳으로 우리를 부르실 수 있습니다. 그러면 우리는 그분 앞에서 인생을 정산해야 합니다. 그분이 맡기신 시간, 재물, 은사, 재능을 어떻게 사용했는지 보고해야 합니다.

본문을 묵상하면서 주인의 입장이 되어 보았습니다. 청지기에게 무엇을 원하는지 생각해 보았습니다. 그러면서 청지기로서 어떻게 살아야 할지를 알았습니다. 성실, 진실, 충성입니다. 주님께서 내게 맡기신 가장 소중한 것은 복음입니다. 따라서 복음을 지키고 복음을 전하고 복음을 위해 성실하고 진실한 삶을 사는 것이 우리 삶의 과제입니다. "사람이 마땅히 우리를 그리스도의 일꾼이요 하나님의 비밀을 맡은 자로 여길지어다 그리고 맡은 자들에게 구할 것은 충성이니라"(고전 4:1~2).

신령한 젖을 사모하라

갓난아기들 같이 순전하고 신령한 젖을 사모하라 이는 그로 말미암아 너희로
구원에 이르도록 자라게 하려 함이라 _베드로전서 2:2

성도는 갓난아기같이 순전하고 신령한 젖을 사모해야 합니다. 순전함은 거짓이 없는 순수함입니다. "신령한 젖"은 성령께서 먹이시는 말씀을 의미합니다. "구원에 이르도록 자라게 하려 함이라"는 구원을 얻는 상태로 나아가는 것이 아닙니다. 이미 의롭다 함을 받고 거듭나서 구원받은 자가 장성한 분량에까지 자라나는 성화의 완성을 의미합니다. 영적 성장은 성도의 과제입니다. 거듭난 자가 하나님의 말씀을 사모하며 그 젖을 먹을 때 영적으로 성장합니다. 성도가 구원의 충만한 분량, 구원의 목적에 이르는 데는 신령한 젖이 필요합니다.

그런데 왜 성경은 양식이나 음료로 하지 않고 젖이라고 했을까요? 베드로전서 1장 25절과 연결하면 젖은 하나님의 말씀인 복음과 관련되어 있습니다. 젖은 성경 자체라기보다 누군가 예언해 주는 메시지입니다. 즉, 하나님의 로고스를 성령의 역사를 통해 성도들이 먹도록 해석해 주고 선포하며 가르치는 '레마'가 젖입니다. 젖은 하나님의 복음을 전파하는 교회로부터 나오는 은혜의 말씀입니다. 그러므로 순전하고 신령한 젖은 하나님의 충성 되고 거룩한 종이 성경을 잘 풀어 좌우로 치우치지 않고 성령 안에서 선포하는 말씀입니다. 성경을 통해 성령의 가르치심으로 젖을 먹을 때 성도는 구원의 충만한 분량에 이를 수 있습니다.

과부의 두 렙돈

그들은 다 그 풍족한 중에서 넣었거니와 이 과부는 그 가난한 중에서 자기의 모든 소유 곧 생활비 전부를 넣었느니라 하시니라 _마가복음 12:44

본문에 과부의 이름은 나오지 않습니다. 과부의 아름다운 행동을 보아서는 나올 것 같은데 그렇게 하지 않은 것은 두 렙돈에 초점을 맞추었기 때문인 것 같습니다. 부자들이 많은 돈을 헌금함에 넣었지만, 과부는 두 렙돈을 넣었습니다. 그러나 예수께서는 과부가 바친 돈이 부자들이 바친 헌금보다 더 크다고 하셨습니다. 부자들은 희생이 없는 헌물을 드리며 과시했지만, 과부는 자신의 모든 것을 겸손함으로 드렸기 때문입니다.

과부의 두 렙돈은 성도들에게 진실한 신앙이 무엇인지 가르쳐 줍니다. 하나님께서는 과부의 거룩하고 신성한 두 렙돈을 받으시고 하나님 나라를 세우는 데 무한한 자원으로 사용하셨습니다. 두 렙돈은 수천 년 동안 하나님 나라의 핵심과 참된 신앙을 알리는 거룩한 메시지가 되어 많은 사람에게 영적 양식을 공급했습니다.

성경은 예수님의 십자가가 하나님께 바쳐지는 헌물, 즉 희생제물이라고 말합니다. "그리스도께서 너희를 사랑하신 것 같이 너희도 사랑 가운데서 행하라 그는 우리를 위하여 자신을 버리사 향기로운 제물과 희생제물로 하나님께 드리셨느니라"(엡 5:2). 즉, 십자가에 달리신 예수 그리스도는 하나님께서 드리는 최고의 제사이며 가장 귀한 헌물이라는 말씀입니다. 우리가 드리는 헌금 역시 십자가의 헌물을 닮아야 합니다. 그 본보기가 바로 두 렙돈입니다. 십자가의 희생정신으로 우리의 전부를 주께 드릴 때, 하나님께서 그 예배를 받으십니다. 또한 두 렙돈은 헌신된 예물이 되어 하나님 나라를 위해 사용됩니다.

감당할 만한 시험을 주시는 하나님

사람이 감당할 시험 밖에는 너희가 당한 것이 없나니 오직 하나님은 미쁘사 너희가 감당하지 못할 시험 당함을 허락하지 아니하시고 시험 당할 즈음에 또한 피할 길을 내사 너희로 능히 감당하게 하시느니라 _고린도전서 10:13

이스라엘 백성 대다수가 광야에서 멸망했습니다. 마귀의 시험에 패배했기 때문입니다. 그들은 하나님보다 우상을 사랑했기 때문에 패배했습니다. 우리는 이들의 멸망을 거울로 삼아 시험을 이길 각오를 해야 합니다. 유혹에 이기려면 유혹이 있는 곳에 가지 말아야 합니다. 죄의 유혹이 있는 곳을 기웃거린다는 것은 악을 즐기고 싶은 것입니다. 그러면 죄악에 빠지게 됩니다. 유혹이 있는 곳은 근처에도 가지 않아야 합니다.

누구나 유혹을 당합니다. 하지만 우리 하나님은 우리가 감당할 수 있는 시험만 허락하십니다. 우리 믿음이 연약하면 하나님께서는 그 믿음으로 감당할 수 없는 시험은 주지 않습니다. 또한 우리가 시험을 이기겠다는 진심을 가지면 주께서는 피할 길을 주십니다.

본문을 보면 그리스도인이 죄를 범하는 것은 스스로 죄를 택했기 때문이라는 결론을 내리게 됩니다. 죄를 택했다는 것은 하나님보다 우상을 더 사랑하고 이미 하나님과의 언약에서 멀어졌다는 뜻입니다. 그래서 "그런즉 내 사랑하는 자들아 우상숭배하는 일을 피하라"(14절)라고 권면합니다. 사탄의 유혹을 이기는 비결은 우상을 버리는 것입니다. 하나님보다 더 사랑하는 것들을 버리시기 바랍니다.

주님은 흥하고, 나는 쇠하리

그는 흥하여야 하겠고 나는 쇠하여야 하리라 하니라 _요한복음 3:30

예수님께서는 세례 요한에 대해 "내가 진실로 너희에게 말하노니 여자가 낳은 자 중에 세례 요한보다 큰 이가 일어남이 없도다"(마 11:11)라고 평하셨습니다. 세례 요한을 높게 평가하신 이유는 무엇입니까?

첫째, 세례 요한은 하나님께서 맡기신 사명을 온전히 감당했습니다. 그는 "주께서 오시는 길을 평탄하게 한다"는 자신의 사명을 정확하게 알고 있었습니다. 자신은 단지 빛을 가리키는 손가락이고 메시아의 길을 예비하는 종이라는 사실을 잊지 않았습니다. 둘째, 그는 하나님의 도구가 되기 위해 훈련을 받았습니다. 그는 수천 년 동안 기다린 메시아가 이 땅에 오시는 것을 맞이하기 위해 세상에 물들지 않고 타협하지 않았습니다. 그는 광야에서 오랫동안 홀로 지내며 메뚜기와 자연산 꿀을 먹으며 하나님과 교제했습니다. 그는 그곳에서 겸손을 배웠고 자신을 내세우거나 자기주장을 하는 것을 버리고 오직 주의 말씀을 전하는 훈련을 받았습니다. 셋째, "주님은 흥하고 나는 쇠하리"라는 마음으로 사역했습니다. 요한은 자신에게 주어진 모든 것이 하나님께로부터 왔다는 사실과 자신의 삶이 예수님만을 위한 것임을 잊지 않았습니다.

세례 요한이 주님께 위대한 사람으로 인정받은 이유를 기억하며 우리도 그를 따라갑시다.

예수님의 '메시아' 행위

이에 그 눈에 다시 안수하시매 그가 주목하여 보더니 나아서 모든 것을 밝히 보는지라 _마가복음 8:25

맹인의 친구들이 눈을 고쳐달라고 예수님께 간청을 하자 예수님은 맹인의 손을 잡고 이끄셨습니다. 그를 데리고 마을 밖으로 나가 눈을 고쳐주셨습니다. 푸른 초장과 쉴 만한 물가로 인도하시는 예수님의 모습입니다. 예수님께서는 이전과는 다르게 맹인의 눈을 뜨게 하셨습니다. 그의 눈에 침을 뱉으시고 안수하셨습니다. 안수는 맹인의 눈을 만지심을 의미합니다. 25절이 그 뜻을 분명하게 합니다. 그 눈에 "다시" 안수하셨다고 하니 맹인의 눈을 두 번 만지셨다는 뜻입니다. 예수님은 말씀만으로도 고칠 수 있는데 왜 맹인의 눈에 침을 뱉으시고 두 번이나 눈에 안수하셨을까요? 이는 예수님께서 그 맹인이 믿음이 없는 것을 아시고 믿음이 생기도록 하신 것입니다. 예수님의 침은 육적으로는 눈을 고치고 영적으로는 그의 믿음을 돕는 생명수였습니다.

오늘 예수님의 행위는 메시아의 모습입니다. 주님은 맹인의 눈에 침과 안수를 통해 생명을 부으셨습니다. 그러자 맹인은 눈을 뜨면서 믿음의 눈도 떴습니다. 믿음의 눈이 흐릿할 때 우리에게는 예수님의 '메시아' 행위가 필요합니다. 불신자들에게도 메시아의 침과 안수가 필요합니다. 영광을 얻으신 예수님께서는 믿는 자들의 중보기도를 통해 믿음 없는 자들에게 성령을 부으십니다.

언제나 감사하라

여호와께 감사하라 그는 선하시며 그 인자하심이 영원함이로다 _시편 136:1

시편 136편은 26절로 되어 있습니다. 1~4절은 하나님의 존재와 능력과 성품에, 5~9절은 창조주 하나님께 감사합니다. 10~20절은 구원하신 하나님께, 21~23절은 하나님을 의지하는 자에게 베푸시는 영광과 승리에 감사합니다. 24~25절은 그의 백성을 보호하시고 먹이시는 자상하고 사랑이 많으신 하나님께, 26절은 하늘의 하나님께 감사합니다.

성령께서는 하나님이 누구시며 그가 우리에게 베푸신 창조와 구원과 보호와 사랑을 깨닫게 하십니다. 또한 하나님께 무한한 감사를 드리게 합니다(참조. 엡 5:18~20). 그리스도인은 삶의 모든 사건이 하나님의 사랑이라는 것을 믿고 범사에 감사합니다. 우리에게 최선을 이루실 것을 믿기에 모든 일에 감사합니다. 그러므로 감사는 환경이 아니라 마음에 있습니다. 모든 것을 소유하고도 감사하지 못하는 사람이 있고, 소박한 한 끼에 감사하는 사람이 있습니다.

나를 창조하신 하나님께 감사합시다. 죄인인 나를 위해 그리스도를 보내시고 십자가에 달리게 하시고 구원해 주신 은혜에 감사합시다. 우리 죄악을 가려주신 은혜에 감사합시다. 일용할 양식을 주시는 하나님께 감사합시다. 나를 위해 중보기도 하신 예수 그리스도와 성령께 감사합시다. 그리스도의 영 안에서 하나 된 우리 형제자매를 주신 것에 감사합시다.

죄와 불의와 더러움, 미움과 음란이 가득한 이 세상에서 하루하루 감사하는 성도는 내일의 주인공이 될 것입니다.

우리 안에서 행하시는 하나님

너희 안에서 행하시는 이는 하나님이시니 자기의 기쁘신 뜻을 위하여 너희에게
소원을 두고 행하게 하시나니 _빌립보서 2:13

하나님은 우리 안에서 일하십니다. 이는 그의 백성에게 하나님과
같은 소원을 갖게 하시고 백성이 하나님의 뜻을 행하도록 하시기 위
해서입니다. 하나님께서는 어떤 이에게 주의 뜻을 행할 수 있는 능
력과 은혜와 마음을 주실까요? 그리스도와 믿음으로 하나가 된 자
들입니다. 십자가를 붙들 때 우리는 자연스럽게 하나님의 뜻을 따르
는 마음과 그 뜻을 행할 수 있는 지혜와 능력을 얻게 됩니다.

빌립보서 2장 13절과 관련해 에베소서에서 발견하는 놀라운 사
실이 있습니다. 하나님께 순종하지 않고 자기 길을 완고하게 가는
사람에게도 어떤 에너지가 공급된다는 것입니다. "곧 지금 불순종
의 아들들 가운데서 역사하는 영이라"(엡 2:2). 불순종의 아들들의
마음에 마귀가 악한 에너지를 넣어주는 것입니다. 믿지 않은 사람들
은 자기 멋대로 산다고 하지만 사실은 사탄의 조종을 받고 있는 것
입니다.

믿는 자도 사탄의 영향을 받아서 죄악된 삶을 살 수 있습니다. 성
경은 이런 그리스도인의 삶을 "육신을 따라 사는 삶"이라고 말합니
다. 이런 삶은 하나님께는 불명예가 되고 본인에게는 비참과 슬픔이
됩니다.

우리는 늘 하나님께 구하여 그분이 주시는 은혜와 평강을 받아야
합니다.

깨어 있으라

그러므로 깨어 있으라 어느 날에 너희 주가 임할는지 너희가 알지 못함이니라 _
마태복음 24:42

세상 사람들은 마지막 때에도 깨어 있지 못할 것입니다. 노아의 때처럼 자신만을 위해 살다가 홍수 심판에 의해 멸망한 것처럼 멸망할 것입니다. 사람들은 자기 욕심을 채우기 위해 바쁘게 살아갈 것입니다. 그러나 참된 성도는 언제나 하나님 나라와 의를 먼저 구합니다.

주를 위해 살던 자들과 자신만을 추구하며 살던 자들이 영원히 나뉠 날이 옵니다. 예수님의 재림은 노아의 때에 방주를 탄 자와 타지 않은 자가 나뉘었듯 반드시 성도와 불신자를 나눕니다. 이에 예수님께서는 "그러므로 깨어 있으라"(42절) "이러므로 너희도 준비하고 있으라 생각하지 않은 때에 인자가 오리라"고 말씀하셨습니다.

깨어 있는 삶이란 주인을 기다리는 청지기의 삶입니다. 충성 되고 지혜 있는 종이 되어 때에 따라 맡은 자들에게 양식을 나눠주는 삶입니다. 깨어 있는 삶은 기도하고 말씀을 읽는 삶입니다. 하지만 말씀과 기도로 깨어 있는 삶이 사람들과의 관계 속에서 어떻게 나타나느냐가 중요합니다. 예수님은 그 해답으로 선한 청지기의 삶을 말씀하셨습니다. 깨어 있는 자는 삶의 주인이 예수 그리스도이며, 그분이 나의 모든 삶을 정산할 것을 기억하며 삽니다. 주께서 주신 선한 것들을 이웃과 나누며 복음을 증거하고 그리스도의 선하심을 드러내며 삽니다.

당신은 지금 청지기로 살고 있습니까?

구리뱀을 바라본 자

여호와께서 모세에게 이르시되 불뱀을 만들어 장대 위에 매달아라 물린 자마다
그것을 보면 살리라 _민수기 21:8

이스라엘 백성은 왜 자신들을 애굽에서 데리고 나와 광야에서 죽
게 하느냐며 하나님과 모세를 원망했습니다(참조. 민 21:5). 그러자
하나님께서는 불뱀을 보내 많은 사람을 물어 죽게 했습니다. 모세는
이스라엘 백성의 멸망을 막기 위해 하나님께 기도합니다. 하나님은
그 기도를 들으시고 "구리뱀을 만들어서 장대에 매달고 누구든지 뱀
에 물린 자는 그 뱀을 바라보라"고 말씀하셨습니다. 장대에 달린 구
리뱀은 우리 죄를 담당하신 예수님(요 3:14~15)을, 구리는 완전함을
상징합니다(고후 5:21).

구리뱀을 쳐다본 사람은 살아났습니다. 두려움과 공포와 죽음에
서 해방되었습니다. 하늘의 능력을 맛보고 하나님의 무한한 은혜에
젖었습니다. 이것이 복음의 능력입니다. 죄에서 벗어나는 유일한 길
은 내 죄를 대신해 십자가 위에서 돌아가신 예수님을 바라보는 것입
니다. 그러면 생명의 삶이 시작됩니다. 예수님께서 위 내용을 인용
해 말씀하셨습니다. "모세가 광야에서 뱀을 든 것 같이 인자도 들려
야 하리니 이는 그를 믿는 자마다 영생을 얻게 하려 하심이니라 하
나님이 세상을 이처럼 사랑하사 독생자를 주셨으니 이는 그를 믿는
자마다 멸망하지 않고 영생을 얻게 하려 하심이라"(요 3:14~16).

어떻게 죄에서 벗어나 생명과 복으로 향할 수 있습니까? 선행으
로? 불뱀과 싸워서? 아닙니다. 오직 주 예수님을 바라보고 의지할
때입니다.

거룩한 땅에 들어갈 자는 누구인가?

너희도 더럽히면 그 땅이 너희가 있기 전 주민을 토함 같이 너희를 토할까 하노라 _레위기 18:28

하나님께서는 땅에 관심이 많으십니다. 하나님의 자녀가 영원히 살 곳이기 때문입니다. 하나님 나라는 완전한 사람이신 예수 그리스도를 통해 하나님의 통치가 이 땅에 이루어집니다. 새 하늘과 새 땅은 하나님의 통치가 죽임당하신 어린양을 통해 온 우주에 영원토록 서는 상태입니다. 하나님께서는 세상이 죄악으로 가득하자 노아에게 방주를 만들게 하시고 홍수를 내리셨습니다. 노아의 방주에 오르지 못한 호흡이 있는 땅의 모든 것은 홍수로 쓸려갔습니다. 이때 성경은 땅에 대해 언급합니다. "그 끝 날이 내 앞에 이르렀으니 내가 그들을 땅과 함께 멸하리라"(창 6:13).

노아의 방주에 오른 여덟 사람은 세상에 물이 빠진 후에 이 땅을 소유하였습니다. 거룩한 새 하늘과 새 땅에 살 자들은 예수님의 보혈로 구원받은 자들입니다. 죄 문제를 해결하지 못한 사람은 새 땅을 밟지 못할 것입니다. 하나님은 이스라엘 민족에게 가나안 땅을 주시겠다고 약속하셨습니다. 그 땅은 거룩하니 하나님 말씀에 따라 거룩해야 한다고 당부하셨습니다. 거룩하지 못하면 그 땅에 머물 수 없습니다. 약속의 땅에 거하는 자는 거룩해야 합니다(레 18:1~5). 사람이 죄를 범하면 땅은 황폐해집니다. 하나님께서 구별하신 거룩한 땅은 죄를 진 사람을 토해 내치십니다. 하나님은 죄악을 범하는 자가 거룩한 땅에 있는 것을 허락하지 않으십니다.

거룩한 땅으로 회복

이는 희년이니 너희에게 거룩함이니라 너희는 밭의 소출을 먹으리라 _레위기
25:12

　이스라엘 민족은 바벨론에서 70년을 포로로 있다가 고국으로 돌
아가게 되었습니다. 70년 동안 거룩한 땅 가나안은 매해 안식년이
었습니다. 70년은 궁극적으로 완전하고 영원한 희년인 새 하늘과
새 땅을 상징합니다. 영원한 희년은 예수 그리스도의 십자가를 통해
누구든지 하나님의 보좌 앞에 나아갈 수 있는 약속입니다. 하나님의
자녀는 대제사장 예수 그리스도를 의지해 하나님 보좌 앞으로 담대
하게 나아갈 수 있습니다. 죄가 이 땅에 처음 들어왔을 때 하나님은
땅을 저주하셨습니다(창 3:17). 레위기에는 거룩한 땅을 더럽혀 이웃
나라에 포로로 끌려간 이스라엘 백성을 향해 회개를 촉구하는 내용
이 담겨 있습니다. 십자가의 언약을 예표하는 아브라함과 이삭과 야
곱의 언약을 들어 하나님의 마음을 나타내고 있습니다. "그들의 마
음이 낮아져서 그들의 죄악의 형벌을 기쁘게 받으면 내가 야곱과 맺
은 내 언약과 이삭과 맺은 내 언약을 기억하며 아브라함과 맺은 내
언약을 기억하고 그 땅을 기억하리라"(레 26:41~42).
　거룩하신 하나님은 우리가 거룩하기를 원하십니다. 거룩하지 않
으면, 하나님은 거룩한 땅에서 우리를 쫓아내십니다. 그때 우리는
비참과 고통, 슬픔과 저주로 떨어집니다. 하지만 우리가 비참한 상
황에 있을 때 하나님은 안식하는 땅을 보십니다. 언제나 십자가를
바라보십니다. 그리고 우리가 회개하기를 기다리십니다. 우리가 회
개하면 하나님은 거룩한 땅을 다시 허락하십니다. 하나님은 이처럼
변함없이 우리를 사랑하십니다.

보배를 담은 질그릇

우리가 이 보배를 질그릇에 가졌으니 이는 심히 큰 능력은 하나님께 있고 우리에게 있지 아니함을 알게 하려 함이라 _고린도후서 4:7

하나님께서는 값진 보배이신 예수 그리스도를 우리에게 보내주셨습니다. 그분은 성령 안에서 우리 안에 계십니다. 우주보다 귀한 값진 보배가 값없고 볼품없고 깨지기 쉬운 질그릇에 담겨 있습니다. 값진 보배는 우리 안에 있는 예수님이지 내가 아닙니다. 보배를 망각하고 질그릇을 높여서는 안 됩니다. 그런 자는 하나님의 도구가 되지 못합니다. 복음의 빛을 가로막는 사탄의 도구가 될 뿐입니다. 질그릇을 내세우는 자들은 교만해서 다른 사람의 허물을 찾고 비판하고 그들과 다툽니다. 공동체 안에서 썩은 냄새를 풍깁니다.

질그릇인 우리는 겸손해야 합니다. 우리가 귀한 이유는 보배 때문이지 우리 자신 때문이 아닙니다. 거룩한 영이 삼손에게서 떠나자 그는 짐승처럼 버림받았습니다. 이처럼 우리도 보배이신 주님을 떠나면 아무것도 아닙니다. 또한 보배를 잃으면 우리는 당장 사탄의 노리개가 됩니다. 보배이신 예수님을 모시고 있을 때만 우리 생명과 삶이 가치가 있습니다.

세상이 말하는 조건을 갖춘 질그릇이라야 쓰임받을 수 있다고 착각하지 마십시오. 돈이 있어야, 명예와 권력이 있어야 쓰임받을 수 있다고 오해하지 마십시오. 우리에게 필요한 것은 보배이신 예수님을 높이는 흔들리지 않는 믿음과 충성입니다. 하나님의 능력과 영광은 예수 그리스도 때문에 우리에게 임해 밖으로 흘러나갑니다. 그러므로 자랑할 것은 보배이신 주 예수님밖에 없습니다.

더러운 말은 입 밖에도 내지 말라

무릇 더러운 말은 너희 입 밖에도 내지 말고 오직 덕을 세우는 데 소용되는 대로 선한 말을 하여 듣는 자들에게 은혜를 끼치게 하라 _에베소서 4:29

더러운 말은 몇 가지로 정의할 수 있습니다.

첫째, 수군거림입니다. 어떤 사람에 대해 좋지 않은 이야기를 퍼뜨립니다. 인터넷 시대는 '수군거림'이 가득합니다. 수군거림 때문에 외롭고 비참해져서 자살하는 사람이 많습니다.

둘째, 비방입니다. 어떤 대상을 정해 놓고 그를 무너뜨리기 위해 의도적이며 계획적으로 왜곡된 말을 합니다. 비방은 무서운 사탄의 역사입니다.

셋째, 간교한 말입니다. 사람의 심리를 이용해 이간질하고 사랑받고 관심받기 위해, 자기 세력을 확장하기 위해 간교한 말을 합니다. 시기와 질투에서 나옵니다.

넷째, 조롱하는 말입니다. 상대의 약점을 들추어 기를 죽입니다. 말투가 멸시와 협박입니다. 트집 잡는 말 역시 조롱에 속합니다.

다섯째, 거친 말과 모독하는 말과 악독한 말과 욕과 저주하는 말입니다. 노골적으로 미워하는 것입니다. 사탄은 악독한 말을 하는 자들을 노립니다. 악독한 말을 하면서 다른 죄악을 저지를 때가 많습니다.

여섯째, 아첨입니다. 아첨은 자기 입지를 세우거나 어떤 이득을 얻기 위해 마음에도 없는 말로 상대를 치켜세웁니다. 그러나 실제는 거짓과 위선입니다.

성도는 더러운 말에서 멀어져야 합니다. 주님의 사랑을 담은 향기로운 입술이 되기를 소망합니다.

복음의 동역자가 되라

두기고가 내 사정을 다 너희에게 알려주리니 그는 사랑받는 형제요 신실한 일꾼이요 주안에서 함께 종이 된 자니라 _골로새서 4:7

바울은 두기고를 통해 골로새 교회와 에베소 교회에 편지를 보냈습니다(참조, 엡 6:21~22). 두기고는 그만큼 바울이 신뢰한 사람이었습니다. 바울은 그를 "사랑받는 형제요 신실한 일군이요 주안에서 함께 된 종"이라고 소개했습니다.

두기고는 "사랑받는 형제"였습니다. 누군가에게 특별한 사랑을 받는 데는 이유가 있습니다. 바울은 두기고에 대해 인사치레로 사랑받는 형제라고 하지 않았습니다. 진심의 표현이었습니다. 즉, 두기고는 바울의 특별한 사랑을 받는 형제였고 여러 사람에게 사랑받았습니다.

둘째, 두기고는 "신실한 일꾼"이었습니다. 이 뜻은 '믿을 만한 봉사자'라는 뜻입니다. '일꾼'은 원어로는 '디아코노스'입니다. 집사라는 뜻의 영어 'deacon'이 여기서 나왔습니다. 그 뜻은 '봉사자'입니다. 봉사자는 돈이나 대가를 바라고 일하지 않습니다. 오직 십자가의 은혜에 감사해 교회를 섬기는 자가 신실한 일꾼입니다.

셋째, 두기고는 "그리스도 안에서 함께 된 종"이었습니다. '그리스도 안에서'는 그리스도와 연합되어 있는 것으로 성령 충만한 상태입니다. 두기고는 성령을 통해 그리스도 안에서 바울과 함께 사역하는 동역자였습니다.

주의 백성은 복음을 전하는 이들과 함께 일해야 합니다. 그리스도 안에서 연합하며 다른 사람과 동역하는 것은 하나님이 주신 큰 복입니다.

하나님의 칭찬을 구하라

너희가 서로 영광을 취하고 유일하신 하나님께로부터 오는 영광은 구하지 아니하니 어찌 나를 믿을 수 있느냐 _요한복음 5:44

　예수님께서는 사람에게 영광을 받으려고 오시지 않으셨습니다. 그분은 자신을 보내신 하나님 아버지를 기쁘게 하기를 원하셨습니다. 하나님께 인정받는 것만이 예수님의 생각과 말과 삶의 동기였습니다. 그러나 율법을 가르치며 하나님을 대표한다는 대제사장과 서기관, 그리고 율법을 철저히 지켰던 바리새인은 그렇지 못했습니다. 사람들은 그들을 거룩한 종교인으로 보았지만 실상은 아닙니다. 그들은 하나님을 기쁘게 하기 위해 살지 않고 자신들의 영광을 구한 위선자들입니다. 이것을 잘 아시는 예수님께서 말씀하신 것이 오늘 본문입니다.

　어떤 영광을 구하기 위해 사는지로 믿음을 구별할 수 있습니다. 사람들 앞에서 높임을 받으려 하고 자기 영광을 구하는 믿음은 거짓 믿음입니다. 하나님께로부터 오는 영광을 구하는 믿음이 참 믿음입니다. 예수님께서는 "그들이 자신의 영광을 구하고 하나님의 영광을 구하지 않으니 하나님을 사랑하지 않는다"고 말씀하셨습니다. 누군가가 "하나님을 사랑한다"라고 말하면서 헛된 영광을 추구한다면 그는 하나님을 사랑하는 사람이 아닙니다. 그는 단지 자신의 영광을 구하는 신앙생활을 할 뿐입니다.

　참된 영광은 하나님의 칭찬을 구할 때 옵니다. 하나님은 사람에게 속지 않으십니다. 그분은 온 맘으로 주님의 영광을 구하는 자들을 인정하십니다. 하나님께 칭찬과 인정을 받는 것이 성도의 가장 큰 영광입니다.

말씀을 듣는 마리아가 되어라

몇 가지만 하든지 혹은 한 가지만이라도 족하니라 마리아는 이 좋은 편을 택하였으니 빼앗기지 아니하리라 하시니라 _누가복음 10:42

마르다는 처음에 주님을 향한 사랑과 기쁨으로 봉사를 했습니다. 그런데 시간이 흐르면서 수고하는 목적을 잃고 불평과 짜증과 신경질을 냈습니다. 왜 이렇게 되었습니까? 섬김의 '일'이 우상이 되었기 때문입니다. 우리도 마르다처럼 될 수 있습니다. 주님을 기쁘게 하려고 일을 시작했는데 시간이 지나면서 주님은 소홀하게 대하고 주님보다 일이 더 중요해지는 것입니다. 이때 주님께서는 이렇게 말씀하십니다. "왜 이렇게 되었느냐? 봉사가 왜 나보다 중요하게 되었느냐? 네 마음속에 나는 어디에 있느냐?"

그러나 마리아는 주님께 칭찬을 받았습니다. 마리아는 예수님 발 앞에 앉아 그분의 음성을 들었습니다. 주님께서는 마리아를 칭찬하셨습니다. 그분은 우리가 주님과 깊은 교제를 나누시기를 원하십니다.

놀라운 사건이 요한복음 12장 3절에 나옵니다. "마리아는 지극히 비싼 향유 곧 순전한 나드 한 근을 가져다가 예수의 발에 붓고 자기 머리털로 그의 발을 닦으니 향유 냄새가 집에 가득하더라" 주님과 깊은 교제를 할 때 순수하게 헌신할 수 있습니다. 마리아는 예수님의 십자가에서의 죽음의 의미를 알고 향유 옥합을 준비했습니다. 그리고 그 향유를 예수님 발에 부었습니다. 이 일로 마리아의 이름이 우리에게 전해졌습니다.

자기 생명을 미워하는 자가 받는 축복

자기의 생명을 사랑하는 자는 잃어버릴 것이요 이 세상에서 자기의 생명을 미워하는 자는 영생하도록 보전하리라 _요한복음 12:25

영생은 무엇입니까? 요한복음 17장 3절은 "영생은 곧 유일하신 참 하나님과 그가 보내신 자 예수 그리스도를 아는 것이니이다"라고 말씀합니다. 우리는 사귐을 통해 서로를 알아갑니다. 그런 의미에서 영생은 하나님과 그의 아들 예수 그리스도와 영적으로 교제를 누리며 알아가는 것입니다. 영생은 하나님 나라를 실제로 누리는 생명을 말합니다. '지금' 이곳에서 '믿음으로' 하나님과 그가 보내신 예수 그리스도와 사귀는 삶 또는 생명이 영생입니다.

요한일서는 복음의 목적이 하나님과 그리스도와의 사귐이며, 영생을 누리는 자들과의 사귐이라고 선언합니다(참조, 요일 1:1~4). 그러므로 구원은 예수 그리스도를 믿음으로 죄 사함을 얻고 그와 연합해 생명을 누리는 것입니다.

예수님께서는 자신을 '인자'라고 부르셨습니다. 인자는 언제 영광을 얻습니까? 주님은 한 알의 밀알이 죽어 많은 열매를 맺을 때라고 말씀하셨습니다. 이는 예수님께서 돌아가심으로써 많은 열매를 맺게 될 때 예수님의 영광이 나타난다는 뜻입니다.

주님이 십자가를 지심으로 우리를 섬기셨듯 우리도 십자가를 지고 다른 이들을 섬겨야 열매를 맺습니다. 자기 생명을 미워할 때 영생을 누릴 수 있습니다. 자기 생명을 미워하는 것은 인간의 본성과 반대입니다. 그러나 십자가를 지고 그리스도의 생명을 나타낼 때 하나님 나라의 의와 평강과 희락을 누릴 수 있습니다.

예수님께 용서를 배우라

너희가 각각 마음으로부터 형제를 용서하지 아니하면 나의 하늘 아버지께서도 너희에게 이와 같이 하시리라 _마태복음 18:35

베드로는 "형제가 내게 죄를 범하면 어떻게 하리이까?"라고 예수님께 질문하면서 "몇 번을 용서해야 합니까?"라고 물었습니다. 이때 예수님께서는 "내가 너를 불쌍히 여김과 같이 너도 네 동료를 불쌍히 여김이 마땅하지 아니하냐?"고 답하셨습니다. 즉, 주께서 우리를 용서하심 같이 우리도 다른 이를 용서하라는 것입니다.

우리는 어떻게 용서해야 합니까? 주님을 통해 배울 수 있습니다.

첫째, 나를 용서하실 때 주님은 나를 판단하지 않으셨습니다. 나를 나쁜 놈, 바람둥이, 거짓말쟁이라고 판단하지 않으셨습니다. 오히려 좋은 사람이 될 것을 믿어주셨습니다. 남을 용서할 때 그를 판단하며 용서해서는 안 됩니다. 상대가 변화할 것을 믿고 용서해야 합니다.

둘째, 예수님께서는 죄인이었던 나를 축복해 주셨습니다. 우리도 우리에게 악을 행하고 피해를 준 자들이 주님 앞에서 바로 서도록 축복해야 합니다. 주님은 말씀하셨습니다. "원수를 위해 기도하라. 그를 위해 복을 빌라"(마 5:44).

셋째, 하나님께서는 용서하는 자에게 큰 복을 베푸실 것입니다. 이것을 믿고 이웃을 용서하십시오. 억울한 일을 당하고도 상대방을 용서하는 자를 하나님은 기억하십니다. 하나님께서는 그 원통함을 감찰하시고 좋은 것으로 갚아 주시며 복을 베풀어 주십니다.

온전한 경건

하나님 아버지 앞에서 정결하고 더러움이 없는 경건은 곧 고아와 과부를 그 환난중에 돌보고 또 자기를 지켜 세속에 물들지 아니하는 그것이니라 _야고보서 1:27

야고보는 참된 경건을 위해 고아와 과부를 환난 중에 돌보고 자신을 지켜 세속에 물들지 말라고 말합니다. 우리는 자기를 지켜 세속에 물들지 않는 소극적인 경건에 익숙합니다. 그러나 성경은 참된 경건을 위해 적극적이고 능동적이 되라고 요구합니다. 빛과 소금이 되라고 합니다.

예수님께서는 이 땅에 계시는 동안 참된 경건이 무엇인지 보여주셨습니다. 그리스도께서 보내신 성령의 인도함을 받을 때 우리는 온전한 경건에 이르게 됩니다.

또한 그리스도와 연합하면 그리스도께서 보여주신 경건을 나타내게 됩니다. 세속에 전혀 물들지 않고 진리에 대해 타협하지 않습니다. 또한 그리스도의 거룩과 부활의 능력을 입고 세상 사람들에게 빛과 소금의 역할을 할 수 있습니다.

온전한 경건을 이루며 살아갈 때 우리는 복음을 더욱 힘 있게 세상에 전하며 구원의 역사를 이루어 나갈 것입니다.

하나님 나라가 이미 임하다

그러나 내가 하나님의 성령을 힘입어 귀신을 쫓아내는 것이면 하나님 나라가
이미 너희에게 임하였느니라 _마태복음 12:28

이사야는 메시아가 오셔서 어떤 기적을 행할지 예언했습니다. 예수님은 그 예언대로 기적을 보이셔서 메시아임을 증거하셨습니다. 바리새인들은 예수님께서 마귀에게 능력을 얻어 귀신을 내어쫓는다고 주장했습니다. 그에 대해 예수님은 "만일 사탄이 사탄을 쫓아내면 분쟁하는 것이 아니냐"면서 오늘 본문 말씀을 하셨습니다.

예수님께서 이 땅에 오실 때 하나님 나라가 이 땅에 임했습니다. 예수님께서는 믿는 자들에게 하나님 나라에 들어가는 권리를 주셨습니다. 또한 부활 승천하신 후에 이 세상에 성령을 보내셔서 이 세상에 복음과 하나님 나라가 퍼지게 했습니다. 복음을 깨닫고 어린 양 주 예수님을 메시아와 왕으로 영접한 자들은 하나님 나라의 권능을 누리게 됩니다. 바울은 "하나님 나라는 먹는 것과 마시는 것이 아니요 오직 성령 안에 있는 의와 평강과 희락이라 이로써 그리스도를 섬기는 자는 하나님을 기쁘시게 하며 사람에게도 칭찬을 받느니라"(롬 14:17~18)고 선포했습니다. 하나님 나라와 복음의 능력은 하나님과의 교제가 그 핵심입니다. 그 교제는 마귀와 죄의 세력을 이기는 능력으로 나타납니다. 그들은 이미 하나님 나라에 속했기 때문에 마귀와 죄의 세력에 굴하지 않습니다. 주 예수님과 그리스도의 영이신 성령께서 죄와 세상과 마귀를 이기셨습니다. 성령의 도움으로 우리 역시 이 세상과 마귀와 죄악을 이길 수 있습니다. 이런 승리가 바로 하나님 나라가 이미 우리에게 임했다는 증거입니다.

December

12월

사랑으로
마지막 때를 견딥니다

예수님의 재림을 기다리며

적그리스도와 마지막 때

아이들아 지금은 마지막 때라 적그리스도가 오리라는 말을 너희가 들은 것과 같이 지금도 많은 적그리스도가 일어났으니 그러므로 우리가 마지막 때인 줄 아노라 _요한일서 2:18

본문에 나온 적그리스도인 '안티크리스토스'라는 단어 앞에는 정관사가 없습니다. 따라서 어떤 특정 인물을 가리키지 않습니다. 그리스도를 대적하는 자, 왜곡하는 무리를 의미합니다. 물론 요한계시록은 마지막 적그리스도에 대해 언급합니다. 그 적그리스도와 본문의 적그리스도는 다릅니다. 마지막 적그리스도는 '작은 뿔', '멸망의 자식', '짐승', '불법의 사람', '악한 자' 등으로 표현되어 있습니다(단 7:8~20; 살후 2:3; 계 13:5~6; 살후 2:9). 적그리스도는 요한이 살던 시대에도 있었습니다(요일 2:18~19). 그는 적그리스도가 나타난 것으로 '마지막 때'인 줄 안다고 말합니다. 마지막 때, '에스카테이 오라'는 히브리서 1장 1절에도 나옵니다. "옛적에 선지자들을 통하여 여러 부분과 여러 모양으로 우리 조상들에게 말씀하신 하나님이 이 모든 날 마지막에는 아들을 통하여 우리에게 말씀하셨으니"

"이 모든 날 마지막"은 예수님과 관련되어 시작되었습니다. 즉, '마지막 때'는 '마지막 날들', '마지막 세대'입니다. 성경은 역사의 끝을 이 세상의 '끝'이라고 하지만 '마지막 때'는 예수님께서 부활 승천하신 후 성령께서 역사하시는 때를 의미합니다(참조, 마 24:5, 29~31; 행 2:16~17). 즉, 성령이 오신 후에 말세가 시작된 것입니다. 적그리스도는 말세, 즉 '마지막 시대'에 등장했고 불법의 사람, 짐승으로 불리는 마지막 적그리스도는 세상 역사 끝에 나타날 것입니다.

하나님의 가슴을 울리는 성도

부당하게 고난을 받아도 하나님을 생각함으로 슬픔을 참으면 이는 아름다우나
_베드로전서 2:19

그리스도인이 되었다는 것은 선으로 악을 갚도록 부름받았다는 것입니다. 보복하는 일과 원수 갚는 일은 하나님이 하십니다. 우리는 이런 일을 하나님께 맡겨야 합니다. 그러면 하나님께서 그분의 때에 그분의 방법으로 공의를 이루어 주실 것입니다.

성경은 하나님이 정하신 위계질서에 순종하되, 선한 사람뿐 아니라 까다로운 사람에게도 그리하라고 말씀합니다. 물론 하나님의 뜻과 어긋나는 명령을 하면 '죽으면 죽으리라'는 자세로 신앙의 정절을 지켜야 합니다. 베드로는 위계질서로 약자가 부당하게 고난을 받는 경우를 이야기하고 있습니다. 이때 하나님을 생각하면서 슬픔을 참으면 아름답다고 합니다. 하나님은 이런 자들을 영광과 존귀로 관 씌우십니다.

"부당하게 고난을 받아도 하나님을 생각함으로 슬픔을 참는" 성도는 하나님의 가슴을 울립니다. 이들은 아름다운 사람들입니다. 선한 일을 하다가 억울하게 고난을 받을 때, 하나님을 생각함으로 인내하는 것을 하나님은 아름답게 여기십니다. 하나님은 그런 이들을 보며 가슴을 저미시고 그들에게 반하십니다. 하나님께서는 자신의 성품을 닮은 자녀들을 바라보면서 자랑스러워하십니다. 또한 그런 자녀를 사랑하사 악을 제거해 주실 것입니다.

추수할 일꾼을 보내주소서

그러므로 추수하는 주인에게 청하여 추수할 일꾼들을 보내주소서 하라 하시니라 _마태복음 9:38

목자 없는 양은 참된 하늘의 양식을 먹지 못해 방황하며 떠돕니다. 목자를 계속 만나지 못한다면 죽게 될 것입니다. 예수님께서는 목자 없는 양을 불쌍히 여기셨습니다. 한 영혼을 천하보다 더 사랑하시는 예수님은 의지할 곳 없이 방황하는 양들을 보며 가슴이 아프셨습니다.

지금 우리 주위에도 목자 없는 양이 많습니다. 예수님께서 말씀하십니다. "추수할 것은 많되 일꾼이 적도다." 할 일은 많은데 일꾼이 적습니다. 복음을 들어야 할 사람은 많은데 복음을 전하는 자가 없습니다. 하나님께서는 추수할 일꾼을 부르십니다. 예수님께서는 "일꾼들을 보내주소서"라고 기도하라고 하십니다. 복음을 위해 언제나 힘써 일할 일꾼이 필요합니다. 주 하나님께 추수할 일꾼을 보내 달라고 기도해야 합니다. 이런 기도를 드리는 사람은 영혼을 사랑하고 하나님 나라가 확장되는 것에 관심이 많습니다. 방황하는 무리를 주님처럼 불쌍히 여기며 기도합니다.

사람의 외모가 아닌 영혼을 보십시오. 부자나 권력자라도 믿음이 없다면 불쌍한 사람들입니다. 가난하고 연약하며 믿음까지 없는 이들을 불쌍히 여기며 그들을 돕고 복음을 전해야 합니다. 예수님께서 당부하신 것처럼 "추수할 일꾼들을 보내주소서"라고 계속 기도합시다. 주님께서 이 기도에 응답해 주실 것입니다.

광야의 의미

여호와께서 그를 황무지에서, 짐승이 부르짖는 광야에서 만나시고 호위하시며 보호하시며 자기의 눈동자 같이 지키셨도다 _신명기 32:10

그리스도인은 주님께 쓰임받기 전에 광야의 과정을 거칩니다. 이 광야를 믿음으로 통과하면 주님의 귀한 도구가 됩니다. 모세는 40년 간 애굽 왕궁에서 최고의 교육을 받고 왕자의 권세를 누렸지만, 그 조건들은 하나님이 쓰시기에 도움이 되지 않았습니다. 하나님께 쓰임받기 위해 그에게는 영적인 훈련이 필요했습니다. 하나님께서는 광야의 훈련을 통해 모세를 빚으시고 나서 그를 사용하셨습니다.

광야의 의미는 무엇입니까? 광야는 적막한 곳이지만 하나님의 말씀을 들을 수 있는 곳입니다. 광야는 외롭고 불편한 시간입니다. 하지만 하나님께서는 황량한 광야에서 우리에게 말씀하시며 우리와 대화하십니다. 하나님께서는 광야에서 우리를 만나기를 원하십니다.

모세도 광야에서 하나님을 대면했습니다. 모세가 하나님을 처음 만난 곳이 광야요. 하나님께 십계명을 받은 곳도 광야의 시내 산이었습니다. 하나님께서 다윗을 만나신 곳도 광야입니다. 하나님께서 다윗을 처음 만나실 때 그는 보잘것없는 양치기였습니다. 그야말로 광야와 같은 시절이었습니다. 왕이 된 후에도 다윗은 광야에서 하나님을 만났습니다. 바울 역시 광야에서 예수 그리스도를 만났습니다. 복음의 계시를 받은 곳도 아라바 광야였습니다(갈 1:17). 이처럼 하나님께서는 사랑하는 주의 백성을 광야로 이끄십니다.

돈을 사랑하는 것은 얼마나 위험한가

돈을 사랑함이 일만 악의 뿌리가 되나니 이것을 탐내는 자들은 미혹을 받아 믿음에서 떠나 많은 근심으로써 자기를 찔렀도다 _디모데전서 6:10

성경에는 돈과 물질에 관한 교훈이 많이 나옵니다. 예수님은 서른 여덟 개의 비유를 하셨는데 그중 열여섯 개의 비유가 돈과 관련되었습니다. "네가 온전하고자 할진대 가서 네 소유를 팔아 가난한 자들에게 주라 그리하면 하늘에서 보화가 네게 있으리라 그리고 와서 나를 따르라"(마 19:21). "부자는 천국에 들어가기가 어려우니라"(마 19:23). 예수님은 돈을 놓지 못하면 하나님 나라에 들어갈 수 없다고 하십니다.

돈을 사랑하는 자들은 시험과 올무에 빠지고 침륜과 멸망에 떨어질 것입니다. 또한 미혹을 받아 믿음에서 떠나 근심에 짓눌리고 고통스럽고 힘든 삶을 살 것입니다. 바울은 돈을 사랑하는 것이 일만 악의 뿌리라고 합니다. 셀 수 없이 많은 죄악이 돈 때문에 일어납니다.

돈에 대한 탐욕은 인생을 어둡게 하고 멸망에 빠뜨립니다. 착한 사람이라도 물질에 탐욕이 생기면 어느새 사람들을 향해 쓴 뿌리를 품게 됩니다. 마음은 강퍅해지고 악해집니다. 물질의 탐욕에 빠진 사람의 인생과 마음은 황량하고 황폐합니다.

예수님께서는 간곡하게 말씀하십니다. "한 사람이 두 주인을 섬기지 못할 것이니 혹 이를 미워하고 저를 사랑하거나 혹 이를 중히 여기고 저를 경히 여김이라 너희가 하나님과 재물을 겸하여 섬기지 못하느니라"(마 6:24).

오래 참는 사랑

사랑은 오래 참고 _고린도전서 13:4a

고린도전서 13장에서 소개하는 사랑의 15가지 속성 중 첫 번째는 오래 참음입니다. 원어 '마크로쑤메오'는 사람을 향해 오래 참는 것을 말합니다. 비방이나 억울한 일을 당해도, 심지어 보복할 수 있어도 보복하지 않습니다. 이는 하나님께서 그의 백성을 사랑하사 그들에게 오래 참으심과 같습니다. 즉, 화를 더디 내는 것입니다. 고약하고 불친절하고 악으로 선을 갚는 사람에 대해 오래 참는 것은 약하고 힘이 없어서가 아닙니다. 오히려 더 강합니다. 오래 참는 사랑은 패배가 아닙니다. 시간이 흘러 반드시 승리합니다. 하나님께서는 오래 참는 사랑을 실천하는 사람에게 복을 베푸시기 때문입니다.

오래 참는다는 것은 용서와 관련이 있습니다. 나에게 저지른 악한 행위를 용서할 마음이 있기에 오래 참을 수 있는 것입니다. 상대방이 자기 죄악을 반성하지 않았어도 먼저 용서해 줄 용의가 있어야 합니다. 이런 마음이 없으면 미움이나 복수나 분노가 따르기 마련입니다.

사랑은 오래 참고 기다리는 것입니다. 지금 이 시대의 교회 공동체에 가장 필요한 것은 오래 참는 사랑입니다. 오래 참기는 쉽지 않습니다. 오래 참는 사랑은 우리의 본성과는 거리가 멀기 때문에 하나님께서 우리 마음에 은혜를 주실 때 가능합니다. 하나님의 도우심을 간절히 구할 수밖에 없습니다. 성령께서 함께하실 때 우리는 상대를 용서하고 오래 참을 수 있습니다.

온유한 사랑

사랑은 온유하며 _고린도전서 13:4b

　사랑은 온유합니다. 온유하다는 원어 '크레이스튜오마이'의 뜻은 '친절하며 상대를 소중히 여기는 것'입니다. 온유는 모든 사람에게 따뜻하고 자상하며 인자합니다. 온유한 사람은 언제나 편안하고 평안을 주어서 가까이 가고 싶어집니다.

　구약은 온유를 '인자'라고 표현합니다. 인자하신 하나님은 주의 백성에게 친절하셨습니다. 광야에서 불기둥과 구름기둥으로 그들을 인도하셨고 만나를 내려주셔서 주리지 않게 하셨습니다. 반석에서 물이 나게 하셨고 고기가 먹고 싶을 때는 메추라기를 보내주셨습니다. 예수 그리스도도 친절한 분이십니다. 가나의 혼인잔치에서 포도주가 떨어지자 물로 포도주를 만들어 주셨고, 나인성 과부의 죽은 아들을 살려주셨습니다. 주님의 말씀을 듣느라 온종일 굶주린 사람들에게 오병이어의 기적으로 그들을 먹이셨습니다. 예수님께서 십자가에 달리셔서 극한 고통 속에 있을 때 자기 옆에 매달린 강도가 회개하자 그에게 낙원을 허락하셨습니다. 십자가 위에서도 어머니 마리아를 사랑하는 제자 요한에게 부탁하셨습니다.

　그리스도의 인자하심을 배워야 합니다. 온유한 사람은 예수님의 본을 따라 사람들에게 친절을 베풉니다. 친절한 사랑 앞에 원수는 힘을 잃고, 마귀는 물러가며, 완악한 사람은 부드러워집니다. 이런 사랑의 마음은 그리스도의 마음을 소유할 때 얻을 수 있습니다.

시기하지 않는 사랑

시기하지 아니하며 _고린도전서 13:4c

사랑은 시기하지 않습니다. 시기는 원어로 '젤로우'로서 '질투하다', '다른 사람의 것을 탐내다'라는 뜻이 있습니다. 십계명의 마지막 계명은 "네 이웃의 것을 탐내지 말라"입니다. 성경은 젤로우를 탐심과 연결합니다. 나아가 탐심은 우상숭배라고 알려줍니다(참조, 골 3:5).

시기심은 비교의식이 강하고 지는 것을 견디지 못합니다. 다른 사람이 나보다 낫거나 좋은 것을 갖고 있으면 화가 납니다. 내게 없는 것을 갖고 있으면 마음이 삐뚤어집니다. 그리고 그 사람에게 작은 일로 시비를 겁니다. 상대를 비방하며 거짓말을 꾸미고 명예를 깎아내리느라 바쁩니다. 시기심에 빠지면 남이 슬퍼할 때 기뻐합니다. 남이 기뻐할 때 속이 뒤틀립니다. 시기에 빠지면 배은망덕을 합리화합니다. 시기는 멸망의 시작이며 인간성을 잃게 합니다. 상상을 초월하는 무서운 범죄의 뿌리에 시기가 있습니다. 시기는 공동체를 무너뜨리는 주범이기도 합니다(참조, 약 3:16).

예수 그리스도가 죽은 것도 유대인들의 시기 때문입니다(참조, 마 27:18). 복음을 가로막는 것도 시기 때문입니다. 성령의 인도하심을 거부하고 육체의 정욕에 따르는 것도 시기 때문입니다(고전 3:3; 갈 5:20; 롬 1:29). 하지만 사랑은 시기하지 않습니다. 시기심에서 벗어나는 길은 오직 예수 그리스도로 옷 입는 것입니다. 성령 충만한 가운데 경건한 성도와 함께하면서 예수 그리스도로 옷 입을 때 사탄의 유혹인 시기심의 덫에서 벗어날 수 있습니다.

자랑하지 않는 사랑

사랑은 자랑하지 아니하며 _고린도전서 13:4d

사랑은 자랑하지 않습니다. 자랑이라는 원어 '페르페르유오마이'의 뜻은 '과장하여 자신을 드러내다', '잘난 척하며 자신의 장점 및 잘한 일들을 늘어놓다'입니다. 무엇을 자랑한다는 것은 그것을 사랑한다는 것입니다. 그러므로 영적으로 볼 때 자랑은 그 사람의 우상이나 가치관을 드러냅니다. 성경은 허탄한 자랑을 악하다고 말합니다(참조, 약 4:16). 또한 지혜와 용맹과 부귀(렘 9:23), 죄악(빌 3:19), 장래일 또는 내일 일(잠 27:1; 약 4:13~17), 특히 자신의 의를 자랑하지 말라고 합니다. 이는 타락한 인간의 죄성입니다.

그렇다면 우리는 자랑할 것이 없을까요? 우리를 사랑하며 구원하신 하나님과 그분의 아들 예수 그리스도를 자랑해야 합니다. 성경은 하나님께 받은 은혜와 하나님과의 사귐을 자랑하라고 합니다(렘 9:24). 하늘의 시민권과 예수 그리스도를 시인하며 자랑하라고 합니다(빌 3:20; 눅 12:8~9). 하나님의 이름을 자랑하라고 당부합니다(대상 16:10; 시 20:7; 시 34:2; 시 44:8). 특히 우리는 십자가를 자랑해야 합니다. "그러나 내게는 우리 예수 그리스도의 십자가 외에 결코 자랑할 것이 없으니 그리스도로 말미암아 세상이 나를 대하여 십자가에 못 박히고 내가 또한 세상을 대하여 그러하니라"(갈 6:14).

사랑은 자신을 자랑하지 않습니다. 오직 하나님과 예수 그리스도, 십자가를 자랑합니다.

교만하지 않은 사랑

교만하지 아니하며 _고린도전서 13:4e

사랑은 교만하지 않습니다. 원어 '휘시오'의 뜻은 '잘난 척하다', '고개를 바짝 들고 다니다', '거만하다'입니다. 교만한 느브갓네살은 하나님의 심판을 받아 미친 사람이 되었습니다. 교만한 헤롯 아그립바 왕은 벌레에게 먹혀 죽었습니다. 교만은 욕을 부르고(잠 11:2), 다툼을 일으키며(잠 13:10), 미련과 매를 자청하고(잠 14:3), 집을 무너지게 합니다(잠 15:25). 하나님께서는 교만한 자를 미워하십니다(잠 16:5). "교만은 패망의 선봉이요 거만한 마음은 넘어짐의 앞잡이이다"(잠 16:18). 교만한 자는 '망령된 자'(잠 21:24)입니다. 예수님께서도 교만은 악한 것으로 사람을 더럽게 한다고 말씀하셨습니다(막 7:22).

한편 원어 휘시오는 '인간의 의'를 근거로 하는 교만입니다. 자기를 의롭다고 믿고 다른 사람을 멸시합니다. 성경을 보면 두 가지 의가 있습니다. 하나님께서 예수 그리스도를 통해 친히 예비하신 의가 있습니다. 이 의는 은혜로만 받을 수 있습니다. 반면, 인간이 세우는 의가 있습니다. 바로 이 세상의 모든 종교가 추구하는 것으로 그 깊은 곳에는 교만이 있습니다. 복음을 거부하고 자신의 의를 구하는 자는 교만합니다. 그는 교만 때문에 음부에 빠질 것입니다.

자신의 죄를 알고 십자가를 바라보는 것이 교만에 대한 하나님의 답입니다. 십자가를 바라볼 때 교만한 마음이 나가고 가난한 심령이 됩니다. 겸손한 주의 마음이 성령 안에서 우리 마음에 가득 차도록 소망합시다. 교만에서 벗어나게 해달라고 기도합시다.

무례하지 아니한 사랑

무례히 행하지 아니하며 _고린도전서 13:5a

사랑은 무례하게 행동하지 않습니다. 원어 '아스케이모네이'의 뜻은 '은혜롭지 못하게 행동하다', '밉게 행동하다', '매력이 없다', '격에 벗어난 행동을 하다', '창피한 행동을 하다', '비열한 행동을 하다', '보기 흉한 짓을 하다'입니다. 성경은 무례한 행동을 '방자히 행함'이라고 말합니다. 히브리어로는 '포-루아으'라고 합니다. 이 의미는 철이 덜든 훈련되지 않은 개가 목줄이 풀리자 천방지축으로 날뛰는 것입니다.

성경은 무례함이 도를 지나친 상태를 히브리어로 '쥬으드'라고 하는데 이는 '무법하게 행하는' 것을 의미합니다. 자신만이 절대 기준이 되어 제멋대로 사는 행동을 말합니다. 성경은 예의가 없는 것, 권위 질서에 대한 도전, 감사를 모르는 마음을 무례함으로 봅니다. 무례한 행위는 언제나 하나님의 영광을 땅바닥에 떨어뜨리고 공동체에 큰 모욕을 줍니다. 사람들의 관계가 깨어지는 가장 큰 원인은 무례함입니다. 아무리 오랜 친구이고 이웃이라도 무례하면 그 관계는 유지되기 힘듭니다. 배우자에게 서로 무례하면 그 가정은 깨어지기 쉽습니다. 교회에서 무례한 자들은 관계를 무너뜨리면서 교회 공동체를 다툼으로 몰고 갑니다.

사랑은 무례하지 않습니다. 사랑은 공동체에서 예절을 지키고 상대방의 인격을 존중합니다. 그리스도의 보혈로 하나가 된 공동체에서 서로의 인격을 존중하고 예의를 지킵시다. 가까운 사이일수록 더욱 예의를 지켜야 합니다.

자신의 유익을 구하지 않는 사랑

자기의 유익을 구하지 아니하며 _고린도전서 13:5b

　　사랑은 자기의 유익을 구하지 않습니다. '구한다'의 원어 '제이테이'는 현재형으로서 끊임없이 구하는 상태를 의미합니다. 이는 자신에게 유익이 되는 것은 무엇이든 챙기는 이기심을 말합니다. 자신의 유익을 구하는 자는 다른 사람을 배려하지 않고 손해를 끼칩니다. 남은 망하든 말든 나만 잘되면 된다는 마음으로 살아갑니다.

　　이기심의 특징은 무엇입니까? 첫째, 자비와 덕이 없습니다. 남의 실수를 쉽게 용서하지 않습니다. 권력에 아첨하지만, 약자에게는 포악합니다. 둘째, 자신의 유익과 관계가 없으면 관심이 전혀 없습니다. 셋째, 쾌락을 추구합니다. 성적인 죄를 짓는 자 중에는 자기의 유익을 구하는 사람들이 많습니다. 넷째, 항상 자기 멋대로 합니다. 자기 뜻이 관철되지 않으면 모든 책임을 내려놓고 나 몰라라 합니다. 일반적으로 이기적인 사람들은 막무가내이며 고집불통입니다.

　　성경은 이기심의 사람을 욕심에 이끌린 사람이라고 지적합니다. 욕심의 끝은 언제나 멸망입니다(약 1:15). 또한 욕심에 이끌리면 양심이 무뎌지면서 죄를 저지르게 됩니다(엡 4:19). 마귀가 욕심에 빠진 사람을 철저하게 조종하기 때문입니다.

　　자기의 유익을 구하는 이기심에서 벗어나기 위해 육체를 죽여야 합니다. 욕심을 십자가에 못 박아야 합니다. 그리스도에게 사로잡혀 성령의 이끌림을 받을 때만이 욕심의 노예에서 벗어날 수 있습니다.

성내지 않는 사랑

성내지 아니하며 _고린도전서 13:5c

사랑은 성내지 않습니다. 원어 '파록스노'는 '다투다', '화를 내다', '신경질을 부리다'라는 뜻입니다. 이는 온유와 오래 참음과 반대됩니다. 좀 더 분명하게 말하면 사랑은 혈기를 부리지 않습니다. 분을 다스리지 못할 때 혈기를 부립니다. 혈기는 지금까지 쌓아 온 열매를 한꺼번에 다 쏟아버립니다. 봄에 모를 심어서 정성으로 잘 키운 벼를 여름 홍수로 다 망쳐 버리는 것과 같습니다. 혈기를 부리는 것은 이성을 잠깐 잃어버리는 상태입니다. 영적으로는 감정에 의해 믿음을 잃고 사탄의 꾐에 넘어가 조종당하는 상태입니다.

무서운 혈기 사건은 인류 최초의 살인에서도 나타납니다. 가인은 시기로 가득 차 혈기를 부리며 동생 아벨을 돌로 쳐 죽였습니다. 야고보 사도는 "성내는 사람은 하나님의 의를 이루지 못한다"(약 1:20)고 말씀합니다.

교회 지도자라면 성내지 않는 자질이 있어야 합니다(딛 1:7). 지도자는 반드시 감정을 다스리는 훈련을 받아야 하며 감정보다 믿음을 따를 줄 알아야 합니다.

사랑은 혈기를 부리지 않습니다. "분을 내어도 죄를 짓지 말며 해가 지도록 분을 품지 말고 마귀에게 틈을 주지 말라"(엡 4:26~27). 사랑은 성내지 않음을 기억하면서 성령을 따라 감정이 아닌 믿음으로 사는 훈련을 하십시오.

악한 것을 생각하지 않는 사랑

악한 것을 생각하지 아니하며 _고린도전서 13:5d

  사랑은 악한 것을 생각하지 않습니다. 원어 '카코스'는 '악', '잘못', '피해', '상처' 등의 뜻이 있고 '로기조마이'는 '뭔가에 집착하다', '시간을 보내다', '생각하다', '고려하다'라는 뜻이 있습니다. 그 앞에 부정접속사가 붙음으로써 '악한 것을 생각하지 않는다'의 뜻이 됩니다. 악한 것을 생각하지 않음은 구체적으로 어떤 것일까요?

  첫째, 남이 내게 행한 해악을 마음속에 쌓지 않습니다. 사랑은 다른 사람들이 내게 행한 섭섭한 일, 악한 행위와 피해를 기억하지 않습니다. 둘째, 악한 계획을 세우지 않습니다. 성경은 악한 계획을 '궤휼' 또는 '궤계'라고 말합니다. 이는 순간적으로 악한 생각이 지나가는 것과는 차원이 다릅니다. 셋째, 악한 것을 마음에 새기지 않습니다. 거룩하지 않은 것에 중독되지 않는다는 뜻입니다. 많은 사람이 우울증에 빠져 있습니다. 마약, 성, 인터넷, 음주, 흡연, 도박 등의 중독이 젊은이들의 삶을 망치고 있습니다. 사랑은 악한 것에 중독되지 않습니다. 우상 또한 세우지 않습니다.

  악한 것을 생각하지 않는 사랑을 하기 위해서는 영적으로 성숙해져야 합니다. 그러기 위해서 성경으로 우리 생각을 체계화해야 합니다. "오직 우리 주 곧 예수 그리스도의 은혜와 그를 아는 지식에서 자라 가라 영광이 이제와 영원한 날까지 그에게 있을지어다"(벧후 3:18).

불의를 기뻐하지 않는 사랑

불의를 기뻐하지 아니하며 _고린도전서 13:6a

사랑은 불의를 기뻐하지 않습니다. 여기서 원어 '아디키아'는 '나쁜 짓', '불법', '악함', '불공평'이란 뜻이 있습니다. 불의는 죄입니다. 요한일서 5장 17절은 "모든 불의가 죄로되"라고 하였고, 요한계시록 18장 5절은 "그의 죄는 하늘에 사무쳤으며 하나님은 그의 불의한 일을 기억하신지라"고 말하고 있습니다. 불의를 기뻐한다는 뜻이 무엇입니까?

첫째, 다른 사람들이 불의를 저지르거나 불의를 당하는 것을 보고 기뻐한다는 것입니다. 바리새인들은 간음한 여인을 끌고 와서 예수님을 궁지에 몰아넣었습니다. 그들은 여인의 죄악을 지적하면서 저 여인과 다르게 사는 자신들의 삶을 자랑합니다. 그들은 남의 불의를 기뻐하는 죄악된 마음을 가졌습니다. 이는 사랑과 거리가 멉니다. 둘째, 악한 편에 서는 것을 의미합니다. 성경을 자세히 보면 "불의를 기뻐한다"는 표현은 재판과 관련되어 있습니다. 한편 불의한 판정은 아첨, 뇌물과 연관되어 있습니다. 셋째, 죄를 합리화합니다. 고린도 교회는 어미와 불륜을 저지른 성도를 가만히 덮어주고 그것을 자랑하며 긍지를 느끼고 있었습니다(참조, 고전 5:2, 6). 어떻게 이럴 수 있습니까? 그들은 죄를 합리화한 것입니다. 하나님은 회개하지 않은 불의를 반드시 심판하십니다. 그분의 심판 기준은 율법입니다(참조, 골 3:25). 사랑은 불의를 기뻐하지 않습니다. 의를 즐거워하시는 하나님 편에 서서 공의와 정직을 지켜냅니다.

진리와 함께 기뻐하는 사랑

진리와 함께 기뻐하고 _고린도전서 13:6b

기쁨은 원어로 '카이로'로 보통 '희락'으로 번역됩니다. 하나님께서는 우리가 기뻐하기를 바라십니다. 예수님께서는 "내가 이것을 너희에게 이름은 내 기쁨이 너희 안에 있어 너희 기쁨을 충만하게 하려 함이라"(요 15:11)고 말씀하셨습니다. 하나님은 우리가 기뻐하기를 바라셔서 선한 것을 주시고 아들까지 아끼지 않고 주셨습니다. 성경은 우리에게 기뻐하라고 명령합니다(참조, 빌 4:4). 명령은 순종해야 합니다. 해도 되고 안 해도 되는 것이 아닙니다. 그러면 무엇으로 기뻐해야 합니까? 진리와 함께 기뻐하는 것입니다. 이 말씀은 거룩함을 깨뜨리는 사랑은 하나님의 온전한 사랑과 거리가 멀다는 의미입니다. 하나님께서는 우리가 진리 안에서 기뻐하길 원하십니다.

진리는 무엇입니까? 예수 그리스도입니다. 성경이 말하는 진리는 인격이며 성육신하신 하나님의 말씀입니다. 그 말씀은 성경으로 기록되었습니다. 예수님께서 말씀하셨습니다. "내가 곧 길이요 진리요 생명이니 나로 말미암지 않고는 아버지께로 올 자가 없느니라"(요 14:6).

사랑은 진리 안에서 기뻐합니다. 주의 보혈로 죄 사함과 구원을 얻어 우리 이름이 어린양 생명책에 기록된 것으로 인한 기쁨(눅 10:20)입니다. 잃은 양이 돌아올 때의 기쁨이고(눅 15:5), 진리를 지킬 때 받는 고난 속에서 누리는 하늘의 기쁨(행 5:41)입니다. 나아가 예수 그리스도를 따르는 형제들과 함께하는 기쁨(요일 1:4)입니다.

관용하는 사랑

모든 것을 참으며 _고린도전서 13:7a

사랑은 모든 것을 참습니다. '참으며'라는 헬라어로 '스테고'입니다. '지붕을 만들다', '비밀을 지키다'라는 뜻입니다. 이 단어의 명사형은 '스테게'로 '지붕'이라는 뜻입니다. 지붕이 건물을 덮듯 내 지붕 아래 있는 사람들의 약점을 덮어주는 것이 사랑입니다. 남의 실수나 허물을 들추어내지 않고 감추어 줍니다. 이런 사랑은 바위처럼 과묵합니다. 상대방이 명예를 잃지 않도록 그의 실수와 허물에 대해 진주조개처럼 입을 딱 다물고 있습니다. 이것으로 볼 때 혀를 잘 다스리지 못하는 사람은 온전한 사랑을 이룰 수 없습니다.

'스테게'의 사랑은 영적으로 성숙한 자들이 미성숙한 자들을 오래 참아줍니다. 믿음이 약한 사람들의 약점을 포용해 주고 그들이 성장할 때까지 기다려 줍니다.

'스테고'의 사랑은 하나님의 영광과 복음을 위해 모든 사람을 참고 포용합니다. 고린도전서 9장 12절에서도 '스테게'가 쓰였습니다. 여기서는 "하나님의 영광을 위해, 그리고 그리스도의 복음을 위해 자신들의 권리를 주장하지 않고 참는다"라는 의미입니다. 억울한 대우, 불공평한 대접, 나를 알아주지 않는 사람이나 상황 가운데서도 하나님의 영광 때문에 참는 것입니다.

신앙이 성숙할수록 마음은 바다처럼 넓어집니다. 사람들에게 관용하는 능력이 생깁니다.

모든 것을 믿는 사랑

모든 것을 믿으며 _고린도전서 13:7b

사랑은 모든 것을 믿습니다. '믿는다'의 원어는 '피스투오'인데 네 가지 뜻이 있습니다.

첫째, 피스투오의 사랑은 사람을 믿습니다. 사람은 세 가지 유형이 있습니다. 너무 잘 믿어서 잘 속는 사람, 아무것도 절대 안 믿는 사람, 그리고 성경이 말하는 '피스투오'의 사람입니다. 그는 상대를 다 알고 있으면서도 믿어줍니다. 상대를 사랑하기 때문에 갖는 믿음입니다.

둘째, 피스투오는 확신을 합니다. 이는 하나님의 사랑과 전능하심에 관한 확신입니다. 우리는 하나님께서 정말로 나를 사랑하시는지 의심할 때가 많습니다. 그러나 로마서 8장은 하나님의 사랑을 보장합니다(롬 8:31~39). 그리스도의 십자가는 하나님이 우리를 사랑한다는 최고의 증거입니다.

셋째, 피스투오는 신뢰합니다. 인격적 관계에서 신뢰는 굉장히 중요합니다. 신뢰하기에 우리는 하나님의 음성을 듣고 순종합니다. "사람이 나를 사랑하면 내 말을 지키리니 내 아버지께서 그를 사랑하실 것이요"(요 14:23).

넷째, 피스투오는 전적으로 맡깁니다. 따라서 위 구절을 "모든 것을 하나님께 맡기며"라고 번역해도 됩니다. '맡긴다'의 궁극적 의미는 우리 인생이 내 뜻이 아닌 아버지의 뜻대로 되기를 바라는 것입니다(눅 22:42). 우리가 예수님처럼 하나님의 뜻만 구할 때, 나의 삶은 내가 아닌 하나님이 운전해 주셔서 안전해집니다. 또한 나를 이 땅에 보내신 하나님의 뜻이 이루어지는 가치 있는 삶이 됩니다.

모든 것을 바라는 사랑

모든 것을 바라며 _고린도전서 13:7c

사랑은 모든 것을 바랍니다. '바란다'의 원어는 '엘피조'입니다. 그 의미는 '소망하다', '기대를 가지고 기다리다', '하나님께서 장래에 분명히 좋은 것을 주실 것을 확신하다'입니다. 따라서 사랑은 끝까지 기대하며 포기하지 않습니다. 한편 실망은 포기한 사랑입니다. 실망했다는 말은 분명히 한때 사랑했다는 말입니다. 따라서 소망을 회복한다면 사랑을 회복할 수 있습니다. 어떤 성경은 "사랑은 언제나 희망을 표현한다", "사랑은 언제나 희망이 시들지 않는다", "사랑은 무한한 희망이 있다"라고 번역하기도 했습니다. 하나님께서는 택한 백성을 끝까지 포기하지 않고 사랑하십니다. 만일 하나님의 아가페 사랑이 우리에게 임하면 우리도 하나님처럼 포기하지 않고 사랑하게 됩니다.

모든 것을 바라는 사랑은 모든 사건이 하나님의 뜻을 이룬다는 믿음이 있습니다. 이런 사랑은 하나님의 선하심을 믿고 그분을 사랑할 때 나옵니다. 이 사랑은 지금 내게 발생하는 모든 사건과 만남과 환경이 최선이라고 믿게 합니다. 우리의 계산과 생각을 초월해 하나님께서 우리에게 최선의 것을 주심을 바라게 합니다(롬 8:28). 궁극적인 선은 하나님 아들의 영광스런 형상을 본받는 것입니다(롬 8:29). 즉, 그리스도인에게 일어나는 모든 만남과 사건은 결국 하나님께서 우리를 사랑하시는 표현입니다.

끝까지 견디는 사랑

모든 것을 견디느니라 _고린도전서 13:7d

    사랑은 모든 것을 견딥니다. '견딘다'는 의미는 "사랑은 오래참고"(4절), "모든 것을 참으며"(7절c)와 비슷하지만, 원어 '판타 휴포메네이'로 보면 그 의미가 확실하게 다릅니다. 4절의 "오래 참고"는 사람을 향한, 특히 원수를 향한 것입니다. 7절의 "모든 것을 참으며"라는 남의 약점을 덮어주고 남의 실수에 대해 과묵하게 입을 지키는 것을 의미합니다.

    그러나 7절 하반부의 견딘다는 의미는 "뭔가를 잊지 않는 상태에서 끝까지 버티다"라는 뜻입니다. 바울 사도는 "우리가 선을 행하되 낙심하지 말지니 포기하지 아니하면 때가 이르매 거두리라"(갈 6:9)고 말했습니다. 끝까지 견뎌야 열매를 거둘 수 있다는 의미입니다. 믿음의 경주를 할 때 낙심한 일, 실망스러운 일, 피곤한 일이 있기 마련입니다. 그래서 중도에 포기하고 싶어집니다. 이때 포기하면 열매를 거둘 수 없고 사랑을 이룰 수 없습니다. 또한 영광스런 면류관을 받을 수 없습니다.

    히브리서 12장은 믿음의 여정을 마라톤에 비유합니다. 구름같이 허다한 관중과 응원하는 사람들이 있습니다. 믿음의 선조들이 우리를 지켜보고 있습니다. 믿음의 경주는 피곤하고 낙심할 일들이 많습니다(히 12:3). 그러나 끝까지 달려야 합니다.

    사랑은 모든 것을 견디며 믿음의 경주를 완주합니다. 죽는 날까지, 예수님을 만나는 날까지, 면류관을 받는 날까지 포기하지 않고 모든 것을 참으며 달리는 것입니다.

완전한 의

예수께서 대답하여 이르시되 이제 허락하라 우리가 이와 같이 하여 모든 의를
이루는 것이 합당하니라 _마태복음 3:15

의는 법을 정하신 하나님의 기준을 통과하는 것입니다. 하나님
은 의를 이룬 자들에게 영생과 하나님 나라를 얻는 특권을 주셨습니
다. 하나님께서는 아담과 하와에게 선악과를 먹지 말라고 하셨습니
다. 그 명령을 지키는 한 그들은 무죄였습니다. 또한 하나님의 때까
지 그 명령을 지키면 의로운 자가 되어 영생과 천국을 누릴 수 있었
습니다. 슬프게도 아담과 하와는 의를 이루지 못했습니다. 이후로
하나님은 인간에게 율법을 주셨습니다. 누구든지 율법의 조건을 다
이루면 의롭게 여기겠다고 하셨습니다. 그러나 아담 안에서 타락한
인간은 그 의를 이루지 못했습니다. 따라서 인류는 율법으로는 의
를 이룰 수 없게 되었습니다. 하지만 예수 그리스도는 이 세상에 나
실 때부터 그 율법을 완전하게 지키셔서 완전한 의를 이루셨습니다.
따라서 예수님께는 권한이 부여되었습니다. 죄 사함과 성령을 보내
심입니다. 성령을 받은 자들은 죗값을 치를 필요가 없게 되었고 새
로운 삶을 살게 되었습니다. 성경은 어떻게 예수님께서 완전한 의를
이루어 그 의를 자기 백성에게 전가해 주셨는지 보여줍니다. 또한
성령을 받은 자들이 어떻게 거룩해지고 그에 합당한 삶을 사는지를
보여줍니다.

우리의 의는 그리스도께서 완전하게 지키신 의를 믿음 안에서 받
은 것입니다. 의롭다고 여김을 받은 자는 성령을 따라 거룩한 삶을
사는 것이 마땅합니다. 그리스도의 의로 그리스도의 거룩한 생명을
부여받았기 때문입니다.

성탄의 의미

하나님이 세상을 이처럼 사랑하사 독생자를 주셨으니 이는 그를 믿는 자마다 멸망하지 않고 영생을 얻게 하려 하심이라 _요한복음 3:16

요한복음 3장 16절은 성탄의 의미를 잘 설명해 줍니다.

성탄은 하나님이 세상을 사랑하사 독생자를 주신 날입니다. 사랑의 하나님은 이 세상을 사랑하십니다. 그중에서도 하나님의 형상대로 지은 사람을 가장 사랑하십니다. 그러나 범죄하여 하나님과 관계가 단절되고 육체의 죽음과 영원한 멸망을 맛보게 되었습니다. 그러나 하나님께서는 영원한 멸망에 처한 우리를 위해 독생자를 주셨습니다. "우리가 아직 연약할 때에 기약대로 그리스도께서 경건하지 않은 자를 위하여 죽으셨도다"(롬 5:6).

성탄은 하나님께서 우리를 찾아오신 사건입니다. 말씀 하나님께서 육신이 되어 우리에게 오셨습니다. "말씀이 육신이 되어 우리 가운데 거하시매 우리가 그의 영광을 보니 아버지의 독생자의 영광이요 은혜와 진리가 충만하더라"(요 1:14).

하나님은 우리를 사랑하기 위해 영원한 독생자를 주시고 십자가에서 자기 아들을 희생시키셨습니다. "우리가 아직 죄인 되었을 때에 그리스도께서 우리를 위하여 죽으심으로 하나님께서 우리에 대한 자기의 사랑을 확증하셨느니라"(롬 5:8).

성탄은 우리에게 영생을 주시기 위한 날입니다.

참 하나님이시며 참 사람이신 메시아

그가 큰 자가 되고 지극히 높으신 이의 아들이라 일컬어질 것이요 주 하나님께
서 그 조상 다윗의 왕위를 그에게 주시리니 _누가복음 1:32

마리아에게 천사 가브리엘이 나타나 "성령을 통하여 아들을 낳을
것이다"라고 말합니다. 예수님의 탄생은 성령으로 잉태되는 초자연
적인 사건입니다. 마리아가 낳게 될 아기 예수는 하나님의 아들이면
서 동시에 완전한 사람이셨습니다.

예수님은 동정녀를 통해 죄 없이 탄생하셨습니다. 사실, 예수님
은 혈통적 아버지가 없습니다. 그분의 아버지가 하나님이시기 때문
입니다. 하지만 죄인을 구하시기 위해서는 죄가 없는 완전한 사람이
되어야 했습니다. 대속제물이 되어야 했기에 여자에게서 나왔지만,
동정녀 마리아에게 나심으로 원죄는 없으셨습니다. "그러므로 주께
서 친히 징조를 너희에게 주실 것이라 보라 처녀가 잉태하여 아들을
낳을 것이요 그의 이름을 임마누엘이라 하리라"(사 7:14)

본래 하나님과 본체이신 예수님은 성령을 통해 처녀 마리아의 몸
에서 잉태되는 순간, 임마누엘의 하나님, 곧 우리와 함께 계시게 되
었습니다. "이러므로 나실 바 거룩한 이는 하나님의 아들이라"(눅
1:35). 그리고 우리를 구원하시기 위해 우리 죄를 대신하여 십자가
에서 형벌을 받으셨습니다. 그리고 부활 승천하신 메시아는 하나님
이 택하신 백성의 왕이십니다. 그분의 나라는 영원무궁토록 존재합
니다.

겸손한 자리에서 주의 은혜를 사모하라

또 유대 땅 베들레헴아 너는 유대 고을 중에서 가장 작지 아니하도다 네게서 한 다스리는 자가 나와서 내 백성 이스라엘의 목자가 되리라 하였음이니이다 _마태복음 2:6

하나님은 교만한 자를 낮추시고 겸손한 자를 높이십니다. 바벨론 제국의 느브갓네살 왕은 제국이 번영하자 교만해졌습니다. 이에 하나님께서는 그를 정신병에 걸리게 하여 낮추셨습니다. 느브갓네살은 일곱 때를 짐승처럼 지낸 후 정신이 돌아왔습니다. 그때 그는 '교만한 자를 낮추시고 겸손한 자를 높이는' 하나님의 통치 원칙을 깨달았습니다.

지극히 높은 하나님의 아들이 왜 하필 보잘것없는 작은 마을, 베들레헴에서 탄생하셨을까요? 이 역시 하나님의 의도입니다. 하나님의 통치 원칙을 예수님께서도 적용하신 것입니다. 예수님께서도 하나님 나라의 통치 원칙을 선포하셨습니다. "누구든지 이 어린아이와 같이 자기를 낮추는 사람이 천국에서 큰 자니라"(마 18:4).

주님의 나라를 위해 크게 쓰임받는 자일수록 더욱 겸손해집니다. "죄인 중에 내가 괴수니라"(딤전 1:15). "내가 나 된 것은 하나님의 은혜로 된 것이니 내게 주신 그의 은혜가 헛되지 아니하여 내가 모든 사도보다 더 많이 수고하였으나 내가 한 것이 아니요 오직 나와 함께 하신 하나님의 은혜로라"(고전 15:10).

마태복음 1장의 예수 그리스도의 족보를 보면, 낮은 자를 높이시는 하나님의 통치 원칙이 뚜렷하게 드러납니다. 주의 나라에서 쓰임받은 자들은 겸손한 자리로 내려가 주의 은혜를 간절히 사모했습니다. 이것이 베들레헴이 우리에게 주는 메시지입니다.

죄에서 구원할 자

아들을 낳으리니 이름을 예수라 하라 이는 그가 자기 백성을 그들의 죄에서 구
원할 자이심이라 _마태복음 1:21

가브리엘 천사는 요셉의 꿈에 나타나 하나님의 계시를 전했습니
다. 마리아가 아들을 낳을 것이니 그 이름을 '예수'라고 지으라고 명
하며 예수님께서 이 땅에 오신 목적을 분명하게 알려주었습니다.

이단은 쉽게 분별할 수 있습니다. 그들에게 있어 구원은 죄로부터
의 구원이 아닙니다. 그들은 이 세상 액운에서 구원되기를 바랍니
다. 예수님은 자기 백성을 죄에서 구원하시는 분입니다. 즉, 죄의 영
역에서 거룩의 영역으로 옮기는 것이 예수님의 사역입니다. 이 부분
에서부터 무너진다면 거짓 신앙입니다. 구원의 목적은 우리를 거룩
하게 하는 것입니다. 아직도 죄 가운데 있다면 구원을 받지 못한 것
입니다. 예수 그리스도께서 십자가 위에서 우리 죄를 대속하셨으니
맘껏 죄 가운데 있어도 된다는 말에 속지 마십시오. 그러한 상태라
면 아직 구원이 임하지 않은 것입니다.

구원은 죄악에서 끄집어내어 빛 된 삶을 살도록 합니다. 물론 예
수님은 십자가에서 돌아가심으로 우리를 대속해 주셨습니다. 그리
고 우리에게 성령을 보내셔서 죄의 세력에서 우리를 끄집어내어 빛
의 영역에 거하게 하셨습니다. 어쩔 수 없이 죄를 지었다고 핑계 대
지 마십시오. 예수님은 우리를 '우리의 죄악'에서 이미 구원하셨습니
다. 이 구원을 받지 않았으면 아직 구원을 얻은 것이 아닙니다.

언약의 사자인 예수님

> 만군의 여호와가 이르노라 보라 내가 내 사자를 보내리니 그가 내 앞에서 길을 준비할 것이요 또 너희가 구하는 바 주가 갑자기 그의 성전에 임하시리니 곧 너희가 사모하는바 언약의 사자가 임하실 것이라 _말라기 3:1~3

만군의 여호와가 임하는 날, 그 누구도 그분을 이기지 못할 것입니다. 언약의 사자가 나타난 이후에는 레위 자손이 깨끗해지고 그들이 드리는 제물은 공의로운 제물이 될 것입니다. 언약의 사자가 오는 사건은 말라기에 나오는 유다 백성의 모든 문제와 질문에 대한 해답입니다. 가브리엘 천사가 사가랴에게 나타나 그가 낳을 세례 요한에 대해 말했습니다. "그가 또 엘리야의 심령과 능력으로 주 앞에 먼저 와서 아버지의 마음을 자식에게, 거스르는 자를 의인의 슬기에 돌아오게 하고 주를 위하여 세운 백성을 준비하리라"(눅 1:17; 참조, 사 40:3). 주 예수님이 누구인지를 알려주는 '내 사자'는 세례 요한입니다(참조, 마 11:10~15). 본문은 만군의 여호와가 내 사자를 보내어 내 길을 준비할 것이라고 하였으니, 이로써 예수님은 자신이 만군의 여호와인 사실을 입증하셨습니다. 나아가 자신이 언약의 사자임도 증거하셨습니다. 세례 요한은 예수님에 대해 외쳤습니다. "보라 세상 죄를 지고 가는 하나님의 어린양이로다 내가 전에 말하기를 내 뒤에 오는 사람이 있는데 나보다 앞선 것은 그가 나보다 먼저 계심이라 한 것이 이 사람을 가리킴이라"(요 1:29~30). 만군의 여호와는 세상 죄를 지고 가는 어린양으로 오셨습니다. 제사장들이 실패한 레위 언약의 저주를 십자가에서 감당하기 위해서입니다. 이제 성령이 임하는 자마다 그리스도의 제사장이 됩니다.

값없이 생명수를 받으라

성령과 신부가 말씀하시기를 오라 하시는도다 듣는 자도 오라 할 것이요 목마른 자도 올 것이요 또 원하는 자는 값없이 생명수를 받으라 하시더라 _요한계시록 22:17

　성령과 신부가 한목소리로 사람들을 초청합니다. 성령은 교회가 예수에 대해 증언할 수 있도록 영감을 주고 교회는 설교와 전도와 사랑의 교제 가운데 복음의 구원과 심판을 온 세상 사람들에게 선포합니다. 그러므로 성령과 교회의 증거는 하나이며 서로 상충하지 않습니다. 성령과 신부는 하나가 되어 복음을 이 세상에 전합니다. 성령과 교회는 목마른 자는 누구든지 와서 값없이 생명수를 받으라고 초청합니다. 값없는 생명수는 예수 그리스도를 믿을 때 얻습니다. 그 생명수는 성령을 통해 성도에게 다시 임하고 흐릅니다. 생명수를 맛본 자는 성령의 영감을 받아 예수 그리스도를 증거합니다.

　영생에 대한 초청은 누구에게나 열려 있습니다. 그 초청을 거절하는 사람은 영원한 심판, 즉 둘째 사망에 들어갈 것입니다. 성령과 교회가 연합하여 큰 소리로 당신을 부르며 초청할 때, 그리스도를 영접해 구원을 얻으십시오. 더 늦기 전에 주의 은혜를 붙드십시오. "오라 듣는 자도 오라 목마른 자도 올 것이요 또 원하는 자는 값없이 생명수를 받으라"(계 22:17).

천국에 들어가는 오직 한길, 십자가

예수께서 승천하실 기약이 차가매 예루살렘을 향하여 올라가기로 굳게 결심하
시고 _누가복음 9:51

예수님께서는 십자가를 지기 위해 예루살렘에 들어가셨습니다. 그런데 "승천하실 기약이 차가매"라고 말합니다. 예수님은 천국에 들어가기 위해 예루살렘으로 들어가신 것입니다. 야곱은 꿈에서 하늘과 땅을 잇는 사닥다리 위에서 하나님의 사자들이 오르락내리락 하는 것을 보았습니다. 예수님께서는 이 사건을 나다나엘에게 언급하시면서 "진실로 진실로 너희에게 이르노니 하늘이 열리고 하나님의 사자들이 인자 위에 오르락내리락 하는 것을 보리라"(요 1:51)라고 하셨습니다. 예수님은 사닥다리를 인자라고 하셨습니다. 인자는 메시아이신 자신을 일컬은 말씀입니다.

하늘에서 땅으로 오신 임마누엘 예수님은 다시 하늘로 돌아가실 때 십자가를 통해 하늘로 들어가셨습니다. 예수님께서 땅에서 하늘로 들어가는 길을 처음으로 만든 셈입니다. 그러므로 예수님이 밟고 지나가신 십자가의 길을 걸어야 천국에 이르게 됩니다. 예수님은 천국으로 가는 문이며 길입니다. 천국에 가려면 반드시 십자가를 통과해야 합니다. 그러려면 우리는 자신을 부인하고 믿음으로 주 예수님을 붙들어야 합니다. 성경은 이를 내 십자가를 지고 주를 따르는 것이라고 표현합니다. 우리는 교만과 자아를 죽이는 내 십자가를 져야 합니다.

율법이냐 믿음이냐

내가 하나님의 은혜를 폐하지 아니하노니 만일 의롭게 되는 것이 율법으로 말미암으면 그리스도께서 헛되이 죽으셨느니라 _갈라디아서 2:21

바울은 그의 "동족 중 여러 연갑자보다 유대교를 지나치게 믿어" "조상의 전통에 대하여 더욱 열심이" 있었습니다(갈 1:14). 인간적으로 볼 때 칭찬과 존경받을 훌륭한 모습이었습니다. 그러나 바울은 이것이 그리스도의 죽음을 헛되게 한다고 말합니다. 율법으로 사는 삶이 그리스도의 죽음을 헛되게 한다는 결론입니다. 한편 바울은 로마서 3장 31절에서 "그런즉 우리가 믿음으로 말미암아 율법을 파기하느냐 그럴 수 없느니라 도리어 율법을 굳게 세우느니라"고 하며 믿음과 율법의 관계를 말합니다. 즉, 믿음은 율법을 폐하지 않고 완성한다는 뜻입니다. 그렇다면 율법을 이루려는 '주체'가 문제가 됩니다. 율법을 이루려는 주체가 자신이 될 때, 그리스도의 죽음은 헛되게 됩니다. 오직 믿음을 통해 주님과 연합하면 우리는 율법에 어긋나지 않게 살게 됩니다. 이때 율법을 이루는 주체는 내가 아니라 내 안에 있는 새 생명입니다.

기독교는 이론이나 사상이 아닙니다. 훌륭하고 선한 행동을 도모하는 것이 기독교가 아닙니다. 사회가 인정하는 교양으로 전통과 의식에 열심을 내는 것이 기독교가 아닙니다. 기독교는 생명의 삶입니다. 즉, 오직 믿음을 통해 예수 그리스도를 만나 성령 안에서 내 안에 있는 새로운 생명이 살게 하는 것입니다. 믿음으로 사는 기독교는 완전한 은혜일 수밖에 없습니다. 우리 안에 계신 예수 그리스도의 영이신 성령을 따라 사는 것이 '율법이 아닌 믿음으로 사는 삶'입니다. 이때 우리는 율법을 온전히 지키는 삶을 살게 됩니다.

내가 여기 있나이다

그러나 내가 나 된 것은 하나님의 은혜로 된 것이니 내게 주신 그의 은혜가 헛되지 아니하여 내가 모든 사도보다 더 많이 수고하였으나 내가 한 것이 아니요 오직 나와 함께하신 하나님의 은혜로라 _고린도전서 15:10

하나님은 지금도 한 사람을 찾고 계십니다. 하나님은 그 한 사람을 통해 뜻을 이루어 가셨습니다. 노아를 택하셔서 인류를 보존하셨고, 아브라함을 택하셔서 믿는 자들의 조상이 되게 하셨고, 모세를 택하셔서 이스라엘 백성을 구원하셨습니다. 예수님 한 분을 통해 세상을 구원하셨습니다.

하나님은 자신의 사람을 직접 만들어 가십니다. 하나님의 사람이 되는 데에는 시간이 걸립니다. 노아는 120년, 아브라함은 약 24년이 걸렸습니다. 모세는 광야에서 40년을 훈련받았습니다. 예수님의 제자는 3년 반 이상, 사도 바울은 13년 이상이 걸렸습니다.

바울은 자신이 하나님의 종이 된 것이 하나님의 은혜이며 하나님께서 친히 하나님의 사람을 빚으신다고 고백합니다. 지금도 하나님은 그분의 일을 할 사람을 만들고 계십니다. 그 한 사람은 "내가 여기 있습니다"라고 자원하는 자입니다. 기도와 말씀에 더욱 깊어지십시오. 예수 그리스도가 누구시며 그분이 하신 일을 성경이 어떻게 기록했는지, 어떻게 설명하고 있는지 성령의 도움을 받아 그 뜻을 깨달으십시오. 또한 주님과 날마다 인격적 교제를 하며 예수님을 닮아 가십시오. 앞으로 남은 시간을 하나님 나라와 복음을 위해 쓰고 싶다면 모든 것을 주님께 바치고 맡기며 "나를 부르소서. 제가 그 한 사람이 되겠습니다"라고 고백하십시오. 진심으로 주께 쓰임받기를 원하며 준비하는 자들을 하나님께서 반드시 바울처럼 사용하실 것입니다.

자기 상을 받으라

심는 이와 물 주는 이는 한가지이나 각각 자기가 일한 대로 자기의 상을 받으리라 _고린도전서 3:8

하나님은 우리를 위해 영원한 상급을 준비하셨습니다. 바울은 그 상급을 얻는 것이 자기 인생의 목적이라고 분명하게 말합니다. 이는 이기적인 마음이 아니라 하나님의 약속에 대한 신뢰에서 나오는 선한 동기부여입니다.

바울은 성도의 삶을 집을 세우는 일로 비유했습니다(참조, 고전 3장). 집을 바르게 세우지 못하면 불 심판을 받아 타버립니다. 세상 지혜를 의지하여 집을 세운 경우도 마찬가지입니다(참조, 고전 3:18~21). 바울은 상을 놓치지 않기 위해 달려갔습니다. "운동장에서 달음질하는 자들이 다 달릴지라도 오직 상을 받는 사람은 한 사람인 줄을 너희가 알지 못하느냐 너희도 상을 받도록 이와 같이 달음질하라"(고전 9:24).

영원한 상급을 얻기 위해 집을 어떻게 세워야 합니까? 반드시 예수 그리스도께서 그 집의 기초가 되어야 합니다. 불 심판으로 타거나 무너지지 않을 집을 세우기 위해서는 내 몸이 주의 성전인 줄 알고 살아야 합니다(참조, 고전 3:16~17).

내 몸 안에는 거룩한 예수 그리스도의 생명이 있습니다. 내가 죽고 그리스도가 살게 하는 것이 가장 복된 삶을 사는 비결입니다. 영원한 가치와 보람을 이루는 유일한 비결입니다.

"주님, 주님의 거룩한 생명을 따라 살게 하옵소서."

하나님께 당신의 마음을 고백해 보세요.

하나님께 당신의 마음을 고백해 보세요.

주님은 나의 최고의 사랑

스데반 황 지음

발 행 일   초판 1쇄 2016년 5월 31일
발 행 처   도서출판 평단
발 행 인   최석두
브 랜 드   iN 크리스토

등록번호   제2015-000132호
등 록 일   1988년 7월 6일
주   소   경기도 고양시 덕양구 통일로 140 삼송테크노밸리 A동 351호
전화번호   (02)325-8144(代) FAX (02)325-8143
이 메 일   pyongdan@hanmail.net
I S B N   978-89-7343-439-8 (03230)

ⓒ 스데반 황, 2016

＊ 잘못된 책은 바꾸어 드립니다.
＊ iN 크리스토는 도서출판 평단의 브랜드입니다.
＊ 저작권법에 의하여 이 책의 내용을 저작권자 및 출판사 허락 없이 무단 전재 및 무단 복제, 인용을 금합니다.

이 도서의 국립중앙도서관 출판시도서목록(CIP)은 서지정보유통지원시스템 홈페이지(http://www.seoji.nl.go.kr)와 국가자료공동목록시스템(http://www.nl.go.kr/ecip)에서 이용하실 수 있습니다.
(CIP제어번호: CIP2016011459)

Jesus Loves You
저희는 수익금의 1%를 어려운 이웃돕기에 사용하고 있습니다.